探索与实践：
电视媒体融合发展研究

孟繁静 著

天津社会科学院出版社

图书在版编目（CIP）数据

探索与实践：电视媒体融合发展研究 / 孟繁静著
. --天津：天津社会科学院出版社，2021.4
ISBN 978 - 7 - 5563 - 0722 - 7

Ⅰ. ①探… Ⅱ. ①孟… Ⅲ. ①电影 - 传播媒介 - 产业
融合 - 产业发展 - 研究 - 中国 Ⅳ. ①G229.2

中国版本图书馆 CIP 数据核字（2021）第 068608 号

探索与实践：电视媒体融合发展研究
TANSUO YU SHIJIAN：
DIANSHI MEITI RONGHE FAZHAN YANJIU

出 版 发 行：天津社会科学院出版社
地　　　址：天津市南开区迎水道 7 号
邮　　　编：300191
电话/传真：(022) 23360165（总编室）
　　　　　　(022) 23075303（发行科）
网　　　址：www. tass-tj. org. cn
印　　　刷：北京盛通印刷股份有限公司

开　　　本：787×1092 毫米　1/16
印　　　张：23.5
字　　　数：323 千字
版　　　次：2021 年 4 月第 1 版　2021 年 4 月第 1 次印刷
定　　　价：70.00 元

目　录

序　言 ……………………………………………………（001）

第一章　图景:电视媒体发展溯源及融合发展现状 ………（001）

  第一节　从"上星"到"融合":电视媒体发展溯源 ………（001）

  第二节　从"技术"到"文化":媒体融合的逻辑主线 ……（016）

  第三节　从"相加"到"相融":融合发展经验"扫描" ……（032）

  本章小结 …………………………………………………（059）

第二章　环境:电视媒体融合发展的时代坐标 ……………（061）

  第一节　政策引导:电视媒体融合发展的制度保障 ……（062）

  第二节　技术革命:电视媒体融合发展的智能红利 ……（068）

  第三节　经济发展:电视媒体融合发展的动力引擎 ……（084）

  第四节　社会变迁:电视媒体融合发展的潜在力量 ……（092）

  第五节　行业角力:电视媒体融合发展的内生动力 ……（098）

  本章小结 …………………………………………………（106）

第三章　实践:电视媒体融合发展的路径探索 ……………（108）

  第一节　电视媒体融合转型的"标配"——"中央厨房" …（109）

  第二节　组织重构与流程再造:从科层化向扁平化转型

  ………………………………………………………（123）

第三节 基层生产机制创新:融媒体工作室的模式探索

··· (135)

第四节 人事管理机制改革:身份认同与激励机制探索

··· (151)

第五节 商业模式体系重构:立体多元化盈利空间探索

··· (159)

本章小结 ································· (176)

第四章 案例:电视媒体融合发展的实战经验 ············· (180)

第一节 中央广播电视总台:构建新型主流媒体生态

··· (180)

第二节 湖南广播电视台:树立行业标杆与模式创新

··· (201)

第三节 南方财经全媒体集团:打造全媒体纵向垂直模式

··· (213)

第四节 苏州广播电视总台:以机制创新探索城市广电

融合发展 ····························· (225)

第五节 河南县级融媒体中心:打通宣传工作"最后一

公里" ······························· (242)

本章小结 ································· (254)

第五章 困局:电视媒体融合发展的现实问题 ············· (255)

第一节 技术壁垒:资本、技术、人才困局 ············· (255)

第二节 盈利困局:广告收入下滑、盈利模式单一 ········· (265)

第三节 思维困局:市场意识、用户意识及创新意识淡薄

··· (271)

第四节 内容困局:新闻、综艺与电视剧的发展危机 ········ (274)

第五节 行政壁垒:制度、区域、行业困局 ············· (286)

本章小结 ································· (297)

第六章　突破:电视媒体融合发展的方向探讨 ·············（298）

　　第一节　主管机构层面:转变工作观念,推动规制变革

　　　　　　··（299）

　　第二节　电视台组织层面:重塑理念、完善机制、搭建

　　　　　　平台 ····································（307）

　　第三节　电视从业者层面:转变叙事语态,强化互联网

　　　　　　思维 ····································（325）

　　第四节　传媒人才培养层面:坚定信念、夯实基础、拓宽

　　　　　　视野 ····································（329）

　　第五节　互联网企业或新媒体平台层面:技术共享、深

　　　　　　度融合 ··································（333）

　　本章小结 ··（340）

结语:电视媒体融合发展再思考 ·····························（342）

参考文献 ··（346）

后　　记 ··（362）

序 言

缘何选择研究"电视媒体融合发展"？

从 1958 年中国开始办电视，到被看作是"电视改革元年"的 1983 年，再到电视产业发展"四处借力"的当下，中国电视在不可逆的互联网冲击中迎来了它的第一个甲子年。面对媒体融合话语和实践兴旺勃发的当下，无论业界还是学界、中国还是西方，都普遍认为没有研究旧媒体的必要了。实则不然，从人文社会科学领域的研究角度而言，研究重在"求变"，而非一味地"求新""求强"。每个时代都会因媒介技术的发展而产生新媒体，但深层的问题和争论却不因媒介的迭代而异。

"观今宜鉴古，无古不成今。"回溯总结中国电视的发展历程，起承转合、有起有落，即便是在中国电视由"新"变"旧"、由"强"转"弱"的今天，依然可以通过对电视内部性经验和观念资源的检视，见媒介环境"变"之现象。而如今"电视"本身所负载的意义也远远超乎其媒介功能本身，单纯用"生"或"死"这样的字眼，是不足以描述其境况的。近年来，电视行业在新的传媒语境和社会生活中发生了一系列变动，这也为中国电视媒体融合的研究提供了新的契机。

一是央视主持人和知名媒体人纷纷跳槽，人才流失加剧了电视台的衰落。如王凯离职创办自媒体，马东致力于互联网内容开发领域，张泉灵转身创投行业，周涛任职北京演艺集团首席演出官、邱启明、李小萌、路一鸣等央视名嘴相继离职转型……"电视人离职潮"一方面暴露了作为事业单位的电视台行政壁垒严格，市场主体不明确的问题，面对新媒体的冲击，运行机制无法灵活应对；另一方面，新媒体的企业运作模式间接为电视媒体的转型提供了样本，借鉴互联网的产业运作机制革新电视媒体，未尝不是有益尝试。

二是电视广告份额下滑，二三线城市电视频道关停，意味着多频道扩张时代的终结。如衡阳资讯频道和生活频道、九江市文娱频道、山东大多数区级电视台等二三线城市电视频道的关停，电视台成了文化机制改革不断深化的一个突破口。除此之外，从 2015 年开始，由于电视台收视规模的缩水以及新媒体的冲击，大多数电视台的广告份额遭遇滑铁卢，本就广告资源萎缩、依靠财政补贴勉强度日的地面频道更成了重灾区。但可以预见的是，市场机制和技术创新已经在电视行业开始发挥作用，良币驱逐劣币，关停并转一部分电视台是大势所趋。

三是党的十九大报告中对我国社会主要矛盾的重新表述。经过 40 年的改革开放，社会生产力水平有了质的提高，人民生活水平实现了从温饱到小康的全面跨越。因此，社会主要矛盾转化为人民日益增长的美好生活需要同不平衡不充分的发展之间的矛盾。社会主要矛盾的转变，反映在电视行业就是节目供给与用户需求之间的错位，需要管理部门尽快转变职能，注重机制创新，利用市场机制优化资源配置。这是供给侧结构性改革的理论依据，同时也为传统的电视媒体转型，以及与新媒体的融合提供了良好的政策环境。

四是电视行政管理体制发生了变化。中央电视台（中国国际电视台）、中央人民广播电台以及中国国际广播电台"三台合一"，撤销原有各台建制，组建国家级的传媒"航空母舰"——中央广播电视总台。国家级电台和电视台的合并彻底打破了过去条块分割的管理体制，是推动新旧媒体深度融合，建设国际一流新兴媒体集团这一顶层设计思路下的应有之义。可见，中央广播电视总台的成立，除了统一整合资源，优化机制和效能外，更重要的是，为传统媒体布局新媒体业务提供了更为灵活的机制支持。

五是互联网技术的不断发展，使得视频网站迅速崛起，给电视媒体带来了不小的冲击和挑战。首先，视频网站突破了用户对电视内容依赖的藩篱。视频网站的崛起改变了旧有媒介生态，特别是台网之间的二元关系。以往电视台在内容生产上占据绝对优势，互联网仅仅是产业下游的内容分发渠道，需要高价购买版权，如搜狐网曾经以3000万购买《新还珠格格》网络独播权。此后，视频网站冲破了对电视的内容依赖，以巨额投资建设自制内容，如爱奇艺的《灵魂摆渡》、优酷的《万万没想到》、搜狐视频的《匆匆那年》等，都是最初视频网站自制剧的代表。时至今日，网络自制内容甚至开始反向输出到电视平台。其次，视频网站打造的新型用户关系，也给电视媒体与新媒体的融合提供了借鉴。相对于电视媒体的"传者本位""一对多"的用户关系，视频网站打造的个性化、精准触达的新型用户关系，为用户提供了一种私人定制般的服务体验。以用户的参与和互动为中心的互联网思维，倒逼电视媒体加速媒体融合的步伐。

无论是行政之手的推动还是市场机制的应然，电视媒体固有的发展模式正在被撬动，正逐渐冲破旧有藩篱的限制，探索更多可能性。在如今的媒介大环境中，它既是一块关乎理想的"试金石"，中国电视（媒介）的融合与转型、电视（大视频）产业、电视（媒介）文化、电视受众（用户）等的独特价值，无论媒介形态如何变迁、媒介技术如何变革，都是无法抹去且有继承性和可研究价值的，它又是一个承载光怪陆离的行业怪象和乱象的"名利场"，盘根错节的利益纽带一时间似乎也无从纾解。

但我们仍然有充分的理由相信，今天的电视媒介依然是最有力量的主流媒介。从全球媒介发展的宏观视角出发，研究社会主义国家，尤其是我国的电视系统，不仅具有历史意义，而且对比较研究的案例丰富也具有一定的意义。前提是，它需要重新建构一套有着时代性印迹的适恰系统，这是问题的起点，也正是基于电视行业的变化和研究的可行性，作者认为研究电视媒体融合正当其时。

第一章　图景:电视媒体
发展溯源及融合发展现状

　　由于中国电视事业(产业)的发展与改革开放大业一脉相承,为了比较全面地对电视媒体融合发展的当下进行考察和分析,也为了更清晰地呈现研究的过程和结果,笔者对中国电视媒体融合发展的过程进行了历时性梳理和共时性探讨。考察的目的并不在于为电视发展提出功利性的对策和终极性的结论,而是希望通过纵向历史的梳理概括和横断截面的思辨讨论,为电视媒体融合的研究和植根于中国沃土的新媒介发展提供探索性检视。基于此,作者对中国电视发展提出了几点看法,以为当下媒体融合的发展提供经验性的"扫描"。

第一节　从"上星"到"融合":
电视媒体发展溯源

　　迄今为止,人类社会经历了四次传播革命,第一次是文字的发明与使用,引导人类由"野蛮时代"迈向"文明时代";第二次是印刷术的发明,促进了报纸、杂志、书籍等大众媒介迅速普及,大众传播时代正式开启;第三次是广播、电视等一系列模拟电子传播技术与媒介的出现,使得人类信息传播速度空前快速、范围空前广泛、内容空前丰富,人类进入电子时代;第四次是互联网相关技术的推广使用正在重塑我们的世界。从报纸到广播电视、再到如今如火如荼的新媒体等,媒体地位的变迁记录着传媒行业发展的时代印迹。而电视,堪称 20 世纪最伟大的发明之一。如今,报纸光环不再,广播在沧桑的岁月中固守着"汽车交通台"这一最后的阵地。中国电视媒体将是报纸和广播的昨天,还是会迎来逆风翻盘的明天? 回顾电视媒体的发展历程,从历史中总结经验和不足,是寻求发展出路最好的原点。

省级卫视作为我国电视媒体的经典代表,其发展状况直接反映着电视媒体的发展趋势。在本章节,作者以省级卫视发展过程中出现的四大拐点,对中国电视媒体的四个发展阶段进行研究,试图寻求其中的发展规律,以期为正在进行的电视媒体深度融合提供有效借鉴和参照依据。

一、电视上星,信息通路驱动行业建设阶段

中国省级卫视的发展是从 1986 年新疆电视台获批通过卫星向全自治区传输节目开始的,至今已经走过了 34 个年头。在这 30余年里,省级卫视经历了从无到有,从建设初期的旨在解决偏远地区收视问题到如今的各个卫视近乎疯狂竞争的发展历程。

1986 年至 1999 年是我国省级卫视建设的初级阶段。

由于我国幅员辽阔,许多偏远地区因其复杂的地理环境和相对落后的经济发展条件,致使无论通过有线还是无线传输电视信号都相当困难。1986 年,为了从根本上解决新疆地区电视节目传送困难的问题,国务院批准新疆电视台可以通过卫星向全自治区传送电视节目①,这是我国第一个上星的省级频道。1988 年 4 月东方红 – 2A 发射成功后,国务院先后批准了西藏和云南的电视节目上星传送;1991 年 5 月亚洲卫星 – 1 发射成功后,又批准了贵州

---

① 鲁佑文:《广播电视节目营销》,湖南大学出版社 2006 年版,第 119 ~ 120 页。

的电视节目可以通过卫星传送①。1993 年 7 月,我国购进"漂星"中星 -5 之后,浙江、山东和四川三个省的电视节目开始上星传送。这三个省份,特别是浙江和山东,都属于经济相对发达的省份,它们上星主要是起示范作用,把发达地区的电视节目传送给全国观众,不仅标志着传输手段历史性的转变,而且可以让更多的人获取新的知识,还可以提高电视节目传出省份的影响力,获得社会和经济的双重效益。如山东电视台当时制作的《白眉大侠》《甘十九妹》《水浒传》《高山下的花环》《今夜有暴风雪》等脍炙人口的优秀电视剧,在播出时可谓万人空巷。山东卫视借助这些优秀的电视剧,在全国观众中的影响力迅速提升。与此同时,山东卫视、贵州卫视、云南卫视和浙江卫视,也成了 20 世纪 90 年代中国电视媒体舞台上最耀眼的省级电视频道,用今天的行业术语来表达,这四家卫视频道就是当时中国省级电视媒体的第一阵营。在曾经内容稀缺、信息闭塞、人们渴望知晓外部精彩世界的年代,频道上星,开阔了民众的眼界,深受民众的欢迎,刺激了整个电视产业链的发展。

在节目上星后带来的通道驱动的刺激下,之前没有上星的省级电视台纷纷要求上星播出节目,1997 年,我国迎来了省级卫视上星的高峰期。从 1997 年元旦起,广东、河南、辽宁、广西、湖南、湖北、江西、福建、青海、内蒙古、陕西、安徽、黑龙江、江苏、北京和山西电视台陆续开始上星传送节目②。1997 年 8 月,国务院批准所有省、自治区和直辖市的省级电视节目均可通过卫星传送③。1998 年下半年,宁夏、上海、重庆、天津和河北的电视节目也陆续开始上星。1999 年 5 月,吉林的电视节目开始上星播出。1999 年 10 月,海南省的省级电视节目上星传送,标志着全国除港澳台以外的所有省级电视台节目全部可以通过卫星播出和收看。随着众多频道相继上星,省级卫视成为中国电视舞台上百花争艳的主角。

---

①　鲁佑文:《广播电视节目营销》,湖南大学出版社 2006 年第 119～120 页。

②　江澄:《中国的卫星广播电视》,《广播与电视技术》2000 年第 1 期,第 3～8 页。

③　熊忠辉:《中国省级卫视发展研究》(博士学位论文),复旦大学,2005 页。

二、频道定位,市场细分驱动影响扩张阶段

2000 年至 2010 年是我国省级卫视扩大覆盖率及频道定位期。

经过了之前的卫视上星,电视媒体的市场竞争日趋激烈,省级卫视面临着内部和外部的双重竞争环境,尤其是内部的竞争开始进入白热化阶段,频道定位便成了卫视新一轮竞争的新思路。随着电视频道的日益增多,观众犹如走进了多彩世界,如何"留住观众"成为各省级卫视思考的难题。起初,各省级卫视争相设法通过改变电视节目来留住观众,或用娱乐、或用电视剧,但是这些策略大多集中在具体操作层面,而且电视市场同质化的现象让观众在新鲜感过后容易对原有节目失去兴趣,降低忠诚度,旋即转投其他的电视节目,电视频道没有形成一种独特的文化和风格来吸引观众。如何在同质化的电视市场中取得跨越性的领先,合理成功的频道定位就必然成为各电视台的最佳选择。

确实,频道定位获得成功的省级卫视尝尽了甜头,如湖南卫视。1997 年至 2000 年期间,湖南卫视涌现出一批原创性很强的节目,如《新青年》《晚间新闻》《音乐不断歌友会》《娱乐无极限》《有话好说》等。直到今天,即便有些节目已经被淘汰,但仍然会被提起,显示了栏目品牌具有的深度影响力。2001 年,国内所有省级电视台都有了自己的上星频道,中央电视台的专业(卫星)频道体系也基本形成,电视市场竞争变得激烈复杂,单个栏目或者几个栏目很难支撑起一个卫星频道。湖南卫视面临着栏目老化、全国收视竞争力下降、广告创收低迷的困惑。出路在哪里?从 2000 年开始,中国金鹰电视艺术节永久落户长沙,这无疑给湖南卫视提供了一个锤炼频道品牌的难得契机。湖南卫视抓住这次机会,通过整合频道人力资源、技术设备资源、栏目内容资源、宣传推广资源等,逐步树立了频道协同模式。由于连续几届"金鹰节"的成功举办,这种协同模式得以进一步强化,频道意识开始压过栏目意识,频道形象得以初步树立。

真正把树立湖南卫视频道品牌作为一项重要任务提出来,是

在 2002 年召开的"湖南卫视战略定位研讨会"上。为了尽快适应市场变化,迎接新形势下的激烈竞争,2002 年召开的全局、全集团的"诸葛亮会",连续三天就湖南卫视的发展战略问题进行了深入讨论。最终,会议确定湖南卫视频道内容定位为"以娱乐、资讯为主的综合性频道","娱乐"成为频道品牌的显著标签。2003 年是湖南卫视品牌成型的关键一年,年初台务会提出了湖南卫视"三个锁定,三个兼顾"的品牌定位:锁定娱乐,兼顾资讯;锁定年轻,兼顾其他;锁定全国,兼顾湖南。这个准确明晰且具有前瞻性的品牌定位,从节目内容、观众对象、目标市场三个方面解决了湖南卫视"该做什么、不做什么"的问题,最终形成了湖南卫视的整体频道品牌——最具活力的中国娱乐频道。随后经过几年的品牌锤炼,湖南卫视在国内市场上基本确立了"娱乐频道"的形象。但"娱乐频道"的内核是什么?经过长时间的思考、评估和论证,2004 年初,湖南卫视终于推出了"快乐中国"这一独特的品牌口号。从此,湖南卫视的品牌运营和扩张就有了坚实统一的基础。而此时,湖南卫视自始至终围绕既定的市场目标——全国收视率指标和广告创收指标来展开各项工作。从 2002 年到 2005 年,湖南卫视在全国收视率排行榜上连续三年高速增长,年均增幅达到 40%;2005 年湖南卫视在 31 个省会、直辖市的收视率排名中位居全国第 5 位。与此相对应,湖南卫视单频道创收在这三年中年均增长 50%,2005 年达到 6.5 亿元,同样进入了全国单频道广告收入前 5 名。2006 年,湖南卫视广告创收突破 10 亿元,居省级卫视第一。对于湖南卫视而言,所谓"频道定位",一定是电视市场发育、发展、竞争的产物,频道品牌的优劣、强弱、大小,只有通过市场价值才能进行度量,因此湖南卫视以全国市场目标为轴心的运作,保持了品牌的活力,保障了品牌的地位,保证了品牌的含金量。

除了湖南卫视,在同期频道定位获得较大成功的还有安徽卫视。2002 年,安徽卫视确定了"剧行天下"的频道定位,《周末大放送》《第一剧场》《男性剧场》《女性剧场》《雄风剧场》等数个知名剧场在省级卫视中独树一帜,八个剧场六个第一,剧场的收视率在省级卫视同时段中遥遥领先。2007年,安徽卫视进一步确立了"剧行天下,爱传万家"的频道理念,升华了"剧"的特色。湖南卫视和安徽卫视作为这一时期频道定位的极大受益者,收获了较大的收视份额,赢得了广告客户的高度认可,获得了快速地发展,成就了中国电视史上"电视湘军"和"广告淮军"的美誉,成为这一阶段省级卫视的领军者。

与此同时,其他省级卫视也纷纷确立了自己的频道定位。贵州卫视的"西部黄金卫视"、广东卫视的"财富频道"、江苏卫视的"情感天下"、浙江卫视的"中国蓝"、广西卫视的"女性频道"、云南卫视的"金色年华,金色频道"、东方卫视的"时尚综合"、海南卫视的"旅游频道"、湖北卫视的"公益特色频道"、江西卫视的"从'心'出发,将服务进行到底"等,每个省级卫视都希望通过市场细分,弱化竞争,获得个性化的快速发展。

三、综艺争霸,资本投入驱动台网互动阶段

电视剧、综艺节目和电视新闻向来被看作是卫视竞争的"三驾马车",是构成一个频道发展的基本内容和根本动力。而这一时期,由于综艺节目处于高速发展的阶段,综艺节目成了平台竞争的主力军,在"三驾马车"中表现出强劲的发展势头,从收视率和影响力上对卫视品牌建构产生了绝对性的作用。从20世纪90年代末到21世纪初,可以说是中国电视变革发展的一个黄金时期,市场经济的持续发展和社会生活的日益开放,都为电视综艺的发展提供了深厚土壤。随着省级频道开始相继上星,面对全国市场,综艺节目成为电视台寻求发展的主要出路,一些省级卫视依靠综艺类节目实现了快速突围和崛起。

2012年,随着浙江卫视《中国好声音》的火爆,不仅带动了歌唱类节目的回潮,而且开创了全新的电视综艺制播分离的模式,将电视行业带入了一个全新的发展阶段。也就是从《中国好声音》开始,综艺节目进入了大投入、大产出的"大"时代,彻底颠覆了省级卫视频道定位阶段的节目运营套路,通过"大综艺"获得了更好的

收视率、更多的广告承载量和更强的市场竞争力，成为"后频道定位时代"重要的电视现象。并且随着明星真人秀节目的兴盛，综艺节目的制作投入成本持续走高，这背后还有"资本"这只看得见的手在不断推波助澜。事实上，综艺节目的竞争一定程度上继续拉开了省级卫视之间的差距，大体量、大投入的综艺节目成为很多二三线卫视不能承受之重，逐渐失去了参与竞争的资格和能力，而这带来的一个必然结果就是，平台之间的"马太效应"进一步加剧。仅2016年，位于前四的一线平台阵营——湖南卫视、浙江卫视、东方卫视和江苏卫视——就垄断了广告市场上省级卫视80%的创收份额，无论是收视率还是关注度，抑或是品牌知名度，前十以后的卫视平台影响力逐渐走低，平台之间的竞争也基本发生在第一阵营中。

省级卫视综艺争霸的背后，不得不提两个关键词——资本逐利下的"制播分离"和大视频产业下的"台网互动"。"制播分离"对于电视行业而言并不陌生，自20世纪80年代被引进后便受到广泛关注，甚至曾一度被期望成解决广播电视存在问题的灵丹妙药。经过多年的发展，制播分离模式给电视行业带来诸多惊喜的同时，也带来诸多困惑。所以对此模式的探索也陷入了走走停停的尴尬状态。直到《中国好声音》的横空出世，制播分离模式才被重新审视，甚至被业界形容为"中国电视历史上真正意义的首次制播分离"（灿星制作总裁田明语）。《中国好声音》源于荷兰节目 The Voice of Holland，是由浙江卫视联合星空传媒旗下灿星制作强力打造的一档大型励志专业音乐评论节目，于2012年7月13日在浙江卫视首播时便创下了高达1.5的收视纪录，第二期更飙升至2.8，即便是重播，1.13的收视也超越了同年所有音乐类节目的首播收视。同时，节目的广告费也是一路飙升，15秒广告费从预售的15万元涨到36万元，后达到102万元，最高价格高达115万元。第二季开播时，搜狐视频更是以上亿元的天价独家买断了《中国好声音》的网络直播版权，这被称为"互联网历史上最贵的综艺节目版权引进"。而节目也并没有让人失望，第二季首秀场的收视高达

3.65，是同期湖南卫视播出的《快乐男声》的三倍。①

浙江卫视这次历史性的制播分离尝试，开启了电视产业从合作模式到盈利模式的全新局面，不仅为其他省级卫视的制播分离实践提供了可参照的样本，而且为即将到来的媒介深度融合语境下电视媒体的整体创新开辟了一条新路径。

首先，《中国好声音》采取的制播分离模式与过去大不相同。最初由于人手紧缺，省级卫视大多采用公司制作式的制播分离形式，即电视台把一部分电视节目的制作交给电视台以外的制作公司来做，而电视台本身只作为节目的播出机构。在这种模式中，电视台和节目制作公司之间是雇佣关系，电视台只是把一部分纯粹劳务，如编导、剪辑等基层工作交给公司制作外，核心技术和节目内容还是由电视台掌控。虽然制作公司有提出创意、理念，独立制作完成一档节目的权利，但节目样片仍需电视台的审片委员会审核通过方可播出。而《中国好声音》采取的并非之前简单的制播分离，而是一种全新的合作模式，即浙江卫视和制作方灿星是一种伙伴关系，共同购买版权、共同投资、共同制作、共同招商、共担风险、共享利润、共同进行整个产业链的开发和利润分成。因此，"对赌分成"成为其盈利的最大亮点。

其次，制播分离的核心在于让市场说话，《中国好声音》之所以称得上"首次真正意义上的制播分离"，就在于浙江卫视和灿星传媒都把"市场"作为合作的关键。正是看到了"市场"的无限可能性，《中国好声音》的制播分离模式才更加注重多元产业链的开发，包括线上和线下两个部分。前者主要有以下三个渠道：一是和一些数字音乐平台和网站进行合作，帮助挑选出来的有实力的学员制作专门的音乐专辑。二是与中国移动、中国电信合作展开彩铃下载业务，即每一位学员在节目中演唱的歌曲都会制作成彩铃，彩铃下载的收入便由中国移动、节目组、该选手及所属的明星导师按

---

① 万克文、程前、李志国：《"亲密捆绑式"：一种全新的制播分离模式——由〈中国好声音〉引发的思考》，《编辑之友》2014 年第 7 期，第 71 页。

比例分成。这种跨产业开发模式既是与国际市场接轨,也是对以往产业开发局限于单一领域的一次创新。三是台网联动带动产业增值。随着《中国好声音》的热播,让其在各大视频网站的点播率迅速攀升,成为网络搜索的热词之一。各大网站为其宣传配备了最优质的站内外资源,对节目内容进行了更为深度的挖掘。如乐视网独家获得《中国好声音》加长解密版和《中国好声音·成长教室》两档衍生新节目的网络版权;爱奇艺联合浙江卫视推出《学员推介会》,开发"爱奇艺—中国好声音"客户端等。作为这一阶段"台网互动"的典范,《中国好声音》在形式和内容上都极具创新性,不仅更符合网络传播实时、交互的特点,而且充分挖掘节目的商业价值和互动潜能,从而为节目在互联网时代赋予了新意义。

线下产业链的实现也有多种渠道,包括举办全球巡回演唱会,为学员量身定制的"V-house"驻场演出以及自制剧、电视节目、微电影等。并且为了保证线下活动的顺利进行,节目组专门成立了经纪公司,全权负责商演的各类事宜。开展丰富的线下活动,《中国好声音》的目标不仅是要推出学员,提升学员的市场含金量,更要保证节目具备持续的盈利能力,占据绝对的市场优势。

自此以后,电视平台看到了制播分离对电视综艺制作传播带来的多重可能性,而社会资本和视频网站也看到了综艺领域的发展空间,于是制播分离开始成为一种趋势性的现象。连制作实力颇为雄厚的湖南卫视也在 2016 年开始在综艺领域首次尝试进行制播分离,韩国 MBC 原艺能局局长金荣希加盟中国制作公司之后制作的第一档节目——《旋风小子》就是在湖南卫视播出。也正是因为电视综艺市场价值被重新评估和释放,以及电视台合作模式的日渐灵活和开放,大量专注于电视综艺制作和运营的社会化制作公司开始纷纷涌现,如灿星制作、天娱传媒、能量影视、蓝色火焰、欢乐传媒、世熙传媒等。社会化制作公司的纷纷涌现,成为电视产业发展过程中一道独特风景。

与此同时,网络渠道兴起,台网形成全面争夺之势。面对激烈的市场竞争,电视媒体时刻都在寻求突围。从 2006 年至今,视频网站经过大浪淘沙和优胜劣汰后，已由粗放发展阶段逐步进入集约型发展阶段，并且开始变得主流化。截至 2016 年，形成了包括爱奇艺、优酷土豆、腾讯视频、乐视视频、"芒果 TV"、搜狐视频在内的六大平台格局。其中，腾讯视频、优酷土豆、爱奇艺背后更是有三大互联网巨头——百度、阿里巴巴和腾讯（简称 BAT）的支持，资本力量相当雄厚。而"芒果 TV"作为广电系的视频网站，虽然从 2014 年才开始正式上线，但依托于湖南广电的内容生产力，以"独播 + 独特"的战略迅速积累了大量粉丝和用户。

内容是视频网站生存发展的根本，其中网络综艺成为视频网站发力的重点，从渠道、用户、内容再到人才上都与电视综艺形成了竞合关系。一方面大量电视综艺节目被视频网站疯狂抢购，如 2013 年，搜狐视频就以过亿的版权费用抢得《中国好声音》第二季的网络独家版权，而《中国好声音》第三季的网络版权更是被腾讯以 2.5 亿的高价拿下。与此同时，一些精品网络综艺也输出到了电视平台，如爱奇艺出品的《我去上学啦》、腾讯出品的《燃烧吧少年》等都在浙江卫视进行了播出，网络内容的反向输出成为台网互动的一大现象。

另一方面，在这一时期，综艺内容生产、制作的人才开始纷纷涌入互联网，形成了传统媒体人向互联网大迁徙的一个小高潮。随着网络渠道的崛起以及各大平台对网络自制内容的布局，人才从传统媒体流入互联网成为一种必然的趋势。这一时期，马东、刘建宏、郑蔚、陈伟、王平、王晓晖等传统电视的内容生产者和管理者纷纷跳入互联网，其中王晓晖更是因其从央广副台长、王平因其从湖南广电副台长的职位上进入网络视频领域而受到不少关注。此外，还有谢涤葵、易骅、岑俊义等传统电视综艺的金牌制作人也开始进入网络综艺内容的生产制作行列当中，人才的进入为视频网站的发展提供了根本动力，同时也为传统媒体与新媒体的融合发展提供了经验和挑战。

四、媒体融合，技术创新驱动产业融合阶段

数字化彻底冲破了传统媒介一向自守的介质壁垒，一种媒体

大融合的趋势正在呈现;它极大地改写了现有传媒市场的版图和游戏规则,旧有的运作架构和盈利模式日渐式微,催生了与这一时代发展相适应的新兴产业模式。① 2005 年 9 月学者蔡文引入"媒介融合(Convergence Media)"与"融合新闻(Convergence Journalism)"概念,媒介融合骤然进入传媒视野,我国电视媒体的融合转型之路也渐渐打开。

回溯省级卫视与新媒体融合发展的历程,主要经历了平台建设期的迷茫、平台拓展期的求变和平台融合期的升级三个阶段。在平台建设期,融合的主要形式是传统媒体的电子化,以建设网站为主。我国电视媒体自建网站最初是从中央电视台开始的,到 2007 年 12 月,除了青海电视台以外,我国 30 多个省级卫视的网站普遍开设了音视频节目或者相应的栏目,实现了简单的点播和直播服务。但是,由于这一阶段自办网站缺少足够的资金、技术和人力的支持,因此只是作为电视媒体一个新增的宣传平台,并没有带来实质性的用户增加。

为更快更好地推动社会化信息水平,搭建互联互通、共享资源的服务空间,2010 年国务院印发《推进三网融合的总体方案》,在 2010 年至 2012 年进行广电、电信业务的双向进入,在 2013 年至 2015 年全面推进三网融合。三网融合的实施不仅是技术层面的版图创新,更为广电融合转型提供技术基础。其打破网络界限,让广电的内容王牌跳出有线电视这张单一的网络,利于广电转型为渠道开放、内容集成型平台;也加强广电与电信运营商的合作,促使广电学习网络建设和网络运营方面的管理经验;同时三网融合很大程度上促进了广电、电信等业务合作及优势互补。

在政策的推动下,第二个阶段平台拓展期的主要融合形式表现为网络电视(IPTV)的开办。相比之前省级卫视的自建网站,网络电视(IPTV)是崭新的一次尝试。网络电视是通过互联网来传输

① 蔡文:《融合媒介与融合新闻——从美国新闻传播的变化谈起》,《采·写·编》2006 年第 2 期,第 57~59 页。

电视内容的传播平台。用户在家里可以采用两种方式享受 IPTV 的服务:一是计算机终端;二是带有网络机顶盒的普通电视机。2009 年 2 月中央电视台宣布将全面推进国家网络电视建设,12 月 28 日国家网络电视正式开播,成为集 IP 电视(网络电视)、手机电视、移动电视、互联网电视于一体的集成播控平台,覆盖全球 210 多个国家及地区的互联网用户,建立了拥有全媒体、全覆盖传播体系的网络视听公共服务平台,也拉开了我国广电由单一视听平台转型全媒体服务平台的大幕。2010 年 4 月国家广播电影电视总局批准在安徽卫视网站的基础上组建安徽网络电视台,这是我国第一个省级网络电视台,之后,江苏、湖南、浙江、山东和黑龙江纷纷申请成立网络电视台。如湖南卫视把自己的内容放在"芒果 TV"、PC 端、移动端和家庭 OTT 上,取得了一定的收视效果。在初始阶段,省级卫视的网络电视台发展较快,同时有意识地避免同质化的现象,根据自身资源优势凸显特色,促进了网络电视台的发展。从今天的视角回望,虽然当时依然存在着内容同质化以及台网互动性差、互补性不足、用户区分不明显等问题,但这一时期却是一个网络内容生产者和产品提供者的时代。

如前所述,这一阶段的视频网站发展突飞猛进,但并没有引起电视媒体的关注,只是将其作为一种增强电视传播力的有效渠道而已。没曾想,互联网以迅雷不及掩耳之势快速发展,在近十年中,逐渐产生了以电视剧为主的长视频网站、以用户生产内容为主的视频分享网站及网络视频客户端。以视频网站为代表的新媒体对卫视的冲击不仅仅体现在对用户流量的争夺上,还体现在对电视功能的改造上。特别是手机应用的崛起,让省级卫视愈发感受到了危机和挑战。如智能电视的问世,被称为"云电视",它不仅仅是一台接收电视信号(内容)的终端,同时还是游戏、上网、购物的终端,连接着物联网,成为智能家居的一部分。从这个意义上讲,电视承载的不仅仅是"看电视"这一个功能,更提供了一种高品质的生活方式。在这一现状下,多家卫视纷纷布局"一云多屏",如湖南卫视,最大限度地挖掘自身优势,全 IP 版权的自制节目布局手机、平板电脑、电脑等移动终端,并为移动平台定制生产相对应的网络视频内容。

2014 年浙江广电集团颁发《新媒体融合发展纲要》,提出"一云、两网、三集群、四平台"的融合转型战略,通过资源整合和传播变革,构筑起舆论传播的新格局。随着浙江卫视"中国蓝 TV"产品诞生,浙江广电集团全媒体矩阵渐显雏形。新蓝网的产品定位于网络广播电视台向视频网站转型,建成国内一流的多媒体融合、多终端互动的网络视频平台。其产品包括以新闻为首的中国蓝新闻、以综艺主打的"中国蓝 TV"以及以广播为主的"蓝天云听",一方面契合了浙江广电集团新闻立台、综艺强台的发展目标,另一方面也体现了浙江广电频道制发展及广播、电视相融合的特色。2015 年 7 月新蓝网视频网站的 PC(个人电脑)和移动端产品上线,到 9 月份移动用户突破 300 万,10 月份突破 1020 万,新蓝网的日活跃占用户总数的 10% 以上,VV 日峰值达到 1000 万以上。[①] 由此可见,浙江广电在全媒体实践中走出了自己特色的转型之路。一是技术层面采用混合云架构、音视频编码和流媒体系统,依托多家主流 CDN 厂商的网络覆盖能力,并合理利用大数据的反哺和客户端的开端;二是在媒体融合策略方面,网络电视利用母体节目资源进行直播和点播,实现网台联动的相加效果;并通过中央厨房模式的推广、综艺娱乐节目 O2O 线上线下的互动实现电视和网络、传者与用户的相融;三是在发展转型方向上,新蓝网坚持走互联网化视频网站的转型之路,通过引进优质合作内容,再凭借广电的品牌资源,进行自制节目的创新,并从 PGC(专业生产内容)模式向 PGC+PUGC(专业用户生产内容)生产演化,实现了一定的转型。

深圳广电集团的全媒体融合则另辟蹊径,其伴随深广集团融合融合新闻中心的正式使用而开启。2015 年兼具演播室群系统及生产网络系统的融合新闻中心正式投入使用,其中演播室群包括

---

① 浙江广电集团:《中国蓝 TV—浙江广电集团新媒体融合和转型之路》,《第 24 届中国数字广播电视与网络发展年会暨第 15 届全国互联网与音视频广播发展研讨会论文集》(2016),第 18~23 页。

主虚拟演播室、虚拟演播室和访谈演播室;生产网络系统则包括了全媒体汇聚平台、新闻指挥平台、全媒体发布平台、融合生产平台和媒体数据中心等5个子系统及统一运维的管理平台、统一安全的监控平台等两个辅助子系统。深圳广电融合新闻中心通过大数据、云计算等技术实现了广电内容制播体系全流程的IP化,初步构建起"广电私有云",支持电视、微博、微信、App(手机软件)等平台新闻生产与发布。[①]

这一阶段电视媒体踏上融合转型之路并积极发挥自身优势谋求改变,展现出了一定的特点:一是融合转型全面启动。虽然各省广电媒体发展略有参差,但这一阶段在融合转型方面基本实现了全员全面启动;二是电视媒体在与新媒体的不断交锋中,越来越认识到"去中心化重构传受双方关系"这一事实,融合转型思维切实转向开放、平等、互动的互联网思维;三是渠道资源融合、内容精心制作、业务合作拓展成为电视媒体主要融合手段。各省广电纷纷借力新媒体渠道,整合资源打造全媒体传播平台。视频网站、社交媒体、移动客户端、新型直播平台均称为提供资源、服务用户的极速通道;在内容创作方面则向注重打造品牌栏目转变,通过细分受众掀起栏目小众化潮流,根据用户需求不断提升不同内容的专业度、新闻性和娱乐度;业务合作拓展更是告别了传统单一的视听服务,拓展到政务方面的精准扶贫、电商运营中的电视购物、交互娱乐上的家庭K歌、电视游戏等各个方面,发挥出了广电践行全媒体的独特优势。

第三个阶段则是平台的融合期。如果说全媒体是为电视媒体的融合转型做加法,那么"媒体云"就是为其转型升级做减法。2016年7月广电总局印发《关于进一步加快广播电视媒体与新兴媒体融合发展的意见》,指出要构建集采编、制作、存储、发布、安全管控、运营于一体的广播电视制播云平台。2016年8月,"职责与

---

① 武军、陈争辉:《深圳广电集团的全媒体融合之路》,《现代电视技术》2016年第3期,第34~38页。

使命——2016 媒体融合发展论坛"也随即举行。技术推陈出新,大数据、云计算、物联网接踵而至,媒体融合进入深化发展的新阶段,广电媒体在转型求变中也开始了新的智慧升级。

"媒体云"是基于云计算技术用于提供媒体服务和应用的新兴媒体服务。用户可在媒体云中分布式地存储和处理多媒体应用数据,不需要在计算机或终端设备上安装媒体应用软件,进而减轻用户对多媒体软件维护和升级的负担。[①] 对于电视媒体而言,是为媒体内容的生产、存储以及媒体的管理提供一个技术平台,可谓"中央厨房"功能的开拓升级版,不仅仅是管理新闻内容、信息发布,更涉及多项业务的开展和管理,从而进一步有效提高媒体从业人员的工作效率。

2014 年 3 月 18 日,光明网与微软携手建立首个"媒体云"平台,2016 年人民日报媒体技术股份有限公司和腾讯云为推动媒体融合发展合作打造了云服务平台,中国媒体融合云正式上线,目前全国已经有多家广电媒体在进行媒体云实践。如江苏广电的"荔枝云"已经发布,通过平台建设、开放接口、流程再造,支持广电的内容迅速生产和新业务的弹性部署,"荔枝云"一方面照顾到传统业务流程的需求,另一方面也为新业务提供了统一的内容支撑、数据分析、运营计费、协调管理等服务一体化的技术业务平台。上海广播电视台全媒体融合中心结合记者、通讯员、微信、微博、客户端、网站等多渠道信息,打造新型主流媒体产品"看看新闻Knews",以东方卫视、SMG 的 IPTV、手机客户端、手机电视及 Be-sTV 为主要渠道实现媒体云的管理与应用。而其他省市的广电也相继出台政策,建立自有媒体云预实现智慧省级。以广西广电为例,广西广电与"阿里云"牵手打造既符合广西实际,又反映行业特色,同时能实现自身良性运营的开放型媒体云平台,初期命名为"飞象云",其目标是要建立起连接区、市、县三级主流媒体的融媒

---

① 赵华:《媒体融合大势下的媒体云现状与思考》,《传媒观察》2017 年第 1 期,第 48 ~ 49 页。

体技术框架，形成"新闻＋服务"的内容体系，使云平台成为区域性新型视听主流媒体的基础性技术以及业务支撑平台，为广西电视媒体向高清智能、多屏互动转型升级奠定基础。

媒体云是电视媒体融合转型全媒体的智慧升级，虽然目前难以有过多的借鉴，但基于良好的政策导向和广电媒体排头兵的率先实践，已向前迈开了第一步。智慧升级时我国广电遵循"政策指导为主，各自量身突围为辅"模式深化融合转型，在中央云服务平台的带领下，以量身定制区域性特色媒体云为目标进一步融合发展。

不难看出，从迷茫到转型再到升级，电视媒体为迎合时代发展做出了非常多的探索，如省级卫视和各大门户网站之间的合作、省级卫视开通微信公众号、移动客户端的打造等，但初期从市场回报率来看，不甚理想。相比电视媒体，视频网站等新兴媒体发展更为迅速，呈现飞速增长趋势，省级卫视慢慢呈现守势。其中，新媒体的广告投放与客户的市场转化融为一体，广告能直接导入产品销售，客户的广告投放性价比极高，这就是新媒体的强大市场生命力，这也是电视媒体的软肋。也就是说，这一阶段的电视媒体与新兴媒体的融合也远远不够，还需要探索成熟的融合模式。无论是出于第一阵营的省级卫视，还是捉襟见肘的城市台，融合与转型，是大势所趋。

第二节 从"技术"到"文化"：
媒体融合的逻辑主线

从"上星"到"融合"，随着科学技术的不断发展和进步，媒体的新旧更替、更新迭代从来就没有停止过，电视媒体的变化发展已经成为一种常态化的形态。"融合"很大程度上源于一种技术潮流，是对不断变迁的新技术和新应用的应然。时至今日，在实践和理论层面，媒体融合都有了新的发展，形成了"技术融合"和"文化融合"两大主流视角。

最近几年来,媒体融合作为我国传媒界最为火热、鲜活的实践,充分体现了国家政策设计的引领和推动作用。几乎所有的主流媒体都积极地参与其中,而且大部分媒体都开展了各具特色的创新探索,并初步积累了各自的经验,形成了姿采各异的风格。虽然电视媒体的融合转型无论是理论还是实践层面都有新的发展,但由于在全球媒体发展视野下没有多少成功的经验可资借鉴,因此,目前基本上还处于艰辛的探索阶段。我国电视媒体多年来的改革和发展实践表明,加强顶层设计、强化理论指导、遵循传播规律、不断强力推进,是媒体融合发展必须恪守的基本准则和逻辑体系。

一、媒体融合的理论溯源

黑格尔认为,理论逻辑是指精神"在思维领域中的展开",是精神"表现其自身于思维中作为时间中进展着的存在"。[1] 按照马克思的理解,理论逻辑指"理性中的系列即范畴的逻辑顺序"。[2] 理论逻辑是现实的历史逻辑在思想中以理论的形式展开的。有学者认为,"理论逻辑是指研究对象本身内在要素之间的必然性联系和内在特质规定性,它是不依主体的主观意志为转移的客观必然性"。[3] 理论逻辑亦是指思想理论自身发展演进的历史进程。

(一)媒体融合的概念厘清

近年来,关于媒体融合方面的研究日益为各界所关注,通过现有文献资料的梳理发现,也有称之为"媒介融合"的,但在我国当下的媒介实践和媒介规制中,确切的说法是"媒体融合",因此,本书中采用的是"媒体融合"的概念。目前关于媒体融合的研究主要集

① [德]黑格尔:《哲学史讲演录》第一卷,贺麟、王太庆译,商务印书馆1959年版,第36~37页。

② [德]马克思:《马克思恩格斯选集》第二卷,中共中央马克思恩格斯列宁斯大林著作编译局译,人民出版社1995年版,第146页。

③ 罗建文:《论习近平新时代中国特色社会主义思想的"三大逻辑"》,《理论探讨》2018年第2期。

中在媒体融合概念、融合趋势、影响因素和融合方策略等方面。本
节梳理了国内外关于媒体融合研究的上述几个方面的主要观点,
并对其进行了评述。

为了更好地应对新挑战、抓住新机遇,我们首先对媒体融合的
概念进行梳理。美国麻省理工学院尼古拉·尼葛洛庞帝(Nicholas
Negroponte)于1978年提出"三域重合"比喻。他指出,出版印刷
业、计算机行业和广播电影业这三大行业正在趋于重合,三者相互
重合交叠的地方将是最具发展潜力的新媒介领域。在此基础上,
尼葛洛庞帝认为,媒体融合是"各种各样的技术和媒介都在逐渐汇
聚到一起"[1],最终实现"数字融合(digital convergence)"[2]。该观
点被广泛认可,为媒体融合研究拉开了序幕。"媒体融合(media
convergence)"一词是美国马萨诸塞州理工大学的伊契尔·索勒·
普尔在1983年提出来的,这也是迄今为止最早见诸研究成果的概
念来源。普尔认为各种媒体历史发展演变中,将表现出多功能一
体化的发展趋势。这是人类历史上首次将"媒体"和"融合"两个概
念融合在一起,从此,媒体融合概念逐渐成为研究热点。托马斯·
鲍德温(Thomas F. Baldwin)较早地提出曾经各自为战的有线网络
电视、电信和计算机业将融合在一起,从而整合新的宽带体系。罗
杰·菲德勒(Roger Fidler)预见了"印刷和出版业、广播和动画业、
电脑业"三个领域将会逐步趋于融合的媒体发展趋势。

我国关于媒体融合的研究总体上晚于西方。2005年,媒体融
合的概念和理论被中国人民大学新闻学院蔡雯教授引入国内,迅
速引起了国内学者的研究兴趣。这一年也被称为媒体融合的"引
入之年",从此,相关研究才拓展开来。蔡雯认为,"媒体融合"包含
三个维度的融合:不同媒介的内容融合、不同传播渠道的互联互通
以及媒介终端的融合,并提出"媒体融合是指在数字、网络和电子

---

① 宋昭勋:《新闻传播学中 convergence 一词溯源及内涵》,《现代传播》2006年第
2期。

② [美]尼古拉斯·尼葛洛庞帝:《数字化生存》,胡泳、范海燕译,海南出版社
1997年版,第71~72页。

通信技术为核心的科学技术的推动下,组成大媒体业的各产业组织在经济利益和社会需求的驱动下,通过合作、并购和整合等手段,实现不同媒介形态的内容融合、传播渠道融合和媒介终端融合的过程"。①

此外,我国其他学者也从不同的角度对"媒体融合"的概念进行了探索。喻国明曾在《传媒经济学》中指出,媒体融合是指报刊、广播电视、互联网所依赖的技术越来越趋同,以信息技术为中介,以卫星、电缆、计算机技术等为传输手段,数字技术改变了获得数据、现象和语言三种基本信息的时间、空间及成本,各种信息在同一个平台上得到了整合,不同形式的媒体彼此之间的互换性与互联性得到了加强,媒体一体化的趋势日趋明显。时任人民日报社社长杨振武则从渠道、理念、体制机制、版权保护和开发四个角度切入,提出媒体融合就是要实现思想的交融、资源的整合、价值的共享。随着媒体融合的深入发展,越来越多的学者和从业者关注到融合对于传媒业内容生产、组织建构、作业模式等方面均存在影响,其衍生产品包括融合新闻、交互媒体等。

媒体融合这一概念从狭义到广义的延伸,不再将融合局限于技术和形态本身,而是涉及与媒介演变相关的方方面面,诸如传播内容、传输渠道、制度架构、媒介功能、所有权等,甚至衍生到政治、经济、文化等社会要素层面,如舆论监督、粉丝经济、媒介经营管理等。同时,媒体融合的方式也从技术融合逐渐拓展到经济融合、社会融合、组织融合、文化融合和全球融合等。通览国内外对于"媒体融合"的界定,主要分为三个层次:一是宏观层面:媒体融合的政策、规制研究;二是中观层面:传媒产业发展和转型,传媒产业经营管理;三是微观层面:新闻生产和流程再造。本书所涉及的媒体融合为中观层面和微观层面。本书认为,媒体融合是缘于技术驱动,在政治、文化和市场等因素共同作用下而导致的不同媒介之间边

---

① 蔡雯、王学文:《角度、视野、轨迹:试析有关"媒体融合"的研究》,《国际新闻界》2009 年第 11 期。

界模糊甚至消失的现象和过程。

（二）媒体融合的发展趋势

在喻国明看来，正如贝佐斯曾经形容传统媒体的转型是"没有地图的旅行"，中国传媒业如何能在"摸着石头过河"式的变革中结合资源禀赋发挥比较优势，是未来需要探索的一个课题。关于媒体融合的发展趋势，虽然主流观点认为传统媒体与新媒体的融合是历史发展的潮流体现，但现有文献依然看法不一，主要形成了必然趋势说、传统消亡论、倒融合现象、竞合并存说等观点。

很多学者认为媒体融合是媒体发展的必然趋势，新媒体取代传统媒体是一种必然。理查德·埃德尔曼认为数字和信息技术将传媒带入了一个不可逆的永久性转变之中，一方面是媒介形式等方面的融合，另一方面迅速膨胀的媒介资源又试图不断地对潜在受众市场进行前所未有的细分。奈飞（Netflix）CEO 里德·哈斯廷斯判断，在不远的未来，传统电视为互联网电视代替，App 将代替频道，遥控器将不知踪影，而屏幕将无所不在，每一台电视都可以连接 WIFI 并带有 App。胡正荣则给出了明确的时间表，认为广播电视转型的窗口期大概会在 2020 年关闭，留给广播电视进行转型融合的时间已经十分紧迫了。甚至有学者提出"传统电视会消亡"的论断，认为在网络上、手机里、改造后的双向数字电视网中随处可见的视频将会大行其道，互联网在某种程度上颠覆了之前媒体演进规律，并以数字化的形式囊括了之前的所有媒体形态，最终将形成无所不包的"超级载体"。这些观点的核心揭示出传媒产业已经发展到一个崭新的阶段，新媒体取代传统媒体已经成为历史发展的必然趋势，新媒体已经走上历史舞台，并开始发挥巨大的影响力，但该类观点对传统媒体产业的未来发展明显过于悲观，没有更多地看到传统媒体的独特魅力、传播方式上的不可替代性以及在媒体融合发展中的改革和创新等。

当然，也有很多学者对传统媒体的融合转型持乐观态度。以杨溟为代表，提出在竞争与合作中共存将是新旧媒体最终形成的局面，技术和社会发展的不足导致了媒介的差异，而进一步的发展则会导致各种媒介差别的消失,媒介融合的结果是终端融合,融合后的视频、文字、图片之间的屏障被打破,视频生产者与传统纸媒的界限变得模糊。在传统理念里,媒体融合的路径多是传统媒体中的优秀资源向新媒体市场的战略位移,而在 2015 年之后,一种由新媒体倡导的面向传统媒体开展的收购兼并的"倒融合"已日渐演变为新的潮流。这里所提出的新媒体对传统媒体的收购,其实是对传统媒体所衍生的非新闻节目制作等非播出机构的收购,如近两年,阿里巴巴集团已完成 20 多家传统媒体的收购任务。随着多年的努力,阿里巴巴、腾讯、百度等互联网大型企业,无论从资金流、用户数量、技术体系还是市场数据资源等方面,早已抓住了融合的先机,传统媒体面对的不过是协助其演变为互联网战略布局中的一分子。

（三）媒体融合的影响因素

关于媒体融合发展的影响因素研究,现有文献主要集中在政府规制、顶层设计、技术驱动、市场结构和外部竞争等方面。武卫红、黄峥通过研究主要国际电视频道在推特上的表现后提出,中国广播电视在社交媒体的应用还处于起步阶段,缺乏规划性和系统性。郭全中更是尖锐地提出一些媒体为了融合而融合,以传统媒体为主体的片面融合,把有一定市场活力的互联网拉入体制内等。尽管随着有关政策文件的陆续出台,媒体融合总体规划相关短板正在逐渐弥合,但由于媒体融合的顶层设计的缺位以及相应扶持政策的缺失,在一定时期内对传媒产业融合依然有较深远的影响。

从某种程度上来讲,与其他影响因素相比,政府规制对媒体融合的影响力和推动力无疑是最大的,但技术作为第一生产力,其发展和革新是媒体融合的根本原因。传播学家丹尼斯·麦奎尔认为,真正的传播革命所要求的不只是信息传播方式的改变或者注意力在不同媒介分布上的变迁,其最直接的驱动力,一如既往是技术。有学者在 2006 年就预测,媒体融合是全球产业融合的产物和组成,是产业发展的趋势所在,在数字技术的基础上,所有的媒体将在内容和形式上一体化,通过数字平台予以展现,在手机媒体上予以交汇,在跨媒体集团中得以发展。

资本运作是传统媒体进行融合转型的助推器。刘逸帆认为当前应当充分调动社会资本力量,激发创新活力,以资本为纽带,建设大型综合性传媒集团,建立并完善现代企业制度,充分发挥市场在资源配置中的决定性作用。但目前我国传媒产业资本运作的难度较大,条块分割、多头管理、产权不清等问题,使传媒集团在资产重组和扩张中难以形成统一的市场体系。毫无疑问,资本运作不足和资金筹集渠道有限是当前媒体融合中比较突出的问题,而造成这一问题的根源所在,已有文献却鲜有提及。

学者们对媒体的市场结构以及媒体融合的外部竞争环境也提出了自己的看法。喻国明、王斌认为,目前传媒布局的突出问题就是难以实现传媒资源跨区域的自由流动和协调发展。吴晓坤、吴信训提出,基于互联网强大的传播功能和人群,植根于互联网的新媒体开始出现,新闻门户网站、网络视频网站、以微博为代表的社交类媒体、以微信为代表的即时通信软件,这些网络新媒体的出现完全打破了原有的市场格局。在高红波看来,电信与传媒的产业融合,使电信企业和IT(互联网技术)公司等对电视传媒机构的内容生产和节目传输虎视眈眈,传统电视媒体机构"领地"岌岌可危。这类观点反映出传统媒体外部生存环境的恶劣,媒体融合不进则退、不融则亡。

(四)媒体融合的主要模式

在已有的传媒产业融合理论研究中关于产业融合的方式,可以说观点纷呈,主要形成了调整补充型融合、跨界型融合、目标型融合和综合型融合等几个方式。莱文森在2011年提出了"补救性媒介"理论。"补救性媒介"理论认为,媒体发展是一种体系内的自我调整和自我重组,其根源就是"补救媒介",新媒体具备了传统媒体所没有的功能,从这些功能上,可以展现新媒体对旧媒体的补救,也就是说每一种新媒体都对原来的媒体具有补充解救意义。

随着手持终端的快速发展,以及智能电视的跟进式演进,以智能手机、平板电脑等为代表的手持终端和智能电视、台式电脑在未来将呈三足鼎立之势。手持终端具有移动性、便携式特点;电视机是客厅文化的重要载体;台式电脑则兼具以上两者之部分特点,且与商务办公等场景有天然结合的特点,因此,随着信息网络技术、移动技术和网络条件的不断革新,三者将呈现出相互补充、各成一体的战略态势。正如罗杰·费德勒提出的,新媒介并不是自发的和独立产生的——它们从旧媒介的形态中逐渐产生。当比较新的媒介形式出现时,比较旧的形式通常不会死亡,它们会继续演进和适应。这与刘灵爽提出的,广播媒体进行融合时,可以深度介入交通产业、旅游产业和餐饮产业等,实现品牌的二次开发和产业链的进一步延伸的理论不谋而合。这类调整补充型融合的观点更多着眼于媒体的终端,通过终端的变化和调整来反观媒体的融合,较为理性地考虑了媒体发展的客观规律,也基本符合现有媒体融合的主要方式。

也有学者从媒体的业务、流程和范围入手,考虑媒体发展的广度、深度和宽度,如胡智锋以《中国好声音》为例,对媒体融合环境下广播电视节目运营模式的努力探索给予了肯定,他指出,《中国好声音》进行了彻底的制播分离探索,用股份制的新的资本运营模式,把过去单一媒体所形成的单一收益渠道变成了包括电视媒体、影视制作机构和网络等多家媒体共同投资、共同配股和利益共享,为电视媒体开创了新的盈利空间。近几年,无论业界还是学界已经意识到电视媒体自身传播力量的单薄,伴随着产业发展在行业性和地域性上的成熟,纷纷谋求媒体、行业和渠道上的跨界发展,"跨界思维"得到更多的认同。

虽然跨界型融合模式在当前的媒体政策环境下的操作性还相对较弱,但传媒产业融合时产业发展的趋势和未来,是不可回避的历史课题。如有学者提出,研判中国传媒产业的发展路径,应着力调整市场结构,打破传媒产业条块分割的市场格局,建立能够辐射全国的网络型市场结构体系。面对电视广告市场份额的大幅度萎缩,展开以传媒产业价值链建构为目标、以多元化发展为方向的产业融合迫在眉睫。哈钦森则提出了"文化融合"的概念,他发现当代受众和媒体机构之间的关系发生了重大的文化变革，媒体生产商通过搭建平台给目标用户生产内容，意味着用户可以在网络环境中创建媒体，挑战占主导地位的政治、社会和经济话语权，因此，在当代社会媒体环境中，文化融合时研究媒体融合实践活动的有用框架以及改进政府治理的有效途径。

二、从"技术融合"到"文化融合"的意识流变

技术与文化相辅相成、相互促进，先进的文化理念是技术创新的思想源泉，而技术创新又是推动文化产业转型升级、实现高质量发展的有力杠杆。电视媒体的融合离不开技术融合，更离不开文化融合。从融合发展的历程来看，电视媒体正在从开始简单的"技术相融"向内外部"兼修"的"文化融合"转型。技术本身就是带有文化隐喻的。在电视媒体的融合实践中，从业者必须把握和尊重不同技术的文化隐喻，才能从根本上实现真正的融合。

（一）"技术"向"文化"的研究范式转变

电视媒体融合转型中，技术融合是基础，是支撑。技术融合需要打通技术壁垒，形成新型一体化技术平台，通过开放包容的技术体系支撑灵活的应用模式。在早期，对媒体融合的讨论大多是在"技术融合"的框架内展开的。很多学者对媒体融合的概念界定也直截了当地指出了互联网技术的发展让原本泾渭分明的新旧媒体两种不同的传播形态出现了聚合。从技术融合的角度对媒体融合做出阐释也比较符合人类的主观经验。而对于电视行业的从业者来说，他们最看得见摸得着的"融合"很多时候也是技术的融合，如"中央厨房"的搭建、移动客户端的布局等。从技术融合的变迁来看，电视媒体与新媒体的融合转型经历了从早期的技术拼贴和多渠道分发形式，到如今的将技术功能整合于一体的过程。不可否认，将音频、视频、数据和文本等多媒体内容及其相应的功能设备整合到一台单一设备上的技术融合是媒体融合的精髓所在，而日新月异的移动客户端应用正在使得这种媒体融合的优势越来越明显。

诚然,电视媒体的融合发展离不开技术融合的支持。尤其是在平台化媒体发展白热化的今天,新技术和新应用对电视媒体内容的整合和媒体形态的重塑无疑是不可或缺的。但是,我们需要清楚的是,技术融合绝不等同于技术决定论。如果一味地强调技术融合则容易在融合实践的过程中造成表面上的融合,即技术上的简单嫁接,但并未从根本上解决媒体形态之间、内容之间、组织之间、人与人之间以及不同的技术之间原本不同的逻辑体系所必然带来的矛盾。也正是基于实践过程中遇到的难点,人们开始从"技术融合"转而关注"文化融合"。

作为一种主流文化形态,电视媒体承担了主流意识形态传播和维护公共利益的责任。第五次媒介革命使虚拟空间和现实世界日益融合,图像表意和移动传播的中心化驱动"镜像文化"加速成为社会流行文化产品,并促进传播方式的嬗变和媒介语态的革命。传播学者亨利·詹金斯认为,"融合代表了一种文化变迁"[1],是媒介变化的一种新范式。电视媒体融合不仅是内容、技术、终端、产业的融合,也是电视文化、新媒介文化与社会文化的融合,并在公共价值与产业价值的融合中得以体现。

(二)文化融合的现实逻辑

在这里,"文化融合"中的"文化"是一个相对狭义的概念,在电视媒体融合过程中主要指的是思维方式、管理模式、人才融合、新闻编辑流程等内容。甚至有学者提出,用户的参与与互动也应该归为文化融合的范畴,是媒体生产过程中很重要的一部分。因此,我们在关注媒体融合的时候,不仅仅要关注媒体融合的"内部",即思维方式、管理模式和采编流程等,还应该跳出媒介机构的视角,关注媒体融合的"外部"文化,即"用户文化"与"内部文化"的融合。

首先,融合是一个过程,而不是终点。融合改变了现有的技

---

[1]　[美]亨利·詹金斯:《融合文化——新媒体和旧媒体的冲突地带》,杜永明译,商务印书馆2015年版,第31页。

术、产业、市场、内容风格以及用户和这些因素之间的关系;融合改变了媒体运营及用户对待新闻和娱乐的逻辑。无论从文化角度还是技术角度,融合都极大地改变了人们以往的生存状态,时间与空间、虚拟与现实成了一种存在,每一个个体都被划分到不同的社群,从电视媒体的视角看互联网,可以很清晰地判断出电视媒体正在经历着另一范式的转换。当下,推动媒体融合的文化变迁、法律纷争以及经济合并等,正在先于技术基础设施的变迁而来临。这些变迁会如何开展,将决定下一个媒体时代力量的平衡。

其次,融合既是一个自上而下由媒体推动的过程,又是一个自下而上由用户推动的过程。电视媒体正在学习如何加快自身内容跨越承载渠道的流通,以扩大盈利机会,拓展市场及增强用户黏性。用户也在不断学习如何利用各种不同的技术使媒体内容流动更全面地处于他们掌控之中。这种新媒体环境引发了人们对思想和内容更加自由流动的愿望。在这种理想的激励下,用户将为更全面地参与到他们自己的文化当中的权利而主动选择媒体。同时,电视媒体融合与大众文化之间又存在某种互补,从而在媒体于用户之间建立起更紧密、更有益的关系。

最后,电视媒体融合必须解决内部文化的融合问题。媒体融合牵涉不同媒介组织的整合运作,而不同的媒介组织又有不同的文化,文化冲突有可能成为媒体融合的障碍,文化的融合成为决定媒体融合能否真正成功的关键因素,"与媒介融合相关的不是技术,而是思维定式、管理模式和新闻编辑室的文化"[1]。文化是媒体融合进程中居于最深层次的力量,对媒体融合产生着潜移默化的影响。文化又是隐蔽的力量,这种隐蔽的力量从根本上控制着媒体融合的进程,并决定着媒体融合的成败。因此,电视媒体融合必须高度重视文化层面的融合,只有在文化层面实现了彻底的融合,媒体融合才能真正取得成功。

---

[1] [澳]斯蒂芬·奎恩:《融合新闻报道》,张龙、侯娟、曾嵘译,北京大学出版社2015年版,第78页。

从整体上讲,电视媒体融合是一个系统工程,需要组织的力量,需要从业者的精诚团结、奋力开拓。在电视媒体融合的宏观战略决策方面,大权距①文化有积极作用。在媒体融合的微观实施层面,在电视媒体组织具体实践操作方面,则更注重发挥小权距文化的作用。媒体融合应该注重营造权力距离小的组织文化,善于组建小而美的扁平化团队组织。扁平化团队组织的建设也意味着组织文化需要发生变迁,媒体从业者应该更多地具有平等的权利,营造融洽的工作氛围,应该更多地尊重专业而不是权威。电视媒体融合转型是互联网时代催生的命题,顺应互联网行业发展的内在要求,也应该重视小权距文化的建设。在媒体组织内部,小权距文化更有利于媒体融合的推进,因为权力差距小,团队成员更尊重专业,更容易和谐相处,更有利于提升融合新闻业务操作的专业化水准。

(三)文化融合的实践路径

首先,价值观的统一是文化融合的核心。文化呈现圈层分布状态,从内到外依次为精神层文化、行为层文化和器物层文化。文化的核心是精神层文化,核心的核心是媒介组织长期运作过程中形成的、指导媒体人行为的价值观。文化冲突的核心问题其实就是价值观的冲突问题,文化融合的核心自然就是价值观的统一问题。

价值观相近或者相似,电视媒体的融合转型就容易推进;价值观相互背离或不同,融合转型则变得十分困难。"在融合的过程中,相近的价值理念、信任与沟通在适当的环境中可以催生良好的发展势头。"②成功的媒体融合一定是价值观统一的融合。价值观不统一,媒体融合只能停留在表面,发生的是物理变化而不是化学

---

① 权距是权力距离的简称,是指不同权力层次之间的差距状况,它反映了社会成员对权威的服从程度以及对结构组织权力分配不平等的接受情况。权距大,说明上下级之间的权力差距明显,下级需要绝对服从上一级权力;权距小,强调不管处于哪个权力阶层的人都要平等相处,没有必要绝对服从权威。

② [澳]斯蒂芬・奎恩:《融合新闻报道》,张龙、侯娟、曾嵘译,北京大学出版社2015年版,第64页。

反应,事倍功半。价值观统一,媒体融合才能真正取得实质上的成功,事半功倍。因此,电视媒体的融合转型需要全体从业者达成共识,具备共同的价值观。文化融合需要培养团队精神,高度重视真实、客观、公正等新闻行业价值观,重塑用户服务与分享理念,通过教育、培训、讨论和实践,让媒体组织的核心价值观及文化理念深入每一个从业者的灵魂深处,为每一个新闻人共识、共享、共用。

其次,媒体融合文化的建设还要落实到行动中,要给予那些愿意率先实践融合理念和技术的从业者以鼓励,要对那些在推进媒体融合过程中取得成绩的先行者进行表彰和奖励,这样会激励更多的工作者投身到媒体融合的实践中去。同时,电视媒体还要出台有关推行媒体融合转型的制度文件。对媒体融合的行为层文化融合予以制度化巩固,如"融合新闻生产流程""融合新闻记者、编辑职业规范""融媒体运营与广告管理规定"等,要运用这些规章制度重塑从业者的职业行为,当行为成为习惯,融合文化也就自然而然落地生根了。

最后,"工欲善其事,必先利其器。"媒体融合需要理念引领、行动贯彻,同时还需要器物层文化的支持。器物层文化的融合不仅为电视媒体融合转型的全面实施提供了物质保障,也发出了媒体融合的文化信号,时刻提醒从业者,媒体工作进入了一个全新时代,必须更新理念,实施融合操作。

器物层文化的融合主要体现在编辑部的改造与建设、全媒体采集装备的配置、融合新闻内容管理系统的建设等方面。物质层面的建设不是可有可无的门面装点,而是媒体融合战略的必要途径。没有器物层文化的建设,媒体融合就失去了先进武器的支撑,媒体融合战略的实施也就无法有效开展。只有通过器物层文化的系统建设,彻底实现器物层文化的融合,才能为媒体融合营造良好的环境,才能提高融合实践的工作效率,才能最大化释放融合生产的力量。如当前业界建设新闻编辑室的重点模式——"中央厨房"。"中央厨房"提供了融合新闻生产的硬件基础,应引起电视媒体的高度重视。同时,全媒体采集装备的配置包括全能记者使用的背包、多信道移动直播云台、无人机、VR 设备等,这些装备既是融合新闻采访报道的利器,也是媒体融合的文化符号,释放着文化融合的力量。

三、"技术融合"与"文化融合"的辩证统一

当媒体融合在经历了"技术融合"向"文化融合"的思考后,正逐步从二元划分过渡到"深度融合"的概念上来。这在一定程度上源于社会学和媒介理论界对"技术"的重新认识,各学科纷纷开始"物质性转向",对技术的"物质性"、其本身蕴含的"物质文化"及其能动性重新认识。这其中既包括拉图尔等当代社会学家的新理论,也包括后世学者对麦克卢汉媒介观的再解读。

第一,电视产业关键共性技术的研发是技术与文化融合的前提,这构成了技术与文化融合的一条主线,贯穿于技术与文化深度融合的全过程和各方面。我国电视媒体的发展,可以用"告别铅与火、迎来光与电、拥抱数与网"来形容。技术已经成为电视媒体融合转型的核心驱动力,贯穿于媒体融合的各个发展阶段。增强现实、虚拟仿真、人工智能、5G 等高新技术的研发步伐紧凑,数字化、网络化、智能化、移动化的趋势在融合过程中充分体现:一方面应用于信息资源的采集、制作、管理、发布等文化产品内部生产流程,提升了文化产品内容生产、传播手段的现代化水平,提高了文化装备整体技术水平;另一方面,通过融媒体系的建构,培育出短视频、直播带货、融合新闻等一系列新产品、新模式与新业态。

第二,技术与文化深度融合的关键环节和重要抓手是建立和健全融合体系,主要包括文化技术创新体系和文化大数据体系。在电视媒体的融合转型中,技术与文化融合体系的构建,能够有机地融合内容、技术、生产、传播、运维等产业链环节,能够将电视产业与信息、技术、金融、服务、教育等相关产业无缝衔接,实现技术与文化的"物理组合"到"化学反应"的转型升级。

第三,技术与文化融合的落地举措是文化科技成果的产业化推广,也是打通技术与文化"最后一公里"的外在标志和外在体现。

电视行业文化科技成果的产业化推广，更多体现在新产品、新模式和新业态的层面，需要着力解决的是成熟的商业模式和崭新的传播渠道。以智能机器人为例，我们能够看到机器人在体育新闻、财经新闻和突发新闻等领域的运用，以及 AI(人工智能)主播的全天候工作，但这种运用离高覆盖、高精准、市场化还有一定的距离。再比如 5G 技术的应用，5G 技术作为科技急先锋，已经引起社会各行各业的高度重视，电视行业也以其超高速传播、低延迟、大容量等特点找寻到了多个应用场景：直播领域、电视数字图书馆、文化大数据等同样需要持之以恒解决的，也是市场化成熟度的高低以及产业化规模的大小等问题。

第四，技术与文化融合的保障是科学合理的宏观调控机制，这包括政策支持、高质量的智库支持以及开放合作机制的落实等。科学合理的宏观调控机制，尤其是跨部门、跨行业、跨区域协调机制的建立健全，是电视行业技术和文化深度融合的首要保障。技术与文化融合作为电视媒体融合发展的重要方向和趋势，一直以来都被高度重视。融合的真正实现，既离不开融合政策的配套和支持，更离不开融合型人才的培养。相对于电视媒体过去的运作模式而言，现在的语境下更需要既懂文化又懂技术的"跨界型""融合型""国际型"人才。同时，一线人才、骨干人才、领军人才的"文化＋技术"人才体系建设亟待形成，以满足不同层次的文化技术融合发展需求。

在当下新的媒介生态中，技术与文化融合的放大效应，还离不开国际传播渠道，离不开深化对外合作。中国特色社会主义文化建设的重要内容是讲好中国故事，电视媒体应该着力打造一批反映当代中国、宣传中华民族五千年文明历史孕育的中华民族传统文化、弘扬党领导人民在革命、建设、改革中创造的革命文化和社会主义先进文化的精品力作。同时要创新表达方式，发挥技术赋能作用，用技术赋予文化新内涵，用技术推动文化创新性发展，构筑国际传播渠道，将优秀的电视文化产品与服务推向海外，推向国际。

第五,推动技术与文化深度融合,充分挖掘技术对文化的支撑潜力,其初心和使命在于协同推动我国电视事业和电视产业的创新性表达和创新性发展,推进电视媒体融合发展走向纵深,不断满足人民群众对于美好精神文化生活的新期待,不断满足人民群众对美好精神文化生活的获得感、幸福感与安全感。随着第三次人工智能浪潮的到来,AR、VR、AI、5G 等高新技术不断作用于电视视野和电视产业:一方面,高新技术的应用,有助于电视作品表达和呈现,能够提供增值型信息服务,可以赋予大容量、交叉领域的信息资讯,进而为用户提供更加舒适、更加丰富的视听享受;另一方面,高新技术的应用,催化出一批"文化 + 技术"融合型文化产品,进而推动新模式、新业态的萌生。

从媒体融合的实践来看,技术融合与文化融合虽然分属于不同的业务部门,但是在顶层设计上是密不可分的。技术与文化的融合更是传媒产业整体转型、电视媒体融合纵深发展的动力源、助推器和催化剂。随着电视媒体融合发展的进程不断向纵深推进,遵循技术本身的物质文化逻辑,在各类由不同新技术统筹使用的基础上,技术将与整个新闻采编室的文化融为一体。因此,如果仅仅将技术看作"工具",恐怕在未来的媒体融合中难以为继。

电视媒体融合走向纵深,始终要坚持以内容建设为根本,坚持以先进技术为支撑,不断推进传统媒体与新兴媒体在内容、技术、平台、运维、管理等方面的深度融合与良性衔接。同时,我们也应该注意到的是,随着"抖音""快手"、微信视频号等平台的出现,我国电视媒体的呈现方式被再次叠加。越是在这种情况下,媒体融合的过程中专业新闻从业者越不能放弃自身的社会职责和专业性,陷入被技术牵着鼻子走的窘境。当前,发展县级融媒体中心的战略要求,为我国媒体融合的发展提供了新的实践场域。至少在组织结构层面,这种融合的"下沉"未尝不能被看作是我国电视媒体的深度融合。无论是"技术融合",抑或是"文化融合",从实践的角度而言,只有对自身融媒体项目定位和前期基础条件作出准确的判断,才能找到最适合的理论和范式,探索出最适合的电视媒体融合路径。

第三节 从"相加"到"相融"：
融合发展经验"扫描"

媒体融合时代的到来,培养了我们的互联网思维,催生了融合观念和互联网智慧,在媒体融合理念的观照下,传统电视媒体行业必然会发生新一轮的变革;在传播技术的撕裂下,催生了传媒市场的融合趋势,新旧媒体融合的发展路径与融合机制必将重新讨论。如果上一部分是以省级卫视为线索宏观呈现我国电视媒体的发展之路,让我们在电视历史发展的脉络中厘清电视媒体融合的起承转合,那么这一部分则是聚焦媒体融合发展的当下,将媒体融合的进阶之路具象化,以全景展现电视媒体融合发展的现状。从宏观视角而言,传统媒体与新兴媒体的融合正在经历着从"相加"到"相融"的阶段,有人把这一过程称为媒体融合发展的"光荣一跃"。这一跃无比重要,是传统媒体实现华丽转身的关键一环;但这一跃也困难重重,涉及体制机制变革、生产流程重构等,每一步都需要勇气和智慧。

一、改革扫描：从媒体合作、合并到媒体融合

媒体融合是顺应移动互联时代传播形态变革,遵循新媒体发展规律和传播规律的革新举措。电视媒体的融合曾经有过几年的试水阶段:2014 年的"顶层设计"、2015 年的"媒体融合元年"和2016 年的蓬勃发展,2017 年开始的"相加"到"相融"的推进,再到如今的纵深融合发展,随着技术的不断革新,不同媒介之间的界限变得逐渐模糊,从信息采集、新闻生产、跨屏传播等方面,都取得了不同程度的成就,不难看出媒体融合正在进行中国式的深入探索。

实际上,在传统媒体时代,媒体之间的融合就已经开始实施了,只不过当时的所谓融合还处于浅表层面的彼此合作、合并或整

合的"相加"状态，严格意义上来说还不是真正的"相融"，我们甚至
不妨把它称为媒体融合的初级阶段或"前媒体融合时期"。20 世
纪中后期，国内一些晚报、都市报为了拓展读者市场，与当地的广
播电台合作，联合推出报纸广播版；广播电台也借助于报纸雄厚的
采编力量和优质稿件资源，开辟相关新闻栏目，直接播报报纸上的
文字新闻，其中最具代表性的莫过于中央人民广播电台设置的早
间新闻节目《新闻与报纸摘要》，此栏目至今仍然是该台的新闻主
打节目、保留节目和品牌节目。趁着这股合作东风，电视台也不甘
示弱，也尝试与报纸合作，充分利用和挖掘报纸现有的新闻资源。
2003 年凤凰卫视推出的《有报天天读》就属于这类性质的合作典
范，主要是通过精选当天国内外主流纸质媒体的要闻讯息加以"评
说"的方式，满足电视观众对于资讯的需求，读报人杨锦麟一把折
扇、一壶酒、几份报纸、一张铁嘴与电视观众共享一个屏幕时空，基
本就是这一节目的常见图景，并且开启了中国电视读报的先河。
随后，国内几十家、上百家电视台纷纷效仿开设了类似的读报节
目。早期的网络，因缺乏新闻采访资质和新闻源，转而寻求与报
纸、广播、电视等传统媒体合作，相继推出报纸网络版、可以"看"的
广播、网络电视等过渡性网络新闻产品。当手机出现以后，又出现
了手机报、手机广播和手机电视等新品种和新样式。

　　在媒体合并方面，21 世纪初期，国家广电行政部门开始推动电
台和电视台的媒体合并，先是推进有线台与电视台的合并，从 2004
年起，中央出台措施，以地（市）县两级文化与广电行政部门合并为
契机，推进地（市）县广播电台、电视台的合并；党的十七大之后，在
省一级实行广播电视的管办分离，推动省一级广播电台与电视台
的合并。2018 年 4 月 19 日，中央人民广播电台、中国国际广播电
台、中央电视台（中国国际电视台）三台撤销建制，挂牌成立中央广
播电视总台，此举意味着我国广播电台和电视台的合并改革已经
完成了"最后一棒"的接力。

　　在媒体融合方面，自 1994 年我国全功能接入世界互联网到
2014 年，短短二十年，我国网民规模从 0 增长到 6.32 亿，位居世界

第一。其中，手机网民规模 5.27 亿，手机使用率达 83.4%，首次超过传统 PC 整体 80.9% 的使用率。① 移动互联网时代到来了。而媒体融合因互联网而起，也会因互联网的发展而变化。我国早期的网络融合是由国家层面上力推的"三网融合"，随着互联网的发展，三网融合发展的焦点，也由之前的广电网与电信网及传统互联网的融合，不知不觉中转向了电信网和互联网的深度融合。而深度融合最大的特点就是在互联网思维模式的引导下，让技术逻辑上升到商业逻辑，引发传统行业新一轮的产业革命，催生出各种新产品新业态。就电视媒体而言，手机视频、网络视频、OTT 业务致使有线电视受众分流、广告主"逃离"成为发展过程中必须要承受的一个现实打击。

2015 年网络广告收入首次超过电视，电视媒体曾经"二次销售"的商业模式迅速崩溃瓦解。在广电网的数字化转型过程中，如果广电部门故步自封，就无法提供数字电视网所需的足够多的产品与服务，那么这个平台将形同虚设。只有广电网越开放，才能越吸引到内容提供者、终端制造商和电子商务经营者等利益主体的加入，才能在移动互联网中寻求到自己新的利益增值空间。从意识形态领域来看，互联网尤其是移动互联网已经成为舆论斗争的主战场，直接关系到我国意识形态安全。舆论引导自然也必须抢占互联网这个意识形态新阵地。除此之外，如今发展势头迅猛的互联网因其优厚的待遇和现代化的办公环境正吸引着大量优秀的电视媒体人，这些电视媒体培养起来的业务骨干正从广播电视台等体制内流失。可以说，传统的电视媒体已经到了一个革新图存的重要关口。

面对互联网技术的迅速崛起、市场重新洗牌的局面，2013 年 1 月原国家广播电影电视总局制定出台了《关于促进主流媒体发展网络广播电视台的意见》，支持中央电视台和一些相对有实力、有

① 中国互联网络信息中心：《2014 年第 33 次中国互联网络发展状况统计报告（网民篇）》，http://www.199it.com/archives/187745.html。

创新、锐意进取的地方电视播出机构先行试验。2014 年被称为"媒体融合元年"。中央全面深化改革领导小组第四次会议审议通过的《关于推动传统媒体和新兴媒体融合发展的指导意见》标志着媒体融合发展战略正式上升至国家层面。这一阶段的探索更多处于"电视＋互联网"的简单相加阶段。

为了促进传统媒体与新兴媒体的深度融合,2015 年 3 月 5 日,在第十二届全国人大三次会议上,李克强总理在政府工作报告中首次提出"互联网＋"战略,意味着"互联网＋"被纳入国家经济的顶层设计。2016 年 7 月 2 日,国家新闻出版广电总局发布《关于进一步加快广播电视媒体与新兴媒体融合发展的意见》(新广电发〔2016〕124 号),旨在"坚持正确导向和社会效益优先的前提下,大力推动传统广电媒体与新兴媒体深度融合、一体共生,尽快实现广播电视媒体与互联网从简单相'加'迈向深度相'融'的根本性转变"①。有学者将这一过程描述为融合 1.0 阶段到融合 2.0 阶段的跃迁,融合 2.0 即"互联网＋",媒体融合 2.0 的本质就是供需重构②。2020 年 6 月 30 日,中央全面深化改革委员会第十四次会议审议通过了《关于加快推进媒体深度融合发展的指导意见》等文件,强调推动媒体融合向纵深发展,要建立以内容建设为根本、先进技术为支撑、创新管理为保障的全媒体传播体系。不难看出,国家为媒体融合的发展提供了重要的政策支持,是媒介生存重要的社会环境因素,同时也是传媒产业良性运转的重要资源。

与此同时,供给侧结构性改革的推进也同步倒逼电视台进行自我革新,也为媒体融合的更好推进做好了"铺路石"。就电视媒体而言,电视产业供需失调问题由来已久,主要集中表现在频道资源过剩、内容同质化严重、结构性矛盾突出,急需"去产能""去库存",从源头上整合媒介资源和生产要素,培植一批有公信力、有影

①　国家新闻出版广电总局:《关于进一步加快广播电视媒体与新兴媒体融合发展的意见》,http://www.sohu.com/a/106524868_451230。

②　谭天:《知变求新:走进媒体融合 2.0》,《广电师范学院学报(哲学社会科学版)》2016 年第 3 期,第 154~156 页。

响力的优质媒体，以最大限度地满足媒体融合后的社会和受众的需求。1983年开始实行的"四级办电视"方针让我国的电视台及频道数量在近30年的时间里爆发式增长。据广电总局2010年统计，中国有4000家电视台，24000多个频道，县级播出机构2000家，上星综合频道34个，很多电视台靠"吃政府饭"才能勉强维持。不可否认，在以宣传为核心的广电管理政策思维下，电视台数量众多，确实可以保证宣传的达到率。但当电视媒体除新闻以外的部分被推入市场自负盈亏后，如此众多的电视台、频道结构失衡、重复建设、资源浪费、节目同质化现象严重的后遗症逐渐显现。随着市场不断成熟、电视产业化逐渐加深以及严峻形势的倒逼，尽管目前电视台规模化的"关停并转"还未实现，但频道层面的资源优化已经在悄然推行。

2016年9月16日凌晨1点57分，深圳广电集团旗下法制频道暂停播出，被业界视为地面频道整合的信号。同年10月1日，江西九江广播电视台旅游文娱频道关停。按照现在的发展趋势，频道取消、电视台资源合并是大势所趋。2017年4月25日，山东省新闻出版广电局下发通知，对目前未经批准、事实存在的行政区域性区级播出机构初步形成了"立、转、撤"的工作思路。拟关停大多数区级广播电视台，改为广播电视站；对个别缺乏财政扶持、开办困难的予以撤销，确有节目播出需要的，在公共频道插播或在当地市级频道中开办相关栏目。2020年开年，受到疫情影响，家庭场景凸显出来，公众的注意力也转向了社会公共层面，电视媒体的开机率迎来了久违的回升期。如通过北京地区超过500万高清交互机顶盒回传的数据显示，截止到2020年7月30日，北京地区有线电视用户的每日不重复开机率超过了40%，且平均收视时长约140分钟。但即便如此，也无法阻止电视地面频道的关停并转。如2020年开年之际，上海纪实频道和艺术人文频道合并调整为纪实人文频道，东方电影频道和电视剧频道整合为东方影视频道，艺术人文频道与东方电影频道停止播出。又如2020年3月25日0点，湖北广播电视台时尚频道正式关停，电视平台的新一轮整合正在

进行,当多米诺骨牌被推倒后,下一步必然出现电视行业大洗牌,
"四级办电视"的格局将被打破重组。

面对电视行业"供给大于需求"的相对饱和局面,电视台的供
给侧改革也应当大刀阔斧"去产能""去库存"。因此,部分电视台
的关停与转型,是压缩产能的重要措施,是电视台供给侧改革的一
种表现,这种产业结构的调整也是电视产业可持续发展的必由之
路。同时,我们也应该看到,关停并转并非供给侧改革的目标,这
只是短期的、被动的、不得已的。供给侧改革重点是进行长远的结
构性改革,探索出行之有效的发展模式,培育出对电视产业和技术
发展都有着敏锐反应的、更有活力的市场主体。这样既可以以有
限的财政开支来保证宣传的需要,又可以把富裕的资源交由专业
大型机构运营,省去散乱小差、不成规模的独立商业化运营,形成
区域电视寡头,是今后电视媒体改革的方向和目标。

在媒体融合的探索阶段,获得丰厚成果的同时,仍然存在着一
些有待解决和突出的问题,特别是传统媒体将简单的技术相加当
作了"决胜武器"。以"互联网 +"为例,在最初阶段更多是将以前
"线下"进行的活动搬到了"线上"。与互联网相加,让新闻寻找到
了新型、便捷、快速的传播途径,区别于传统媒体在固定的时间、固
定的栏目向受众传播新闻内容,虽然难以和观众培养起"约会意
识",但互联网以其独特的优势,充分利用了新时代背景下受众更
加碎片化的时间,并且通过不同的渠道保证了受众对新闻时效性
的要求,又可以通过社交平台实行二次传播及多次传播。于是不
少电视台都发展了融媒体新形态,从中央到地方,微博、移动客户
端、微信公众号等几乎是每个节目的"标配",但这种社交媒体、客
户端式的融合实际上是知识内容上的"简单叠加""平台转换"和
"渠道移位"[1]。大部分的相关从业者开始并没有认清这个问题,
依旧盲目地寻求着技术上的再突破,甚至一度认为技术的进一步

---

[1] 魏岳江:《媒介融合为何出现内容"融"而不"合"》,《新闻研究导刊》,2015 年
第 8 期。

发展是促进媒体融合至关重要的一步,然而,这种简单的技术层面上的相加让"互联网 +"倒退回" + 互联网"。这也是为何国内的媒体融合实践大多以失败告终的原因,单纯的平台搬运并不能改变一个走下坡路的传统媒体行业的命运。

相较其他电视台,中央媒体的守正创新为媒体"相加"升级到媒体"相融"树立了典型。近几年,中央电视台都在不断创新融合报道模式,统筹报道资源,对原有流程进行数字化、集约化改造,推动了融媒体报道常态化。如今中央电视台已经建立了重大报道24小时专人对接机制,前方报道团队有专人负责新媒体报道,后方新媒体团队有专人负责编辑、分发和推广,在重大报道实践中,快速形成全台统筹、融合传播的核心竞争力,形成台网紧密结合的宣传报道"大合唱"。此外,中央电视台运用虚拟现实、无人机、移动直播等视听新技术,创新主题主线宣传报道。在 2016 年的国内外重大新闻报道中,中央电视台运用独家视频资源和品牌优势,打造出"V 观习主席出访""V 观两会""V 观 APEC""V 观 G20""V 观大阅兵"等系列微视频,其中"V 观大阅兵"全网播放量超过 1 亿次;G20 杭州峰会期间,中央电视台推出微视频《央视纪录:习近平总书记的一天》,首次将电视端未播出的画面精准投放到移动端,实现了"现象级"传播,全网视频播放量逾 1.2 亿次。自从中央广播电视总台自成立以来,按照"台网并重、先网后台"的思路,"三台三网"融合,建立了总台新媒体"一触即发"机制,实现了"1 + 1 + 1 > 3"的传播效果;央视网"数据中台"的数据采集分析体系,实现了对央视网多终端覆盖情况及传播效果进行全流量监测、评估、分析,每天用户访问记录已经超过 100 亿条。①

从电视媒体"相加"到"相融"的典型案例可以看出,网络技术支撑、运行机制创新、数据采集分析是中央媒体"相加"变"相融"的宝贵经验。网络技术支撑是手段,运行机制创新是基础,数据采集

---

① 黄小希、史竞男、王琦:《守正创新有"融"乃强——党的十八大以来媒体融合发展成就综述》,新华社 2019 年 1 月 26 日。

分析是方法。有了网络技术支撑,通过内部机制的改革创新才能让媒介"相加"落到实处,借用网络技术平台建设实现数据采集分析进而生产出形式多样的媒体产品,才能让媒介"相融"成为可能。无论是合作还是合并、整合,都是在朝着媒体融合的道路上发展,最终的方向和目标就是让传统媒体与新兴媒体实现融合发展和一体化发展,拥抱并变身"全媒体"和"融媒体"。

二、实践扫描:从电视形态嬗变到全媒体传播

(一)电视形态的嬗变

就电视形态这个话题而言,很多人都能够归纳出电视的这些类型组:黑白电视和彩色电视、宽银幕电视和窄银幕电视、高清电视(2K)与高清电视(4K)、有(无)线电视和卫星电视、室内电视和户外电视、固定电视和移动电视、商业电视和非商业电视、付费电视和免费电视、大众电视和分众电视、智能电视和普通电视、以及互联网电视、IPTV、OTT TV 等。虽然 IPTV、OTT TV 不是完全的互联网电视,但却是电视转型的重要形态,目前是行业热点和流行趋势。不难看出,电视也不再以单一形态存在,而是相互融合与跨界地面向个人消费者。

互联网电视的出现,极大地丰富了电视的内涵。同样是内容,传统电视智能以节目和影视剧为主,互联网电视则将游戏、在线教育、电商等活动变为内容;互联网电视还可以利用大数据技术对用户的需求进行更加精准和细致的分类,并实现更加个性化的智能化推荐模式,这激发了电视媒体的全新产业时代,使得"终端即媒介、服务即内容、内容即入口、用户即传播"成为现实。更为重要的是,互联网电视强化了用户的"沉浸感":互联网使用户的注意力不断被分散,时间和空间也被切割,"沉浸感"成为吸引用户的稀缺资源;3D 和 4K 电视以及 VR 等新技术的应用,都极大地满足了人们对于"沉浸感"的需求。深度的"沉浸感""震撼的视觉体验""交互的界面""共享的客厅场景",成为互联网电视吸引用户的关键因素。如果说 PC 互联网是海量的注意力经济、移动互联网是移动的

碎片化经济,那么,互联网电视则是共享的"沉浸感"经济。① 互联网电视尤其是移动端电视的出现,将电视从固定形式带入可移动的世界,打破了线性收看的局限,重新定义了用户的时空观念、释放了电视发展的巨大潜能,是电视形态的一种革命性的改变和跃升。从 2009 年起,我国学界开始关注互联网电视,到 2012 年以后关注度明显增强,2013 年则被誉为互联网电视元年,以乐视超级电视为代表的互联网电视凭借其价格低廉、硬件配置、互联网丰富的内容资源等优势以不可阻挡之势席卷整个电视行业,改变了传统电视行业的发展模式,促使包括传统电视在内的视频服务提供者的角色都发生了改变。

又如 IPTV。IPTV 是一种集成电视,是三网融合背景下广电网和电信网合作运营的产物。以湖南 IPTV 业务为例,作为芒果 TV、中国电信湖南公司以及央视爱上传媒联合打造的互动电视平台,湖南 IPTV 自 2011 年正式上线后,建立了丰富的内容供应体系,不仅独享湖南卫视所有最强 IP 内容,而且拥有大量资质创新内容。从《快乐大本营》《天天向上》等湖南卫视王牌综艺,到《爸爸去哪儿》《明星大侦探》等众多自制节目,内容点播、直播、回看、时移、游戏等功能,为湖南 IPTV 用户筑起了一架高速运转的内容航母。湖南 IPTV 在直播模式上更是大胆创新,2016 年《超级女声》首次在湖南 IPTV 直播主信号加入实时弹幕功能,还有基于大数据系统的智能推荐,多项技术升级为用户带来全新的互动体验。

互联网的出现,电视的形态正在发生多样性的变化,电视媒体的特征也相应发生了变化。顺延电视形态演变的逻辑,我们可以看到,电视媒体呈现出以下三个明显特征:一是从集体集中观看走向个性化观看;二是自上而下的控制走向电视与用户的频繁互动;三是从线性观看走向非线性互动。电视曾被麦克卢汉称为"羞怯的巨人",他将电视归为"冷媒介",即信息含量小,使用者必须主动

---

① 肖明超:《共生的蜂巢效应与"沉浸感"经济》,载《2015 互联网电视发展研究报告》,第 13 页。

投入才能获得表达空间。与之相反,热媒介被定义为内容丰富的高分辨率媒介,只留给使用者很少的参与空间。显然,把电视作为"冷媒介"范畴是对电视刚刚起步时的特征所做的描述。在莱文森看来,互联网诞生之前的一切媒介都是"旧媒介(old media)",它们是空间和时间定位不变的媒介,如书籍、广播、电视、电影等。典型的例子就是电视新闻节目,它规定在18点30分或19点播出,观众就必须守在电视机旁,不到时候你就看不到。旧媒介的突出特征就是自上而下的控制、专业人士的生产。

作为对控制模式的反驳,"使用与满足理论"认为,公众是有记忆、有批判能力的社会行动者,他们有选择的自由,而不是强加机制下的木偶。这种理论的进一步发展是"重访积极的受众理论":受众试图抵制影响,受众经常是顽固的,他们可能不想被任何人或任何东西控制,甚至是大众媒体,他们积极地躲避特定媒体的影响。① 受众的这种微妙变化,显然被媒体敏锐捕捉到了——媒体开始"解禁",朝着向受众开放互动的方向——此时,新媒体应运而生,电视也参与到了这种观众变革。新媒体是电视媒体融合转型的催化剂,新的互动电视平台聚合了智慧教育、智慧医疗、家庭安防、电子商务、电子游戏等功能,将家庭的智能控制、信息交流、消费服务和家庭日常生活密切联系在一起,即构建出"视频 + 智能应用 + 游戏 + 购物"为基本流程的互动生态链。②

总之,传统电视媒体在互联网化的过程中,建立用户平台,本质上是建立在新的传播环境里与公众分享、交流的渠道。互联网电视时代要求改变以往将观众定位为"受众"的控制思维,转而把观众当顾客、当用户、当上帝,坚持以用户为中心,竭诚提供用户所需的信息和服务,与用户建立相互平等、双向互动的传播交互关系。在多媒介竞争的业态下,电视能否继续吸引观众、赢得用户,

---

① [美]斯坦利·巴兰、丹尼斯·戴维斯:《大众传播理论:基础、争鸣与未来》,曹书乐译,清华大学出版社2014年版,第256页。

② 人民日报编:《融合坐标——中国媒体融合发展年度报告(2015)》,人民日报出版社2016年版。

很大程度上取决于电视台能不能最大限度地将用户吸引到自己的平台中来,并在这个平台上建立起最强的用户黏性。

(二)全媒体传播体系的搭建

2019年,习近平总书记提出"四全媒体",即全程媒体、全息媒体、全员媒体和全效媒体,这是对我国当前传播环境和媒体特点的全新阐释。建设全媒体传播体系,也是当前电视媒体深度融合发展的目标。其中,全程媒体是指客观事物运动的整个过程都会被现代信息技术捕捉、记录并存储,媒体信息生产的时空观念被重构;全息媒体是指客观事物在空间运动时的全部信息都被采集并以多种形式呈现,用户体验更加丰富;全员媒体产生的背景,是互联网平台对所有用户的赋能,每个人都能进行信息的采集和发布,所以我们要有一个更加进取、开放的态度,建设开放平台,和人民群众密切互动,从而推动内容生产和社会信息交互;全效媒体是指新型主流媒体平台要像互联网平台那样,通过聚合各种各样的垂直应用,提升媒体功能,使媒体功能全效化。它的背后的驱动力是服务群众的需求。[1]

就传统的电视媒体而言,从全媒体传播体系的基本结构来讲,要实现建设全媒体传播体系的战略愿景,首先需要对四级电视媒体在构建智慧全媒体融合生态中的任务进行科学分配。"尺有所短,寸有所长",只有不断完善中央媒体、省级媒体、市级媒体和县级融媒体中心四级融合发展布局,实现各级电视媒体差异化分工、协同性融合,才能打造一个全方位、多领域、无死角的传播网络,让人们的不同信息需求得到及时、准确地满足。

对于中央级和省级广电卫视频道来说,拥有得天独厚的政策、资金等资源优势,应该充分利用其战略顶端的视野广度来搭建全媒体传播平台,支撑媒体融合向纵深迈进。依托全媒体平台功能强大的资源库,中央级和省级媒体可以为全国以及下属区域内的

---

① 陈薇、段涵敏、龙文泱、邓正可:《建立全媒体传播体系、推动媒体融合迈向纵深——四位大咖长沙纵论"增强'四力',推进媒体深度融合发展"》,《湖南日报》2020年11月19日,第5版。

市县级电视媒体融合发展提供理念指导和技术支持,更高效地完成媒体生产全过程的沟通、调度和指挥,从而将全国各地的融媒体平台和资源聚合在一起,真正实现"全国一张网"的战略构想。同时,在某种程度上,中央媒体和省级媒体的媒体融合探索也为地方媒体的融合实践提供了现实案例。如以中央三台合并为总台为例,新成立的总台无论在组织架构调整、人才资源流通还是在新媒体渠道搭建等方面,都为地市级电视媒体下一步的融合实践提供了一个可供参考的示范性样本。

在我国四级媒体机构格局中,地市级电视媒体融合有其特殊性,一方面地市级电视媒体肩负着承上启下的角色,是思想文化宣传的重要阵地;另一方面地市级电视媒体的用户群体存在差异性,不同级别的城市用户在信息消费习惯和媒介使用情况方面都有所不同。但相较省级和县级的融媒体建设,地市级电视媒体的融合转型步伐缓慢、问题较多,且当前学界和业界的关注相对较少。在具体的实践中,地市级电视媒体融合发展面临着机制僵硬、扶持政策及资金短缺、信息内容同质化、人员结构老龄化等问题,这些问题在不同程度上阻碍了地市级电视媒体的融合转型。比如,一些地市级电视媒体构建"中央厨房"式的部门,或者是类似"中央厨房"的融媒体部门,但这种部门只是提供一些纯粹的技术服务,对于流程再造和组织机构调整意义不大,因而难以发挥最大功效。这种只是借鉴融合媒体的形式但未真正具备融合媒体实质功能的结构安排在很多地市级媒体中普遍存在。

要解决地市级电视媒体融合转型过程中面临的问题,我们需要理清思路、明确目标。大体而言,电视媒体深度融合发展应该扎根本土内容,不仅要报道当地党委和政府的指示精神,反映党委和政府政策、态度,同时向本地群众提供必需的生活资讯,反映民意。对外要在熟悉当地优惠政策和优势资源的前提下,把媒体所在地的这些优势和特色传播出去,以赢得更多的用户,为本地的发展争取更多的社会资源。其次是新旧媒体的相互融合,而不单单是电视媒体要融入新媒体,新媒体也应该融入电视媒体,借助电视媒体的权威性和规范性发展自身。最后要学会跨界融合。跨界是深度融合发展的一种方式，跨界可以拓展融媒体发展空间，减轻电视媒体的生存压力，业务的多元化将有助于电视媒体知名度的扩展的品牌的打造，有助于发挥电视媒体的基本职能，让更多的人接触媒体。这对于地市级电视媒体来说尤为重要，一般来说，地市级潜在的用户群在数量上是没法和大城市相比的，那么，如何最大限度地争取用户成为地市级媒体深度融合发展的一个命题。

随着《县级融媒体中心省级技术平台规范要求》《县级融媒体中心建设规范》《县级融媒体中心网络安全规范》《县级融媒体中心运行维护规范》《县级融媒体中心监测监管规范》等多项建设标准的发布，兴起了各地县级融媒体建设的新范式，其实践进程要远大于中央级媒体和省市级媒体。作为媒体融合的"最后一公里"，县级融媒体中心不仅整合了县域内的传统电视媒体的舆论引导功能，同时将信息枢纽、综合服务等功能聚合起来，以"用户"为导向，将社会的方方面面紧密勾连在一起，最终为智慧全媒体传播体系的加速建设奠定了坚实的资源基础。

全国共有 2000 多个县，县级融媒体中心建设存在着普遍的共性问题，如技术创新不够、专业人才引进难、资金短缺、内容不足、用户黏性不够等。这些共性问题的解决，是县级融媒体中心建设的关键。其中，部分省份在县级融媒体中心的建设过程中遥遥领先，在解决上述问题时也积累了一些宝贵经验。

首先，充分整合，深度融合。所谓"充分整合"，就是以"能整尽整"的原则整合县级各类媒体资源，如广播、电视、报刊、党委政府网站、移动客户端、微信、微博等，打造县域全媒体传播矩阵和信息采编一体化平台，着力优化资源的高效配置。如为全国所瞩目的浙江长兴县媒体融合。从 2011 年到 2016 年，长兴媒体融合的重点主要是广电和报社资源的整合；2017 年 2 月又从"广电 + 报社"的整合向"全域整合"转型，打造"中央厨房"，成立了长兴传媒集团融媒体中心；2018 年，长兴传媒集团持续推进融合深化，把内容生产与经营进一步整合，形成全媒体传播矩阵。在"充分整合"的基础上,全国县级电视台媒体融合的进程虽然很快,但融合的力度和深度还有待加强,需要进一步"深度融合"。

所谓"深度融合",就是以"打造区域性的新型主流媒体"为目标,在前期"充分整合"的基础上,利用新兴技术和硬件设备,加快媒介之间、组织内部的打通、融合,实现内容、技术、渠道的高效共享,改变县级各个媒体"单打独斗、各自为政"的局面,通过"融媒体中心"的建设来理顺内部机制,打造具备传播合力的县级媒介协作体,努力从"相加"阶段迈向"相融"阶段。截至目前,北京市 16 个区县都已经完成了融媒体中心的建设,按照"中央厨房"的模式,实现了一次采集、多种生成、多元传播。如大兴区融媒体中心从业务、人员、空间方面深入推进融合:在业务层面,配套了包括总编室协调会、采前会等一套完整的运行机制,建立了重大事件及突发事件的应急报道机制;人员层面,整合原有各部门人员,新设总编室、采集部、编发部、技术部和管理保障部五个大部门;空间方面,对原有空间和设备进行了重新规划和配置,为全媒体运营筑实了必要的机制保障。

其次,延伸服务,开展广泛合作。以"深度融合"为坚实基础,县级融媒体中心通过"为公众提供公共服务"来吸引用户、重获关注,把县域用户的目光重新聚集到基层媒体上,使得人们主动协同参与到社会治理中来,以此加强基层媒体的传播力和舆论引导力。所谓"延伸服务",就是按照"更好引导群众、服务群众"的要求,在做精做强新闻主业的基础上,积极拓展"新闻 + 政务""新闻 + 服务""新闻 + 文创"等服务领域,着力打造综合型的信息服务平台,保证宣传工作的实效、促进政府形象的展示、增强政府与民众的互动。如部分县级融媒体中心立足当地,因地制宜,积极探索媒体行业新业态,紧随直播带货的新风口,不仅打开了农副产品销售新渠道,还通过流量变现打破了传统盈利模式的局限性。

对内延伸服务的同时,对外开展广泛合作,充分吸收成熟媒体、资深机构的经验和资源,以更加专业、更加迅速的方式建立起相对成熟的融合模式。如北京 16 个区县采取的"外脑"模式,东城区融媒体中心聘请人民日报、新华社、中央电视台、北京日报、北京电视台等的资深媒体人，以及社会专业机构、网络"大V"，组建起东城区新闻宣传智囊团；延庆区融媒体中心借助人民日报提供的技术支持，建设国内首家"广电＋报业"模式的"中央厨房"。又如一些地方的县级融媒体中心建设中采取的"抱团取暖"方式，即多地共建平台、共担成本和风险，提高"融媒体中心"的利用实效。安徽广播电视台以"海豚云"为支撑，建立"全省广播电视新媒体联盟"，提出"到2020年完成融媒体中心在安徽各县市媒体全覆盖"的工作目标。此外，一些人、财、物等关键资源严重不足的偏远县，县级融媒体中心的建设正在探索"托管"模式，把平台开发、后台运维等技术性工作托管给第三方，县级新媒体平台运营人员仅需专注于内容生产即可。其实，县级融媒体中心的建设既没有固定模板，也没有标准答案，都是在不断探索与实践中前进着。

再有，5G、人工智能、区块链等新兴技术为县级融媒体中心的建设奠定了良好的硬件基础，县级媒体可以抓住机遇，积极引进VR、AI、4K、5G等新兴技术，加快融合进程。新兴技术和硬件设备的应用不仅可以创新传播渠道，将传播范围拓宽至县域及以外，增强用户黏性，还可以构建并完善智能化融媒体平台，实现报纸、广播、电视、网站、客户端等媒体资源一体化运作，优化策采编发新闻生产流程，从而实现"一次采集、多重生成、多元发布"的全媒体矩阵传播格局。

在电视媒体融合转型的纵深推进时期，各级电视媒体都进行了大量的探索和实践，中央、省、市、县四级媒体不断催生出融合的新业态、新模式和新案例。从实践来看，中国四级电视媒体新的生态已经生成。作为新生事物的全媒体传播生态体系，"它在社会主义市场经济这个基础性资源配置方式中孕育，在基于互联网技术的社会信息化发展过程中产生"①。但要建构一个功能全面而强大

---

① 宋建武：《推动媒体深度融合，建立全媒体传播体系》，《城市党报研究》2020年第11期，第1页。

的全媒体传播体系需要创新管理作为建设的重要保障,电视媒体融合转型依然任重而道远。

三、现实扫描:电视媒体深度融合的体系化构想

互联网高维竞争时代,数字业务几乎成为一切旧媒体救亡图存的未来挪亚方舟。电视媒体的融合发展也正处在这样的十字路口,被迫做出艰难选择。许多电视台背水一战,把互联网化作为最后一根救命稻草。然而,罗马并非一夜建成的,电视融合发展不可能一蹴而就。虽然,我们在本章梳理了媒体融合的相关理论支撑以及正在如火如荼进行着的全媒体实践,但就当前电视媒体的融合业务来看,理念、流程、技术、产品、渠道、人才、市场、资本等多方面依然有待突破。

(一)电视媒体融合发展的五重维度

电视媒体融合转型过程中,缺资金、缺技术、缺人才、缺监管应该是一个比较现实、突出、普遍的问题。资金是任何一个互联网企业发展的核心能力,服务器成本、版权成本、内容多渠道分发等都要大投入大手笔。技术总是在快速变化,更新换代永不满足、永不停歇。技术是电视媒体融合业务的引领,谁在技术上抢先一步,谁就在市场上更高一筹。此外,电视媒体融合发展严重依赖人才建设,包括复合型人才、专业型人才。复合型人才主要有两类:一类是既懂电视又懂新媒体,既懂投资又懂管理的高层次管理人才;另一类是能够运用多种技术工具的智能型记者编辑;专业人才主要包括金融、法务、技术等专门人才。目前我国大部分电视台实行的依然是事业体制下的用人机制,如何建立适应新媒体发展需要的新的人才机制任务十分迫切。以市场经济为杠杆的激励、培养和使用人才,如何突破体制内思维,打破"铁饭碗"刚性需求,并帮助从业者量身定制可行的职业规划和人生规划,拓宽其成长成才渠道亟待探索研究。电视媒体的融合转型是一项规划治理的事业,行业监管和行政监管必不可少。然而,伴随着平台内部竞争激烈,传播主体创新乏力等现实因素,媒体融合过程中也出现了假新闻、

洗稿、弹幕八卦暴力、怪异表情包等示范行为,显然这是缺乏行业和行政监管的表现。缺资金、缺技术、缺人才和缺监管是共性的问题,也是电视媒体融合过程中一些表层的现象性的问题,这些问题捆在一起对电视媒体融合具有致命性的打击和阻碍,但是电视媒体融合的问题、矛盾、掣肘远非这些。当一个电视传媒集团不缺这四项时,依然有些问题和矛盾需要我们去发现和挖掘,这些问题主要包括理念失衡、路径依赖、路径选择、非对称突破和整体协调等,需要逐一剖析、各个击破。

1. 新旧媒体基因下的理念更新

在"内容为王"价值理念的指引下,做好节目、生产精品、追求极致是流淌在传统电视人血液中的永久基因,并成了其判断一切节目好坏优劣的最高法官。正是这种基因传承,使得一茬茬电视人将电视视为文化、艺术和事业,并作为一生的追求去呵护和恪守,这使得电视自其诞生之日起就在众多媒体的激烈竞争中独领风骚,始终保持活力和生命力。然而,在互联网时代,电视所处的社会情势正在发生着革命性的变化,电视从自上而下、自内而外的封闭控制模式正在朝平等参与、交互生成的开放平台转变,电视从以前的文化艺术神龛日益走向文化产业的繁华市场。从过去的自娱自乐、顾影自怜的"西施美人",走向用户选择接受评判的"邻家女孩"……电视的评判理念和评判标准正在发生多元化、多层次的结构性变化。虽然在"内容为王""内容自觉"之外,电视人敏锐地捕捉到了市场变化和环境的颠覆,并在节目生产、广告经营、节目购销、技术支持、系统平台等业务模块上,自觉不自觉地关注了技术、渠道和用户需求,但是远远没有将这三个要素提升到与内容要素同等位置上去认知和考量,"内容为王"的悟性思维始终没有突破。这固然与我国广电公益性政策有关,但在政策放开的某些领域,电视人办台办节目的非市场经济思维始终根深蒂固。

2. 媒体融合语境下的路径依赖

在历史制度主义的理论框架中,路径依赖(path dependence)是一种至关重要的分析范式,也被学者们认为是研究制度变迁的主要模式。路径依赖原是生物学领域的专属词汇,后被引用至制度变迁的理论研究中,用来解释在技术变迁的过程中,一些随机因素的出现,在很大程度上会将历史发展锁定在种路径上。著名的制度经济学家道格拉斯·诺斯(Douglass C. North)和戴维斯(Davis)最早系统阐述了制度变迁理论,而诺斯最先将"路径依赖"的概念引入制度分析中。诺斯认为,"路径依赖"类似于物理学的惯性原理,事物一旦进入某一路径,就有可能对这条道路产生依赖:人们过去做出的选择决定了他们现在可能的选择。

传统电视媒体与新媒体的融合也存在路径依赖的问题,如同婴儿从母体分娩出来时对母亲有生理和心理依赖,新媒体从旧媒体中产生一下子也剪不断脐带。新媒体有它独特的属性和发展规律,其运作方式与传统电视媒体的模式大相径庭。如果我们继续用"文科生"的思维去解决理工问题,可能使的劲儿越大,反作用会越明显。如前所述,为应对新媒体对传统电视媒体的冲击,各级电视机构都在积极探索新媒体融合发展战略。但是在这个融合过程中,电视台的新生融媒体平台严重依赖母体电视的品牌效应、粉丝社群以及用户终端,特别是在人力资源配置、资产有形无形管理、资金募集及投向等方面,无法摆脱母体电视传媒集团的决策供给和制度安排,在归属感和荣誉感上依赖"旧平台",在个人职业规划、晋升、等级评定上也无法摆脱"旧平台"的培养、使用、监管和制约等。

事实上,传统电视媒体在时代切换的战略转型之际,都会遇到路径依赖的问题。在新领域是采取简单克隆传统电视的品牌优势,还是采取全新品牌突围,显然并不是唾手可得的游戏,而是必须在市场上肉搏打拼,并与用户反复互动磨合,最终择定的艰难选择。

3. 技术战略中的路径选择

与路径依赖紧密相关的是路径选择问题,前者主要指的是品牌战略问题,而路径选择则更多考虑的是技术战略问题。在电视媒体融合转型的技术战略选择过程中,电视人经历了一个从盲目选择到混沌不清再到云雾初开的过程。之前，关于电视媒体融合的问题，人们谈论最多的是三网融合背景下的电视融合，即电视同时依赖广电网、电信网和互联网三家开发用户需求和市场份额，2015 年之后，移动网页进入了融合俱乐部。在三网融合的背景下，电视的机顶盒业务、WIFI、多频道种类、付费电视、高清电视、交互电视等业务遍地开花，给家庭用户带来了更加便捷高效和优质的服务。家庭用户在缴纳电话费的同时即绑定电视使用费，可享更多频道和付费频道服务。但是与此同时，客厅 WIFI 的到来，使得手机屏、IPAD 屏比电视屏的使用频率更高，人们看电视的行为不得不过渡到"听"电视的状态，并出现了"三分天下"的格局，许多时候，电视在家庭以及个人使用上被迫沦为"安静的美男子"。不仅如此，合作、竞价协议上存在诸多烦琐环节，再加上电信网、移动网在城市中的服务质量差别，使得电视台与他们的合作并没有人们想象的那样自然顺畅。基于这些实践和技术考量，越来越多的电视台融合倾向于选择互联网的融合形式，即单刀直入选择互联网电视。事实上，互联网作为一种高效优质、低廉快捷的传播技术必然成为电视媒体融合转型的宠儿。

4. 创新创业下的非对称突破

非对称战术最早用于军事领域。在互联网时代，电视媒体深度融合也要选择这种战术手段。非对称突破，也可称为单点突破，它被认为是年轻人创新创业的新入口，也是互联网成功企业的显著标志，因为人们开始坚信：一项颠覆性的技术，它可能会改变一个行业的商业模式，甚至是命运。瞄准一种市场需求，准确选择新技术切口，是互联网企业成功的捷径。如腾讯的微信、阿里巴巴的电商、百度的搜索引擎等都是在单点突破中寻求比较优势，并独树一帜。以微信的国民级应用为例，其"连接一切"的战略方针，即微信＋朋友圈＋转账＋手机充值、微信红包、生活缴费、信用卡还款、AA 收款、腾讯公益、第三方服务，包括"滴滴出行"、火车票、机票、酒店、"京东精选"、电影院等多元业务，带动腾讯的商业模式全面突破。类似的像"今日头条""滴滴打车""小红书"等软件在移动互联网条件下异军突起,广泛赢得市场,对微博、微信和百度形成了新的竞争力。当电视进军互联网行业后,也必然尽快形成"单点突破"的想象力,从"传统媒体+"向"三微一端"转型,但是远远没有达到微信这种"骨灰级"软件的功能效果。总之,面对互联网企业,尤其是视频网站竞争的汹涌澎湃和暗潮涌动,电视人既然跨入这个行当,就必须时刻孕育互联网思维和跨界思维,多几个不眠之夜、多几分好奇冲动、多几个单点突破。

5. 顶层设计下的整体协同

电视媒体融合发展是一个系统工程,既涉及外部战略问题,又涉及内部协作问题。当然,电视台内部整体协同问题是一个必须引起高度关注的问题。总台与分台、新台与老台、部门与部门之间各自为战、各自为调的问题依然存在,缺乏统一协调。以开设官方微博、微信号为例,上述单位基本上都有自己的微博和公众号,虽然种类繁多,异彩纷呈,但是每个账号犹如散落在大海中的一颗珍珠,相互之间缺乏协同,难以组成名贵的项链,价值增量不足,无法体现整体优势和规模效应。不仅如此,在某些情况下,各个账号之间因为用户无限制性转发、分享,导致大量内容重复刷屏,眼花缭乱,经常撞车,给用户和粉丝造成困扰,引起信息疲劳。虽然台内各部门各要素、各栏目各节目也都意识到了"重复刷屏"的价值负增效果,但是对建立统一账户平台热情不高、动力不足,增强自身节目特殊性和所谓的"品牌战略""垂直用户"多,维护统一平台权威和价值少。除了主观原因外,如何建立有效的方式应对社交网络平台实时互动需要也亟待探索研究。

(二)电视媒体融合发展的体系化构想

电视媒体融合发展具有坚实的理论基础,但是媒体融合的道路却不是一帆风顺和一马平川的,它受到诸多主客观原因的掣肘。日本的传统媒体将媒体融合称为"不可逃避"的时代行为,还提出了一个生动的口号"蛇不蜕皮不活"①。蜕皮是痛苦的,但却是传统电视媒体成长的必由之路。全媒体传播体系的建构是电视的现实选择,电视实现互联网化是其发展的必然趋势。"互联网+"背景下电视融合是全要素、全系统、全方位、多层次、宽领域的融合,牵涉到方方面面、里里外外。要建立"以内容建设为根本、先进技术为支撑、创新管理为保障"的全媒体传播体系,电视媒体融合发展必须实现理念、内容、平台、渠道、技术的突破和融合。

1. 深度融合是电视媒体融合发展的基本理念

如前所述,深度融合是电视媒体与新媒体融合的必然选项。融合的速度决定电视发展的长度,融合的深度决定电视的高度。深度融合的关键在于实现理念从"+互联网"到"互联网+"②的转变。"互联网+"不再是一个渠道,而是一个主体。"互联网+"的显著特征是实时、互动、多元、前卫、便捷、高效,本质上是一种全新的人际交往方式和数字化生存方式。电视在最初阶段更多的是将以前"线下"进行的活动搬到了"线上"。与互联网相加,让新闻寻找到了新型、便捷、快速的传播途径,区别于传统媒体在固定的时间、固定的栏目向受众传播新闻内容,虽然难以和观众培养起"约会意识",但互联网以其独特的优势,充分利用了新时代背景下受众更加碎片化的时间,并且通过不同的渠道保证了受众对新闻时效性的要求,又可以通过社交平台实行二次传播及多次传播。于是不少电视台都发展了融媒体新形态,从中央到地方,微博、移动客户端、微信公众号等几乎是每个节目的"标配",但这种社交媒体、客户端式的融合实际上只是内容上的"简单叠加""平台转换"和"渠道移位"。可是大部分的相关从业者开始并没有认清这个问题,依旧盲目地寻求着技术上的再突破,甚至一度认为技术的进一步发展是促进媒体融合至关重要的一步,然而,这种简单的技术层

① 黎斌主编:《电视融合变革:新媒体时代传统电视的转型之路》,中国国际广播出版社2011年版,第44~45页。
② 戴莉莉:《牢牢把握融合发展的关键环节》,《人民日报》2017年2月19日,第5版。

其最为显著的特点是依靠大数据分析用户兴趣做到精准推送,在内容生产和分发的技术和流程上做出了较大的改变。"今日头条"的口号是:"你关心的才是头条。"这一口号将用户与信息价值紧密连接在了一起,如果与用户有关、对用户有用,不仅是新闻,广告也有可能成为十分有价值的信息。针对用户的特点,推送较为个性化的内容,用户眼前的广告就能够实现千人千面,不再是与自身无关的干扰性内容,而能够成为有针对性的、被用户需要的信息。从新闻采集、生产制作和分发经营三个环节正在发生的技术变革来看,电视实现技术融合必须培养和树立大数据思维,以用户需求偏好为风向标,在构建网络聚合平台的前提下,积极开发新软件、应用新技术、参与新合作,切实以革命的姿态、奋斗的精神投入这场大融合、大变革中。

本章小结

在全球化媒体融合形势的驱动下,大规模的媒体融合已经成为一种必然。本章作为全书纲领性的章节,从宏观视角对电视媒体的融合发展历程、融合发展逻辑和融合发展经验进行观照,为后文论述的展开奠定了基调。为进一步深化对电视媒体的认识,在以省级卫视为横剖面回顾了电视发展历程的基础上,对当前电视媒体融合的研究从学理层面和实践层面进行了探究。就学理层面而言,对媒体融合的研究正在从"技术融合"向"文化融合"的范式转变,最终实现"技术"与"文化"的辩证统一。技术本身就是带有文化隐喻的,文化融合应该系统推进,价值观的统一是文化融合的核心问题,只有在文化层面实现了彻底的融合,媒体融合才能真正取得成功。从纯粹理论世界走向电视现实世界,重新审视中央、省级、地市级和县级电视媒体融合的实践经验,我们发现当前电视发展存在缺资金、缺技术、缺人才、缺政策四大共性问题,以及理念失衡、路径依赖、路径选择、非对称突破、整体协同不够五大个性问题。中国电视走融合发展道路,必须坚持把理念融合作为根本指向,把内容融合作为中心内核,把平台融合作为主导逻辑,把渠道融合作为主要延伸,把技术融合作为动力支撑。电视媒体与新媒体在平台、渠道、人才、内容和技术等层面实现深度融合,形成发展合力与动力,或许,电视的明天会迎来新的曙光。

第二章　环境：电视媒体
融合发展的时代坐标

　　任何文化形态都有其生命周期，都有它的顶峰，因而也会有它的拐点。我们需要重新审视电视的生存处境，设身处地、客观冷静地看待电视、读懂电视、理解电视。2014 年被公认为传统电视媒体发展的拐点，收视率和广告收入的双重下滑，无疑给电视发展蒙上了一层灰色的雾霾。而就在同一年，媒体融合上升为国家意志，传统媒体似乎迎来了发展的曙光。面对机遇与挑战，电视媒体正需要浴火重生、凤凰涅槃，我们也亟待对电视生存环境进行重新评估和反思，既不能妄自尊大总认为自己手里捏着"内容为王"的底牌可以包打天下，也不能因为"狼来了"而妄自菲薄、畏首畏尾、不战而败。在 2015 年 10 月召开的"世界传播论坛——上海 2015：全球比较视野下的媒体融合"国际研讨会上，卢加诺大学的加布里埃尔·巴尔比教授对"媒介融合"在欧洲语境中的演变进行了技术、政治、经济和文化四个层面的解读，认为对"媒介融合"这一概念的阐释在欧洲存在一个渐进的过程，是上述四个方面在不同时期共同作用的产物。① 这为我们研究电视媒体融合发展规律提供了可借鉴的分析框架。本章我们还将借助 PEST 模型（PEST Analysis），

————————

　　① 吴小坤：《全球比较视野下的媒体融合——2015 年上海"世界传播论坛"的综述》，《新闻记者》2015 年第 12 期，第 90 页。

从政治(Politics)、经济(Economy)、社会文化(Society and cultural)和技术(Technology)等多维度对影响电视媒体融合发展战略的宏观环境进行分析，以期勾勒出电视媒体融合发展的时代坐标。

第一节　政策引导：
电视媒体融合发展的制度保障

国家政策是电视媒体融合发展的"风向标"，法律法规为融合转型保驾护航。近些年来，"媒体融合""智慧广电"已经成为电视行业发展的大趋势，也是电视发展的基本共识，"牌照制度"。电视媒体一路走来攻坚克难，与党和政府的积极推动高度关联，国家从制度层面为推动电视媒体融合发展铺平了道路。因此，有学者断言，从世界潮流看，"我国媒体融合发展领风气之先，整体进展在世界媒体'第一方阵'"①。这既是由电视事业的意识形态属性决定的，也说明了电视的融合发展离不开系统完整的政策支持和引导，只有在党和国家方针政策的正确引导和推动下，媒体融合发展才能顺利推进，电视行业转型步伐才能越走越快。

一、媒体融合战略：指明融合发展方向

在从媒体融合到媒体深度融合理论的提出与发展过程中，以习近平同志为核心的党中央高瞻远瞩、审时度势，坚持历史唯物主义和辩证唯物主义的观点与方法，遵循从实践到理论再到实践的事物发展规律，逐渐探索出一条具有中国特色社会主义的媒体融合发展理论，为指导我国媒体融合实践提供了根本遵循和行动指南。七年来，媒体融合理论的不断丰富、发展和完善大致经历了四个基本阶段。

第一阶段，首次提出"媒体融合"概念。2013年8月19日，

---

① 崔士鑫：《我国媒介融合发展走在世界前列》，《人民日报》2017年2月19日，第5版。

习近平同志在全国宣传思想工作会议上指出:"要适应社会信息化持续推进的新情况,加快传统媒体和新兴媒体融合发展,充分运用新技术新应用创新媒体传播方式,占领信息传播制高点。"

第二阶段,开启中国媒体融合发展"元年"。2014年8月18日,习近平同志在中央全面深化改革领导小组第四次会议上强调:"推动传统媒体和新兴媒体融合发展,要遵循新闻传播规律和新兴媒体发展规律,强化互联网思维,坚持传统媒体和新兴媒体优势互补、一体发展,坚持先进技术为支撑、内容建设为根本,推动传统媒体和新兴媒体在内容、渠道、平台、经营、管理等方面的深度融合。"此次会议审议通过了《关于推动传统媒体和新兴媒体融合发展的指导意见》,至此,"媒体融合"上升至国家战略。2014年也被称为"中国媒体融合元年",传统媒体和新兴媒体融合发展的大幕就此开启。

第三阶段,推动传统媒体和新兴媒体融合发展。2015年12月25日,习近平同志在视察解放军报社时指出:"要研究把握现代新闻传播规律和新兴媒体发展规律,强化互联网思维和一体化发展理念,推动各种媒介资源、生产要素有效整合,推动信息内容、技术应用、平台终端、人才队伍共享融通。"先进的思想和理念是一切行动和措施得以施行的重要保证,互联网思维和一体化发展理念的确立和强化是推动传统媒体和新兴媒体融合发展的先决条件。2016年2月19日,习近平同志在党的新闻舆论工作座谈会上强调:"要推动融合发展,主要借助新媒体传播优势。"在加强和推动传统媒体和新兴媒体融合发展过程中,新媒体尤其是移动新媒体的传播优势至关重要,主动借力新媒体,坚持移动优先战略是进一步推进媒体融合发展的关键所在。2018年8月21日至22日,习近平同志在全国宣传思想工作会议上提出:"要扎实抓好县级融媒体中心建设,更好引导群众、服务群众。"

在我国,按照"四级办电视"的政策规定,县级是拥有主办机构媒体资质的最后一级行政单位,县级媒体是最接近基层群众的媒体。因此,根据传统媒体和新兴媒体融合发展的需要,扎实抓好县级融媒体中心建设就可以打通实现引导群众、服务群众的"最后一公里"。

第四阶段,推动媒体融合向纵深发展。2019 年 1 月 25 日,习近平同志在中共中央政治局第十二次集体学习时指出:"推动媒体融合发展、建设全媒体成为我们面临的一项紧迫课题。要运用信息革命成果,推动媒体融合向纵深发展,做大做强主流舆论。"2020 年 6 月 30 日,习近平同志在中央全面深化改革委员会第十四次会议上强调:"推动媒体融合向纵深发展,要深化体制机制改革,加大全媒体人才培养力度,打造一批具有强大影响力和竞争力的新型主流媒体","牢牢占据舆论引导、思想引领、文化传承、服务人民的传播制高点"。

经过七年的持续推动和发展,关于"媒体融合"的相关文件和讲话日渐密集,这与这些年依托互联网和区块链等技术兴起的新兴媒体对传统媒体的冲击愈演愈烈不无关系。传统媒体和新兴媒体融合已经从初期的基本建设阶段,进入一个历史发展时期,推动媒体融合向纵深发展,深化改革,建设全媒体,打造新型主流媒体,做大做强主流舆论,成为新时期我们面临的新的建设任务。

从历年关于媒体融合的文件及讲话不难看出,媒体融合战略呈现出"连续性"和"区隔化"两大特点。

首先,就时间推进而言,具有连续性特征。在媒体融合发展的阶段性进展中,2015 年《人民日报》"中央厨房"在全国两会首次试运行便取得了良好传播效果,引起业界的广泛关注,为传统媒体的转型提供了经验和参考。至此,"中央厨房"的运作成为广电媒体进行融媒体转型的主流模式及标配。在这里"中央厨房"是一个比喻,原本是指连锁餐饮企业采取集中采购、统一加工、统一配送的商业模式。根据测算,采用"中央厨房"的餐饮企业比传统的采购配送机制要节约30%左右的成本。媒体行业借用餐饮行业中的这一概念,目的并不是要生产流水线式的新闻产品,而是通过"一次采集、多级开发、多渠道发布",实现个性化的订制新闻产品。"中央厨房"进入电视媒体是随着在纸媒的成功运作而推开的。2016

年 4 月,央视技术部门开始着力打造"中央厨房式"采编系统,建设全媒体演播室和"一体化"制作平台,以实现海量素材资源的"一次采集,多元生成"。随着 2018 年中央广播电视总台正式宣告成立,媒体融合战略也向纵深开掘。这一阶段省级广电也立足自身实际,根据各自对融合发展的理解和目标,打造出了一批各具特色的"中央厨房",如浙江卫视的"广播电视 + 新型作业模式、上海广播电视台自主研发的"Xnews"全媒体融合生产平台、河南大象融媒体集团建立的"新闻岛"采编生产模式等。2018 年县级融媒体中心建设起步,到 2020 年打开了"全面铺开、加紧建设"的局面,这也是媒体融合战略在县域节点的顺序推进。因此,媒体融合战略推进经历了从以中央和省级"中央厨房"建设为主要特征的第一阶段,过渡到了基层县级融媒体中心建设的第二阶段的顺序过程,实现了从中央到地方传播矩阵的搭建,有鲜明的顶层设计特征。

其次,媒体融合国家战略连续性发展的同时,还呈现出了"区隔化"特征:2014 年开启的第一阶段的媒体融合主要集中在中央和省级层面,发展重点强调主流媒体要具备"阵地"意识,并将新媒体纳入党和政府的宣传体系,巩固壮大主流思想舆论;而 2018 年开启的第二阶段的媒体融合则聚焦于县级融媒体层面,重点强调的是基层舆论引导和服务群众。很显然,两个阶段的发展重点明显不同,但战略目标殊途同归,都是从主流媒体的意识形态功能出发,在互联网时代加强官方舆论场优势话语权的巩固,推动主流意识形态对民间舆论场的引领。

二、智慧广电战略:延伸电视产业触角

随着媒体融合的不断深入和整体转型,通过互联网大数据、区块链、人工智能等新技术的有效利用,极大地赋予了中国广电"智慧"发展新动能,推动电视媒体全流程、全业务、全网络向智能化、智慧化创新转变,进而促进中国电视事业和传媒产业的可持续发展。

"智慧广电"战略的提出,是基于广电媒体发展过程中面临的

诸多困境:一是广电业用户流失率的不断推高,严重影响到广告收入;二是广电媒体传统技术体系难以适应融媒体时代的发展要求;三是广电媒体的产品结构单一,主要以节目传播为主业,增值服务和创新产业还未形成新的经济增长点。但即便困难重重,广电媒体依然迎来了前所未有的发展风口。技术的加持、政策的保障、市场的需求,让"智慧广电建设"成为广电媒体转型升级的必经之路。

所谓"智慧广电",就是以全面提升广播电视业务能力和服务能力为目标,以构建国家基础信息设施为宗旨,以有线、无线、卫星、互联网等多种协同承载为依托,以云计算、云应用、云安全等技术为基础,构建支撑智慧广电网络和业务的云服务体系,以大数据、物联网、人工智能、边缘计算等为代表的新一代信息技术作为广电开发新业态资源的重要因素,以互联网协议第 6 版综合技术为支撑,不断提升超高清整体的性能,加快数字化、智能化的全面发展,通过交互化、网络化和智能化,全面推进智慧广电技术的部署应用,同时把握机遇、主动谋划、强化技术支撑,建成新一代的全交互式的智慧广电网络,以融合媒体智能传播为目标,以全面提升广播电视、网络、业务及管理服务能力为指标的综合广播电视系统。[1] 总而言之,智慧广电是对广电系统多层次、全方位的智慧化升级改造。从发展趋势而言,是技术驱动下的"供给侧结构性改革";从技术层面而言,是广电平台智能化、网络平台智能化和终端融合智能化的整合;从业务布局而言,是以用户为中心,在提供以视听为核心的全业务优质服务的同时,依托互联网拓展新业务,打通全产业链盈利模式。

从 2015 年国家广电总局部署"打造智慧广电,畅想数字生活"开始,智慧广电的建设进程就没有停歇。当时的智慧广电提出"四个坚持":坚持受众为本、内容为王;坚持融合创新、协同覆盖;坚持人民至上、服务为要;坚持安全为基、创新驱动。[2] 2018 年 5 月,总

①　黄光宇:《5G 时代下智慧广电的发展》,《中国有线电视》2020 年第 6 期,第 61 页。
②　《打造智慧广电,畅享数字生活》,中国新闻出版网 2015 年 5 月 26 日,https://www.sohu.com/a/7979005_115415。

局再次要求加快智慧广电发展步伐,并于同年 11 月印发《关于促进智慧广电发展的指导意见》。《意见》对智慧广电发展的总体要求和保障措施提出意见,力争用 3—5 年时间,广播电视在内容制作、分发传播、用户服务、技术支撑、生态建设以及运行管理等方面的智慧化发展协同推进,智慧广电发展的广度、深度显著增强,智慧广电发展取得突破性进展,广播电视在国家数字经济总体战略中的地位作用进一步凸显。[①] 2019 年,基于智慧广电发展的前提下,国家电网通过对电力资源的整合与开发,在现有的计算机网、电信网和广播电视网"三网融合"的基础上加入其中,与广电网融合共同构筑起互联网"智慧生活",并且加速推进了 5G 的发展。在前不久刚刚召开的智慧引领、融合驱动、产业赋能——BIRTV2020线上展开幕式上,国家广电总局副局长孟冬在致辞中提出,智慧广电是推动广播电视转型升级高质量发展的重大战略举措,在建设智慧广电的过程中,人工智能、5G、大数据、云计算、超高清、区块链等技术得到了广泛应用,成为广电创新的主要抓手和迭代升级的动力来源……将广电媒体打造成融媒化制作、智慧化传播、精准化服务的新型智慧主流媒体。[②]

从国家政策来看,国家广电总局早已经对"下一代广播电视网"开始了布局,从最初希望建成有线电视网、计算机网、电信网"三网合一"开始,到建成有线无线和卫星相结合、全程全网的广播电视网,再到当前通过"智慧广电"发展起来的广电固网宽带业务已经成为宽带业务发展的新生力量,电视媒体也从之前的单一运营商正逐步向综合运营商转型,而"智慧广电"网络的搭建将仍然是未来几年工作的重心。5G 作为"智慧广电"战略的重要组成部分,其高宽带、低延时、广连接的技术特性,为"智慧广电"发展创造了有利条件。"5G + 智慧广电"不仅能够大幅度地推动电视媒体的

---

① 国家广播电视总局印发《关于促进智慧广电发展的指导意见》的通知,2018 年 11 月 16 日,http://www.nrta.gov.cn/art/2018/11/16/art_3592_42308.html。

② 孟冬《智慧引领、融合驱动、产业赋能——在 BIRTV2020 线上展开幕式上的致辞》2020 年 8 月 18 日,BIRTV2020,https://www.birtv.com/news-details-NTQwOQ.html。

视频业务发展，电视媒体还能够深入利用 5G 网络带来的数据入口，实现网络与终端设备连接，拓展电视业务、延伸电视平台、提升电视服务。

"智慧广电"战略的核心要义之一是"服务"。新型冠状病毒肺炎期间，2020 年 2 月 2 日，中国广电 5G 网络在武汉雷神山医院投入使用，这是中国广电自 2019 年 6 月 6 日拿到 5G 牌照后的首次试商用，也是全球首个 700MHz + 4.9GHz 的 5G 基站，建成后主要服务于雷神山医院的正常运转以及湖北省委省政府的远程新闻发布等工作。可以说，这次疫情期间湖北雷神山医院 5G 基站的建成和使用打响了广电建设 5G 的第一枪，也为下一步中国广电 5G 建设之路提供了经验和参考，让"5G 产业 + 智慧广电"真正做到了融合。除此之外，2020 年 3 月，国家广电总局部署了在广播电视和网络视听全行业开展"智慧广电"专项扶贫行动，在消费、教育、健康公共服务、人才引进等方面展开帮扶。电视媒体利用自身优势，积极探索直播扶贫、短视频扶贫等模式，帮助贫困地区产品变产业、产值变价值、流量变销量的同时，也通过互联网手段更好地服务基层、服务群众。可以说，"智慧广电"战略是国家借助广电媒体的优势力量服务大众，是一个不断探索、不断实践、不断提高的过程，也是这个时代赋予中国广电的使命。而借助于 5G、人工智能、区块链等技术和战略契机，也必将助力电视产业积极探索商业模式和盈利模式，扩展产业价值链，扩大传媒产业生产规模，最终推动数字经济的发展。

第二节　技术革命：
电视媒体融合发展的智能红利

近年来，互联网技术对电视媒体的强势介入对其传播主体、传播渠道和传播效果等各个方面都产生了极大的冲击和震荡。当下多元技术建构的电视媒介不仅仅是一个单纯的媒体平台，它涉及与传统广电行业、网络游戏、金融服务、家庭电子政务等多领域、多层次的跨界合作，已经形成了一个泛化、智能、实时、互动、个性化的产业链，而建立和支撑这一产业链的核心是技术。也正是因为互联网技术具有智能化、参与性、社区化和超时空性等特征，才成为包括电视产业在内的产业融合的决定性拐点。

一、5G 技术：决定传媒产业新版图

5G 即第五代移动通信技术，作为 4G 技术的延伸，具有连续广域覆盖、热点区域高容量、低功耗大连接和低时延高可靠的优势，这种优势将进一步激发人工智能、云计算、大数据、VR（虚拟现实）/AR（增强现实）/MR（混合现实）等新兴技术的场景应用，[①]并且随着 5G 全面商用的启动，必将给媒体融合发展以及传媒产业格局的建构带来重要影响。自 2015 年起，工业和信息化部（以下简称"工信部"）就开始了对 5G 实验技术的研发，2019 年 6 月 6 日，工信部正式向三大运营商和中国广电发放 5G 商用牌照，同年 11 月三大运营商 5G 套餐上线，标志着国内 5G 正式商用，业界将 2019 年称为"5G 商用元年"。如果说 2019 年是 5G 元年，那么 2020 年则是 5G 全面爆发的一年，工信部在 2020 年 3 月 24 日发布《关于推动 5G 加快发展的通知》（〔2020〕49 号），其中关于 5G 技术应用场景中提道："推广 5G + VR/AR、赛事直播、游戏娱乐、虚拟购物等应用，促进新型信息消费。鼓励基础电信企业、广电传媒企业和内容提供商加强协作，丰富教育、传媒、娱乐等领域的 4K/8K、VR/AR 等新型多媒体内容源。"[②]这一内容的发布，意味着技术驱动下"全国一张网"的整合政策正在对整个传媒行业带来根本性的影响，5G 将与 4K（超高清）/8K（超高清）、VR/AR 等新技术一起决定传媒产

---

①　李良荣、辛艳艳：《从 2G 到 5G：技术驱动下的中国传媒业变革》，《新闻大学》2020 年第 7 期，第 61 页。

②　中华人民共和国工业和信息化部：《工业和信息化部关于推动 5G 加快发展的通知》，2020 年 3 月 24 日，http://www.miit.gov.cn/n1146290/n1146402/n1146440/c7832353/content.html。

业的新版图,这必然给电视产业带来颠覆性的影响。

首先,传媒行业发展过程中遇到的天花板亟须 5G 技术突破。从某种意义上来说,技术的创新意味着对既有事物的解构与重塑,这里的"既有事物"不仅包含着观念、思维、制度、规制等,还包括依附于技术的相关产品和服务等。在 5G 之前我们经历了从 1G 到 5G 的发展历程:盛行于 1980 年后的 1G 技术诞生于美国芝加哥,这一技术采用的是模拟讯号传输,只应用于一般的语音传输,且语音品质低、讯号不稳定、覆盖范围不够全面;1995 年后迎来了 2G 时代,技术从"模拟调制"过渡到了"数字调制",声音质量相比 1G 有了一点提升,且比 1G 多了数据传输服务,也就是从这个时候开始,手机可以上网发信息了;2009 年后 3G 开始盛行,相比 2G,3G 时代的数据传输速度有所提升,能够开始处理图像、音频、视频等多种媒体形式;2013 年后直到现在,4G 技术仍然是移动通信市场的主流,可以满足移动客户端流畅收看在线视频;随着目前 5G 技术的逐步商用,通信技术将会再一次重构传媒行业。由此来看,虽然早期的移动通信技术来势汹汹,但其影响范围很有限。也就是说,对于传媒行业的重构和颠覆都是局限在各自的领域,如"调幅广播"到"调频广播"、"模拟电视"到"数字电视"等,基本都是循着自我平台的进一步完善的思路进行革新的,某种程度上就是经济学中的所谓的"路径依赖",拼命维护自己的平台地位,不断地进行"自我强化",拒绝"跨界合作"。考虑到之前的技术条件还无法撼动原有电视制度的束缚,这样的"单打独斗"也是可以理解的。

除此之外,目前我国传媒行业的发展受制于网速和宽带两大技术瓶颈,直接后果就是传媒经济"红利枯竭",物联网难以真正落地,万物互联沦为空话。导致这些问题的深层次原因在于"网速和宽带"与"用户和流量"之间的矛盾。而 5G 技术的大规模商用将很大程度上缓解这一矛盾。根据 IMT-2020(5G 的国际法定名称)推进组发布的《5G 网络架构设计》白皮书提出的网络架构设计方案,5G 网络是以用户为中心、功能模块化、网络可编排为核心理念,重构网络控制和转发机制,改变单一管道和固化的服务模式,基于通用共享的基础设施为不同用户和行业提供按需定制的网络架构;5G 网络将建构资源全共享、功能易编排、业务紧耦合的社会化信息服务功能平台,从而满足极致体验、效率和性能要求,以及"万物互联"的愿景。① 可以预见的是,在未来的 10 年内,媒体将迎来"信息随心至,万物皆可及"的智能媒体时代,深刻改变用户接收信息的体验和生活娱乐的方式。而这背后正是基于 5G 技术超高速、低延时、海量连接、超大宽带的特点。从某种程度上讲,5G 将会是一个真正意义上的融合技术,在这一融合技术的驱动下,信息传播中的每一个环节——内容、网络传输、接收终端、载体等都会发生改变,传媒产业的内涵和外延也将无限扩大,新蓝图的构建已经悄然展开。

其次,5G 技术长期内将会构建一个融合媒体产业的巨大生态系统。相比之前的 4G 技术,5G 作为新一代的移动通信技术,不仅网速和宽带等基础技术能力得到了大幅度的提升,而且智能化、互联网化等水平更高,更容易给用户带来极致的体验。一是视频生态链全面激活,从过去平面化的看电视体验,将会进入全景体验式的场景中,和视频进行深度交互,而中国电视积累了 60 余年的资源库也将被重新唤醒,在 5G 的助力下,在大视频时代带给用户独特的虚拟体验。二是 5G 技术作为一个基础连接,将会最大限度地激活 VR、AR、MR、车联网等媒介形态,在优化现有媒介形态的基础上,创造出更多的新型媒介形态,如让电视回归客厅,实现"智能化""场景化"家居体验等。三是媒介生态的不断丰富、连接主体的多元化、生产方式的便捷化、市场规模的扩大化,让传媒业逐渐形成一个万物互联的巨型生态系统,让每一个物体都成为信息的接收端和输出端,形成"万物皆媒体,一切皆平台"的传播新格局。四是 5G 技术将带来媒体平台的融合,从内容生产方式到商业模式都会实现融合,将为电视媒体,尤其是其中的娱乐产业带来不可估量

---

① CCTIME 飞象网,IMT-2020(5G)推进组发布的《5G 网络架构设计》白皮书,https://www.sohu.com/a/79288596_265192。

的营收来源。英特尔委托 Ovum 进行的研究报告表示,2019 年 5G
会为传媒产业带来 4.09 亿美元的营收,而在 2022 年,5G 为传媒带
来的营收则会增加到 470 亿美元。随着时间的推移,5G 为传媒所
带来的营收还会进一步增加。据这份报告预测,到 2028 年,5G 将
会为传媒产业带来 3350 亿美元的营收。① 而随着内容需求的扩
大,内容生产主体也必将进一步扩大,除了既有的专业内容生产机
构和 UGC(用户内容生成)、PUGC(专业用户生产内容)之外,机器
也将成为内容生产新的主体。五是 5G 将带来消费内容的多维度,
数据和用户体验成为媒体未来重点攻克的方向,并且除了消费互
联网的市场规模不断扩大外,产业互联网也将是传媒业的重要
市场。

再次,5G 技术短期内会为电视产业发展提供新的"机会窗
口"。2018 年 12 月 28 日,我国第一个基于 5G 技术的国家级新媒
体平台在中央广播电视总台开建,并且中央广播电视总台与中国
电信、中国移动、中国联通及华为公司在北京共同签署合作建设 5G
新媒体平台框架协议。② 2019 年 6 月 6 日,工信部正式向中国电
信、中国移动、中国联通和中国广电发放 5G 商用牌照,此举不仅标
志着我国正式进入 5G 商用元年,同时还昭示着中国广电智能互联
网的开启。中国广电获得 5G 牌照,不仅有利于实现有线电视网络
"全国一网"的目标,而且有利于广电产业实现融合升级,打造智慧
广电生态系统,充分满足人民群众对美好生活的需求。同年 8 月,
中央广播电视总台公布了"5G + 4K + AI"的战略布局,并且在 4K
超高清的战略策划中也提出"以规范及标准作为主要发展途径,以
需求作为发展关键要素"的理念,在首个 5G 新媒体平台项目——
"央视频"的建设方面迈出了新的一步。这一举措实质是国家媒
体——中央广播电视总台,联手运营商和制造商,着力打造国际一

---

① 蕙若、文心:《5G 时代来临,对传媒行业的影响竟然这么大》,腾讯网,https://
new. qq. com/omn/20190203/20190203G0TPIB. html。
② 人民网:《首个国家级 5G 新媒体平台在中央广播电视总台开建》,http://
media. people. cn/n1/2018/1229/c40606-30494278。html

流新型主流媒体、拓展国内传媒市场和消费新领域的务实之举。

除此之外,5G 技术对于信息的采编播系统及传播效率有着极大的突破,完全能够满足电视媒体对于高效传播信息的需求,并为视频产业形态的更新和观众视觉体验的提升提供了绝佳机遇。2019 年央视春晚是中国第一台实现 5G 网络传输的盛大晚会,首次实现了网络 4K 超高清传输。北京主会场预先安置了 5G 数字化设备,在现场的观众可以体会到抢红包等群体互动环节中极速的快感,而且在深圳、长春和井冈山三个分会场,摄影机和转播车之间通过 5G 网络,完成了实时画面超高清回传北京主会场的任务。可以说,5G 的高宽带、低延时的回传技术不仅大大降低了远程直播的成本,而且摆脱了卫星及光缆回传对摄影机位置的限制,极大地丰富了节目设计的场景与视角,给予现场观众和电视机前的观众全景预览春晚直播大厅的"沉浸式"视觉体验。5G 技术对于电视媒体的影响绝不仅仅是产品形态的更新,还将延伸到组织架构、渠道生态和商业模式的深度融合,在"万物互联"的时代,电视媒体还将向车联网、家庭无线互联网端延伸,真正搭建起台网协作、真实感知用户需求的"边看边买"家庭消费网络。但需要强调的是,电视媒体通过技术赋能实现规模效益是客观的,但如果电视体制机制不创新,"时间窗口"将很快关闭,这也是业界和学界共同关注的问题。

最后,5G 技术的市场扩散机制决定了电视产业的新发展尚需时日。通过前面对 2G、3G、4G 等移动通信技术的发展过程梳理,可以看出最先受益于新一代通信技术的必然是通信设备的制造商,其次是通信运营商,再次是各类的移动终端制造商,最后才是传媒业。这是由通信技术自身的传导扩散机制决定的。因此,传媒业作为各类信息服务和娱乐服务的提供商,是后期才受益的行业,而电视产业作为传媒产业中的分支,在互联网时代必然更加需要时日。

二、区块链技术:重构传媒产业新秩序

2019 年 1 月 10 日,国家互联网信息办公室发布了《区块链信息服务管理规定》(以下简称《规定》),明确了"区块链信息服务"的概念及其监管范围,并已于 2019 年 2 月 15 日起执行。《规定》提出,为提供区块链信息服务支持的技术必须是区块链技术,如"赞我""币乎"等利用区块链技术提供和分享内容的媒体平台则属于《规定》所规制的范畴,而网站、App 软件、微信公众号和小程序等则除外。同年 10 月 24 日,习近平同志在中共中央政治局就区块链技术发展现状和趋势进行第十八次集体学习时发表重要讲话指出,要把区块链作为核心技术自主创新的重要突破口,加快推进区块链技术和产业的创新发展。[①] 至此,区块链技术不仅得到了党和政府、媒体和民众的关心,而且迅速成为资本和政策的风口,进入了中国的主流政治、经济、文化和技术体系,并入选了《咬文嚼字》2019 年十大流行语。

其实区块链是一个信息技术领域的术语,起源于比特币。2008 年 11 月 1 日,一个化名为"中本聪"的人发表了一篇论文——《比特币:一种点对点的电子现金系统》,该论文无疑是区块链技术、P2P 网络技术和加密技术等电子现金系统的理论基础,并于2009 年 1 月 3 日创造了比特币世界的"创世区块",标志着区块链的诞生。区块链就是高度去中心化的分布式账本。其中的区块,是指一系列使用密码学而产生的相互关联的数据块,每一个数据块中包含了多条经比特币的网络交易有效确认的信息;链是指这个分布账本上的所有交易,能够自动验证、自动确认并形成共识,且都能够向前追溯,具有透明性和可审计性。[②] 世界著名咨询公司

① 新华社:《在中央政治局第十八次集体学习时强调把区块链作为核心技术自主创新重要突破口 加快推动区块链技术和产业创新发展》,http://www. xinhuanet. com/politics/2019-10/25/c_1125153665. htm,2019 年 10 月 25 日,2019 年 11 月 16 日。

② 郭全中:《"区块链 +":重构传媒生态与未来格局》,《现代传播》2020 年第 2期,第 1 页。

麦肯锡公司将区块链定义为继蒸汽机、电力、互联网科技之后的又一颠覆性革命技术,认为其具有五大特征:分散集权系统、开放系统、去中心化系统、系统中数据信息不可篡改、系统中数据信息具有可追溯性。① 通过区块链的特性,可以了解到它的优势主要在于去中心化的共享机制能够更好地阻断单一实体垄断信息资源的路径,实现信息传递价值,最终实现数据共享平台的搭建,撬动数字经济时代的生产关系和传播格局。

目前,区块链技术已经运用在金融领域、物联网和物流领域、公共服务领域、数字版权领域、公益领域、保险领域等。在传媒领域,区块链的应用主要在于:一是重塑传媒行业的商业模式,最初作为比特币底层架构技术的区块链可以自成一个能够实现货币流通的完整系统,基于智能合约,越过广告主,直接连接新闻生产者和内容消费者,突破了媒体传统广告收入模式的桎梏,②让内容付费变得简单且安全,进一步激活了以数字资产为劳务结算方式的零工经济模式;二是对于版权的保护机制的创新,主要体现在版权可追溯、确权简单化、存证及取证流程便捷化且费用低廉,有利于重塑传媒行业内容价值链,在信息传播的同时实现经济价值的回馈,最终优化内容版权生态;三是区块链技术对传媒业核心环节的颠覆与重构,从内容生产机制而言,媒体机器人的加入可以让内容实现规模化增长,而在传播机制层面,算法推荐能够较为有效地解决信息过载等难题,在用户权利层面,可以让产销合一者实现更高收益,以个人数据和粉丝为代表的数字资产增值加速;四是区块链技术能够更好地实现传媒资源的精准交付以及按需分配、按贡献索取,进一步优化共享经济模式。

---

① 董紫薇:《2019 年中国传媒经济八大关键词》,《教育传媒研究》2020 年第 3 期,第 37 页。

② 匡文波、黄琦翔、郭奕:《区块链与新闻业:应用与困境》,《中国报业》2020 年 3 月(上),第 16 页。

三、人工智能技术:颠覆传统内容生产

1. 政府对"人工智能"发展的布局

早在 1950 年,被称为计算机科学之父、人工智能之父的英国著名数学家和逻辑学家阿兰·麦席森·图灵(Alan Mathison Turing)就提出了"机器是否能思考"这一课题。[①] 1956 年在达特茅斯会议上,科学家们首次提出了"人工智能"的术语,2016 被称为人工智能元年。人工智能(Artificial Intelligence,英文缩写为 AI)是研究、开发用于模拟、延伸和扩展人的智能的理论、方法、技术及应用系统的一门综合性技术科学,分为"控制派"和"仿生派"两大主要分支。与人工智能密切相关的一个概念是机器学习(Machine Learning,英文缩写为 ML),它是仿生学派的重要研究领域。机器学习专指计算机通过模仿和学习人类行为,以获取新的知识和技能,重新组织已有的知识结构使之不断改善自身的性能。人工智能就是要让机器人具有人脑一样的智慧,其中人工神经网络模拟人脑神经满足机器像人一样学习的硬件条件,深度学习是效果很好的学习方法。[②]

在移动互联网、传感网络和大数据等新技术、新应用以及社会持续性发展需求的推动下,人工智能走向加速发展的阶段,我国对人工智能的研究和应用也给予了高度重视。截至 2020 年底,"人工智能"已经三次被写入政府工作报告。2017 年 3 月 5 日,国务院总理李克强发表政府工作报告,提出要加快培育壮大包括人工智能在内的新兴产业,"人工智能"首次被写入全国政府工作报告,人工智能正式上升为国家战略:"加大培育壮大新兴产业。全面实施战略性新兴产业发展规划,加快新材料、新能源、人工智能、集成电路、生物制药、第五代移动通信等技术研发和转化,做大做强产业

---

① 李宇:《人工智能研发及在传媒领域的应用》,《中国广播》2019 年第 9 期,第 36 页。
② 李宇:《人工智能研发及在传媒领域的应用》,《中国广播》2019 年第 9 期,第 36 页。

集群。"①同年 7 月 20 日,国务院出台了《新一代人工智能发展规划》(以下简称"规划"),提出面向 2030 年我国人工智能发展的指导思想、基本原则、战略目标、总体部署和重点任务。《规划》明确了我国人工智能产业三步走的战略目标:"第一步,到 2020 年人工智能总体技术和应用与世界先进水平同步,人工智能产业成为新的重要经济增长点,人工智能技术应用成为改善民生的新途径;第二步,到 2025 年人工智能基础理论实现重大突破,部分技术与应用达到世界领先水平,人工智能成为带动我国产业升级和经济转型的主要动力,智能社会建设取得积极进展;第三步,到 2030 年人工智能理论、技术与应用总体达到世界领先水平,成为世界主要人工智能创新中心,智能经济、智能社会取得明显成效,为跻身创新型国家前列和经济强国奠定重要基础。"②

2018 年 3 月 5 日,"人工智能"再次被写入政府工作报告:"深入推进供给侧结构性改革……做大做强新兴产业集群,实施大数据发展行动,加强新一代人工智能研发应用,在医疗、养老、教育、文化、体育等多领域推进'互联网+'。加快发展现代服务业。发展智能产业,拓展智能生活,建设智慧社会。运用新技术、新业态、新模式,大力改造提升传统产业。加强新兴产业统计。"③

2019 年两会,"人工智能"第三次被写入政府工作报告:"打造工业互联网平台,拓展'智能+',为制造业转型升级赋能。……深化大数据、人工智能等研发应用,培育新一代信息技术、高端装备、生物医药、新能源汽车、新材料等新兴产业集群,壮大数字经济。"④

其实,在"人工智能"第一次被写入政府工作报告之前,国家对

---

① 中华人民共和国中央人民政府:《2017 年政府工作报告》,中国政府网,http://www.gov.cn/guowuyuan/2017zfgzbg.htm。

② 中华人民共和国中央人民政府:《国务院印发〈新一代人工智能发展规划〉》,新华社,2017 年 7 月 20 日,http://www.gov.cn/xinwen/2017-07/20/content_5212064.htm。

③ 中华人民共和国中央人民政府:《2018 年政府工作报告》,中国政府网,http://www.gov.cn/zhuanti/2018lh/2018zfgzbg/zfgzbg.htm。

④ 中华人民共和国中央人民政府:《2019 年政府工作报告》,中国政府网,http://www.gov.cn/zhuanti/2019qglh/2019lhzfgzbg/。

人工智能的发展早在 2015 年就已经开始了战略布局:2015 年 7 月,国务院发布了《关于积极推进"互联网 +"行动的指导意见》,将"互联网 + 人工智能"列为其中的 11 项重点行动之一;2016 年 3 月,"人工智能"一词被写入国家"十三五"规划纲要;2016 年 4 月,工信部、发改委和财政部联合印发了《机器人产业发展规划(2016—2020 年)》,重点对人工智能、机器人深度学习等基础前沿技术展开研究;2016 年 5 月,国家发改委、技术部、工信部、中央网信办四部门联合发布《"互联网 +"人工智能三年行动实施方案》。不难看出,国家对于发展人工智能技术以及技术赋能下新兴产业发展的重视和支持,随着国家持续对人工智能领域的投入,政策红利也将持续释放,作为传统媒体之一的电视媒体,也应该积极顺应形势,转变生产方式和盈利方式,在数字经济的大潮中分得一杯羹。

2. AI 技术赋能下的传媒内容创新

人工智能作为一项突破性的技术,一旦加以大规模使用,对很多传统行业必然带来颠覆性革命。在李开复看来,人工智能革命分为四波浪潮:互联网智能化(Internet AI)、商业智能化(business AI)、实体世界智能化(perception AI)、自主智能化(autonomous AI)。每一波浪潮都将以不同的方式利用人工智能的力量,颠覆不同产业,让人工智能更深层次地融入我们的生活。第一波浪潮是给互联网用户的浏览数据贴标签并进行运算,如"今日头条";第二波浪潮是给传统公司数十年来积累的大量专业数据贴标签并训练算法,最终使其超越经验丰富的人类从业者;第三波浪潮是把人工智能延伸至我们的生活环境;第四波浪潮是把极复杂的数据和机器感知能力结合起来,得到不仅能了解世界也能改变世界的机器,比如自动驾驶汽车。目前,前两波浪潮已经来到我们身边,而传媒行业的改革也是在前两波浪潮中展开的,人们也越来越清晰地看到人工智能给媒体带来的改变与价值。

首先,人工智能对新闻生产方式的改变。人工智能在新闻生产领域的探索,国外是领先于中国的。早在 2010 年,一家名为"叙事科学"(Narrative Science)的服务公司就推出了一款名为 Quill 的写作软件。神奇的是,Quill 可以从不同角度将数字转化为有故事情节的叙述文,并可以撰写电视及网络上棒球比赛的报告。这一举动引起了美国多家媒体的关注。如 2014 年 3 月,美国加州发生4.4 级地震,《洛杉矶时报》采用地震新闻自动生成系统,从撰写到发布仅用时 3 分钟,成为最快报道这一突发新闻的媒体;2014 年 7月,美联社与一家科技公司合作,使用该公司的 Wordsmith 平台自动编发企业财报。这一平台可以在公司发布财报后的第一时间内迅速抓取信息,基于美联社提前编辑好的写作结构,在几秒钟内便可以生成一篇 150 至 300 字的新闻快讯。每个季度这一系统可以产出 4000 篇财报,是过去美联社编辑们每季度 400 篇财报的 10倍。在我国,腾讯财经率先在 2015 年 9 月推出了自动化新闻写作机器人——Dreamwriter,平均写一篇报道用时 1 分钟;同年 11 月,新华社写作机器人——"快笔小新"上线,主要负责撰写财经板块和体育板块的写作;2016 年 5 月,第一财经与阿里巴巴共同推出一款写稿机器人——"DT 稿王",深耕财经领域的报道;同年 8 月,今日头条在里约奥运会报道中启用"张小明"参与赛事报道;2019 年8 月,中国科学报社与北京大学科研团队联合研发了首个科学写作机器人——"小柯",等等。

　　麦克卢汉曾经在《理解媒介》中提到,媒介即人的延伸。人工智能技术与新闻写作的耦合,不断建构出内容生产的新模式,尤其拓宽了新闻采集的新维度,作为信息采集工具的传感器,弥补了记者视野的局限性。如今,机器人写作已经实现了常规化,而机器人新闻(Robot Jounalism)的概念也逐渐深入人心。在以色列传播学者诺姆·莱梅尔史萃克·雷塔尔(Noam Lemelshtrich Latar)看来,机器人新闻就是指用人工智能程序写成的新闻,这种程序可以瞬间获取事实并写出报道。[1]　不可否认,与编辑、记者相比,人工智能

---

① 何双龙、周婷:《大数据时代新闻生产方式变革——"机器人"新闻初探》,刘昶等编,《互联网思维的传播学逻辑》,中国传媒大学出版社 2015 版,第 196 页。

技术对新闻生产方式的介入,让新闻生产实现了高效率、自动化、数量多、数据处理高效、突破时间和地域限制等要求,满足了互联网时代用户对信息量的海量需求。但利好的同时,给传统媒体带来的压力也是巨大的,甚至有悲观主义者认为传统新闻人将会被机器新闻人取代,人工智能的加入将会颠覆和重构整个传媒内容产业。面对技术的革新,寻求合作或许比竞争更重要,对于传媒行业来说,这不仅是一次"倒逼",更是一种"赋能"。以色列学者诺姆·拉塔尔认为,"新闻是艺术和科学的结合。新闻工作的艺术性表现在发现创作新思路,寻找报道新视角,探索问题新方案,开辟娱乐新途径。新闻工作的科学性体现在使用各种分析工具,根据记录和储存人类活动的数据来支持并加工信息"。[①] 所以,无须悲观,记者、编辑可以与新闻机器人更好地优势互补,推动传媒行业的不断发展。

除此之外,人工智能技术在视频领域的应用也在不断加深。如 AI 仿真主持人的运用,为电视节目制作带来了全新的体验。在《经典咏流传》第二季节目中,以撒贝宁为原型研发制作了仿真主持人,既可以在实景中与真人撒贝宁互动交流,还可以在虚拟场景中完成主持、与用户互动等特定任务。从 2019 年开始,中央广播电视总台(以下简称"总台")的技术团队对"人工智能 + 内容生产"的模式进行研发,将实物扫描、智能场景标记、智能节目编排、智能节目播出切换、影像智能分析、双向互动等新技术和新手段逐渐运用到多种类型的节目中,力求在电视节目内容制作和传播的各个环节全面革新。同时,技术系统在总台"5G + 4K + AI"的战略部署下,对节目制作各系统进行了 4K 全面升级,针对不同节目的制播特点,积极进行人工智能的引入尝试和流程创新,努力探索媒体融合的新方向,打造独家优质的融媒产品。

其次,人工智能在内容推送和审核方面都有着广泛运用。随

---

① 胡钰:《正确面对人工智能新闻业的崛起》,中国社会科学网——中国社会科学报,2020 年 8 月 7 日,http://ex.cssn.cn/dubao/202008/t20200807_5167196.shtml

着电视的"窄众化"播出趋势,用户被不断分流和细分,人工智能可以利用算法分析用户数据,包括用户的收视行为、人口特征、地域位置等,实现内容的精准推送和分发。同时,还可以对音视频和字幕内容进行审核,防止错误信息的发布。这一技术已经成功运用到了电视终端,人工智能电视可以通过传感器成功接收用户的指令,通过基础数据平台识别指令后做出相应的反馈和处理。如小米人工智能电视,实现了与用户的交互和定制服务;长虹研发的Chi Q人工智能电视,具备声纹的识别功能,在快速识别发声人的基本信息后,进行电视节目的个性化推荐,真正实现了用户丢掉遥控器与电视机自然交互的良好体验。目前,很多电视机领域都开始了新一轮的人工智能技术升级。无论是传统的电视厂商,还是新兴的互联网品牌厂商,都非常重视人工智能电视的研发,并陆续推出了如微鲸智能语音电视2.0、酷开U3B人工智能语音电视等。在"智能+"的时代,人工智能技术与电视媒体的深度融合,必然为电视产业的发展开辟出新的道路,提高制播效率的同时,也给用户带来新鲜的个性化的收视体验和互动方式。

四、VR/AR/MR 应用:建构"场景"价值链

必须明确的是,虚拟现实(Virtual Reality,英文缩写为VR),增强现实(Augmented Reality,英文缩写为AR)和介导现实(Mediated Reality,英文缩写为MR)不是技术而是概念,[1]VR是将用户置于充分的虚拟环境中,AR与实际环境的相关度较高,而MR是把虚拟对象置于实际的环境中,它们只有在硬件载体上实现这些概念的方法才可以称之为技术。当虚拟技术出现以后,由于其对实践场景的良好体验性和高度还原性,很快在传媒业得到了尝试和普及,拓展了媒介技术在新闻传播中的运用模式,对传媒新业态产生了深刻变革。

---

① 艾韬:《关于智能眼镜,你不知道的那些冷知识和新概念》,"36氪"(流媒体平台)2016年1月9日,https://36kr.com/p/1721009455105。

"场景"一词用于传播中,始于罗伯特·斯考伯与谢尔·伊斯雷尔合著的《即将到来的场景时代》一书。全书围绕着"移动设备""社交网络""大数据""传感器"和"GPS 定位系统"五个关键词展开,也被称为"场景"的五大要素。而 VR/AR/MR 是支持场景革命的核心力量。所谓场景,简单而言就是人们生活工作的情境,时间、空间、人物及其关系共同组成了场景的结构。场景传播则是指在特定的场景结构中为用户提供适配的信息和服务。Web3.0 是场景媒体的时代,场景、细分和垂直、个性化服务是其主要特征,充分挖掘内容和用户价值是以场景的搭建为基础的。媒体发展到场景时代,用户服务起到了至关重要的作用,以用户数据为中心,多元产品为基础,多个终端为平台,深度服务为延伸,这才是融合媒体的架构。①

首先,VR/AR/MR 增强用户场景体验。目前被大家熟知的是 VR 眼镜,用户通过佩戴 VR 眼镜后,会被带入虚拟世界中。与过去的显示方式,如电视、显示器等相比,VR 眼镜最大的不同就是"沉浸感",当用户随意走动时,可以看到虚拟世界完全会随着眼镜位置的改变而改变,如同进入一个真实世界中,有一种切实的"临场感"。如 2018 年冬季奥运会,佩戴 VR 头显的用户可以通过央视网以 180°或者 360°的自由视角沉浸式观看赛事,犹如亲临现场。

每一场技术革命都会深刻影响并改变现有的行业发展业态,VR 赋能媒体打造沉浸式新闻为电视媒体的发展带来无限的想象力和巨大的市场空间,被视为媒体融合新形式和电视媒体转型的新方向。2019 年两会期间,北京广播电视台首次将 VR 技术应用于移动新闻直播,开启"线上报道＋线下体验"的全景式报道,用户宛若"置身"现场,可以近距离观看节目直播。2020 年 2 月 3 日凌晨,中央广播电视总台更是对武汉火神山、雷神山医院的施工现场进行了 24 小时不间断的全景 VR 实时直播,实现了累计访问人数

①　胡正荣:《传统媒体与新兴媒体融合的关键与路径》,《新闻与写作》,2015 年第 5 期,第 24 页。

超过 2 亿的"云监工"。用户通过 VR 直播能够全方位自由观看"楼下"工地的最新进展,仿佛都亲身融入到了抗击疫情的重要战场,感受到了工人们热火朝天的施工过程。VR 技术的应用,让用户以第一人称的视角融入新闻故事中,由过去简单地"看""听""读"新闻,转变为如今的"亲历"新闻事件。

和 VR 一样,AR 也是通过头戴式设备实现的,如谷歌眼镜。当用户戴上眼镜观察真实世界时,便能够接收和了解到真实世界中被锁定对象的相关数字化信息,比如看到一个笔记本电脑,眼镜上便会立刻显示出这款笔记本电脑的价格、特点、配置等信息,从而对用户行为产生影响。相比 VR 带给用户的"沉浸感",AR 提供的是"功能性"服务,并且 AR 比 VR 的应用更加简单,手机便可以实现。在 2019 年的全国两会上,央视网推出《全景沉浸看报告》,首次在主题主线报道中运用"VR + AR"技术,在 VR 实景视频的基础上,在真实场景中糅合三维动画,并辅以李克强总理的同期声,对政府工作报告进行了生动、形象、具体的可视化展现,给用户带来了前所未有的沉浸式体验。

近年来,AR 还逐渐成为了电视晚会的座上客,2018 年湖南卫视跨年晚会便使用了全息技术和 AR 技术,打破次元壁垒,让演员马克搭档洛天依、乐正绫完成表演。无独有偶,江苏卫视更是凭借 AR 技术打造了一场惊艳四座的跨年晚会。歌手李健与从"海面"腾空而起的"大蓝鲸"合体表演;林俊杰更是直接坐在一头巨大的"猛犸象"上完成站立、跳跃、坐下等动作,让观众沉浸其中,实现共情表演。

相比 VR 和 AR,MR 通过将现实世界和虚拟世界完全融合,可以让用户实现充分的互动和体验,既是对 VR 的拓展,同时也是对 AR 的发展。在 2021 年的跨年晚会中,东方卫视便运用了 MR 特效,实现了"破屏而出"的立体互动,展现了极强的舞台空间感和视觉冲击力。

其次,VR/AR/MR 拓展"场景"营销产业链。场景营销是指从用户的实际需求出发,以大数据、人工智能、虚拟技术等作为营销手段,为用户提供相应产品和服务,以激发用户产生情感共鸣而产生消费行为的技术驱动型销售模式。场景营销不仅是一种销售模式,还蕴含着深刻的商业关系。场景营销中"用户"是主体,要想营造良好的用户体验,首先要以用户为中心,构建一个完整的商业场景,并且让用户能够在"场景"中停留和消费。在互联网时代,围绕"用户"的场景营销路径可以归纳为:品牌故事化、故事视频化、视频场景化、场景个性化。当前,数字化的社交媒体区别于传统媒体的关键在于,基于互联网技术的社交媒体拥有广泛的互动性和庞大的数据库,能够将品牌形象融汇于生活场景,让用户成为场景里的主角,用户的参与感和情感投射很容易产生涟漪效应,从而转化为消费行为。在这一过程中,"VR/AR/MR + 可穿戴设备"是搭建精准场景、聚焦对位人群最重要的依托,而场景营销中最重要的"视频"呈现则是电视媒体的童子功。因此,电视媒体在互联网时代应该抓住创业风口,摆脱广告收入的单一收入模式,打通全产业链,拓展多样化商业模式,实现电视产业的壮大。

第三节　经济发展：
电视媒体融合发展的动力引擎

经济环境是电视媒体融合发展的土壤和动力引擎。从宏观经济环境来看,一个国家的经济发展水平和社会购买力水平是支撑该国媒介组织发展的一项至关重要的物质要素。衡量一个国家经济发展的指标,如国内生产总值(GDP)、人均国民收入、与信息传播有关的国家基础设施(交通、电信、邮政事业)、工业、商业与广告业的发展水平、整个社会的市场化程度等,直接决定了该国传播事业的现实基础。[1] 新闻传播学界有一个普遍的认识,就是将1978

① 张昆:《环境要素对传播史演进的影响,新闻学论集》(第20辑),经济日报出版社2008年版。

年看作是中国传媒行业发展的重要转折点。经过 40 多年的发展,如今国家经济环境已经发生了翻天覆地的变化,电视媒体融合发展的经济环境正在悄然改变,从一定程度上为电视媒体的融合发展提供了良好的产业经营条件。

一、中国宏观经济发展:消费升级持续强化

1978 年,党的十一届三中全会作出了改革开放的伟大历史抉择,开启了我国经济社会发展的历史新篇章。改革开放 40 多年来,我国国民经济保持快速稳定的增长,综合国力大幅度提升。国民生产总值也从 1978 年的 3678.7 亿元迅速跃升至 2019 年的 990865 亿元。1978 年,我国经济总量仅位居世界第十位;2010 年我国超过日本,位居世界第二位,成为仅次于美国的世界第二大经济体;2019 年,我国依然稳居世界第二位,人均 GDP 首次站上一万美元的新台阶,这意味着我国居民收入不断增加、居民生活更加殷实。同时,根据国家统计局发布的 2019 年中国经济数据,2019 年全年全国居民人均可支配收入为 30733 元,扣除价格因素实际增长 5.8%,与经济增长 6.1% 基本保持同步,全国居民人均可支配收入中位数为 26523 元[1],这预示着中国的消费规模还将持续整体扩大,消费升级也可以持续推进。[2]

2020 年初,一场突如其来的新冠肺炎疫情席卷全球,对全球经济造成了一定程度的冲击,其中旅游业、餐饮业、酒店业和航空业等服务型产业受影响最大,但由于中国防控及时到位,对经济发展的影响属于短期外部冲击,对长期发展趋势影响不大。随着时间的不断延长,冲击也将逐渐弱化,经济增长最终仍会回到原有的轨迹。与此同时,不容忽视的是,这次疫情对国民消费行为和消费预

---

[1] 国家统计局:《2019 年居民人均可支配收入首超 3 万》,中国新闻网,https://finance.sina.com.cn/china/2020-01-17/doc-iihnzhha3006758.shtml,2020 年 1 月 17 日。
[2] 《2019 国内生产总值稳居世界第二位,人均 GDP 破一万美元》,《人民日报》2020 年 1 月 17 日,https://finance.sina.com.cn/china/gncj/2020-01-17/doc-iihnzhha3006109.shtml。

期产生了重大影响,以网络游戏、网购为代表的"在线经济"重回增长轨道,而以远程办公、在线学习、短视频、直播等为代表的新型"宅经济"在此阶段得以迅速爆发。加上近几年技术和产业的不断变革,新型商业模式的不断涌现,我国居民的消费领域也发生了与以往完全不同的深刻变革,主要表现在:一是消费理念由非理性向理性转变,消费观念趋于成熟;二是消费形态由实物消费向服务型消费转变;三是消费需求由温饱型、生存性向小康型、享受型转变;四是消费方式由传统的线下交易行为向线上线下融合的场景化消费模式转变。① 虽然消费领域发生了一系列转变,但我国消费升级的趋势将继续强化。从国家政策层面而言,将继续落实已出台的一系列稳消费、促消费政策措施,加快推进线上线下消费融合,从供需两端激发居民的消费潜力,支持居民合理消费、升级消费,并积极培育和发展消费新业态和新模式,为居民消费提供扎实良好的基础服务。同时,国家持续放宽了服务消费领域的市场准入门槛,加大推动文化、旅游、健康、体育、教育培训等高品质服务的消费发展,牢牢抓住 5G 商用带来的信息消费升级机遇,带动形成新的消费增长点。

二、数字经济蓄势崛起:经济发展的新增长点

20 世纪 90 年代,随着信息和通信技术(Information and Communications Technology,简称 ICT)的发展,数字经济开始进入我们的视野,并且日益成为全球经济社会发展的重要推动力量。"数字经济"的概念最早由著名的新经济学家唐·泰普斯科特(Don Tapscott)在其 1994 年出版的《数字经济:智能网络时代的希望与隐忧》(简称《数字经济》)一书中提出,唐·泰普斯科特也被誉为"数字经济之父"。1996 年,尼古拉斯·尼葛洛庞帝(Nicholas Negroponte)的《数字化生存》被引进中国,这一本预测未来世界的书籍

---

① 中国社会科学院数量经济与技术经济研究所、经济日报社中国经济趋势研究院:《2020 中国经济趋势报告》,中国经济网——《经济日报》2020 年 1 月 15 日,http://views. ce. cn/view/ent/202001/15/t20200115_34123741. shtml。

向人们详细讲解了信息技术的发展趋势、应用及其蕴藏的巨大价值,一经出版,便迅速掀起了畅销的热潮。在学者胡泳看来,尼葛洛庞帝的这本书就是这个时代的《第三次浪潮》。《第三次浪潮》是美国著名的未来学家阿尔文·托夫勒(Alvin Toffler)的代表作之一,这本书阐述了由科学技术引发的社会各方面的变化与趋势。托夫勒将人类社会划分为农业阶段、工业阶段和信息化阶段,他认为,人类迄今为止已经经历了农业和工业两次浪潮文明的洗礼,正在并将在未来一段时间内处于信息化阶段,这本书在20世纪80年代问世后便引发了关于"信息社会"的讨论热潮。

无论是《第三次浪潮》《数字经济》,抑或是《数字化生存》,对世界经济发展和思想进步都起到了"启蒙"和"前瞻"的作用,数字经济引起了各个国家的重视,也是从20世纪90年代开始,各国开始根据各自的信息技术与产业发展现状,采取措施将数字经济作为推动经济增长的新动能。新加坡甚至从1981年开始就先后实施完成了"国家电脑计划""国家IT计划""IT2000计划""IT2000计划""Infocomm21""全球新加坡计划""iN2015计划"等,这一系列计划帮助新加坡建立起了成熟的信息通信市场,信息通信渗透到了日常工作生活的方方面面。日本通产省于1997年开始使用"数字经济"一词,于2009年7月制定了"2015年i-Japan战略",致力于建立安全且充满活力的数字化社会。英国政府在2009年就推出了"数字大不列颠"行动计划,并于2010年颁布实施《数字经济2010年大法》,该法通过保护数字经济中的利益相关方的权利,以促进以媒体、音乐、游戏等为主的数字经济的健康、快速、有序发展。澳大利亚在2011年5月31日启动了"国家数字经济战略"(National Digital Economy Strategy, NDEB),该战略旨在2020年将澳大利亚建设成为全球领先的数字经济体。1993年9月,美国公布了"国家信息基础设施行动计划",标志着信息高速公路战略开始落地实施;1998年1月,美国副总统阿尔·戈尔率先提出"数字地球"概念,在全球引发了一场热议;同年7月,美国商务部发布报告《浮现中的数字经济》,并以"数字经济"为主题发布了多项年度研究成果。从此,美国正式拉开了数字经济的发展大幕。之后的20余年,美国商务部就数字经济和数字国家发布了10余份重磅报告,讨论数字经济时代的前沿发展问题。那么,数字经济到底是什么?自唐·泰普斯科特提出"数字经济"的概念以来,许多机构和学者纷纷从不同的角度和学科定义数字经济。随着数字经济的深入发展,其内涵和外延也在不断演化。虽然各国数字经济发展水平和发展战略略有差异,但数字经济的发展内涵基本是一致的,即"数字经济是指以使用数字化的知识和信息作为关键生产要素、以现代信息网络作为重要载体、以信息通信技术的有效使用作为效率提升和经济结构优化的重要推动力的一系列经济活动"。[1] 数字经济强调的是,数据信息及其传送是一种决定生产率的技术手段,是先进生产力的代表。[2]

在世界各国数字经济发展战略的感召下,我国也高度重视数字经济在引领经济增长、促进产业结构升级等方面发挥的巨大推动作用,立足于本国国情和发展阶段,我国积极推进"数字中国"建设,并做出了重要的战略部署。2014年,中央网络安全和信息化领导小组的成立标志着中国信息化建设真正上升到了"一把手工程",信息化领导体制也随之基本健全,建设网络强国、发展数字经济已形成全国共识;2015年政府工作报告中正式提出推动"互联网+"行动计划,同年7月,国务院发布《关于积极推进"互联网+"行动的指导意见》,对国内11个"互联网+"产业进行了重点布局,加速了传统产业升级换代的步伐。在此《意见》的影响下,我国数字经济得以快速发展。2016年的政府工作报告提到支持"分享经济"发展,同年7月,中共中央办公厅、国务院办公厅发布《国家信息化发展战略纲要》,这是规范和指导未来10年国家信息化发展的纲领性文件。《纲要》提出网络强国"三步走"的战略目标,主要是:"到2020年,核心关键技术部分领域达到国际先进水平,信息

---

① 裴长洪:《数字经济的政治经济学分析》,《财贸经济》2018年第9期,第6页。
② 裴长洪:《数字经济的政治经济学分析》,《财贸经济》2018年第9期,第7页。

产业国际竞争力大幅提升,信息化成为驱动现代化建设的先导力量;到 2025 年,建成国际领先的移动通信网络,根本改变核心关键技术受制于人的局面,实现技术先进、产业发达、应用领先、网络安全坚不可摧的战略目标,涌现一批具有强大国际竞争力的大型跨国网信企业;到 21 世纪中叶,信息化能够全面支撑富强民主文明和谐的社会主义现代化国家建设,网络强国地位日益巩固,在引领全球信息化发展方面有更大作为。"①

　　2017 年我国政府工作报告首次提出"数字经济"这一概念,从此数字经济成为带动我国国民经济发展的一个核心的关键力量;2019 年中央经济工作会议明确提出"要大力发展数字经济";2020年两会期间,"数字经济"成为两会代表委员建议提案中的高频词汇。2020 年初的新冠肺炎疫情更是成为数字经济的催化剂,新模式、新业态层出不穷。在此次疫情中,数字经济在保障消费和就业、推动复工复产等方面都发挥了重要作用,展现出了强大的增长潜力。② 据国家统计局发布的 2020 年一二月份经济数据显示,社会消费品零售总额大幅下降,同比降幅达到 20.5%;而实物商品网上零售额却逆势上涨,同比涨幅 3%。可见,数字经济正在成为拉动消费、推动地方经济回暖的新动能。③。根据中国互联网信息中心(CNNIC)2020 年 4 月 28 日发布的第 45 次《中国互联网络发展状况统计报告》数据显示,截至 2020 年 3 月,我国网民规模为 9.04亿,互联网普及率达 64.5%,庞大的网民构成了中国蓬勃发展的消

　　① 　中华人民共和国中央人民政府:《国家信息化发展战略纲要》,中共中央办公厅、国务院办公厅、新华社,2016 年 7 月 27 日,http://www. gov. cn/xinwen/2016-07/27/content_5095297. htm。

　　② 　中共中央网络安全和信息化委员会办公室、中华人民共和国互联网信息办公室、中国互联网信息中心:《第 45 次中国互联网络发展状况统计报告》,中国互联网信息中心,2020 年 4 月 28 日,http://www. cnnic. net. cn/hlwfzyj/hlwxzbg/hlwtjbg/202004/t20200428_70974. htm。

　　③ 　王媛媛:《马化腾呼吁、张近东四提的数字经济,缘何成为两会高频热词?》,新浪财经综合,2020 年 5 月 19 日,https://finance. sina. com. cn/chanjing/cyxw/2020-05-20/doc-iirczymk2513830. shtml? cre = tianyi&mod = pcpager_fintoutiao&loc = 29&r = 9&rfunc = 100&tj = none&tr = 9。

费市场,也为数字经济发展打下了坚实的用户基础。① 同一时期,我国网络购物用户规模达 7.10 亿,2019 年交易规模达 10.63 亿元,同比增长 16.5%,数字贸易不断开辟外贸发展的新空间。2019年,通过海关跨境电子商务管理平台零售进出口商品总额达1862.1 亿元,增长了 38.3%。② 此外,截至 2019 年 12 月,我国已经建成 5G 基站超过 13 万个,我国人工智能企业数量超过 4000家,位列全球第二,随着区块链、IPV6、5G、人工智能、大数据等核心技术领域的快速发展,技术创新能力的持续增强将成为推动数字经济发展的新动能和构建智慧型社会的新支柱。

三、传媒产业格局调整:形成泛数字化媒体格局

2011 年,新媒体的市场份额首次超过传统媒体,中国传媒产业格局经历了从 2011 年的纸质媒体、广电媒体、互联网媒体和移动互联网媒体四分天下逐渐到 2013 年传统媒体、互联网媒体和移动互联网媒体三足鼎立,再到 2017 年移动互联网平台主导的一超多强的局面。③ 而到了 2020 年,随着媒体融合的不断深化,传统媒体与新媒体之间的界限越来越模糊,在县级媒体融合完成之后,整个传媒产业将会呈现出以互联网平台为基础架构的泛数字化媒体格局。从产业格局而言,就是传统媒体通过媒体融合不断走向互联网,互联网成为社会基础连接;互联网发展进入下半场,消费互联网趋于饱和,而产业互联网成为新的经济增长点。根据国家信息中心 2020 年 4 月发布的《中国网络媒体社会价值白皮书(2019)》

---

① 中共中央网络安全和信息化委员会办公室、中华人民共和国国家互联网信息办公室、中国互联网信息中心:《第 45 次中国互联网络发展状况统计报告》,中国互联网信息中心,2020 年 4 月 28 日,http://www. cnnic. net. cn/hlwfzyj/hlwxzbg/hlwtjbg/202004/t20200428_70974. htm.

② 中共中央网络安全和信息化委员会办公室、中华人民共和国国家互联网信息办公室、中国互联网信息中心:《第 45 次中国互联网络发展状况统计报告》,中国互联网信息中心,2020 年 4 月 28 日,http://www. cnnic. net. cn/hlwfzyj/hlwxzbg/hlwtjbg/202004/t20200428_70974. htm.

③ 崔保国:《2017～2018 年中国传媒产业发展报告》,《中国传媒产业发展报告(2018)》,社会科学文献出版社 2018 年版,第 12～13 页。

数据显示,中国传媒产业规模已突破 2 万亿元,其中互联网传媒占据了传媒业市场的八成,传媒产业发展进入大众自媒体时代。[①] 可以说,中国传媒产业已经步入了移动融合时代。

"互联网下半场"的概念是美团 CEO 在 2016 年提出的概念。如果说消费互联网是互联网经济的上半场,那么,产业互联网就是互联网经济的下半场。从消费互联网到产业互联网,实质是互联网应用由需求侧向供给侧的转变,而融合是产业互联网的核心特征,主要表现在新一代信息技术与各个产业之间的深度融合。近几年来,传统媒体加速整合,在二次销售商业模式坍塌之后,多家报刊正式休刊,还有一些合并出版,电视行业也没能幸免,同样处于断崖式下滑中,出现关停并转大潮,传统媒体的供给侧结构性改革将会在未来几年更加的彻底。与此同时,一些具备实力的传统主流媒体开始加强互联网平台的建设,构筑网络生态体系,如人民日报上线的全国移动新媒体聚合平台"人民号",湖南广电集团打造的"芒果 TV"等。如今,在做平台和做生态上,主流媒体还处于不断地摸索与尝试阶段,收效甚微,需要进一步评估。目前,国内媒体平台更多倾向于为自媒体提供服务的平台,从内容来看,主要分为三类:一是直播平台,如"虎牙""YY""斗鱼"等;二是短视频创作和分发平台,如"小红书""抖音""快手"等;三是新闻资讯类聚合平台,如"今日头条""微信公众号"等。这里需要注意的是,平台型媒体和媒体平台是两个不同的概念,如前面提到的"人民号"属于平台型媒体,是传统主流媒体借助互联网实现的媒体形态创新,落脚点在"媒体";而媒体平台的落脚点则是在"平台",是自媒体或者专业化媒体提供的内容生产和分发的平台。除此之外,网络视频行业在高速发展中渐成格局,台网互动越来越紧密。

如今,中国传媒市场已经逐步趋于完善,技术和资本市场日渐成熟,媒体融合中的中国传媒正在走向一个更加泛化、智能化和复

---

① 国家信息中心:《中国网络媒体社会价值白皮书(2019)》,国家信息中心 2020 年 4 月。

杂化的生态体系。在当下以互联网为核心的传媒产业格局已然成型,电视媒体需要在这场媒体融合的战役中牢牢抓住内容优势,通过深度融合站稳互联网阵地,重新掌握话语权。而网络媒体则在融合中强化平台优势,承担起更多的社会责任。

第四节 社会变迁：
电视媒体融合发展的潜在力量

党的十九大报告指出："中国特色社会主义进入新时代,我国社会主要矛盾已经转化为人民日益增长的美好生活需要和不平衡不充分的发展之间的矛盾。"我国经济的发展和人民生活水平的不断提高,人民在对物质生活提出更高要求的同时,也对精神文化生活提出了更高需求。2020年是具有里程碑意义的一年,是全面建成小康社会和"十三五"规划的收官之年,社会文化环境的变化主要表现在以下三个方面:

一、城市化进程与人口迁徙:影响电视媒体融合的广度与深度

人口作为一切社会经济活动的基础,千百年来,全球人口大迁徙所带来的是区域的兴衰、产业形态的更替以及权力的更迭。当电视产业作为文化产业主体运作时,电视产业的荣衰与城市化进程和人口流动变化密切相关,因为城市化进程和人口迁徙为电视媒体的融合发展提供了区域性的用户、广告和周边价值,影响融合的广度和深度。

由英国学者戴维·莫利和凯文·罗宾斯所著的《认同的空间》中写道："人口、文化、货物、信息的迁徙、流动方式表明,现在并不主要靠诸如地理位置间隔、海洋、山脉等自然分界来划分社会或国家的'自然边界'。我们越来越需要根据传播和运输网路及语言文化这样的象征性分界——由卫星轨道或无线电信号决定的'传输

空间'——来划分这个时代里具有决定性意义、呈现渗透性的边界。"[1]而人类活动,如居民、物品、信息、交通、技术、知识等要素之间的互动,是塑造城市空间的基本力量,而空间的生产及其推动力构成了电视媒体融合发展的特殊机制。从深层逻辑来看,城市空间对电视媒体融合发展的动力机制主要集中在三个方面:政府力、市场力和个体力。[2] 其中,政府力是指政府通过政策的制定和执行发挥作用;市场力主要通过供需关系和价格机制发挥作用;个人力则是取决于城市里个体的决策和主观努力。这三种力是相互作用、相互影响的,并非孤立存在。城市化的进程和人口流动在很大程度上改变了我国东部区域空间的物质面貌和精神气质,进而推动了作为大众传媒的电视媒体的形态变迁和角色调整。在这一持续而长久的过程中,城市空间因素的向度和力度深刻影响了电视媒体的变革,同时,电视媒体的形态、技术和内容的点滴变化也在重塑着城市空间的变迁。

首先,城市化进程与人口迁徙背景下,电视媒体融合的渠道扩张。20世纪90年代以来,城市规模的扩张成为电视媒体渠道扩张的主要动力来源,主要表现在两个方面:一是城市化进程带来了人口数量的激增,城市规模在土地和人口两个向度上的扩张强度,影响了电视媒体传播渠道的扩张方向和力度,这是经济规律使然;二是人口密度大的大都市往往是高新技术产业的先行试验区和规模应用区。信息化已经成为推动城市发展的新动力,在电视传输技术方面,基于移动互联网、智能互联网等前沿技术应用正在助推电视媒体融合进行新的渠道拓展。具体来看,城市是产业集中地,从历史变迁的角度来看,城市人口聚集的趋势从未停止。2014年底,联合国开发计划署发布《中国人类发展报告》,指出中国只用60年的时间就实现了城镇化率从10%到50%的过程。到2030年,中国

---

① ［英］戴维·莫利、凯文·罗宾斯:《认同的空间》,司艳译,南京大学出版社2001年版,第1页。

② 阎安:《空间视阈下城市广电媒体发展研究——以长三角城市台为例》,南京师范大学博士学位论文,2019年,第21页。

将新增3.1亿城市居民,届时全国城市人口总数将超过10亿,中国城市化率将达到70%。① 随着移动互联网技术的日新月异,用户习惯已经逐渐由公共电视、地铁电视向社交媒体和网络视频转变。在移动空间中,用户可选择的媒介形态日趋多样,这给电视媒体带来冲击的同时,也为电视媒体的升级换代创造了契机。从这个意义上说,城市化的进程和人口的聚集对媒介发展提出了要求,即更需要拥有统领时空能力的媒介,以及对媒介的沟通性和效率提出了新的要求。因此,作为传统媒体的电视,顺应发展趋势的前提就是进行媒体融合,并且在融合的广度和深度上尽可能地满足用户的期待和产业发展的需求。

其次,城市化进程与人口迁徙背景下,电视媒体的内容优化。电视媒体为人们构筑起一个虚拟的公共空间,而"新旧媒体相互映照下的公共空间的存在"②是当代公民社会的重要特征。它通过呈现公共舆论这一"社会的皮肤",既承担了在民族国家、城市社区这样现代性"想象的共同体"中进行沟通的关键角色,又在哈贝马斯的"公共空间"中演绎了催生舆论、公共参与的政治功能。同时,电视媒体通过对物理的、真实的都市空间的再现、再生产,对都市生活、现代性的想象,这个想象体现了认识、理解都市空间的阐释性框架,成为一种能够影响人类都市经验和行为的构想性现实。③ 其实,无论是政治功能,还是释义性功能,都有赖于电视媒体的内容生产。电视产业被视为"内容产业",具有精神文化生产和传播的特殊功能。电视产品最为核心、最具有价值的要素在于其精神形态。因此,以优秀的精神文化产品建设城市和滋养人民,始终是电视媒体融合发展的根本方向。《国家新型城镇化规划(2014—2020年)》中提出,要"发掘城市文化资源,强化文化传承创新,把城市建

① 联合国开发计划署:《可持续与宜居城市:迈向生态文明——2013年中国人类发展报告》,美通社,https://www.prnasia.com/story/84998-1.shtml.
② 师曾志:《沟通与对话:公民社会与媒体公共空间——网络群体性事件形成机制的理论基础》,《国际新闻界》2009年第12期。
③ 孙玮:《中国传播学评论:传播媒介与社会空间特辑》,复旦大学出版社2009年版,第7页。

设成为历史底蕴厚重、时代特色鲜明的人文魅力空间""鼓励城市文化多样化发展,促进传统文化与现代文化、本土文化与外来文化交融,形成多远开放的现代城市文化"①。因此,构建一个包容、通融的媒体公共空间就显得尤为重要。另外,每一座城市的空中都交织着各种舆论力量的博弈,而电视媒体通过平台化建设,在构建公共领域的过程中,应该扮演中立的"传声筒"角色,尽量平等、独立地展示社会各方的观点和意见,无论在主流媒体还是在互联网平台,对舆论都可以起到正确的导向作用,从而达到城市治理的作用。从这个角度来看,就需要电视媒体不仅要通过融合拓展传播渠道,更应该通过融合将电视媒体的内容优势最大化,通过对"公共权力的批判、监督来体现出公共理性精神"②。

最后,城市化进程与人口迁徙背景下,电视媒体融合的平台再造和功能拓展。毫不夸张地说,互联网改变了城市空间业已存在的政治关系、经济关系、社会关系,重新建构起人与人、人与城市的开放、互动的传播关系,进而带动了媒体功能和组织架构的调整。因此,基于关系连接的平台化媒介组织由此应运而生。这些"关系"直接打通了传媒产业链条的全部环节,成为资源开发、新闻生产、产品延伸、渠道拓展、品牌经营及社会互动等领域不可或缺的结构性因素。③ 由此搭建起的平台化媒介组织不再是单纯的内容生产者,而是在一定的空间场所、系统、环境里连接各种生产要素,并为生产某种产品提供服务,④并由此重新定义了城市空间中人与人的连接。正如美国城市学者乔尔·科特金所说:"最终,在数字化时代,那些最古老的原则——社区意识、认同感、共同的历史和

---

① 中共中央、国务院:国家新型城镇化规划(2014—2020 年),新华社,2014 年 3 月 16 日,http://www.gov.cn/zhengce/2014-03/16/content_2640075.htm。

② 陶蕾韬、路口亮:《试论公共领域中的价值认同》,《理论与现代化》2013 年第 1 期。

③ 麦尚文:《"关系"编织与传媒聚合发展——社会嵌入视野中的传媒产业本质诠释》,《国际新闻界》2010 年第 1 期。

④ 周勇、何天平、刘柏煊:《由"时间"向"空间"的转向:技术视野下中国电视传播逻辑的嬗变》,《国际新闻界》2016 年第 11 期。

信仰——不仅依然重要，而且越来越成为决定成败的至关重要的因素。当个人或是先进的产业在全球范围内选址时，他们将不再需要寻求那些最大的、最便宜的、最受欢迎的地方。他们将寻求一种新的地方，一种对于他们的价值观和内心深处都具有吸引力的地方。正是在那里，数字时代的成功社区将会展现在世人面前。"[1]新的城市社区当然需要新的连接方式和适配媒体，在这一语境下，电视媒体唯有利用媒体融合的契机，加快功能转换和平台再造的步伐，基于媒介品牌的权威性，加强视听场景的建构能力，才可能获得长足的发展。

二、文化教育普及程度的高低：制约电视媒体融合的价值标准

一个区域内文化教育普及程度的高低，影响着该区域人群的价值观和道德观的塑造，制约着电视媒体融合发展的价值标准。也就是说，媒体融合程度越高的区域，该区域的人群媒介素养普遍较高，而媒介素养往往与文化教育程度成正比。

党的十八大以来，我国教育改革不断向纵深推进，教育事业全面发展，人民对教育的获得感也得到了普遍加强。2019 年，我国九年义务教育巩固率为 94.8%，义务教育普及程度达到世界高收入国家的平均水平。高中阶段的毛入学率从 2000 年的 42.8% 提高到了 2019 年的 89.5%，超过了中等偏上收入国家的平均水平。除此之外，我国高等教育毛入学率从 2000 年的 12.5% 提高到 2019 年的 51.6%，高等教育在学总规模超过 4000 万人，已建成世界上最大规模的高等教育体系。[2] 总体而言，我国的国民文化素质得到了持续提升，基础教育普及程度达到了世界中上水平。与此同时，根据中国互联网信息中心（CNNIC）于 2020 年 4 月 28 日发布的第

---

① ［美］乔尔·科特金：《新地理——数字经济如何重塑美国地貌》，社会科学文献出版社 2010 年版，第 214 页。

② 张军：《从民生指标国际比重看全面建成小康社会成就》，2020 年 8 月 7 日，国际统计局，http://www.stats.gov.cn/tjsj/sjjd/202008/t20200807_1781473.html。

45 次《中国互联网络发展状况统计报告》数据显示,截至 2020 年 3 月,初中、高中/中专/技校学历的网民群体占比分别为 41.1%、22.2%,受过大学专科及以上教育的网民群体占比为 19.5%。① 由此可见,我国国民素质相对较高,这也为电视媒体的融合发展提供了很好的群众基础。

三、传播生活方式的变迁:决定电视媒体融合发展的方向

不得不说,2020 年初的疫情对我们现代生活方式的改变起到了极大的催化作用。数字互联的加速发展,让人们的生活和工作在新的境况中逐渐达成平衡:上班族实现了数字化网络居家办公,学生实现了远程网络教学,家庭和消费者正在集体转向互联网娱乐。截至 2020 年 3 月,网民对互联网的应用集中于理财、网络直播、网络视频(包括短视频)、网络游戏、网络文学、网络音乐、在线教育、网约车、旅行预订、网上外卖、网络支付、网络新闻、搜索引擎和即时通信等,其中即时通信、网络视频、短视频这三个应用位居前三位。可以说,疫情给了电视媒体大胆向新媒体内容创新的尝试机会。如湖南卫视《歌手·当打之年》《声临其境 3》的"云录制",以及专门打造的两大"云综艺"——《嘿! 你在干嘛呢?》和《天天云时间》,通过"视频连线 + 生活 Vlog + 云录制"等新媒体的形式,将小屏内容大屏化,短视频内容长视频化,使电视媒体不断向新媒体有机融合。并且,经过这次的"云尝试",让传统的电视媒体跨越了空间和形式的限制,融入了更多互联网平台的新元素,也让电视媒体融合找到了更多的可能性。

当前媒介生态环境中,连接已经成为人们的基本生存状态,不同的终端在连接中发挥着不同的作用,而多终端发展已经成为电视媒体融合转型的一个重要方面,其中,移动终端的布局尤其值得

---

① 共中央网络安全和信息化委员会办公室、中华人民共和国互联信息办公室、中国互联网信息中心:《第 45 次中国互联网络发展状况统计报告》,第 26 页,中国互联网络信息中心,2020 年 4 月。

重视。截至 2020 年 3 月,我国手机网民规模为 8.97 亿,网民中使用手机上网的比例为 99.3%。[①] 人们越来越依赖手机获取新闻信息,传统媒体也越来越重视通过移动端发布新闻资讯,传播终端向移动化发展的趋势越来越明显。

第五节 行业角力:
电视媒体融合发展的内生动力

在互联网技术一路高歌和数字经济席卷全球的当下,我们有必要通过对新媒体环境下传媒产业的发展格局进行深入分析,找到传媒产业的准确定位,以增强我国不断发展中的软实力。所谓传媒产业环境,是传媒生存和发展的工作环境和具体环境,指的是与传媒的生产、制作、推广、销售等生产经营过程,与传媒的人、财、物、信息等经营要素直接发生关系的客观环境。[②] 20 世纪 80 年代,哈佛大学商学院教授迈克尔·波特(Michael E. Porter)在其著作《竞争战略》(*Competitive Strategy*)中提出著名的"五种竞争力量模型",它们分别是:行业中现有对手之间的竞争形势、来自市场中新生力量的威胁、替代的商品或服务、供应商的议价能力以及消费者的议价能力。该模型是用来分析行业竞争态势的工具,可以有效地分析企业所处的竞争环境。由于该模型过去常常用来分析传统行业,所以研究以视听内容为产品的传媒行业时,需要对"五种竞争力量模型"中的某些要素重新界定,如电视媒体消费者的议价能力分析中,观众是不能够直接和电视台讨价还价的,所以对于消费者议价能力的分析等同于用户对电视媒体的需求强度和黏性强度分析。因此,对于传统电视媒体融合发展而言,存在的"五力"模

---

① 中共中央网络安全和信息化委员会办公室、中华人民共和国互联网信息办公室、中国互联网信息中心:《第 45 次中国互联网络发展状况统计报告》,第 19 页,中国互联网络信息中心,2020 年 4 月。

② 谭云明:《传媒经营管理新论(第二版)》,北京大学出版社 2014 年版,第 53 页。

型为:同业竞争与合作的形势、供应商的议价能力、消费者的议价能力、行业进入的难易程度以及广告客户的竞争力。

一、电视媒体的同业竞合形势分析

所谓同业,这里主要包含两个方面的内容:一是同属于传统媒体行业中的电视台,二是指包括电视媒体与网络平台(包含短视频)等视听媒体在内的大视频产业。无论是传统的电视媒体圈层,还是日趋稳定的大视频产业,它们之间的竞争与合作都共同促进了传媒行业的融合发展。

就传统的电视行业而言,"1 + 5 + N"的金字塔结构已基本成型。这里的"1"是指中央广播电视总台;"5"指五大省级卫视,分别是:湖南卫视、东方卫视、浙江卫视、江苏卫视和北京卫视;"N"则是指除总台和以上五大省级卫视之外的其他所有电视台。

从级别来看,中央广播电视总台属于第一梯队,是中国最早、最大的电视台,其发展历史堪称一部中国电视发展史。总台作为"国家的电视台",始终站在传播的金字塔尖,而其他电视台则作为间接的信息传播者而存在。虽然总台有其他任何一家电视台所无法比拟的资源优势,但即便如此,在新媒体席卷大潮中,也依然面临着强大的冲击波,也需要不断地创新与融合。对处于第二梯队的五大省级卫视和第三梯队的各级地方电视台而言,马太效应日趋显著。据 2020 年上半年的收视率数据显示,湖南卫视同时摘得尼尔森、索福瑞全国网、索福瑞 59 城市组、35 城市组、酷云、欢网等网域省级卫视第一的桂冠,再次成为卫视平台的收视领军者,与其他卫视拉开了明显的差距。而东方卫视、浙江卫视、江苏卫视和北京卫视这四家省级卫视,虽然在不同平台上排名略有差异,但通过 2020 年上半年的收视率数据显示,整体保持在第二梯队。而第三梯队的电视台在竞争中则略显弱势,尤其是大部分城市电视台和县级电视台,而卫视中,如天津卫视、广东卫视和深圳卫视的收视率则相对突出,但如果想在未来的竞争中跻身第二梯队,还有一段很长的路需要走。

就大视频产业而言,无论是传统的电视媒体,还是如爱奇艺、优酷、腾讯视频等网络视频播放平台,抑或是抖音、快手等短视频应用平台等,在不断的融合发展过程中,不同的或许只是媒介形态的差异,但视频资源将殊途同归,最终融入大视频的洪流中。如今,大视频时代已经来临,有 90% ～95% 的宽带被互联网视频用户占据,互联网视频已经成为当前网络用户最主流的服务需求。① 人们更需要的是观看视频形式上的灵活性和时间上的自由性,并不在意视频究竟出自哪个媒体或者哪个渠道。随着移动终端的屏幕越来越大、清晰度越来越高、网速越来越快以及移动流量资费的全面下降,移动内容整体正在趋于视频化,而传统电视与互联网视频之间的差距也越来越小,甚至趋于弥合。基于此,电视媒体在融合发展中,或许更应该偏向对移动终端的布局,才能在竞争中凸显自己的内容优势,占得席位。

二、电视媒体的供应商议价能力分析

在版权意识逐渐增强、网台联动的制作模式日趋成熟、"先网后台"的播出方式基本稳定的今天,内容供应商尤其是优质版权供应商的议价能力也在不断提高,这对影视寒冬时期资本缩水的电视台而言无疑是雪上加霜。毕竟,供应商的议价核心是流量,也就是市场,而电视台的整体收视率处于下滑状态,加上电视台的排期问题、消化量有限,因此很多内容都转而在网络平台播出。就电视剧而言,如果是一部大制作剧集的电视剧则制作成本相对较高,电视台迫于购剧资金的压力,只能购买一两部质量过硬的作品,而优质剧集又是有实力的电视台争相购入的,因此很容易造成播出内容同质化的现象。

除了优质内容供应商是各大平台争夺的重要资源外,一些重大体育赛事的独家转播权也是兵家必争之地。2014 年 9 月 2 日,

---

① CTI 论坛:《华为携手爱奇艺打造云数据中心互联网络》,2017 年 2 月 3 日,ht-tp://www.ctiforum.com/news/guonei/503270.html。

随着国务院"放宽赛事转播权限制"的一声令下,从 2015 年开始,体育赛事成为电视媒体和新媒体竞相争夺的内容,新旧媒体在体育领域的竞争进入白热化阶段。对于体育赛事而言,电视和网络转播权是其经济价值和传播价值的重要组成部分,但长期以来,由于诸多限制以及缺乏市场化的运作,这一价值在中国并未得到有效的开发和利用,因此,国务院明确将"放宽赛事转播权限制"列为优化市场环境的重要举措,这对于中国体育赛事转播权市场的开发与盘活,无疑是一个巨大的利好消息。但对于电视媒体而言,已不再是萨马兰奇曾经说过的"体育和电视是天作之合",今天的"天作之合"早已跨越了传统电视,成为不同媒体之间竞争与联动的阵地,拥有不同优势的媒体平台也纷纷在体育大爆炸的时期寻找和塑造着自己在全产业链上的位置和优势。

　　无论是曾经的央视,还是如今的中央广播电视总台,体育频道都在努力捍卫着自己的霸主地位。由于总台的体制地位与政策倾斜,重大的国际体育比赛,如奥运会、亚运会和世界杯足球赛等,在我国境内的电视转播权都统一由总台负责谈判与购买,其他各电视台(包括有线电视台)不得直接购买。但即便如此,随着体育体制深化改革、年轻观众观看习惯的变化,以及新媒体平台的加大投入,倒逼体育频道向全媒体思路转变,中央广播电视总台也于2020年初和国家体育总局签署了战略合作协议,根据协议,"双方将创办《中国席位》《体育榜样》等一批覆盖中国全部夏季、冬季奥运项目的独家自主自办赛事和节目"①,这大大提升了中央广播电视总台的供应商议价能力,但对于其他更大多数的电视台而言,是毫无竞争力可言的。因为对于体育电视传媒机构来说,只有拥有全球顶尖的体育赛事资源,才能获得盈利,而要想获得赛事播出的权利,就需要支付高额的电视转播费用,这对于江河日下的电视媒体而言,可能压力过大。因此,在媒体融合时代,电视媒体与新兴媒

---

　　① 　央视新闻:《中央广播电视总台和国家体育总局签署战略合作协议》,2020 年 1 月 19 日,https://baijiahao.baidu.com/s? id = 1656136000592060332&wfr = spider&for = pc。

体比拼的不仅仅是体量,更是包括资本、技术和商业模式在内的全
方位综合实力的较量。

三、电视媒体的消费者议价能力分析

如前所述,观众是无法直接与电视台讨价还价的,所以关于电
视媒体消费者议价能力的分析,等同于用户对电视媒体的需求强
度和黏性强度分析。因此,这部分主要探讨用户需求对电视媒体
融合发展的驱动。

媒体是人的延伸,媒体是人的需求的延伸,人的需求是媒体融
合发展的原动力。然而,在相当长的一段时期内,人的需求在媒体
发展的过程中并没有成为很清晰的自觉认识,发展媒体更可能源
自社会效益和经济效益驱动。在传统媒体时代,无论是普通局外
人,还是业界人士,普遍认为媒体是在"动员"观众、听众或读者。
人们在潜意识中认为,是媒体给受众带来了新鲜体验和闲暇娱乐,
受众只是被动地接受媒体提供的既定内容。但事实上,受众意识
的强化是电视节目形态"人本化"的内在原因。[1] "我们常常接受
媒介的皮下注射模式,或子弹模式,认为他们直接击中被动的标
靶。"[2]由此可见,在"冷媒介"时代,受众完全是被动地接受媒体的
主导性话语。而在新媒体时代,传统媒体原始简单的"观众来信"
互动模式已不足以满足观众急切参与议程设置的冲动和热情,越
来越多的节目或栏目选择运用数字化媒体形式回应观众的互动诉
求。"技术进步让媒体具备了及时和互动的特征,并根据各自的传
播特点和观众需求进行重组和分装,接受观众的反馈,以满足观众
个性化的需求。"[3]这时,人们开始发现在使用和满足研究领域,受
众活动(audience activity)——使用者有意地选择媒介内容以满足

---

① 王启祥:《变革与创新:中国电视新闻节目演变成因分析》,《学术前沿》,2006
年第 7 期,第 22 页。

② [美]赛佛林、坦卡德:《传播理论:起源、方法与应用》,郭镇之主译,中国传媒大
学出版社 2006 年版,第 16、252 页。

③ 黎斌主编:《电视融合变革:新媒体时代传统电视的转型之路》,中国国际广播
出版社 2011 年版,第 21 页。

他们的需要——成为核心概念。[①]　这种观念产生了三种新的转向:
一是受众被设想为主动的,大众传媒的使用在很大程度上被认为
是有目标指向的行动;二是在大众传播过程中,将需要的满足与媒
介的选择联系在一起的主动权在于受众;三是媒体必须与满足受
众需要的其他来源相竞争。[②]　特别是自媒体的勃兴更是成为用户
生产信息内容和产生娱乐的新兴阵地,其角色也从受众、消费者摇
身一变成了用户和生产者。这种转变加深了媒体间的融合,电视
媒体在"三微一端"上的拓展成为常态。从这层意义看,无论是牢
筑媒体融合的技术基础,还是延伸其时空基础,抑或是夯实其功能
基础,最根本的还是要满足用户的需求。

　　用户的需求是一切媒介发展的"风向标"和"晴雨表"。用户使
用媒体的需求多种多样。卡茨、格里维奇和哈斯从大众传媒的社
会及心理功能的文献上选出了 35 种需求,并将其分为认识的需要
(获得信息、知识和理解)、情感的需要(情绪的、愉悦的或美感的体
验)、个人整合的需要(加强可信度、信心、稳固性和地位)、社会整
合的需要(加强与家人、朋友等接触)和舒缓压力的需要(逃避和转
移注意力)五类:放松、娱乐、忘掉工作和其他事情、与朋友交往、获
知关于自己和别人的事情、消磨时间(尤其是无聊的时候)、寻求刺
激、降低孤独感、满足一种习惯、让其他人知道"我"在乎他们的感
情、让某人为"我"做某事。[③]　当然,这些分类理论列举式的方式远
远没有穷尽人们使用媒体的需求类型,诸如人们使用媒体参与政
治和国家治理的需要,以及由此引发的参与、知情、表达、监督等一
系列需求,尤其是人们使用电商平台购物消费的行为更是驱动了
媒体融合。

　　"以用户需求为导向"的思维模式对电视具有重要的启示和借

　　①　[美]赛佛林、坦卡德:《传播理论:起源、方法与应用》,郭镇之主译,中国传媒大
学出版社 2006 年版,第 252 页。

　　②　[美]赛佛林、坦卡德:《传播理论:起源、方法与应用》,郭镇之主译,中国传媒大
学出版社 2006 年版,第 254 页。

　　③　[美]赛佛林、坦卡德:《传播理论:起源、方法与应用》,郭镇之主译,中国传媒大
学出版社 2006 年版,第 255 ~ 256 页。

鉴作用:只有找准用户需求这座"富矿",把用户需求的变化调查清楚、研究透彻,才能真正找到传统电视媒体在互联网时代的破局之道。令人欣慰的是,2019 年中国电视用户总规模超 13.7 亿,其中智能电视用户超 4.9 亿,电视仍然是最大的视听媒介平台。[①] 在对智能电视用户的解析中,智能电视用户男女比较均衡,34 岁以下年轻用户占比达 64%,相比于传统电视的 27% 和互联网用户的 59% 更加年轻,观看时长也从 2016 年的 332 分钟递增至 2019 年的 342 分钟。[②] 这意味着,过去大众普遍接受的"青年人更爱看手机、中年人更爱看电视"的认知并不正确,青年人正在重新回归电视大屏,用户黏性也在不断增强。收视收听、聊天、娱乐、游戏、购物、直播等成为人们对电视的新需求。媒体融合时代的电视已经不是传统意义上的电视,一种全新的网络电视文化的出现,正在改变人们对电视用途的理解,电视已经由"看电视"转变为"用电视",向智慧发展的进化之路迈进。但是,如何更好地实现人机互动、场景互动、产业互融,都是电视在互联网下需要拓展的功能,也是当前媒体融合实践中极具现实意义的话题。

四、电视行业进入的难易程度分析

根据媒介产业理论分析,我们认为,一个进入机制较难,而退出机制较易的市场运作模式是比较理想的。这样将使得进入产业内部的都是经过层层过滤的,而且最终能站稳脚跟的,也是优秀的。与此同时,一些政策性通道的设置,便于管控互联网等其他与电视事业融合和渗透的秩序,如互联网电视的牌照制度。

截至 2018 年,国家广电总局共下发了 15 张内容服务牌照,分别是:中国网络电视台、上海广播电视台、浙江电视台和杭州市广播电视台(联合开办)、广东广播电视台、湖南广播电视台、中国国

---

① 奥维互娱:《2020 年中国智慧大屏发展预测报告》(PPT),2020 年 6 月 28 日,http://www.100ec.cn/detail—6561173.html。

② 酷云互动:《消费主力人群电视大屏用户行为揭秘》,199IT 中文互联网数据资讯网 http://www.199it.com/archives/938343.html,2019 年 9 月 17 日。

际广播电台、中央人民广播电台、江苏电视台、国家新闻出版广电总局电影卫星频道节目制作中心、湖北广播电视台、城市联合网络电视台、山东电视台、北京广播电视台、云南广播电视台、重庆网络广播电台。另外,要特别提及的是集成控播牌照授权了 7 家,分别是:中国网络电视台、中央人民广播电视台、中国国际广播电台、湖南广播电视台、杭州华数、上海文广新闻传媒集团、南方传媒,其分别对应的牌照运营商是未来电视有限公司、银河互联网电视有限公司、国广东方网络有限公司、湖南快乐阳光互动娱乐传媒有限公司、华数传媒网络有限公司、百视通网络电视技术发展有限责任公司、广东南方新媒体股份有限公司。

从短期来看,牌照制度必然有其合理性,将互联网平台的内容规制、自我规制统统放入单一规制框架内的牌照制度,一定程度上对电视事业的利益有保护性倾向。面对互联网电视,条块分割的管理模式以及部门本位主义导致相关部委"守土有责",牌照制度在内容管理上"高度重视意识形态安全的政治生态",使得广电总局获得更大的话语权。随着互联网电视生态圈的逐渐形成,广电系统凭借其在视听领域资源垄断的地位,将互联网电视视为传统电视事业的一个部分,希望互联网电视的市场能够实现资源的最优化配置,便于统一监管。但从长期来看,牌照制度有悖于"技术中立"原则,容易造成市场主体之间的隔阂。因此,应该建立起"政府—平台"二元规制范式,由"管办不分"向"管办分离"逐步演化。

五、电视广告客户的竞争力分析

广告被称为经济的晴雨表,是与社会经济的发展水平息息相关的。媒体融合时代,广告主更多倾向于通过多媒介组合的形式获得传播效果。电视媒体与新兴媒体在品牌建立上承担着不同的功能:电视是带来消费者到达的主要媒体,而新兴媒体能够有效带来到达增量。在信息爆炸的时代,广告主依然看中电视媒体的权威性和正向价值,这也是目前互联网平台难以带来的价值。随着 5G 时代的来临,以电视为代表的家庭大屏未来将呈现不一样的前景。作为电视价值体现的集中代表,在电视媒体中,广告主的投放更多的选择集中在央视,并且央视媒体价值对广告主的吸引力仍在不断提升。因为有相关调查数据显示,90.6%的消费者希望有一个可信的媒体帮助其进行信息筛选,而80.3%的消费者认为中央电视台的广告信息值得信赖。① 可见,在媒体融合时代,具有广泛影响力和可信价值的电视媒体是品牌营销的重要渠道,优质的央视媒体资源更是品牌建设道路上的中流砥柱。

随着媒体融合向纵深推进,前台媒体和后台媒体对品牌推广起着不同的作用。前台媒体与消费者的沟通更为紧密,如我们日常使用的电商 App、H5 端、PC 端及小程序等都属于前台媒体,它们更适合传输最原始、最具体的信息和内容,有助于帮助品牌形成品效转化和带货等;而后台媒体则更多倾向于激发消费者潜意识参与意愿并保持让消费者持续卷入。电视媒体的功能更偏向于后台媒体,它是二次传播和转化的核心动力,而在媒体融合趋势的带动下,电视媒体也正在通过融媒体尝试,拥有前台媒体的功能。如央视开通的微信公众号、短视频平台等的粉丝数量、阅读量数据排名均居电视排行首位,在拥有前台、后台媒体功能之下,央视广告更容易引发消费欲望,从而帮助品牌更好地实现品效转化。

本章小结

对电视媒体的融合发展研究离不开对当下媒介生态环境的考察。在本章中,作者从政策引导、技术革命、经济发展、社会变迁、行业角力五个维度对电视媒体融合发展的内外部环境进行了战略组合分析。从某种意义上说,互联网已经成为重构世界的结构性力量。第一,面对网络与新媒体的冲击,国家政策的红利主要体现在媒体融合政策理论的不断丰富、发展和完善,"媒体融合"和"智

---

① 199IT 中文互联网数据资讯网:《CRT:2020 年中国广告市场及广告主营销趋势报告》,2020 年 8 月 3 日,http://www.199it.com/archives/1093515.html。

慧广电"已经成为广电行业发展的大趋势,也是电视媒体发展的基本共识。因此,国家的政治法律环境为电视媒体融合发展具有很强的引领和保障作用。可以预见,"媒体融合""智慧广电"的政策利好必定鼓励和激励电视产业又好又快地发展。第二,推动媒体融合的核心是技术。"5G + AI + VR∕AR"等基础性技术和应用将电视的生存空间大幅压缩,倒逼电视行业向互联网平台靠拢,意味着电视台内部的组织架构、新闻采编机制、媒介经营管理等微观运行机制和电视制作理念和思维方式等将发生重大调整。电视媒体融合发展必须以先进技术为支撑,适应科技环境所带来的变化。第三,经济环境是电视媒体融合发展的动力引擎。目前我国宏观经济环境呈现良好的发展态势,经济发展水平持续提升,国内生产总值不断增长,有利于传媒组织经济发展政策文件的出台,为电视媒体融合发展提供了良好的经营发展条件。从微观经济发展环境来看,数字经济和传媒产业格局的调整为电视产业开展多元化经营提供了广阔的发展空间。第四,社会变迁是电视媒体融合发展的潜在力量,主要体现在三个层面:1. 城市化和人口流动的变化,影响电视媒体融合发展的广度和深度;2. 文化教育普及程度的高低,制约着电视媒体融合发展的价值标准;3. 传播生活方式的变迁,决定着电视媒体融合发展的方向。第五,根据波特的"五种竞争力量模型"对比传统电视媒体融合发展,同样存着"五力"模型:1. 同业竞争与合作的形势;2. 供应商的议价能力;3. 消费者的议价能力;4. 行业进入的难易程度;5. 广告客户的竞争力。这"五力"构成了媒体融合发展的内生动力。

总体来看,电视媒体是整个社会大系统中的一个子系统,也是媒介生态的有机组成部分。政策、科技、经济、社会文化和行业发展之间相互作用,形成一种合力和正协同力。互联网时代,电视媒体融合发展所处的内外部环境发生着颠覆性和革命性的变化,电视媒体应灵活采取相应的应对策略,以有效回应这种急剧变化的媒介生态格局。

第三章 实践:电视媒体融合发展的路径探索

新一轮技术革命催生了信息传播新技术、新机制、新模式,媒体的传播形态发生了嬗变,并且极大地加速了全媒体时代的构建进程,移动互联网技术潜移默化地改变了用户的思维方式、媒介行为与社交方式。通过前文分析可知,作为传统媒体的电视只有充分认识并深入推进媒体融合,着力加强全媒体传播体系的建设,才会更加有效地激发出电视行业发展的内生动力和发展潜力,进而转化为发展的执行力,把握历史发展机遇,重新在新媒体传播形态中占据主动、主导地位。因此,近几年电视媒体不断寻求转型升级,具体实践措施包括以下两个方面:一是媒体形态的转型,即媒体融合;二是由过去的事业单位逐渐向适应市场化发展的企业化运行机制转型,即深化改革。然而,这两大转型之路,均要求电视行业从内容生产、传播模式、组织架构、人事分配等各个方面进行一次深入的革命式地重塑。

郑杭生在《社会学概论新修》中认为机制的基本含义有三个:一是指事物各组成要素的相互联系,即结构;二是指事物在有规律的运动中发挥的作用、效应,即功能;三是指发挥功能的作用过程和作用原理。更概括地说,机制就是"带有规律性的模式"。对照电视媒体的运行机制,本章我们选取了电视台融合转型的"标配"——中央厨房以及电视台的内部组织架构、基层生产机制、人

108

事管理机制和商业模式作为主要研究对象，探讨电视媒体融合纵深发展的路径和方法。

第一节　电视媒体融合转型的
"标配"——"中央厨房"

从媒体首次触网至今的 20 余年的时间里，电视媒体也持续性地进行了媒体融合的实践探索，从对接互联网平台到台网互动的"相加"阶段，从"三微一端"到中央厨房建设的"相融"阶段，媒体融合是一个全新的生态系统再造的过程。当媒体聚合转型进入新阶段，"中央厨房"成为"主旋律"和"关键词"。2014 年，中央全面深化改革领导小组第四次会议审议通过《关于推动传统媒体和新兴媒体融合发展的指导意见》，足以看出国家对媒体融合的高度重视，同时也为国内媒体的融合发展道路明确了方向。这一年，无论是传统媒体还是新兴媒体，都发挥各自优势，纷纷采用"中央厨房"的新闻生产模式，整合技术、内容、渠道、平台，探索出一条融合创新之路。从 2015 年"两会"部分媒体"中央厨房"首秀大放光彩，到近两年"两会"报道中，"中央厨房"被各家媒体大范围投入实践，传统媒体似乎看到了新天地。

当前，我国的媒体融合已经进入深水区，"中央厨房"也已经成为媒体融合的"标配"。目前，全国有 55 家地市级以上各类媒体建立了"中央厨房"。不可否认，"中央厨房"在电视媒体的融合转型中产生了一定的效果，新闻时效性显著增强、新闻统筹协调水平大大提高、新闻生产流程得以重构、新闻传播层次更加丰富、主流媒体传播矩阵得以拓展。但同时也出现了新闻生产成本提高、新闻内容同质化等问题。这一部分我们将在对国内电视媒体"中央厨房"实践进行深入调研的基础上，对电视媒体"中央厨房"的理念、创新、问题和对策等进行全面阐述。

一、媒体融合趋势下电视媒体的生态系统建构

媒体融合趋势下的电视产业生态系统包含三个层面的内容:一是技术系统;二是产品服务系统和用户系统;三是机制系统。

首先,技术系统是媒介生态系统的基础。从数据传输的角度而言,传统是单向的,融合媒体则是基于大数据、云计算以及智能技术精准把握用户市场,进而形成双向互动的传输模式。就终端而言,传统媒体单一、固定,而融合媒体则是多屏化、移动化、社交化以及场景智能化。因此,媒体融合的当务之急就是搭建一个服务融合媒体发展的技术体系,即基于大数据、云平台、多渠道传播、多平台分发的技术体系。然而,当前大多数媒体机构的"中央厨房"基本上都实现了终端和平台的多媒体对接,但还不具备导入用户和市场的大数据分析能力。因此,媒体融合生态系统的基础工程还尚待完成。

其次,产品服务系统随着互联网产业的进化而不断演进,前后经历了内容媒体时代、社交媒体时代和场景智能媒体时代。所谓内容媒体时代,就是我国目前大多数传统媒体正在经历的"三微一端"时代。而社交媒体时代与内容媒体时代相互叠加,这个时代仅仅有"三微一端"是远远不够的,还必须具有高黏性的社交互动产品和服务才能聚合用户,开发用户的延伸价值。场景职能媒体时代则是在聚合用户的基础上,根据用户的场景及场景创造的需求,智能匹配内容和服务推送给用户。在精准推送给用户的过程中,则生成了用户系统。构建用户系统,一方面创建自己的用户社群;另一方面精心维护用户社群,然后对用户社群延伸价值进行深度开发。融合媒体时代,用户社群就等于数据,而数据是最大的资源。

最后,媒体融合是革命性的颠覆式创新,是生态系统再造和组织结构重构。因此,融合媒体体制与机制必须通过顶层设计来实现,整个融合媒体生态系统的技术、用户和产品服务系统都是在顶层设计之下才能够正常运转和产生效益的。它包括融合媒体内容

组织结构一体化、采编流程化、产品与服务项目制以及传统体制与融合后新体制的融通。融合媒体集团应该按照产业化运作，内部架构不再按照传统媒体划分，而应以产品事业部或者项目事业部进行重构。

二、"中央厨房"：基于融媒产业生态系统的机制创新和价值呈现

其实"中央厨房"是一个比喻，"中央厨房"原是餐饮行业的术语，是指连锁餐饮企业采取集中采购、统一加工、统一配送的商业模式。具体而言，"中央厨房"模式从采购、选菜到切菜、调料等各个环节均有专人负责，半成品和调好的调料用统一的运输方式在指定时间内运到分店。根据测算，采用"中央厨房"的餐饮企业比传统的采购配送机制要节约30%左右的成本。由于"中央厨房"在操作流程和功能效果上与全媒体平台有很大的相似性，因此，媒体从业者便将全媒体平台形象地称作"中央厨房"。媒体机构的"中央厨房"运作机制是前方记者负责采集"食材"输送到"中央厨房"，后方编辑与技术人员将其加工成多媒体形态的作品，再通过各媒介渠道发出。媒体行业借用餐饮行业中的这一概念，目的并不是要生产流水线式的新闻产品，而是通过"一次采集、多级开发、多渠道发布"，实现个性化的订制新闻产品。"中央厨房"进入电视媒体是随着在纸媒的成功运作而推开的。

在新闻生产流程再造语义下，"中央厨房"既是物理空间、业务平台、技术平台，也是指挥中枢、协调中心，具备统一指挥、科学调度、统一加工、多元分发的功能。比如在"两会"、阅兵、领导人出访等大事的宣传报道中，"中央厨房"可充分发挥其功能，策划全局统一的宣传方案，最大限度地调度记者进行前线采访，"后厨"则对采访素材统一加工，采用最具有表现力的呈现方式或可视化方式，在多终端进行推送。

（一）"中央厨房"的理论及现实依据

我们经常会使用"水波纹效应"作为"中央厨房"报道模式的理

论基础。实际上,"水波纹效应"起源于美国道琼斯通讯社,当新闻事件发生后,其传播规律就如同石子落水,以着落点为中心,一层一层向外扩散。由于不同的媒体对信息传播速度有不同的要求,他们的运作模式是这样的:道琼斯通讯社首先介入报道,其次是对新闻时效性有较高要求的华尔街日报新闻网站进行报道,然后是电视台和电台的跟进,之后是传播速度较慢的《华尔街日报》,最后是时效性要求不高的刊物进行深度报道,到此信息传播并未结束,而是之前所有的报道都被汇总到道琼斯和路透社合作的 Factiva 数据库里供读者有偿检索。① 通过上述一系列的操作,道琼斯通讯社实现了同一条新闻 7 次贩卖,最大限度地降低了生产成本,同时还满足了受众不同层次的需求,增强了综合效应,实现了对同一新闻题材全方位、多角度、最大化地利用。基于此,"中央厨房"模式则以"水波纹效应"为理论依据,在实践中对同一新闻实践进行多层次开发,以降低生产的边际成本,提高运营收益。

但要想实现完美的传播"水波纹",对新闻生产的各要素进行有机整合,建立一个集约、高效的全媒体平台是必由之路。在深入理解"中央厨房"之前,我们必须要清楚什么是全媒体。全媒体的概念是随着信息技术和移动通信技术的发展、应用和普及,在以往的"新媒体""媒体融合""跨媒体""多媒体"等概念和实践应用的基础上逐步衍生出来的。② 其实,关于全媒体的概念并没有在学界被正式提出,它更多来自传媒行业的应用层面。人民出版社出版的《童子问易》给出的"全媒体"定义是:"所谓全媒体,就是数和象在天、地、人之间变动和周流而建立的备包有无的媒体形式。"③ 2008 年,"全媒体"开始在新闻传播领域崭露头角,烟台日报传媒集团同年 3 月在全国首开先河,整合集团所有媒体记者,组建了"全

---

① 竺怡冰:《道琼斯公司"波纹"式新闻生产模式探析》,《新闻论坛》2016 年第 1 期,第 25~28 页。

② 姚君喜、刘春娟:《"全媒体"概念辨析》,《当代传播(汉文版)》2010 年第 6 期,第 13~16 页。

③ 仁国杰:《童子问易》,人民出版社 2013 年版,第 273~276 页。

媒体新闻中心",开始从传统报业到"全媒体"的运作方式、生产流程以及各种运营平台的探索。时任烟台日报传媒集团的社长郑强认为,全媒体就传播途径和传播介质而言是媒体形态的一种复合,它包括报纸、广播、电视、网络、手机、户外视频等多种媒体形态。而南京政治学院周洋则认为,"全媒体"是媒体走向融合后的"跨媒介"产物,具体而言是指综合运用各种表现形式,如文、图、声、光、电,从而全方位、立体地展示传播内容,同时通过文字、声像、网络、通信等传播手段来传输的一种新的传播形态。① 而如今正在如火如荼展开的"中央厨房"新闻生产模式,正是媒体融合不断深化时期的一种全媒体呈现形态。

就电视媒体而言,在媒体融合前期,虽然有些电视台都创办了自己的网站,但运营成功的案例却极为鲜见。它们更多只是作为电视媒体的另外一个传播平台而存在,缺少新媒体真正应有的开放性、互动性、实时性和信息的关联、整合及海量存储,因而很难吸引网民关注,也很难吸纳广告,很多电视台甚至无法支付自身运营的费用。即便是在电视台内部,不同的频道和节目在内容生产上依然采用各自闭合的运作方式,信息资源独享,采编力量各自为政。对同一新闻事件,同一传媒集团的子报、频道、频率往往都会各自派出记者采访,数支标有同一媒体标识的话筒指向同一采访对象的情形屡见不鲜,最后报道的内容也几乎没有区别。在这样的运作模式下,不仅造成了人力资源的浪费,也造成了内容的严重同质化。更有甚者,由于集团对下属各媒体和栏目的市场份额及广告吸纳量实行内部考核,为完成自身指标,同一集团的媒体与媒体之间、栏目与栏目之间往往展开了激烈竞争,彼此封锁信息及新闻素材、影像资料等,甚至有针对性地采取压制性措施。本该相互依托、相互协作的新闻生产活动,最终变成了一个零和游戏。在这种情况下生产的内容缺乏层次,不过是低水平的重复。以某省级

---

① 　周洋:《打造全媒体时代的核心竞争力——中央媒体新中国成立60周年报道思考》,《新闻前哨》2009年第11期,第14～16页。

广电传媒集团为例,他们有 6 个主频道,新闻资讯类栏目 10 个,其中 8 个是民生新闻类节目。为了争夺观众,吸纳广告,各栏目围绕信息源、播报时效展开惨烈争夺。有时,一个小车祸甚至可以引来五六台摄像机跟拍,"鸡毛蒜皮、鸡零狗碎、鸡飞狗跳"充斥荧屏,乍看热闹,实则单一,观众对各栏目似曾相识的"水、碎"内容很容易心生厌烦,他们渴望内容充实、表现形式多样的、具有个性化的高质量新闻服务和报道。而"中央厨房"的运行,不失为一种有益尝试。

(二)"中央厨房"的设计理念

从传统的采、写、编、发各自独立的线性新闻生产流程到"中央厨房"式前方记者和后方编辑协调联动的生产模式,必须树立用户理念、产品理念和信息分层发布理念。

1. 树立"以用户为中心"的理念

"以用户为中心"不仅仅是一种理念,更是一种价值观,围绕用户可以形成一种系统或一个组织。当前,移动互联网的发展促使传媒环境发生了深刻变化,电视媒体的新闻生产因此受到了强烈冲击,电视媒体的新闻生产流程的缺陷日益显现。移动互联网与移动通信技术共同催生的移动新媒体,其新闻生产极大限度地丰富了新闻产品的内容、形式与用户体验,也为电视媒体进行生产变革提供了契机。

一般而言,电视媒体是工业革命的产物,电视媒体的新闻生产遵循着工业生产的线性流程。从新闻采集到新闻编辑再到新闻传播,其生产过程基本是一个线性递进的过程,并且这个过程是封闭运行的,缺乏相应的反馈与交互,基本上排除了用户的直接干预,或者说外部的干预是非常有限的。而新媒体尤其是移动新媒体之所以能够增强用户对新闻产品的体验,是基于新媒体从诞生开始就形成的以用户为中心的新闻生产体系。这一新闻生产体系的核心是一套呈放射状的开放的生产流程,与电视媒体不同的是,用户处于整个生产流程的中心地位,并且贯穿新闻生产的全过程。从新闻产品的内容到新闻产品的形式,均以用户的需求为内在动因,以用户的反馈为检验标准,时刻保持与用户的紧密联系。

首先,交互性是移动互联网应用最突出的特征,"中央厨房"的运行是以用户体验为中心构建起的交互机制,也正是运用新媒体技术、借鉴新媒体的经验进行新闻生产变革。"中央厨房"的运行,就是将用户需求提到了新闻生产的前置条件,根据用户需求进行生产加工,从新闻信息的采集到编辑制作再到传播,新闻生产者与受众之间可以进行即时交流互动,这样,电视媒体实际上便构建了以用户体验为中心的交互机制,也就构建了一个放射性、开放性的新闻生产体系。"中央厨房"建设因此得到了行业管理者的高度认同。

其次,无论是电视媒体,还是新兴媒体,新闻生产的核心都是内容生产。因此,以用户需求为中心组织内容生产成为必要前提。如今移动互联网时代,大数据等新技术的运用,可以精准定位目标人群,精细掌握每位用户的个性和特点,从而精准把握用户需求。借助移动新媒体技术构建与用户之间的交互机制,电视媒体不仅可以满足大多数用户的需求,还可以满足小众的个性需求,真正做到以用户需求为中心组织新闻内容生产。而"中央厨房"的运行则可以满足电视媒体广泛收集新闻线索的需求,并且可以根据用户需求定制新闻产品。过去电视媒体依靠新闻热线等收集新闻线索的渠道日渐式微,取而代之的是新闻生产者全员通过互联网广泛收集新闻线索,共享新闻信息。在这里,用户成了最重要的新闻源,用户从源头上积极参与新闻生产过程,新闻内容从生产一开始便加入了用户需求的因素。"中央厨房"通过集约化、数字化和多元化的全媒体信息共享的模式,成为电视媒体新闻生产的基石。同时,大数据技术还能够及时传达用户反馈,个性化定制新闻正在成为电视媒体以用户为中心组织内容生产的重要方式。

最后,"中央厨房"是新闻生产的载体,要以用户便利为中心改进产品形式。在过去,电视媒体的产品形式是基于相对稳定的受众群体和相对确定的细分市场而组织的,其标准化的产品包装形式基本能够满足用户大众化的需求。但如今是互联网时代,媒体用户的需求正在变得个性化和碎片化,新闻产品的表现形式有必要根据用户需求特点的变化和用户接触媒体习惯的变化而改进,这种改进的出发点和归宿都要落实到用户使用的高效便捷上来。近年来,电视媒体根据移动新媒体的特点,围绕用户使用习惯进行了大刀阔斧的改革,不断改进新闻产品的形式。如短视频、H5、互动新闻等,让用户方便获取新闻信息的同时,还可以沉浸于过去所没有的更加丰富的产品体验之中。而"中央厨房"则是移动互联网时代电视媒体实现新闻产品形式变革的必须手段。

  2. 树立"以产品为导向"的理念

  新闻传播是电视媒体的重要组成部分,随着传媒环境的变革,新闻产品也规律性地进入了买方市场,用户的选择决定了新闻产品的价值,也决定了新闻载体的增值空间。在选择与被选择的营销过程中,新闻产品的生产和销售链条里是否融入营销思维显得至关重要。而对于电视媒体的从业者而言,作为新闻产品这一特殊商品的设计者和生产者,更应该在坚持正确的舆论导向、新闻纪律和大局意识的基础上,借助"中央厨房"的运行契机,深入研究和掌握新闻传播领域中的营销思维,提升新闻产品的社会价值和市场价值。

  产品的质量是根本,也是关键。新闻产品包含形式和内容两方面要素,内容是电视媒体的立身之本,形式是内容的呈现方式,产品的传播效果最终还是由内容决定的。从营销的角度来讲,新闻产品如何生产才能获得受众关注和打开销路,需要生产者更加深入地研究媒体的市场环境和行业现状。就电视媒体而言,在坚持本媒体特色的基础上如何利用新媒体强化优势、创新思维、弥补空缺,从而为电视媒体的新闻产品提供依据。如今的内容生产打出了"组合拳"的套路,同样的内容因为排列组合方式的差异呈现出的价值也会有所不同。因此,"中央厨房"必须重视多角度、多渠道的内容组合,既有原创也有转载,既立足于本地也可以有外地,这样在一定程度上才能满足不同用户的多元化需求,实现"1 + 1 >2"的传播效果。在作品的形式上也应该尽可能多样化,利用图文、音视频、动漫、游戏、手绘等多种手段优化用户的阅读体验。与此同时,在不断完善新闻产品的内容和形式的基础上,还应重视用户的参与性、与用户的互动性和服务性等新的新闻价值观,如跟帖、转发、评论、点赞、收藏、在看等应用的设置,让用户能够亲身参与到新闻的生产过程中来。

3. 树立"信息分层发布"的理念

所谓信息分层发布理念,简单来讲就是新闻信息一次采集多次利用,从而实现新闻的集约化生产。前方记者将采集到的信息回传后经过"中央厨房"一个或者多个技术平台的处理、加工、组合等环节,形成供给不同渠道的内容,这便是分层发布理念的实际运作。信息分层发布的关键在于编辑。在传统媒体工作的编辑,其主要职责是文字的校对、修改和制作标题等,而"中央厨房"模式下则要求编辑工作转型升级,在保证稿件质量的基础上进行信息的层级开发。也就是说,编辑在接收到前方记者发回的素材后要根据不同的分发渠道对其进行二次加工,经过多角度、多层次的分析整合后,根据不同终端对新闻信息的不同需求,推出不同式样的新闻"大餐"。

信息的分层发布不仅可以成倍的提高素材的利用效率,而且可以解决新闻专业主义中关于信息即时性的问题。新闻事件发生后,为抢时效,记者可以通过移动客户端快速将采集到的信息回传,甚至可以第一时间对外发布;随着事情的不断推进,记者可以滚动更新消息,其间"三微一端"可以根据自身定位,选取合适的文本、视频、图片进行报道,保持跟进;待新闻事件结束或接近尾声时,电视媒体还可以对事件进行深度报道、综合报道,以满足用户深度了解事件的需求。在这一过程中,针对同一新闻事件,根据不同渠道的特性分层开发,既能够保证新闻的及时性,还大大节约了人力、物力成本。

(三)"中央厨房"的价值所在

《中国记者》值班主编陈国权曾经指出,"中央厨房"的理论基础是著名学者布雷德利通过测算得出的同一个新闻选题,报纸、广播、电视记者的前期采访成本比例大约是1∶1.8∶3.5,如果同一个集团不同媒体实现互动和整合,发挥协同效应,把同样的信息包装成适合不同媒体的产品,一物多用,就可以相对节约成本,产生较大的经济效益。① 时至今日,全媒体融合、"中央厨房"内容生产流程和机制已经成为众多媒体工作的重点,电视媒体也将其作为发展和转型的要点来实施。

1. 共享、个性化、全媒体式的采编流程机制变革

近年来,从中央到地方,媒体集团"中央厨房"的建设方兴未艾。相较于传统流程,"中央厨房"的运作机制创新主要体现在三个方面:

一是资源共享平台的搭建,有利于大规模信息的生产,形成集约化优势。在策、采、编、发的运作中,"中央厨房"解决了过去单打独斗式的信息生产运作模式,在社交媒体用户需求爆棚、信息激增的传播环境下,中央厨房的优势在于通过搭建平台、共享资源,实现传统媒体和新媒体人员混搭、信息互通,形成编采发合力,发挥出集约化生产的优势。

二是集中采制和独享机制,满足了不同终端的个性化信息需求,实现产品形态的全媒体化。由于融汇于平台中的各个媒体所面对的信息消费者、用户对象不同,产品形态也应该体现出差别。这就促使"中央厨房"既要注重统筹规划又要考虑独享机制的配套。

三是多元信息产品无间隙发布,形成品牌"1+1>2"的传播影响力。"中央厨房"通过生产资源的整合、集中,生成面对电视、广播、微信、微博、短视频等各种客户端多屏多形态的信息产品。信息传播发布可集中时段,又可交错进行,传播方式更自如、更流畅。这打破了每类媒介各自发布状态下时间、形式等方面的局限,也能够实现网络、移动终端等多元化媒体形态无间隙滚动传输,便于集中力量造势,深化品牌印象。在重大舆论事件发生的第一时间,形成"1+1>2"的传播影响力。

---

① 陈国权:《"四问报业"中央厨房的转型价值》,《青年记者》2015 第 3 期。

2. 开放、扁平化、双向可控的管理运行机制搭建

"中央厨房"的突出特点在于能够重新配置资源力量,使协作本身成为一种竞争优势,管理上,融媒体指挥调度中心和多平台并行运作的扁平化组织结构,便于实现这一管理中心与各个平台以及各平台之间的双向、多向交流,保障开放式体系运行畅通无阻。主要体现在通过整合信息数据库、信息采集平台、多媒体编辑平台、新闻发布平台和用户信息平台,使信息数据真正实现互通共享、多级开发,提高信息使用效率和质量。同时,通过无间断的动态实时管理,使信息从生产起点到成型产品的发布,每一道关口都可感可知、可调可控。

然而,需要特别注意的是,"中央厨房"这一扁平化的管理机制是对过去垂直化管理中上下级权责关系的重新调整与组合,会挑战传统体制中的权力、利益关系。而原有的"条块分割"体制也将成为"中央厨房"扁平化管理机制运行的障碍,从而使"中央厨房"流于形式,甚至回归为一个普通的综合职能部门,难以将融合创新推向深化。

3. 探索之路:以城市电视台改革创新模式为例

推动融合从相加到相融,"中央厨房"的建设不是噱头。"中央厨房"之路该怎么走,关键在于结合实际,发掘自身优势,将创新因素从内部有机"成长起来"并转化为动力,让电视媒体真正走长远。

就城市广电而言,就是打通内部各个传播终端之间的条块分割,建设一个"中央厨房"式的"同渠道采集、多平台分发"的内容生产体系,在节约成本的同时,通过对同一新闻事实多平台、多维度、多层次的展示,创造出超过单次传播数倍的影响力和传播价值。如扬州广电总台从 2012 年起,就开始探索在电视新闻频道、广播电视报和新媒体各终端之间实现局部的"范围经济"。通过整合采编资源,形成采集与编发两大环节,统一的采集端负责采访新闻,编发端则掌控着频道各栏目、广电报新闻版,以及总台官网、官微、手机 App 等新闻端口。记者提供新闻的成品和半成品,编辑则根据各船舶端口的属性、定位及用户喜好、消费习惯等进行再加工,

由此大大节省了人力和财力，各终端的报道也呈现出明显的区分度和层次感，提升了综合影响力。

互联网、移动、社交媒体正在加速重构中国媒体格局和舆论生态，面向未来，媒体深度融合任务更显艰巨，步伐也将更加坚实。针对现状与难点，城市台的探索展现了生存压力下的行业智慧。总体上，抓好"中央厨房"龙头工程，关键在于做好"统"与"分"，"构建新型采编发网络""创新媒体内部体制机制"。

三、"中央厨房"的现状再认识和困境思考

2017年开始，我国媒体进入了"中央厨房"大发展期，从中央到各省市媒体，甚至一些地方宣传部门，都开始积极建设运营"中央厨房"式的采编系统。然而，一个新生事物的兴起往往伴随着大众的质疑声，这是新事物必经的发展阶段。"中央厨房"模式能否长久以往在良性发展中运行？这个问题受到所有人的关注。

（一）"中央厨房"能否常态化运作

"中央厨房"作为舶来品，一到国内便水土不服，虽然目前已经基本上成为各地大型传统电视媒体转型的标配，甚至被相关部门寄予"弯道超车利器"的厚望，但是"理想总是很丰满，现实回应很骨感"：有些电视台的"中央厨房"沦为难以日常化运作的"节庆厨房"，成了只是供领导们参观考察、装点门面的政绩工程，新商业模式和盈利模式的探索难题更是无从解决。

其实，在重大场合、重要节庆、重大主题报道中作为"媒之重器"的"中央厨房"，是着实能够发挥其作用和价值的。如在2017年3月的"全国两会"报道期间，浙江广电集团对采编队伍资源进行重新分配，临时组成了以浙江卫视、浙江之声、新蓝网为核心圈的强大融媒体新闻中心，搭建起全新的"中央厨房"，集结了数百人的融媒体采编技术队伍，打破了以往的常规编排，实现了新闻新媒体首发、全媒体跟进、全时段播报，做大做强视频和直播的融媒体新闻中心设立的初衷。3月2日，出席"全国两会"的浙江代表团启程前往北京，浙江卫视、浙江之声、新蓝网记者就一同抵达出发地，

将浙江代表团赴京动员会、代表们畅谈今年都有哪些期待和关注、代表出发前往机场并在飞机上观看电视专题片《长歌浩荡——"五水共治"这三年》等内容,通过视频和图片的形式,第一时间在 PC 端、客户端、微信微博端发布。如果是在以往,这样的内容一般会在晚上的《新闻联播》播发。在两会的现场报道中,浙江卫视的前方记者在采访中要拿两个话筒,一个配套的是大摄像机,一个搭配的是手机,同时只要在手机上开启软件,融媒体新闻中心的指挥大屏上就会显示前方记者的实时位置,以及直播或回传的视频、图文。一站式深度融合的"中央厨房"更是将编辑手段发挥到极致,前方记者采购来的"新闻素材"一到,录入、编辑、修改、校对都要在这个大平台上完成,并根据不同的传播渠道迅速"搭配调味",第一时间火速发送,极大地满足了不同层次、不同年龄、不同职业、不同喜好、不同习惯的用户需求。

然而,正是因为"中央厨房"在重大活动中的运作效果,有学者认为这种高强度的紧张状态难以持续,媒体不可能一直全力以赴,而且与降低成本的初衷背道而驰。因此,"中央厨房"只能沦为"节庆厨房"。虽然这一论调有其合理性,但"中央厨房"的常态化运作不是不能实现,无论是 CNN 等"中央厨房"模式的创立者,还是国内的浙江广电集团等,其"中央厨房"都实现了常态化运作。其根源在于电视媒体是否彻底实现了采编流程的重构和优化,只有采编流程彻底重构和优化这个前提条件满足了,"中央厨房"才能真正落地和发挥作用,也才能实现常态化实质性运作。而纵观国内大多数电视媒体的"中央厨房",都是在没有对既有采编流程进行重构和优化的基础上进行建设的,可谓无源之水,无本之木,沙土地上起高楼,"中央厨房"自然也难以常态化运作。

(二)"中央厨房"能否有效避免内容同质化

餐饮业中的"中央厨房"企业管理模式,由于主要是连锁经营,它们毫不避讳同质化,甚至还刻意要求产品在质量、口味、包装上统一,以形成品牌效应。因此,有人将传媒行业的"中央厨房"形容为"公社食堂",认为其推出的内容产品在各个渠道上趋于同质化,无法满足多元需求,减弱了媒体竞争力。殊不知,这是对"中央厨房"关键特征的误解。"中央厨房"的主要特征被概述为:记者一次采集,编辑多次生成,渠道多元传播,但很多传统的电视从业者将注意力聚焦在"一次采集"和"多次生成",还形象地称其为"一鸡多吃"。如果按照这样的逻辑,导致的必然是内容同质化。如某电视台在运行"中央厨房"的过程中,很多编辑为了省事省力,会直接把电视媒体的内容复制粘贴到新媒体上。这样的工作方式不仅曲解了"中央厨房"的搭建初衷,而且加剧了电视媒体在新媒体竞争中的衰落,是万万不可取的。

事实上,"中央厨房"是一个平台化的概念。其关键特征可以概括为以下五点:流程重构、互联网为主、系统技术方案、业务和技术混通、效率和能力提升。具体来说,一是"中央厨房"的运行前提为采编流程的彻底重构和优化,这为"中央厨房"常态化运作打下了坚实的基础。二是以互联网为主,即"中央厨房"的搭建目的是并非以电视媒体的内容生成为主导方向,因为做内容是电视的优势和强项,即便没有"中央厨房"也可以做精品。因此,"中央厨房"应该以新媒体为主导方向,对同一采集内容要根据不同的媒介和平台进行"调制"和"加工",它不是工业流水线,不强求产品的标准化,相反,更强调激发创意,彰显个性,追求不同平台产品的多元化、多样化和特色化,通过丰富的供给,以满足用户的个性化需求。三是系统的技术方案,科学有效的"中央厨房"是集新闻线索发现、新闻策划、新闻指挥和生产、新闻传播、新闻效果评估等于一体的一个系统。它注重于整合资源、协调合作,对报、台、网、端、微等终端,以及策、采、编、发、评等环节进行整体的统筹调配,而绝不仅仅是内容的"一鸡多吃"。四是"中央厨房"从组织和业务上实现了业务人员和技术人员的"混",进而实现业务和技术的"通",才能够更好地创新新媒体产品。如山东广播电视台融媒体资讯中心由总编室、采访中心、编辑中心、数据舆情中心、营销中心、项目中心、品推中心及记者站八大业务板块组成,共581人。其中,核心板块"中央厨房"成立由12人组成的编委会,下辖采访中心和编辑中心,所有人员由整合的五大平台全员重新竞聘上岗,彻底打破所有人员原有的身份归属、条框分割和频道作战,实行混编作战,集中优势兵力,开展日常工作。五是采编效率和采编能力提升,科学的"中央厨房"能够有效地提升采编效率和采编能力。"中央厨房"是新闻生产的大脑和神经中枢,打破了旧有机制藩篱,融通采、编、发环节,促使传统电视媒体更加有效地融入新媒体,确保资源的有效流通与共享,推动形成从以电视为中心转向电视与新媒体并重的全媒体生产机制。因此,科学"中央厨房"能够有效避免内容同质化。

(三)"中央厨房"能否帮助电视媒体实现彻底转型

在实践过程中,有一种过于乐观的观点,认为只要建设了"中央厨房"就能够帮助电视台成功转型。显然,这种观点是站不住脚的。确实,"中央厨房"的建设,大大提升了新闻采编和内容分发的质量和效率。但"中央厨房"不是万灵药,不能过分放大、过于强调其主导作用,更不能为了建设而建设。

传统的电视媒体要实现彻底转型,并非单纯的一个"中央厨房"建设能够化解。电视媒体困境的根源首先在于用户连接的失效,而"中央厨房"能够解决的问题依然是采编业务问题,根本没有涉及新的商业模式和盈利模式等探索难题。即便"中央厨房"实现了常态化运作,并且效率很高,也依然不能解决商业模式和盈利模式创新的问题。因此,单纯的"中央厨房"建设是无法真正帮助电视媒体实现彻底转型的,它仅仅是其中的一个环节,可以将"中央厨房"当成一种转型的可尝试的手段和工具,但不是最终目的,应该系统、辩证地看待。

第二节　组织重构与流程再造:从科层化向扁平化转型

随着媒体融合的不断深化,对电视台的组织管理和业务流程产生了革命性的影响。在当前背景下,电视台需要对既有的组织进行解构,对已有的业务流程重新梳理,不断提高电视台的管理水平和运营效率,培养并强化竞争优势,以应对互联网时代的挑战。

一、组织重构的一般理论模型

(一)组织理论与组织重构

组织理论最早来自对企业组织生产过程的观察。19 世纪末,企业组织成为新出现的一门学科——管理学的研究对象,这一研究最初源于泰罗的科学管理与法约尔的行政管理。而有意识地把组织当作研究对象,并给组织下了确切定义的是马克斯·韦伯,韦伯也因此被誉为"组织理论之父"。进入 20 世纪 60 年代,组织理论进入了"百家争鸣"阶段,涌现出行为科学学派、社会系统学派、决策理论学派、系统管理学派、权变学派等持各种不同观点的组织理论流派,进入了"管理理论丛林"的时代。20 世纪 80 年代以后,技术革命、知识经济为组织研究者提出了新的课题,企业面临着前所未有的环境。因此,研究企业如何适应新环境,增强竞争力,成为理论界关注的焦点,一些与知识经济特征相符的组织概念和理论应运而生。其中包括虚拟组织、无边界组织和学习型组织三类:一是虚拟组织,虚拟组织虽然规模较小,但是可以发挥主要商业职能的核心组织。虚拟组织的决策化程度较高,但部门化程度较低,或根本不存在。二是无边界组织,无边界组织寻求的是减少命令链,对控制跨度不加限制,取消各种职能部门,并代之以授权的部门。无边界组织得以正常运行的原因之一是计算机网络化。三是学习型组织,麻省理工学院教授彼得·圣吉提出了"五项修炼"为基础的学习型组织理念。该理念认为,在新的经济背景下,企业要持续发展,必须增强企业的整体能力,提高整体素质;未来真正出色的企业是能使各阶层员工全身心投入并有能力不断学习的组织,即培养组织学习气氛、充分发挥员工创造力思维、建立一种高度柔性、扁平的、有机的、符合人性并能持续发展的组织。

组织作为某种实体,它是相对社会、团体和家庭的一种机构或结构。组织重构是指对组织结构、组织关系、职权层次、指挥和信息系统进行的调整和改变。组织重构主要是指改变组织中大多数人的行为方式,达到对组织整体性能的重大改善的有计划的变革。[1] 也有学者指出,组织重构是指组织采纳新思想或新的行为准则。具体地说,组织重构是指运用行为科学和相关管理办法,对组织的权利结构、组织模式、沟通渠道、角色设定、组织与其他组织之间的关系,以及对组织成员的观念、态度和行为,成员之间的合作精神等进行有目的的、系统的调整和革新,以适应组织所处的内外环境、技术特征和组织任务等方面的变化,提高组织效能。[2]

从组织重构的原因来看,组织建立起来,就是要实现管理目标。当管理目标出现变化时,组织也需要通过变革来适应新变化的要求。即使管理目标没有变化,但当影响组织的外部环境和内部环境发生变化,也需要组织对自身进行变革。变革的形式主要包括过程重构、结构重构、文化重构和政治重构四种。其中,过程重构是指从原材料到成品的材料流程变革、从投资和利润的资金流程变革,以及人力资源的投入和信息的流程变革等;结构重构主要包括组织功能、组织形式及合作与控制的变革,比如垂直结构和平行结构的变革、决策与政策形成系统以及资源配置机制的变革,以及人力资源招聘、评价、补充和生涯设计标准的变革等;文化重构主要包括组织价值观、信念、社会规范以及实践行为等;政治重构是指在组织变革的过程中,权力的分配以及政令的传达形式必然会受到冲击,在工作过程中即使有持不同意见的人也都必须理解和服从这些权力,而组织就是一种权力的特定平衡,也是一种持续和发展的变化过程。组织重构的四种不同形式是内部高度联系的动态过程,任何一个维度的变革都将导致其他方面的变革,因为这四个维度在方法上都是彼此依赖、相互制约的。[3] 这种组织重构四维度从理论和方法上提高了人们对组织重构的认识。

---

[1]　欧阳锋、林丹明、曾楚宏、叶会:《信息时代的企业组织变革》,经济管理出版社2005年版,第89页。

[2]　马作宽:《组织变革》,中国经济出版社2009年版,第4页。

[3]　王沛、康梁虎:《组织变革的多样性管理评述》,《科技进步与对策》2005年第2期。

20 世纪 80 年代开始,信息技术令企业的管理方式、生产流程和交易手段都发生了质的变化,企业的组织方式开始经历深刻变革,福特、通用电气等知名企业纷纷踏上组织重构的道路。进入 20世纪 90 年代,更多的企业加入以"流程再造"为核心的组织变革大潮中。甚至进入 21 世纪后,"流程再造"依然长盛不衰,成为组织重构的研究方向。"流程再造"起源于美国,最早由米切尔·哈默(Michael Hammer)和詹姆斯·钱辟(Jame Champy)于 20 世纪 90 年代提出,其核心思想是对企业的业务流程进行根本性的重新思考,通过对企业原有的业务流程的重新塑造,使企业不仅可以取得经营业绩上的巨大提高,更重要的是,使企业组织形态发生革命性的转变。① "流程再造"核心理论包括三个层面:一是流程重构,企业重组应以业务流程为中心,从根本上重新分析、设计组织间及组织内部的业务流程。流程指为完成某一目标或任务而进行的一系列逻辑上的相关活动的有序集合。企业流程再造强调业务流程的核心地位,而不是像以前被看作支持管理流程的辅助地位。二是组织变革,重构后的业务流程是组建新的组织单元的基础,组织工作单元由传统的职能部门转变为面向流程的团队。重组后的组织是以"流程"为工作单位,每一个流程必须有相应的团队为之服务。三是信息技术的应用。哈默等人认为信息技术是企业流程再造的工具和手段。利用信息技术进行企业重组时,应先考虑信息技术能允许我们做些什么,再寻找这种信息技术能力所解决的问题,以最大限度地发挥出信息技术的效益,而不是采用先发现问题,然后再试图利用信息技术解决该问题的传统思维。

(二)媒介组织与电视媒体组织结构

麦奎尔在《大众传播理论》一书中曾就媒介组织的一些特点进行了论证,在他看来,"生产"媒介内容的媒介组织,是一个社会在"与自身沟通"过程中的一个必要的连接与中介系统,主要包括以下几个特点:一是核心产品是知识,即媒介组织的首要任务就是要

---

① 桑强:《以流程再造为中心的组织变革模式》,《管理科学》2004 年第 4 期。

以信息、理念和文化产品的形式生产、复制和传递知识。二是沟通的渠道,媒介组织创造和传递用户希望收到的信息,它们提供把人和人连接起来的渠道,这创造了对周围环境的一种高度的敏感,并意味着要与不同的关键用户群体保持密切联系。三是媒介组织是开放的,任何人都可以以接收者的身份加入进来,并逐渐转变为发送者。与之相关联的另一个特点是,通过报道那些与用户相关的舆论的潜力,使得媒介组织的活动被密切关注,受到严格监督。四是媒介组织与社会的权力中心和政治生活紧密联系在一起,所要达到的目的既有时代感,又具有政治色彩,以突出它们的职责和它们所受到的关注。① 因此,媒介组织是指专门从事大众传播活动以满足社会需要的社会单位或机构,是通过一定的制度和运营机制联系起来的人的集合体,这个集合体是一个社会系统,具有系统的一般性和功能。作为一个系统,这个系统通过组织结构和组织制度将组织内部的一个个元素联系起来,成为一个有机的整体。②

　　根据组织理论的发展,电视组织隶属于媒介组织的概念,并且是一个边界清晰、可以加以规范化的研究对象。研究电视组织重构的第一步就是要探索其组织的性质,研究作为实体的组织及其内部构成要素之间的关系。在电视组织内部,对从业人员的职责有严格的细分和相应的等级制度,并对组织内部的各项工作进行管理,包括组织结构、生产业务、销售业务、广告业务、财务、人力资源、战略等进行详细的规划,使电视组织不断地分化、分解和整合,逐渐发展形成高度专业化和有精细分工的现代传媒组织。

二、电视组织形态演进及变革规律

(一)电视组织形态的变迁路径

　　从管理学的角度而言,组织架构的演进是组织为了适应环境的变化,而进行结构、管理以实现生产效益的一种自我调整。组织

---

　　① [英]露西·金—尚克尔曼:《透视 BBC 与 CNN(媒介组织管理)》,彭泰权译,清华大学出版社 2004 年版,第 63 页。

　　② 周鸿铎:《媒介经营与管理总论》,经济管理出版社 2005 年版,第 146 页。

架构必须随着技术、环境、战略、市场等因素的变化做出相应的调整。我国电视媒体从无到有、从小到大,技术不断升级换代,发展环境从封闭到开放,战略定位也发生了变化。因此,电视台的管理组织架构也一直处于变革之中。

随着新技术的加速应用,信息市场竞争日趋白热化,电视媒体作为信息输出的主要渠道,其信息采集、编辑、传输、播出以及信息资源的整合、共享、反向输出越来越呈现出飞跃性的变化。就电视媒体中突出的新闻板块而言,在纷繁复杂的新闻竞争格局中,不得不根据频道的整体利益,进行集约化的采集和个性化的加工。电视媒体的运作也由此发生了以"栏目"为基本单位向以"频道"为基本单位的扁平式结构、从"中心制"向"大编辑部"的转换过程。"大编辑部"的提出与实践正是电视产业呈现出集约化生产、专业化分工、市场化经营管理模式的集中体现。

1. 中心制:适应计划时代单一频道的组织机构

20 世纪 50 年代,中国电视事业诞生。在计划经济时代,"中心制"的实行适应了当时社会发展的需要,并且在电视体制机制的管理过程中发挥了不可替代的作用。对于中国的大多数电视台来说,"中心制"这种管理模式一直沿用到了 20 世纪 90 年代末。

在电视台建立初期,作为宣传工具,电视台是党和政府进行新闻传播和舆论引导的主渠道和主阵地,肩负着上传下达的喉舌功能。但在计划经济时代,由于技术的落后和资源的匮乏,电视台频道数量极其有限,部门制应运而生。但随着统一管理下的"三台合并"后,业务总量急剧上升,建立在单一频道基础上的部门制逐渐演化为中心制。由于电视事业发展的不断推进,一时之间,从中央到地方,全国的电视台基本都有如下的机构设置:以栏目为基本单位,以内容归属成立新闻中心、社教中心、文艺中心等为中层单位,以总编室等为顶层组织的结构模式。

以中央电视台为例,实行的是以台长负责的集体领导制度,下设党政、宣传、技术和经营管理四个系统,其中,宣传系统实行总编室负责制,包括五个中心:新闻中心、科教中心、海外电视中心、文艺中心和广告经济信息中心。概括起来,作为一种线性职能式的组织管理结构,中心制的建立是以职能专业化的优势为理论基础的,具有以下优点:组织整体的目标明确且稳定,有利于统一调度、统筹管理;部门分工明确,层级清晰,员工各司其职;易于集合同一领域专家,促进专门领域的最佳运作以形成规模经济。客观来讲,在以"卖方市场"为主导的时期,中心制的建立适应了当时大批从业人员专业技能低、文化程度不高,产品供不应求的历史背景,因此在管理效率的提高和管理的科学性方面做出了一定的贡献。

但是,"中心制"毕竟烙有计划经济的痕迹,受到当时的经济发展、技术水平、社会环境等多种因素的限制,具有一定的历史局限性。随着电视产业化进程的不断加快,"金字塔型"组织架构的弊端日益显露出来,这一点在急速扩张的一些"巨无霸"型电视台尤为明显。比如在中心制下,部门扩张、管理成本剧增的同时导致节目资源的生产运用与市场需求脱节,造成资源大量浪费。由于市场竞争观念的淡薄,中心部门更多依靠的是"大财政"的拨款,即如何从局(台)财政中获取更多的"蛋糕份额",缺乏长效的员工激励机制,拖慢了市场化的步伐。

2. 频道制:电视产业市场化的核心机制

20世纪60年代起,随着广电技术的突飞猛进和市场经济的日渐成熟,西方国家电视媒体的专业频道数量不断增加,传统的以"栏目"为基本单位、依靠相应中心供应的管理模式,逐步让位于以"频道"为基本单位的扁平式结构。在国际大环境背景下,由国家财政拨款、完全公益化且带有浓厚行政色彩的事业模式正成为历史,而随着我国电视产业化进程的推进,电视媒体必须遵循市场运作、自我发展、以服务为中心定位的产业模式。国内电视媒体也开始进入频道化时代。从媒介经营管理的角度而言,频道制的推行有利于集中优势力量,在垂直领域深耕和培育品牌;从受众角度而言,有助于观众收视习惯的养成,并且通过收视率的统计,可以清晰掌握受众的偏好。但这样一来,无形中造成了电视台内部频道之间的竞争。但就当下电视产业的发展来看,频道制在今后较长的一段时间内仍然存在,并且是电视产业链中的核心机制。

频道制作为传统电视台组织架构中的基本单位,在其运行过程中每个频道都会对其频道内部的节目制播流程、资源调度、财务预算以及人事制度进行统一的管理。在实际的运作过程中,频道制的推行有其自身的独特优势,主要表现在以下几个方面:

首先,频道制的组织架构更有利于频道专业化的发展路径。垂直专业化的频道制运行不仅有利于节目的分类编排,最大限度地覆盖目标受众,同时有利于充分调动台内资源进行优化布局。受众的注意力是当下不同的媒体形态纷纷抢占的一个制高点,也就是在争夺所谓的"眼球经济"。而频道专业化在分流受众人群的同时,也将目标受众的注意力时间更长地保留在频道内。

其次,从广告商的角度而言,频道制的推行有利于收视评估和广告的精准投放。如电视台生活频道和少儿频道所吸引的目标人群完全不一样,广告的投放自然有所不同。在市场机制的作用下,频道制是顺应市场发展要求而推行的。一般而言,权威、专业的收视率提供商都是以频道为单位进行不同电视台同一时段的收视率评估的。通过相关数据,广告商能够清晰准确地了解到不同频道收视群体的收视习惯,从而对产品投放的有效时间段和合适的频道做出精准判断。从某种程度上来说,频道制是广告商进行广告投放的依据,而频道制的实行也是电视产业顺应市场发展的必然选择。

最后,频道制是在集团化背景下推行的,因此更加适应集团化管理模式的需求。其扁平化的矩阵结构,在一定程度上降低了信息传递之间的时间成本和人力成本,为媒介融合背景下推行的"大中心制"打下了基础,同时也是电视产业做大做强的关键所在。

3. 大编辑部:深度融合背景下的转型之路

由于过去中国电视产业急速发展导致频道数量急剧膨胀,致使大量资源浪费。加上近几年新媒体对传统媒体的冲击日益加剧,电视台遭遇了"断崖式"下滑。在"内忧外患"之中,以致有的频道停播,有的频道处于亏损状态,电视转型和频道改制已是大势所趋。

　　继提出加快传统媒体和新兴媒体融合发展，要"强化互联网思维"，即"必须用全新的互联网思维，来谋划和推进各项工作"①后，2017年有关部门又提出加快媒体深度融合的战略部署，使媒体"融为一体、合而为一，要尽快从相'加'阶段迈向相'融'的阶段，着力打造一批新型主流媒体"②。具体落实到电视媒体上，如何运用互联网思维有效推进频道制改革是实现新旧媒体深度融合的关键突破口。

　　"大编辑部"概念是在"中央厨房"的实践中形成的。在新旧媒体的融合过程中，大多省市级电视台增设了新媒体事业中心，生产适合新媒体客户端传播的内容。"大编辑部"的运营是为了打通各频道之间的壁垒，实现资源的共享流通。如在新闻采编过程中，一次新闻信息的采集，可以分发到不同的平台，适应不同平台用户的阅读需求，增强良好的观者体验。

　　同时，"大编辑部"的运行也是电视台在互联网思维模式引导下的重要改革和实践。众所周知，互联网思维绝不是简单的新媒体思维或技术思维，而是以"用户为中心"为根本要义。过去的电视媒体，在信息的传播过程中是单向传播，无法及时接收到受众的反馈，而现在逐步搭建的融媒体平台，可以实现平台与用户的良性互动，更好地服务于用户。在2017年的"全国两会"期间，浙江广电依托"中央厨房"建立起大编辑部中心，将采、写、编、发各个部门全部统一在一个空间中，通过数据实时监控，工作人员可以迅速掌握不同平台的用户浏览量及停留时间，可第一时间对新闻分发进行调整。从历史制度主义的视角分析，能够优化信息流通功能的制度安排就是有效率的，显然，从目前来看，"大编辑部"的运行是利大于弊的。但值得注意的是，不是每个电视台都有强大的经济

---

　　①　刘奇葆：《加快推动传统媒体和新兴媒体融合发展》，《人民日报》2014年4月23日。

　　②　刘奇葆：《推进媒体深度融合，打造新型主流媒体》，《人民日报》2017年1月8日。

实力来支撑它的运转，因此，推行的过程中还需谨慎。

（二）电视组织形态变革规律

组织架构调整、流程再造和运行机制设计构是组织重构的核心内容，流程再造是组织重构的起点和切入点。当前，电视媒体要实现战略转型，其内部传统的生产方式、运行机制、传播形态必须首先实现自我转型，在新的全媒体生产、营销的背景下，打破原有各产品生产、营销的分割状态，整合所有采编力量、媒体形式生产和营销资源，形成既有序分工又相辅相成的关联性架构体系，这就需要对传统电视媒体进行流程再造，从而最大限度地整合资源。

1. 组织行为目标转型：从职能导向到产品导向

在媒体融合的背景下，优质内容版权是传统的电视媒体与新媒体竞争的优势筹码。内容版权也就是产品，作为电视台与用户进行市场交换的中介，在市场竞争中占据着举足轻重的地位。以作为引领同业的老牌传媒帝国 BBC 为例，20 世纪 90 年代推出频道制，一度为我国电视台在频道专业化改革中全面效法；2016 年，BBC 将其 3 频道作为电视频道正式关闭、整频道搬到网上播出。这预示着一场更大变革正在铺开：BBC 在融合中取消了各自独立封闭式运行的频道制，取而代之的是以内容和用户为向导的"大中心制"①。与单纯生产内容的传统媒体思维相比，"大中心制"提倡的是一种"产品思维"：内容生产者要与产品团队对话，引入开发、设计、测试、运营等互联网产品工作流程；除了拥有独家权威内容，还要研究用户触达方式与情景、互动的可能，实现内容生产、技术开发、整合营销等不同岗位的跨界合作。

因此，我们必须颠覆过去的生产组织逻辑和内容规划思路，把目光从频道转移到平台上。

首先电视台应该将产品作为生产组织架构和资源配置的逻辑起点，把对用户需求的深刻洞察和对市场的全面理解浓缩于具体

---

① 乐建强：《大中心制将取代频道制，频道总监们岗位岌岌可危！》http://www.sohu.com/a/126470721_616399。

的产品设计中，反向推导出应有的流程设计和结构框架。应该裁汰不符合市场预期和不具备产品生产营销支持效能的多余部门。这种明晰的组织架构观是互联网思维在电视组织变革中的一个明显体现。

其次，在过去传统的事业体制下，电视媒体更多依靠自制节目播出和广告经营创收，随着传媒行业的相互渗透和开放竞争，这种自制自播的"封闭式"发展模式已经难以适应新形势的发展。电视从业者应该适时转变观念，由"封闭式"的发展模式向"开放式"的发展模式转型，将电视媒体打造成一个开放式平台，通过整合资源，形成优质人才、创意、内容、渠道和资源的聚合力，逐渐实现"开门办台、开门引进人才、开门创办节目、开门搞活经营"的转型升级。

最后，在经营观念的创新层面，电视媒体应该从"单一广告收入"的价值模式向"多元创收渠道"拓展。现在已经有部分电视台通过台网联动、打造 IP 等形式打通产业链上下游，实现了包括广告收入、内容分发收入、品牌增值、线下活动以及周边产品创收等多元创收渠道。由单一到多元的经营模式转型，既突破了传统意义上广告作为电视媒体的主要收入来源的限制和"天花板"，拓展了经营空间，又重新定义了电视媒体的地位，即从"制播媒体"向"现代传媒服务企业"转型。

互联网思维作为"一种逻辑更彻底的市场化思维方式"，具体到一直沿袭事业单位的电视台组织架构层面，相比早已市场化的企业而言，其难度和跨度更大一些，需要在尚未具备彻底的市场化思维、尚未完成国家文化体制改革任务的前提下，毕其功于一役地实现"彻底的市场化"转型。这也是融合发展举步维艰的根本原因所在。

2. 组织结构转型：从层级化到扁平化

当前，大多数电视台还是采取的事业部制，也就是以频道为单位进行独立的日常运作，每个频道都设立了一个职能型的播出机构，这样的组织架构无法集中优势力量对抗外来竞争。在这方面，互联网产业的发展模式值得借鉴。2013 年,阿里巴巴重新调整了集团内部的业务架构和组织,成立了 25 个扁平化的事业管理部门。组织变革的方向是将集团整体的业务按照新的商业生态布局拆分成一个个小的事业部,这种扁平化、网格化的管理模式,打破了原有复杂的层级结构,有利于企业提升决策效率和执行速度。

对于电视台而言,过去发展面临的外部环境较简单:以行政单位划分的电视台各自独立运营;纵向中央、省、市、县各级媒体可以最大范围内覆盖市场;电视由于其视听双向传播的特性,媒介之间的竞争相对较小,且民营企业还不能直接办媒体,电视台在市场上的占有率相对较高,经营状况良好。因此,在这种情况下,多数电视台实行的是直线职能制的组织架构,是适应当时语境发展的。但随着媒介融合的渐次深入,在颠覆了媒体传统形态的同时,也打破了电视台的经营环境。电视台的组织架构开始从"层级化"向"扁平化"转型。

减少管理层级是组织结构"扁平化"改革的本质和核心。以上海广播电视台打造的扁平化全媒体指挥中心为例,电视新闻部门负责人全天候轮转值班,采编部门记者集中办公。该中心整合了电视台原有的新闻播出机构到 SMG 新闻平台上,如东方卫视新闻、"看看新闻 Knews"、新闻综合频道、微信、微博和移动客户端等,将这些新闻播发渠道集中形成一个扁平化的内容分发中心,所有渠道采集到的新闻信息可最大限度实现共享,满足电视台、自媒体、社会化媒体等多终端的发放。

扁平化的组织结构有利于权力下沉,打破固有的层级结构,引入更加灵活的、柔性的运行机制,让更加接近一线的记者、编辑或管理层根据市场需求迅速做出内容调整,以提高电视台的行动力和员工的执行力。

3. 资源分配机制的转型:集中优势兵力重点突破

平均分布等于浪费。互联网思维反对资源的平均分布,主张集中优势兵力重点突破。互联网产品通常要求快、准、稳,抓住用户某个价值点或"痛点",迅速有针对性地做出定位明确的产品。

只有专注于为用户提供极致体验的产品或企业,才能在这个供应过剩、赢家通吃的时代得以生存。然而,当我们打开电视机时,永远吸引用户眼球的只能是占尽资源优势的一线卫视集中优势力量打造的现象级节目。而其他无论从技术、人力还是资金上都不占优势的电视台,耗尽全部力量打造的节目却也逃不过收视率欠佳的厄运,因此,没有产生经济效益,哪怕再少的资源消耗也是浪费。

当然,解决这一问题并非一蹴而就,单纯就一个电视台而言,在互联网思维指导下的资源分配机制则是要求电视台要简化思维模式,在以用户为导向进行产品设计之后,集中电视台全部的人力、财力和物力对既定产品进行支持,完成从前期的生产机制到中期的应援机制再到后期的效果考核机制全过程。也就是说,电视台应该倾尽全力只做能不断引发用户"尖叫"的节目产品,比如北京电视台的"跨界"系列产品、浙江卫视的"跑男"、江苏卫视的《非诚勿扰》、湖南卫视的"慢综艺",都是迎合了当下用户的产品需求,注重用户感官体验,不断完善细节的基础上打磨出来的。就如同以上节目一样,在获得了口碑效应和引发了市场冲击波后,再扩展出去带动周边产品乃至整个频道的影响力和潜在价值,形成联动效应。

第三节　基层生产机制创新: 融媒体工作室的模式探索

在媒体融合的语境下,以文字、音频、视频采制技术为界限而划分的媒体生产方式受到了极大挑战。"中央厨房"的实践打破了原有的电视媒体形态,使电视组织架构、采编流程、管理规制等发生变革,内容生产愈来愈趋于融合。如果说中央厨房是电视媒体"航母"级的组织形态,那么融媒体工作室就是轻量级的"先锋艇",以灵活、小型、高效为特点。作为新型的电视基层生产机制,它是对"中央厨房"的补充、完善和渗透,在垂直化、个性化、细分化的内容生产领域具有得天独厚的优势,但同时也带来了一些新问题。本节我们就融媒体工作室这一新型基层生产模式进行探讨,以期为电视媒体深度融合、有序健康发展提供借鉴。

一、基层生产机制变迁:从制片人中心制到工作室制

纵观我国60余年电视事业的发展脉络,电视体制经历了从"四级办电视""集团化""文化体制改革"到"媒体融合"的变迁过程。相应的,电视台内部的微观运行机制也经历了不断创新:从"制片人中心制"到"产品经理人制",再到"融媒体工作室"。但通过变迁历程不难发现,无论是以"栏目"为基本单位的制片人中心制,还是今天正在演变的工作室制,都不是一蹴而就或是一刀切的,而是不同的电视台根据其不同的发展速度和自身情况,采取适合自身条件的运行机制。因此,当下的基层生产机制并非单一模式的呈现,而是多种方式的交叉。

(一)制片人中心制:节目生产模式的观念嬗变

1. 栏目制片人制——市场经济的必然产物

"制片人"这个称呼,最早起源于西方电影业,是指电影拍摄的组织或管理人,随着电视这一媒介形态的出现,"制片人制"才逐渐被引入到电视行业中来。

1985年,电视剧《红楼梦》剧组将"制片人"这一概念引入电视剧的制作过程中,这一举动开了内地制片人制的先河。同一时期,电视台里的部门主任则身兼数职,不但要负责电视节目的制作播出,还要负责其他的工作。即便这样,其手中的权力却受到诸多限制,如不能自由调配节目经费,不能自行选用记者、编辑等。好在当时电视事业不够发达,电视生产实行经费包干、节目包播的运行机制,部门主任并没有太大压力。

20世纪90年代,"制片人"这个称谓才被普遍引入电视生产的最基层单位——栏目,这是市场经济催生的结果,也是改革开放实践发展的历史必然。1992年,处于世纪交替和历史重要转折时期的中国,面临着充满挑战和机遇的严峻时刻——世界经济集团化

136

和一体化趋势加速形成以及国内深层次改革矛盾严重,也因此,中国最终选择了市场经济,市场经济也选择了中国。此时的"转轨"和"接轨",成为阐释"认同世界文明、建立市场经济"这一国策最具意义的注脚。随着电视第三产业属性得以确立,电视的性质、任务、功能被重新认识,从此步入由单纯宣传型向宣传经营型、单纯事业型向企业化管理转变的深化改革阶段,而自觉、广泛地引入制片人制度也成了水到渠成的事情。这表明电视领域新的更为本质更为深刻的机制转换随着国家对市场经济的肯定而再次掀起波澜。

(1)栏目制片人制的运作模式

1993 年是中国电视发展史上具有历史转折意义的一年。中央电视台早间新闻杂志型栏目——《东方时空》,以栏目承包制形式公开亮相,一炮打响。遂以栏目制片人制的成功运用,被视作电视管理及运作机制改革的标志性栏目,代表着中国电视改革的方向,而最早创办《东方时空》的 7 位栏目制片人也成为我国第一批电视栏目制片人。随后,上海电视台开始酝酿在全国首次实行分频道的总监领导下的栏目制片人负责制,向电视系统长期因袭的传统管理体制和模式发起攻坚战。紧接着,吉林、广东、北京等地都开始了制片人制的变革。从全国范围来看,虽然各级电视台没有形成统一的运作模式,但在不断摸索试验的过程中,还是出现了几种具有典型意义的运作模式:

一是以中央电视台《东方时空》为代表的"承包制"。除了制作经费不属于个人之外,可以说《东方时空》是一块几乎具备制片人制所需原生态环境的试验地。栏目设有总制片人,下属的 4 个小栏目再分设若干制片人,制片人拥有选题的确立、人才的选用和管理以及一定的经济财权。在用人标准上,《东方时空》不拘一格,除核心成员是台内业务骨干以外,大胆招聘社会流动人员,吸聚了一大批有着各种背景的体制外的文化电视人。经费方面,采用"以节目养节目"的全面承包方式,开始向台里暂借 20 万作为启动经费,然后靠开发板块内被允许经营的 5 分钟广告时间获得的收入来支付栏目组成员的工资、奖金、设备维护及业务经费等。《东方时空》作为局部成功的范例,带活了《焦点访谈》等一批节目,一批又一批的优秀节目全面阐释着这一运行机制的优越性。的确,拥有相对独立的节目权、人事权和财务权,这种宽松的制作环境激发了一批年轻的电视工作者从未有过的热情和做节目的主动性,如《东方时空》创办人之一的孙玉胜、《焦点访谈》的制片人陈虻、《实话实说》的制片人崔永元等。

二是以上海电视台两个相对独立运作的14频道(1995年4月14日)、8频道(1995年6月16日)为代表的"频道制",打破了过去烦冗复杂的行政运作机制,开创了频道总监直接领导下的栏目制片人制,制片人拥有栏目经费签批权、用人权,并且能够直接参与每档节目的选题审定,节目内容、形式和包装的商讨,缩短了管理中间的流转层次,理顺了投入和产出的关系,从而有利于进一步解放电视节目的生产力,有效地消除了过去管理层次多、机构臃肿、人浮于事的弊端。

三是以吉林电视台组建的新闻、文艺、社教、经济四大节目中心为代表的"采编合一"的制片人制。1995年3月开始,吉林电视台进行机构改革,按节目大类分为新闻中心、文艺中心、社教中心、经济中心四大中心。并针对过去传统的采、编分家和前后期脱节的"流水线"式作业方式,实行采编合一的制片人制。四大节目中心取消部科的建制,中心领导直接赋予制片人包括选定选题、人机调度、节目设计、后期制作、奖金分配和完成承包合同等相关权利。由于制片人被赋予了节目生产的核心地位,所有由其组合的采编制作人员都接受制片人的意图参与节目的前后期研究和操作,使得节目组中人人有权利、人人也有义务,这样让所有人共同为一期完整的节目负责的目的就容易实现了。在节目经费来源和财务管理上,由各中心制片人从台广告部手中接手栏目广告的经营,而广告部只负责栏目广告的管理。这样一来,既解决了台广告部包不下栏目广告的难堪,又充分调动起下面的积极性,分担了台宣传经费不足的困难。在这一过程中,制片人担当起了创作主力军的作用。

由此我们可以看出,栏目制片人制是电视台实行现代企业管理制度的体现。栏目作为电视台的一个制作单元,基本的管理原则是人、财、节目的合理配置和调动,并通过这三者控制运作的优化,来取得社会效益、艺术价值和经济收益的最大值。而栏目制片人则负责"人"的调动、"节目"的管理以及"财"的控制。

首先,"人"调动。制片人制是一种"面对面"的管理。制片人直接面对一线节目制作人员,并与他们形成一个利益共享、风险共担的统一体。从经营的角度来看,节目制作部门尤其是制片人为了增加部门收益,更加关心节目质量,从而对一线生产单位起到了正相关的激励作用。从部分台的运营情况来看,大多数电视制片人作为具体栏目风格的确立者,首先在业务方面的素质都较为过硬,因此在选才用人上具有充分的发言权。现行的制片人制将人权部分地赋予了制片人,由制片人根据栏目需求进行裁定,有效地避免了人浮于事的人才资源浪费现象。

其次,"节目"的管理。在节目的策划、具体操作和初审环节中,栏目制片人有了相对独立的权力,基本不受行政权力的干预。相对于地方台而言,中央电视台的制片人权力独立性更大一些。不过鉴于我国电视台的"喉舌"属性,节目终审权还是由部门主任甚至是更高级别的电视管理部门的负责人行使。

最后,"财"的控制。相比于"人"的调动和"节目"的管理,"财"的控制在这一阶段对于制片人而言更有实质性的意义,能够让电视台的决策者细化到每一个制作单元进行成本核算。

制片人制作为屡屡突破传统体制桎梏的创新机制,在短短的时间内迅速普及到了国内几乎所有的电视媒体。直至今天,制片人制依然是体制内电视台的主流管理模式。相比电视发展初期的"科组制",制片人则集节目权、人事权与经费使用权于一身,对节目的生产和管理有更大的控制能力。这也难怪制片人制在电视行业备受推崇了。

(2)视栏目制片人制存在的问题

"制片人"这个概念是从电影行业引入电视领域的,是希望引入它的商业先进性和市场先进性。但我国的电视媒体作为"单位",还处于行政与商业、体制与市场之间的冲突阶段,电视事业发展至今,"产业"和"喉舌"之间的关系始终是绕不过去的话题。在这种情况下,制片人便成为处在等级严格的行政体系中最基层的管理者,级别意味着资源,意味着可以施展的平台,因此,有新闻理想、新闻抱负的优秀记者不再写稿,有能力的业务人员也不再做业务,成熟的制片人也不再关注节目的品质。职位晋升和制片人最初设定的市场机制几乎没有了任何关联。

从实践的层面来看,制片人制的推行举步维艰,依然无法对抗电视体制内部多年的顽疾,反过来,这些体制内的顽疾也逐渐成为制片人制度完善和发展的绊脚石。究其根源,是缺少市场机制的引入,活力不足。电视台的每个节目都是直接从总编室安排播出,且栏目的广告收益与财政拨款和制片人、采编播人员的报酬并没有直接的利害关系。换句话说,就是制片人没有经营权,大量节目经过一次播出后便被永久封存,导致资源浪费的同时,节目生产与市场脱节,节目效益也大打折扣。因此,这一阶段的制片人制度带有着浓重的"半市场半行政"的特点。

2013 年,随着湖南卫视季播节目《我是歌手》的热播,"独立制片人"制为业界所熟知,随后一些改革力度较大的省级电视台都陆续开始探索独立制片人管理模式。这也从侧面说明了这一机制是电视媒体在新竞争环境下对节目生产机制的求新求变。

2. 独立制片人制:适应节目生产的运营机制

独立制片人制(Independent producer system)是舶来品,指的是将新闻以外的电视节目以外包形式给独立制作公司或独立制片人来制作的一种节目生产机制。相较于栏目制片人制,独立制片人的优势较为明显:

(1)责、权、利统一,拥有更多自主权

从运营模式而言,独立制片人制与"制播分离"相似,优秀的独立制片人、高效的制作团队,是这一机制得以良性运转的保障。独立制片人中心制的建立,意味着制片人对人、财、物的调度更加灵活,是适应市场化的运作模式,其责任和担子也相应地更重,制片人从节目的前期制作到后期播出效果均付有全部责任,自给自足,自负盈亏。如东方卫视为了鼓励优质原创节目的出产以及对新的商业模式的探索,开始实行独立制片人的管理机制。基于此,东方卫视招聘了20位独立制片人,对于这些制片人,他们手中的权力也很多,比如经费的支配、收益的分享以及创意的自主性,但相应地,他们也会承担一定的风险。在竞争与压力并存的管理模式下,新机制极大地调动了独立制片人的创作热情和市场参与度,不断地创新,为东方卫视提供了源源不断的优秀产品。

独立制片人制的运行,让制片人团队之间产生了良性的竞争。如湖南卫视产生了多支优秀的团队,像谢涤葵团队、廖珂团队等。电视台通过明确的赏罚机制促使他们形成竞争,节目创意和收视率等方面的突出成绩又让他们在业内迅速为大家所知晓,使独立制片人制进入良性循环之中。

(2)与市场机制精准对接,实现节目效益最大化

在栏目制片人制的运营机制下,制片人以安全生产、收视率达标为目标,至于市场是否欢迎并不是主要考虑的范畴。而独立制片人制,则在保证内容安全播出的前提下,必须与市场需求对接,考虑用户喜好,力求利用市场上最专业的团队、最好的资源,把节目做到最好、收益最大。

(3)面向全媒体,有利于培养新媒介环境下的电视人才

互联网平台的强势崛起带来网生内容的更新换代,"以用户为中心"的网络视频产品迎合了受众的品位和需求,因此,电视节目面临的竞争压力越来越大。过去实行的栏目制片人制,市场导向相对较弱,制片人更多负责把控节目的安全播出,难免有时忽视了节目本身的质量,即便是一些优秀的电视节目,在播出一次后便被束之高阁,造成了资源的浪费。而独立制片人机制的建立,是以市场为导向,梳理"产品"意识,团队中的工作人员不仅要深谙市场需求,还要熟悉电视节目的整个制播过程。因此,在节目生产的实践过程中,独立制片人团队里的成员价值得到提升,新型的电视人才

得以涌现,他们具备思想前卫、行动有效、素质全面、敢于创新和突破传统电视的观念,能够积极探索适应当代观众审美需求的电视节目新模式。

(二)产品经理人制:生产与运营机制的双保障

在融媒体时代,传统意义上的"受众"已经被"用户"取代,而产品经理人则面向用户提供产品和服务的组织,这与过去面向播出机构提供节目的制片人完全不同。制片人更多追求的是高收视率,而经理人追求的是用户黏性。真正市场化的独立制片人,需要自己亲自去市场上解决资金、团队、设备、节目导向等问题,以保证节目在电视台的正常播出。与此同时,电视台会提供一定数量的广告时段作为回报,独立制片人需要有能力把这些广告时间在法律允许的范围内变现,用来支撑栏目的正常运行。目前,电视台对独立制片人的考核一般就是收视率和创收两个主要指标。产品经理人可以说是互联网时代传媒机构的产物,产品经理人管理模式启动后,一个项目从创意到上市,所有的研发、策划、拍摄、制作、合成、包装、播出、后期等环节全部由经理人来把控。一个产品经理人带出一条生产线,经理人就是这条生产线的总指挥、总策划、总导演,对栏目或节目的收视、成本、利润、市场以及后续开发等整个产业链承担全部责任。

因此,产品经理人不仅要能够主动开辟市场,还要懂产品、懂创意,以提高用户的数量和忠诚度为目标,为用户提供更好的服务,这一点在机制创新中尤为重要。综合来看,以产品经理人为主的基层生产机制主要有以下几个特征:一是产品经理人一般由多个团队组成,其中以一个团队为主导,其他团队协调配合,这是适应市场的更深层次的团队操作。在这个大团队中,没有行政级别的划分,且多为合同制,组织架构趋向扁平化,利于多团队协同工作,人员调配机动灵活,提高效率。二是产品经理人制度下的产品不仅仅包括适合于电视台播出的节目,还包括网络视听节目,如电影、网络视频、电商产品等,相比制片人中心制下的单一电视节目而言,经理人的产品趋向多元化和综合性。三是产品经理人不仅要关注内容质量,同时要关注内容所产生的附加值,拓展产品价值链。因此,产品经理人制度是为保障节目生产与运营而进行的变革与发展。

(三)工作室制:推进媒体融合的机制创新

在媒体融合时代,越来越多的电视人意识到,一个制作团队或一个制片人的模式已经远远无法满足当代传播的发展需求。时下的传播早已不是过去的单向传播,而是传受双方互为主体。随着传统媒体与新媒体的深度融合,全产业链的生产模式正在形成,需要更多的团队一起策划和执行才能确保一次完整传播过程的完成。因此,"工作室制"成为电视台纷纷试水的新机制。

2016年3月,广东广播电视台启动了以"组织扁平化、工作高效化"为目标,以节目生产、项目运营、多元传播为手段的组织内部创新和管理创新,先后成立了5个工作室作为第一批改革试点。工作室作为独立的节目生产和运营单位,拥有自主立项的权利以及与之匹配的人事权、财权,打通了传统体制和节目市场之间的障碍,实现了外部交易的内部化。除了部分重大项目需要向台长或者分管台领导进行报批外,绝大多数常规项目都可以自主决策、自主运营。广东广播电视台从顶层设计的高度推进工作室改革,使其管理层级少、指挥链短、行动力强,具有了扁平化组织的特点,至少在组织局部实现了扁平化和柔性化,为其他电视台的改革提供了一种有益借鉴。

多年来,湖南卫视一直是电视行业改革创新的排头兵,其充足的人才储备、丰富的改革实战经验、强大的研发支持系统与资源聚合能力,打造了湖南卫视独特的电视节目生产机制。但丰厚的待遇和多年积累的成功经验并没有让团队持续产出,越来越多的团队和制作人逐渐在优渥的工作体系下失去了战斗的"狼性"。借创新改革的春风,湖南卫视对标市场上先进的运行机制,终于在2018年在频道内试行工作室制度,到2020年为止一共成立了12个工作室,现象级原创节目《声临其境》就出自其中。虽然目前刚刚运行的工作室制度还存在多头问题,如工作室还不是一个独立的市场主体,还无法灵活自由的调度市场资源等,但其灵活的用人机制和"视频网站+电视平台"的融合模式,为原创节目的产生提供了充足的制度保障。湖南卫视这一大胆创新,也必将在中国电视史的书写中留下重要一笔。

用历史制度主义的视角来看,电视行业基层生产机制的变迁路径,实质就是将历史与制度相结合,利用历史的眼光审视不断变化的市场和媒介生态环境,在不同阶段的电视体制背景下发现现有运行机制局限性的过程。每一次的机制创新都是以观念转型作为先决条件的,都是电视媒体面对旧有机制、面对市场、面对用户、面对国际做出的选择,是不断在政治、社会、市场的角力与博弈中的"扬弃"。在这一博弈的过程中,电视台的从业人员开始权衡自己所占有的数据资源和媒体资源,在不断地探索和改良中摸索适合节目生产的生产机制,以保证产品的创新和发展。央视首开制片人制的先河,湖南卫视在产品经理人制和工作室制的先行试水,都为行业的发展提供了宝贵的经验。而融媒体工作室的逐渐推行,更是顺应了媒体深度融合的发展趋势。

二、融媒体工作室的运作特征及创新路径

融媒体工作室是注入融媒体基因的工作室,它是媒体融合背景下传统电视媒体探索转型的产物。作为小型化创新团队,融媒体工作室以满足用户个性化、细分化信息需求为目标,精耕细作,开拓传媒市场。广东广电、湖南广电、安徽广电、河北广电、陕西广电、山西广电等相继开设融媒体工作室,为用户提供多元化、融媒体信息。作为一种新型的媒体组织形态,融媒体工作室围绕技术支撑、内容生产、平台运营、用户推广等各个方面,迈出了"深度融合、整体转型"的坚实一步,为推动电视媒体融合发展提供了有益探索。同时,电视媒体也要从制度保障、组织管理、人员调配、设备硬件、办公场地、媒体资源等方面着手,鼓励其发展创新。

(一)产品创新:内容为王,实现全媒体效能

在推进电视媒体融合发展的进程中,融媒体工作室发挥了助

推器和加速器的作用。电视媒体发展到今天,已经不再是过去一个频道包打天下的传媒格局,电视内容也不再是以包罗万象为核心竞争力,专业化、垂直化成为全媒体时代内容攻坚的必然选择。提供优质、专业、实用性强、贴近性强的内容,是融媒体工作室精准定位的具体体现。

内容一直是电视媒体的核心竞争优势。电视媒体在各个垂直行业内深耕细作多年,涵盖新闻、经济、法制、教育、农业、理论、科普、文化、娱乐、人物、创业、生活、体育、生活等各个方面,拥有一大批专家型记者和编辑,在此前提下建立的融媒体工作室生产出的融媒体作品有着自己独特的视角和思想,在报道的细分领域有一定的话语权,与网民接受的铺天盖地的信息不一样,体现了 PGC 的权威性和专业性。

"中央厨房"作为融媒体工作室的孵化器,为电视台的编辑记者的内容创新提供推广运营、技术实现以及基础的资金支持。依托"中央厨房 + 融媒体工作室"建立起的一体化发展和市场竞争生产传播流程和运行机制,实现全媒体指挥调度、协同联动、资源融通共享的新机制,是电视媒体应对媒体融合发展的重要探索与突破。融媒体工作室针对不同用户的不同偏好、不同平台的不同特征,有针对性地推送传播,将电视媒体的内容资源优势与新媒体的及时性、互动性强的特点优势互补,在满足用户需求多元化的同时也有效避免了传播内容的同质化,极大地提高了融媒体资源的利用率。

比如,"天津津云"融媒体工作室就是按照专业化、垂直化的标准进行细分,经过两年多的磨合和培育,如今有些融媒体工作室已经成为各自领域的头部 IP。"津云·陈月峰工作室"由曾经担任过日报摄影部副主任的陈月峰牵头申报,在多年的摄影创作和实践中,主创者不仅练就了出色的个人拍摄能力,而且聚集了许多摄影爱好者,形成了拍摄城市风光美景交流互动的垂直群体。工作室的作品也多以组图的形式聚焦城市特殊的时刻,不同于常见的灯火通明、高楼耸立、车水马龙的城市风光,它更多呈现的是城市中难得一见的景象，如冰封的海河、夜幕笼罩下的空旷街道、电闪交加的雨景等，这些景色既熟悉又陌生，让人耳目一新。工作室发布的"天津城市风光系列"摄影作品，将镜头对准熟悉城市中常常被人们忽略的风景，单篇访问量常常达到"10万＋"。

又如天津电视台记者许鹏牵头组建的"津云·纪念日工作室"，充分发挥了电视台编辑记者的特长，在新媒体时代，精良的画面语言艺术加上短视频的创作理念，形成了风口上的短视频产品。该工作室的短视频作品风格清新，主要以传统节日和重要节点为主题，节奏明快，充满了人文情怀，其推出的作品《放学，别走》，反映了毕业季大学校园里感人的离别场景，立意独特、以情动人，把过来人拉回到校园时光，让毕业生珍惜时光，充满了对未来的憧憬和对未来的期待。在教师节前夕，该工作室又推出了教师特别视频《没有你，是／不是》，把老师留在青春里，留在内心最深处，留在成长的路上，以真情实感打动人。这两个作品作为姊妹篇曾被多家平台广泛转载，一度在朋友圈"刷屏"，产生口碑效应。

值得注意的是，无论是制片人制，还是产品经理人制，抑或是正在进行的融媒体工作室制，其根本目的是为了给用户提供好的精神食粮——节目，所以必须坚持内容为王，坚持正确的舆论导向，在不断提高经济效益的同时，也应该充分发挥电视节目的社会效益，这样才能保证制度安排的优越性和制度的良性演化。

（二）运营优化：拓展跨界合作新渠道

融媒体工作室的建立，使电视媒体焕发出了新的活力，管理效能大大提高。湖南卫视、安徽卫视、广东卫视、陕西卫视等从各自的实际情况出发，不断探索融媒体工作室制的运作新模式，呈现出多元合作的传播业态。电视媒体与新媒体、中央媒体与地方媒体、融媒体内部、业界和学界、域内和域外等，多层次、多维度、多方位展开跨界合作，整合人力资源、信息资源、技术资源和传播资源，激发融媒体内生动力，提高工作室生产效能。

从电视台内部而言，融媒体工作室的人员组织打破现有部门设置，实现"跨部门"的组织方式。如湖南卫视在资源整合上进行了有益的探索,频道作为工作室的主管部门,集频道的所有资源,如技术、制作、广告等,全面配合工作室的运作,从节目策划、制作过程、后期宣发全流程实现资源共享及平台支撑,并对新栏目、新节目的思想内容、艺术创新和舆论导向进行全程跟踪指导,以实现社会效益与经济效益双赢。

除了电视媒体和网站外,融媒体工作室还依托大数据、云计算、人工智能等新技术,与各大视频网站、音频网站、微信、微博、移动客户端等合作,展开跨媒体合作。如"天津津云"的融媒体工作室,有"中央厨房"作为支撑,依托"中央厨房"的采编体系、技术体系、发布管理系统和传播效果评估系统,其融媒体作品的生产、推广与中央厨房对接,由"中央厨房"总编调度中心负责协调台内媒体推广,由媒体技术公司负责对外推广。在内容生产上,融媒体工作室根据传播目标、用户需求、自身优势资源,创作具有个性化特色的内容产品,形成文字、图片、视频、音频、H5 等多样化表现形式。如安徽"优乐宝"融媒体工作室的"U 读"项目精选 100 本"亚马逊""豆瓣"的高分图书,邀请著名播音员领读,推出"15 分钟一本好书"的知识付费模式。"纯棉系"打通自媒体公众号、图书出版、阅读分享系列活动,成为安徽具有影响力的媒体人团队。

行业之间、地域之间的合作使融媒体工作室进一步打破藩篱,形成多元化媒体业态。融媒体工作室不仅要从事电视媒体的内容生产,更要勇于参加市场竞争,与社会其他行业协作,探索新的产业链和商业模式。融媒体工作室注重内容细分、渠道细分、用户细分、精准传播。如广东广播电视台较早试点融媒体工作室并取得了成效。2016 年 3 月,广东广播电视台首个主持人工作室——"黎婉仪财富管理工作室"正式挂牌,挖掘具有品牌价值的主持人及制作人潜力,调动全台资源和社会资源,拓展对外合作和品牌运营,开始了融媒体工作室的早期尝试。同时,"黎婉仪财富管理工作室"与南方文化产权交易所、广东连锁经营协会、众筹网、国家版权贸易基地等企业和机构跨行业展开深入合作,走出了一条全媒体财经传播市场化的新路子,为全国其他地方融媒体工作室的运行提供了实践经验。

2019 年 4 月,安徽广播电视台发动各部门力量,鼓励员工根据爱好、特长自由组合团队创办融媒体工作室,共遴选出"向前冲""时间君""影响力""优乐宝""纯棉系"等 60 家融媒体工作室。安徽广电主张融媒体工作室实行动态化管理,优胜劣汰、育新强优,以形成良性循环发展,不断孵化广电通媒体项目。在第一批 60 家融媒体工作室一年培育期结束后,台内开展评星活动,推选优秀的融媒体工作室,为其提供专用办公场地,给予一定的资金支持,允许合伙人专职运营。并且对于具备公司化运营条件的融媒体工作室,下一步将可能探索股权激励机制,试点成立台全资或控股公司,作为市场主体,进行企业化经营。

(三)组织创新:扁平化组织责权利关系清晰

在前面我们就媒体融合背景下电视台的组织架构调整进行了深入分析,认为电视台的媒体融合不仅是基于技术层面,更是组织层面的一种"深入骨髓"式的变革,力图向"扁平化、模块化、网络化"趋势发展。而"中央厨房"的建构和融媒体工作室制的成立,正是电视台为适应媒体融合的步伐,在组织结构上进行的扁平化改造策略。

我国电视媒体的扁平化主要体现在节目内容的生产和管理上,电视台各个业务部门和上下级之间进行及时、便捷的沟通,达成一致意见,协同生产,而不是一层层地听从领导的指令,割裂部门之间的联系,闭门造车,各自为政,而且扁平化组织权力的分散能更好地避免遗漏错误。[1] 针对组织结构优化,提升管理效率,管理学提出了一个"跨职能团队"的概念,也就是团队成员跨部门跨科组,由专业技能互补的人员组成。"跨职能团队"能够提高沟通、协调和执行的效果,最大限度地降低内耗,提高竞争优势。运用到电视领域,融媒体工作室通过"跨职能"团队的组建,实现了组织扁

① 吕尚彬、戴山山:《"互联网+"时代的平台战略与平台媒体构建》,《山东社会学》2016 年第 4 期,第 18 页。

平化和工作高效化。

　　实现融媒体工作室扁平化运作的主要方式有两种:一是在原有事业机构的框架内,将新成立的融媒体工作室从部门下属机构剥离出来,形成融媒体工作室事业群,由台综合直接管理,考核指标、工作效益由原部门和工作室共同承担、分享,人力资源、财务、总编室、技术从各个方面提供支持,确保融媒体工作室的高效运行;二是以产业发展为主要目标的融媒体工作室,由媒体下属的全资子公司管理、运作,采用独立核算、自负盈亏的方式,实行市场化运作、企业化考核,电视台新招聘的人员可以直接与公司签约,实现人员身份一步到位的转化,便于日后人力资源管理。通过这两种方式实现了扁平化管理之后,融媒体工作室将释放出高效的生产潜力,快速对用户的反馈做出回应,并以此为根据调整内容生产和策划运营的方向和思路。

　　如安徽广播电视台就明确规定,无论是个人,还是部门都可以申请成立融媒体工作室,经批准成立后,个人工作室享有选人用人权、自主运营权、资金支配权、资源使用权;部门工作室的权力由所在部门确定,安徽总台不会干涉,安徽广播电视台从宏观上对融媒体工作室实行动态管理,并组建相应的管理、技术和运营平台,具体包括融媒体工作室服务中心、管理服务中心、技术服务中心和经营服务中心,方方面面为全台的融媒体工作室发展保驾护航。这样的管理规定是为了最大限度地给工作室放权,有效激发工作人员的积极性,为其营造良好的创业环境和创业保障,更加适应新的传媒环境的需求。

三、融媒体工作室的瓶颈突破及发展前景

　　融媒体工作室作为传统电视媒体融入新媒体的一块"试验田",不仅要进行内容生产,还要进行内容、渠道、项目等运营。在媒体融合的语境下,融媒体工作室要想打破体制的藩篱,灵活管理、创新经营,在未来电视业态中占据一席之地、在媒体产业发展中找准位置,或许还需要更多的探索和尝试。

（一）完善管理制度,加大扶持培育

可以预见的是,全国各级电视机构的融媒体工作室数量会越来越多,发展规模会越来越大,电视台的融媒体工作室在打造拳头产品、推进媒体融合等方面取得了一定的成绩,但是也面临着不少问题和瓶颈,如不稳定的资金来源和支持,"断粮"现象时有发生;工作室员工身份的困扰;财务审核和财务流程把控依然具有依赖性等。在电视媒体的融合转型之路上,应该在顶层设计的制度层面给融媒体工作室更大的扶持,这方面,各级电视机构同样动作频繁。

比如,湖南卫视的融媒体工作室制度强化对头部人才的保护和培育,每个工作室7名核心成员可以分享全工作室70%的项目价值奖励;工作室"签约成员"需要签订《特殊人才保护协议》,设定竞业禁止和竞业限制条款;实行制片人与项目总导演分设,鼓励制作人优先指派35岁以下优秀导演担任项目总导演,给工作增添活力。东南卫视的融媒体工作室采用独立核算、自负盈亏的方式,工作室承接项目时的每一分开支不仅要核算成本,而且还要负担集团和频道的公摊成本。广东电视台在2020年年初重新修订并发文大力支持融媒体工作室建设,对融媒体工作室基于场地、资金、品牌的支持,实行目标责任制管理,对超额完成任务的工作室实行超额绩效和奖励绩效等激励形式等。

（二）探索经营模式,实现多元创收

虽然电视机构的融媒体工作室势头正劲,但毕竟发展之路还在不断的探索过程中,如何保持竞争活力、避免工作室变成媒体"自留地",仍需要在实践中不断创新。

一是融媒体工作室要面向市场,以开展移动社交、产业经营做项目、做栏目来支撑自身发展,应成立独立的运营中心,营销人员要密切关注媒体市场的变化,尤其是新媒体市场上出现的风向标,根据市场变化及时调整工作室的内容制作方向及营销策划方案,以最新最前沿的流行方式来装点内容制作,同时最大限度地满足商家的宣传需求。同时,融媒体工作室应该嵌入移动传播领域,抢

占移动传播的流量,借用移动客户端的便利性及广泛性,积聚圈
粉,打响自身品牌,利用大数据,跨界整合新的传播关系网,形成自
身的移动媒体传播矩阵。

二是融媒体工作室也可以尝试对外招录人才,提升竞争力。
工作室发展比较成熟后,可以探索股权激励,试点成立台全资或控
股公司,探索新媒体经营创收模式。同时,融媒体工作室从培育到
发展成熟,应该制定多个维度的量化考核指标,完善考核系统,建
立动态进入和退出机制,集中优势资源,做强头部工作室。在这样
的情况下,体制内、不同身份员工的潜力和积极性会被全面调动起
来,融媒体工作室便成了培养复合型人才的最佳环境。如广东台
多家个人品牌工作室全媒体运营成果丰硕,在整合市场资源、实现
内容产品衍生价值二次开发的同时,也带动了全员创新创业的
热情。

第四节　人事管理机制改革:
身份认同与激励机制探索

作为传统媒体的代表,电视台是重要的生产、传播文化产品的
新闻事业单位,人员的合理安排是保证节目顺利播出的先决条件,
而电视台的人事管理机制又是合理配置人力资源的重要保障。电
视台的人事管理机制是运营机制中的重要环节,是确保运营畅通
的前提,因此,积极探索人事制度的创新路径尤为重要。

一、电视行业人事管理机制的研究综述

人事管理,即有效地管理工作中的人,专门负责与人——员工
有关的问题。[①] 简单而言,人事管理就是围绕"人"进行的管理,是

---

① ［美］约翰・M.伊万切维奇:《人力资源管理(第11版)》,赵曙明、程德俊译,机
械工业出版社2011年版,第3页。

指影响组织中人员的行为、态度以及绩效的各种政策、管理时间和制度。① 传媒人事管理,即对传媒行业人力资源的管理,则是指"媒介对人力资源进行规划、组织、利用、开发和调配的过程与方法。传媒人事管理通过对上述管理活动,吸引和开发人力资源,使媒介的人力和财力、物力保持最佳的结合,充分发挥人的能动性,以促进媒介的不断发展"②。

就电视行业而言,其人力资源具有一般企业人力资源抽象意义上的特点,但是又具有传媒业的特点。这是由电视行业的特殊性决定的。电视行业既属于文化信息产业,具有企业特征,追求经济效益,但又属于意识形态领域,具有很强的政治倾向性,电视行业的人事管理也因此同时受到行政力量的管制和行业的监督。另外,电视产品也不同于一般的商业产品,电视产品是一种公共品,具有"多重实用性和反复使用性"③。此外,电视产品在内容上是具有创造性和不确定性的文化产品,虽然电视产品在形态上是有标准的,但是在内容上没有唯一的标准,而且随时还要根据事实发生变动。另外,电视产品还要担负公共责任,"由于受到公众兴趣的因素,媒介也挑起了公共责任的重担,无论它们喜不喜欢这副担子"④。所以电视行业的人力资源不仅具有一般企业中知识工作者的特征,还具有电视行业所特有的高度政治性和社会责任感。

那么,对于电视行业的人事管理,要具备以下几点原则:第一,整体性原则。电视行业的人事管理包括人才的选择、任用、评估、培训、晋升、淘汰等一系列不可分割的过程,因此人才管理具有整体特征,而不是局部、零碎的现象。⑤ 第二,动态性原则。电视行业的人事管理是不断运作的动态过程,不是静态的人事档案管理的

---

① 刘社瑞、张丹:《媒介人力资源管理概述》,湖南大学出版社 2006 年版,第 2 页。

② 刘社瑞、张丹:《媒介人力资源管理概述》,湖南大学出版社 2006 年版,第 2 页。

③ [荷]丹尼斯·麦奎尔:《大众传播理论(第四版)》,崔保国、李琨泽译,清华大学出版社 2006 年版,第 169~170 页。

④ [荷]丹尼斯·麦奎尔:《大众传播理论(第四版)》,崔保国、李琨泽译,清华大学出版社 2006 年版,第 169~170 页。

⑤ 刘社瑞、张丹:《媒介人力资源管理概述》,湖南大学出版社 2006 年版,第 2 页。

方式,因此电视人力资源管理要不断随着组织的发展和战略的变化而调整。第三,阶段性原则。电视行业的人事管理一系列的过程反映了人才成长与发展、退休、淘汰的阶段性特征,把握好这几个阶段有利于管理者工作规划,也有利于被管理者的职业人生规划。①

在媒体融合的背景下,随着融合产品在电视实践领域中广泛出现,越来越多的研究者关注到媒体融合对电视人力资源和人事管理的影响。通过文献搜索不难发现,过去的研究更多的是基于经济转型的宏观背景,从电视体制改革的角度探讨人事管理制度。随着新技术新应用的出现,结合媒体融合给电视行业内部采编、经营、技术系统带来的变化,以及这些变化如何影响到电视行业的人事管理制度的研究也慢慢热了起来。

目前有关媒体融合和电视行业的人事管理制度的研究,更多地侧重于阐述媒体融合对电视行业人力资源知识结构、职业能力的改变上。研究者认为,媒体融合已经成为电视人力资源生存的媒介环境,电视人要积极主动去适应这一环境。有学者对 convergence 一词进行溯源并分析其内涵之后对新闻从业人员提出:"21世纪的记者应该认清媒体融合的发展趋势,努力加强跨媒体传播技巧训练,成为具备多种形式进行协作和传播能力的融合记者。"②在传统电视媒体被新技术、新应用重塑的大变革时代,电视业在内容生产、组织结构、生产流程、人员能力、观念意识上正发生剧烈的变化。在媒体融合背景下,传统电视媒体中的从业者将如何受到新媒体技术的影响,新媒体技术对传统电视媒体从业者提出了什么新的能力要求,传媒人力资源管理在媒体融合时代如何重建考核、激励、培训机制,促进传统媒体人才的转型,这些内容我们也会在后面的章节中继续深入探讨。

①　邵培仁:《媒介生态学——媒介作为绿色生态的研究》,中国传媒大学出版社2008 年版,第 92 页。

②　宋绍勋:《新闻传播学中 convergence 一词溯源及内涵》,《现代传播》2006 年第1 期,第 51 ~ 53 页。

二、新媒体倒逼下电视行业人力资源现状

借助互联网技术的创新,新媒体的发展日新月异。我国电视行业人力资源状况不容乐观:一方面传媒精英离职投奔新媒体;另一方面电视内部人才结构比例失调,偏重采编而缺乏经营和技术等紧缺人才。从业人员存在焦虑迷茫的情绪,职业精神衰退,对内容生产的价值产生动摇,缺乏信心。

在经历了 21 世纪初泡沫经济后,互联网开始了新一轮爆炸式的发展。从 2003 年开始,电视媒体的人才开始不断流向新媒体,成为采编骨干力量。随着电视行业逐渐不景气,加上新媒体的大力"挖角",优秀的资深记者、编辑和主持人陆续跳槽到互联网媒体,转型为网络媒体职业经理人的越来越多。电视台人才流失所暴露的问题不仅仅是新媒体的加速发展对传统媒体的冲击,更反映了今天的电视台人才管理机制上的缺位。首先,电视台待遇相对落后,缺乏激励机制,难以调动人才的主动性。虽然工资收入并不是衡量一份工作好坏的唯一标准,但未来发展前景、对社会资源的掌握等,却决定了人才的流动。作为一个行业而言,近十年来电视业的发展速度远远落后于新媒体,经济地位急剧下降。互联网公司开价数倍甚至几十倍于电视台的年薪、外加期权,同时享有宽松的工作环境以及灵活的自主决策权,这让广电人难有招架之势。一个很具有代表性的例子是,一位湖南卫视的制片人在网络综艺节目的现场挖人,深谙电视体制的马东得意地回应,称这些员工都有"米未传媒"的股票。最终的结果是——没有人离开。其次,用人机制不灵活,人才缺乏有效管理,也在不同程度上影响了事业的发展。有多少记者、主持人当初是怀揣着梦想走进电视台的,但论资排辈现象却不断冲击着从业者当初所执着的梦想,晋升空间有限,预示着资源和发展平台的窄化。在电视台"一元体制,二元运作"的体制框架下,如果电视台不能从制度上给予从业者更多的保障,机制不灵活、管理不科学、渠道不畅通,难免还会出现"人情"大于"人才"、束缚多于激励、惰性代替创新的现象。

除了被互联网"挖角",传媒高级人才从电视媒体中实现"个体突围"式的转型,转战新媒体领域自主创业,成为近年来传媒人力资源流向的一个特征。如 2009 年央视著名主持人王利芬离职创办致力于创业培训的"优米网";2012 年马东离开工作 11 年的央视,创办了"米未传媒";2013 年央视《对话》制片人罗振宇离职创办自媒体——《逻辑思维》;2014 年央视著名解说刘建宏结束他在央视的 18 年生涯,加盟乐视体育;2015 年张泉灵从央视辞职,以顾问形式加盟傅盛战队,还成为傅盛旗下某基金合伙人,现在又致力于语文写作的网络教育;2017 年央视纪录片频道制片人、前两部《舌尖上的中国》总导演陈晓卿从央视离职组建新公司,继续从事纪录片创作,并与各大互联网视频平台合作,为其提供内容等,都称为电视传媒人在新媒体领域二次创业的典型案例。

在新媒体的冲击下,电视已经不再是风光无限的行业。在新媒体的挤压之下,电视的生存空间逐渐缩小,电视从业者在经营管理和专业领域上升的空间也越来越小。作为传统媒体,电视要想留住人才,就必须在对人事制度进行全面改革。有部分电视台已经在这一环节走在了前面,取消或淡化员工身份,建立了"不看身份,用人唯才"的岗位制度和"同工同酬、按绩取酬"的激励制度,以满足战略转型之后业务发展对人才的需求。

三、以"央视"为例考察人事制度模式演化

如前所述,中国电视事业在市场化的改革中得到了空前的发展,电视台数量、节目播出套数和时间都大大增加,对人员的需求也尤为迫切。与此同时,早在 20 世纪 90 年代初,针对我国机关事业单位或机构编制膨胀问题,政府相关部门收紧了编制安排。在这样的背景下,广电部门下达给各电视台的事业人员编制一直固定在原有的基数上,显然现有的人员结构、数量比例远远无法满足电视事业发展的需求。于是有限度的人事制度创新——大量使用临时工,就在这种"又要马儿跑,又要马儿不吃草"的夹缝中产生了。其中不乏平均素质高于正式员工的优秀人才,为了将这部分

人才纳入制度化管理轨道,适应市场经济发展的招聘制及一系列人事创新制度便应运而生了。以中央电视台为例,人事制度的改革和创新可以分为以下几个阶段:

第一,招聘制的产生(1993 年 4 月到 1994 年 11 月)。招聘制度最早是在《东方时空》栏目试行的。这个栏目在初创时期仅有 7 人,"招聘"是节目发展情急之下的权宜之计。招聘制的使用,加速了人才的流动,让怀揣电视梦想的年轻人能够以公平、科学、合理、便捷的方式进入电视台。央视肯定了这一制度的优越性,开始以《东方时空》为试点单位,最终有 30 多人进入央视新闻评论部,为央视新闻节目的创办注入了新鲜的活力。

1994 年 3 月 1 日,中央电视台下发《中央电视台关于台外聘用人员暂行规定》电视人字(1994)第 32 号。总体指导思想是"通过公开、平等、自由竞争的形式广揽人才,这些人员不占中央电视台人员编制,其中的外地人员户口不进京,对聘用人员全部进行合同化管理,聘用人员档案实行人事代理制度,由中央电视台统一存放人才中心"①。其中"被聘用人员待遇"一项共有 14 条,主要说明聘用人员具有与正式职工一样的学习、工作、福利、休假等权益。其中第 12 条规定:聘用人员可以被聘为处级(含处级)以下各类职务。② 这样的制度保障打破了"编制"壁垒,给予了应聘者平等的待遇和机会,不仅仅是眼前的工作,还包括他们未来的事业空间和发展方向。1994 年 11 月,中央电视台与第一批招聘人员签订了具有法律契约作用的聘任书,一个新的时期正式开始了。

第二,全员聘用制(1994 年 11 月到 2002 年)。在这一阶段,央视的决策者们正在考虑将这种公开招揽人才的方法变成一种制度来改革传统的人事管理。这就是号称"中国第一媒体开辟第二用工制度"的用人渠道,其核心在于对人员进入实施"并轨",即原有正式人员按现有方式管理,新入台人员一律实行彻底的聘用制。实际上,在人员

---

① 杨伟光:《电视论集》,中国文联出版社 2000 年版,第 209 页。
② 孙玉胜:《十年:从改变电视的语态开始》,生活·读书·新知三联书店 2003 年版,第 91 页。

引进问题上,已经完全确立了聘用制的主导地位。作为一项全新的用人制度,它给央视的发展和未来带来巨大的活力。

第三,编外人员公司化改革(2003 年 4 月到 2017 年 2 月)。1992 年,央视仅有 3 个频道,到 2004 年,发展到 15 个频道,节目播出量剧增到几百个小时,编制数量较 1998 年的 2503 个却按兵不动。据央视统计数字表明,到 2003 年 5 月,央视人员总数为 9426 人,正式在编人员为 2500 人,临时人员 6926 人,临时人员是正式员工的 2.8 倍。政策性和制度性缺陷所产生的编制不足成为央视人事管理机制改革创新的一大瓶颈,临时用工制度也成为纠缠央视多年的老大难问题。2003 年 4 月,央视决定将各类临时人员统称为"编外人员"。由时任台长赵化勇亲自挂帅的编外人员改革领导小组成立,全力推进编外人员管理改革。同年,央视开始公司化管理,全员聘用制改革将正式职工改为聘用制,和招聘的员工一样和台里签订聘任合同,每两年续签一次,编外人员转为企业聘用。

其实,这次编外人员公司化不仅给予了工作人员基本保障,如薪酬机制和基本社会保障的确立,更重要的是让工作人员的身份合理化。这一用工机制的运行是央视对传统人事管理机制的突破,标志着现代人力资源管理机制在电视台的有效安排。至此,央视人事管理机制的"三二一"工程正式建立,即解决员工"劳动关系、薪酬发放和基本社会保障"三个核心问题;确立两种用工制度——台聘制和企聘制;搭建起一个从人员招聘、考核、培养到辞退一体化的运作流程。

第四,企聘全部转"台聘"(2017 年 2 月至 2018 年 1 月)。早在 2017 年 2 月,中央全面深化改革领导小组第三十二次会议审议通过了《关于深化中央主要新闻单位采编播岗位人事管理制度改革的试行意见》等 12 个文件。同年 5 月,中央宣传部、中央编办、财政部、人力资源社会保障部联合印发《关于深化中央主要新闻单位采编播岗位人事管理制度改革的试行意见》,指出要建立规范的用工制度,推动新闻单位与采编播管人员建立相对稳定的人事劳动关系,不采用劳务派遣方式使用采编播管人员;完善考核评价和退出机制,对所有人员同等要求、统一管理。① 在这样的背景下,从2017 年 2 月央视人事改革方案通过,央视全面废止"劳务派遣用工",改革以企聘员工为主体的现有用工制度,到 2018 年元旦前约7000 名企聘员工全部转为了台聘,央视用工制度改革初步完成,这同时也意味着新闻单位人事改革正式落地。虽然本轮的人事改革尚未涉及项目制用工这个层级,但已经触及甚至开始颠覆央视过去"三六九等"的人员编制。从企聘到台聘,或许只是央视人事制度改革的起点,也为将来各地新闻单位人事改革埋下了伏笔。

四、市场化资源配置创新现代人力资源管理制度

广电集团化改革后逐步建立了专门的人力资源部门,人事制度也得以逐步完善。但面对媒体融合,电视行业中采编、经营和技术三类人力资源在观念、能力、角色上也发生了相应的变革与转型。在具体操作中,应根据电视台里的一线部门的实际工作量重新设计和调整人力资源配比,并重视关系到新闻质量的核心人才的选拔。尤其对于电视人才紧张且本地社会制作力量不足的地方台来说,这个问题显得更为迫切。

(一)重构人事管理体系,树立现代人力资源管理意识

长期以来,电视媒体的事业单位属性,决定了电视业对新闻采编的人力资源管理水平远远落后于在完全竞争环境下的企业。在境外媒体、新兴媒体层层进逼的压力之下,内地体制内电视媒体亟待推动媒体内部的事业型人事部门向企业化的人力资源建设部门转型。

例如,虽然电视媒体面对新媒体的冲击显示出了劣势,但面对有新闻理想的人才,电视台依然是向往之地。因此,电视媒体在人力资源引进过程中不乏存在着暗箱操作、利益交换等行为。对此现象,要规范人才引进制度,避免人事"寻租"和对集体的不负责任。同样,在从业人员内部,也存在着盲目乐观,安守媒体"老大"

① 中宣部、中央编办、财政部、人力资源社会保障部:《关于深化中央主要新闻单位采编播管岗位人事管理制度改革的试行意见》,新华社 2017 年 5 月 9 日,http://www.gov.cn/xinwen/2017-05/09/content_5192170.htm。

垄断地位的不良情绪,这间接增加了制片人制等利益调配过程中的阻力。因此,导入现代企业的危机管理,尤其其中的危机意识使之成为成员共识,否则既得利益者不会向媒体融合的改革让步。当然,危机意识只能够从外部提供抵御溃散的离心力。同时,还要健全电视台工作人员推出机制,在加速人才流动的同时,作为人性化操作的手段之一和企业生存要求,学习型组织的培育必须成为重中之重,为普通员工的终身学习提供时间、机会和热情,同时强化对领导者的监督、考核,推动事业单位沉淀已久的惯习转型。毕竟,一个具有团结一体向心力的媒体组织,是应对信息时代各种媒体竞争的保障。

(二)建立科学多维的激励机制,维护员工绩效良性循环

科学的、多维的员工激励机制,是电视行业发展的重要保障。除了现有的与广告收入直接挂钩的激励机制,还可对固定工资部分设立技能工资方案(也可以称能力工资、知识工资)。技能工资方案作为岗位工资的替代方案,并不是根据个体的职称确定工资级别,而是根据个体能够做的工作和所掌握的技能来设定标准。这一工资方案的设立能鼓励从业者掌握更多的技能。在媒介融合背景下,"大编辑部"模式更需要掌握多种制作技能的前后方人员。如果按照过去按职称评定工资,很难拉开与其他人的收入差距,再加上电视媒体内部的晋升机会并不多,这种做法可以对能力有差别的员工在工资上予以体现,并且能够让从业者即使不拥有管理职责,也可以获得更多的金钱和专业权威。

第五节　商业模式体系重构:
立体多元化盈利空间探索

文化产业是我国国民经济的重要组成部分,作为一种战略性的新兴产业已经成为我国经济结构调整和产业转型升级的重要推动力,并将逐渐发展成为国民经济的支柱性产业。同时,互联网经

济在世界范围内异军突起，打破了工业经济时代的产业边界，产业融合、跨界竞争和协同创新导致企业竞争已经从传统的产品与个体层面发展到商业模式和企业网络群体层面的竞争阶段，文化产业与互联网经济的跨界融合加剧了传媒产业的群体竞争程度，企业价值网络重构成为现代传媒企业商业模式创新的核心驱动力。

作为由信息技术驱动的经济形态，传媒经济具有显著的特殊性，信息技术推动了传媒经济的市场化、商品化和产业化，传媒业与信息技术服务等多个产业相互融合形成的复杂经济关系导致传媒经济具有独特的复合经济性特征，互联网技术变革进一步强化了多重经济特征，使现代传媒业呈现跨行业竞争与合作的全新态势，新旧媒体既融合又竞争的动态博弈成为国内传媒市场结构的显著特征。

对于电视产业而言，作为文化产业的重要组成部分，其商业模式不仅代表的是一种价值观念或是营销思路，更是一种经营创新思想的具体实现形式和经营机制。电视产业商业模式的重构作为一个复杂的问题，对其深入研究必须建立在系统的思考模式和科学的理论根基上。在本小节中，通过诠释电视产业商业模式重构的基础上，论证电视产业价值链对于解释商业模式重构问题的合理性，并且对现有电视产业价值链与商业模式重构的对接模型进行分析，以期对当下电视产业的立体多元化产业空间的探索有所突破。

一、电视产业商业模式体系重构的界定

概念界定与澄清是确认研究对象、确定研究方法、构建研究框架的基础。近年来，随着互联网企业如雨后春笋般的迅速崛起，商业模式重构逐渐成为业界和学界共同关注的话题。国外对传媒经济商业模式创新的研究是从 20 世纪 90 年代开始的，主要集中于在线新闻的商业模式研究，当时的理论创新已经初见成效，研究成果也颇为丰厚。对于商业模式创新的研究中，最具有代表性的学者是罗伯特·皮卡特（Robert G. Picard），他在《传媒管理导论》中描

述了主要在线内容服务供应商的不同商业模式,诸如图文电视模式、网络付费电视、Web 免费模式、Internet/Web 广告推动模式、门户和个人门户与个人门户模式、数字门户等。[①] 也有学者提出了在线新闻的 8 种理想商业模式——广告收益、在线交易、幼稚产业的利润、股票价值、数字内容传递、持续的突发新闻、信息检索与储存、门户网站咨询和互动网络。其中,前四种涉及外部变量,而后几种则主要涉及内部变量。[②] 目前关于传媒商业理论的研究更多集中在商业模式创新内涵的研究、商业模式创新动力的研究、商业模式类型的研究以及商业模式创新路径的研究、商业模式创新过程与演进机制的研究等层面。

在进行后续研究之前,我们首先需要搞清楚商业模式创新的内涵。管理大师彼得·德鲁克曾指出:"当前企业的竞争已不是产品之间的竞争,而是商业模式之间的竞争。"这句话很好地诠释了对于当今商业的深刻洞见。商业模式创新,实质上就是回答"电视产业商业模式创新是什么"的问题。虽然对于商业模式创新的研究已经成为目前主流研究兴趣之一,但是对于其内涵依然有很大的不确定性。研究者根据个人的研究偏好,每个人都有各自的认定标准。魏炜等将商业模式定义为企业为了最大化价值而构建的从事业务活动的利益相关者的交易结构。斯图尔特认为,商业模式是一种企业持续获取利益的方式。从经营管理的角度而言,林德和坎特雷尔认为,商业模式由价值主张、定价模式、商业流程、渠道模式、组织形式、互联网商业关系、收入模式构成。韦伊等学者主张商业模式由价值主张、战略目标、目标客户、成功因素、核心能力、收入来源、渠道以及 IT 技术设施组成。德米尔和勒科克研究指出,商业模式由资源和能力、成本规模和结构、利润构成。而布罗肯则从价值创造的角度提出,商业模式是由价值主张、价值创造和

---

　　① [美]罗伯特·皮卡特:《传媒管理学导论》,韩俊伟、常永新译,人民邮电出版社 2006 年版,第 24~27 页。
　　② 马金胜:《报纸转型新范式——国外报纸商业模式创新研究简述》,《中国传媒科技》2007 年第 9 期,第 45~47 页。

传递、价值获取三个要素构成的。罗珉、李亮宇指出，商业模式由社群、平台、跨界、资源聚合与产品设计构成。

基于商业模式内涵的前提下，对于电视产业而言，商业模式创新则是电视产业在价值链重构的基础上，通过寻找价值增值环节，将自身资源、能力与外部环境相结合，为了获得盈利，实现提升核心竞争力目标而采取的一系列创新行为的总和。电视产业之所以要进行创新，是因为电视产业在数字经济的大潮中出现了产品老化导致需求萎缩、生产萎缩导致生产能力严重过剩以及内部组织架构僵化等情况，使得电视产业表现出效率低下的现象，急需商业模式重构，提升电视媒体的核心竞争力。

二、电视产业价值链重构的过程

（一）电视产业商业模式研究的理论基础：价值链重构

迈克尔·波特在 1985 年提出了价值链理论。在他看来，企业是在设计、生产、销售、发送和辅助其产品的流程中进行种种活动的集合体。[①] 波特将企业的价值链分为两个大类：基本活动（Primary activities）和辅助活动（Support activities）。其中基本活动包括内部后勤、生产经营、外部后勤、市场销售和服务五个方面；而辅助活动则包括企业基础设施建设、人力资源管理、技术开发、采购四个方面。上述几个方面相互关联的价值活动构成了创造企业价值的一个动态过程。

波特同时指出，企业要想赢得和保持其竞争优势，不仅取决于企业的内部价值链，而且取决于一个更大的价值系统（即产业价值链）中，一个企业的基本价值链同时与位于上游的供应商价值链、位于下游的渠道价值链以及顾客价值链相连，构成了一条完整的产业价值链（industrial value chain），本节是以波特定义的基本价值链结合电视产业实际构建的电视传媒行业价值链为理论基础，运用其在电视产业价值链上的定位、眼神、拓展以及自身基础价值活

---

① ［美］迈克尔·波特：《竞争优势》，华夏出版社 2001 年版，第 35～38 页。

动的创新来探讨电视产业商业模式构建的相关问题。

(二)电视产业价值链形成的变迁过程

中国电视产业经营的前提是中国电视所具有的双重属性,即事业单位、企业经营。因此,电视产业经营是置身于这种属性之下的有限经营。伴随着电视产业的发展与变迁,电视传媒行业的价值链也随之发生了变化。

第一,电视事业的统筹期是业务链形成阶段。从 20 世纪 50 年代电视台建立初期到 20 世纪 80 年代,中国既没有"电视产业"的说法,更没有"电视传媒企业"的称呼,当时的电视媒体主要担负舆论引导和宣传的任务。在这一阶段,电视台主要从事电视节目的生产和传播,此时,电视节目不仅需要实现艺术审美方面的突破,更需要彰显社会主义的意识形态,进而实现党和政府舆论监督和政治教化的功能。而国家根据需要调配人力、物力和财力,对电视台的工作人员、技术、设备、财务等进行统筹规划,保证了电视节目的生产与播出流程的顺利进行。然而,由于这一阶段社会生产力水平相对较低,电视技术也相对落后,电视台的覆盖率相对也较低,电视事业不够发达,因此,电视媒体只有业务链,并没有形成真正意义上的价值链。

第二,"事转企"开启电视产业的价值链孵化阶段。从 20 世纪 80 年代中期到 90 年代初期,改革开放,特别是社会主义市场经济体制的确立,为电视产业的发展提供了良好的沃土。从 1987 年国家科委首次将"广播电视事业"纳入"中国信息商品化产业"的序列当中,到 1992 年中共中央、国务院下发通知,明确将广播电视业列为第三产业,并强调指出,只有实行企业化管理,真正做到"自主经营、自负盈亏",才能建立起充满活力的第三产业自我发展机制。在政策的支持和思想观念的转变下,电视工作者开始意识到,在社会主义市场经济条件下,电视既是党和政府的喉舌,是宣传工具,要坚持正确的舆论导向;同时,电视台本身还可以通过自身提供的各种周边服务,获取可观的经济收入,具有很大的发展潜力。这是电视事业开始走向市场化、产业化道路的重要转折点。在这一阶

段,电视节目的制作和播出采取了市场化运作的方式,电视台作为
自负盈亏、自主经营的市场主体,在从事和展开经济活动时,开始
充分考虑节目制作和播出的成本。虽然这个时候电视台仍然占有
播出频道资源,但播出电视节目的制作来源则是电视台独立制作
与海外引进相结合的。

第三,电视产业价值链的成型阶段。从 20 世纪 90 年代中期开
始,电视产业逐步进入了成型阶段,电视传媒行业作为市场主体也
开始迅速成长。随着电视产业在国内外创造出的巨大商业价值和
文化影响力,中国政府对电视产业乃至电视节目的引进和输出的
重视进一步提高。在 2003 年时,国务院颁发了《文化体制改革试
点中支持文化产业发展的规定》和《文化体制改革试点中经营性文
化事业单位转制为企业的规定》两个非常重要的文件,文件中主要
就文化体制改革试点中的相关政策,做出了适用于转制单位的若
干政策规定。其中,全国文化体制改革试点工作以创新体制、转化
机制作为改革重点,实现"三个转变":从国有事业单位转制为企
业,从一般国有企业转制为股份制企业,从股份制公司转制为上市
公司。① 文化体制改革的最初设想是将除了新闻业务以外的传媒
产业剥离并推向市场化的运作之外,以实现自主经营、自负盈亏、
自我发展。电视台有意通过专业化、多元化的改革,整合内容资
源,联合社会各阶层制作力量,包括电视台独立制作节目、海外引
进以及民营影视制作公司等多种方式相结合。其中,在这一阶段,
民营节目制作公司已经成为电视节目制作中不可或缺的重要组成
部分。除了广告收入外,随着电视节目制作来源的多样化,电视行
业通过延伸、拓展价值链积极寻求新的价值增值环节,电视产业的
价值链已初步形成。

第四,电视产业价值链的创新阶段。从 1994 年中国全功能接
入世界互联网,1998 年百度、阿里巴巴、腾讯三大互联网巨头的初

---

① 崔保国:《2004—2005 年中国传媒产业发展报告》,社会科学文献出版社 2005
年版,第 13~61 页。

步建立开始,新媒体便开始与电视媒体瓜分受众群体。2009 年新浪试水微博,2010 年被称为"微博元年",2011 年微博发展至史上巅峰,2012 年腾讯运行微信,同年 8 月开始进行微信公众号的平台搭建,2016 年进入"直播元年",2017 年短视频开始发力,2020 年新媒体与传统媒体融合进入深水期。在这一发展过程中,不难发现,电视媒体作为传统媒体,其生存处境的艰难与不易,只有进行积极的商业模式转型和创新,才能适应传媒市场、媒体融合时代的要求。因此,在媒体融合的阶段,电视媒体开启了商业模式重构的时代,关于商业模式的创新路径,在后面的部分我们将做详细阐述。

三、电视产业商业模式重构的目标与原则

所有的电视媒体都渴望在当下激烈的市场竞争中占有一席之地,但在实际的经营过程中,却不约而同地采用同样的假设进行市场竞争,甚至是步了网络视频行业的发展后尘,对商业模式的创新显然缺乏足够的重视。因而,除了在竞争矩阵中处于第一阵营的中央广播电视总台和几大卫视之外,其他大多数电视媒体的价值观及其所采用的商业模式基本都是雷同的,竞争带来的同质化,使得创新受到了极大的限制,久而久之,"模仿"便成了电视产业经营的游戏规则之一。电视媒体的经营之所以陷入"模仿"的怪圈,是因为所有的努力只能实现短时间内电视产业的运营效率和收视高峰,长久下去则会最终导致各电视媒体受众满意度下降,更会加剧广告投入流失等问题。因此,电视媒体要想在当下的竞争中占得一席之地,就必须要有一套富有竞争力的价值创造模式,即商业模式,而一个清晰明确、前后一致、目标明确并且独具特色的商业模式,对中国电视媒体而言无疑是强大的竞争武器。

(一)目标:提升电视媒体核心竞争力

目前,在政策、市场与技术的三重作用力下,我国电视台呈现出了中央、省、市三级金字塔式的市场竞争格局。在这个三级竞争格局中,中央级和省级电视台凭借明显的政策、资源和覆盖优势,在市场化和产业化进程中获得了长足发展,而其他台则因覆盖空

间和资源条件导致发展受限。中央电视台凭借其独有的资源优势和稳定的发展路线已经赢取了相对稳定的市场份额,而在省级电视台的竞争环境下,湖南卫视、江苏卫视和浙江卫视则处于产业链的顶端。

无论是电视发展过程中的创新标兵——湖南卫视,还是处于卫视第一梯队的江苏卫视、浙江卫视、北京卫视和东方卫视,他们的成功运营无疑是顺应时代发展潮流,在实现传播效益的前提下,积极推进商业模式的转型和创新能力的升级,在内容生产、核心技术、人力资源和营销网络等层面确立自身的竞争优势。这也是所有电视媒体进行模式创新的根本目的,即提升电视媒体的核心竞争力。

(二)原则:多种效益相结合

在媒体融合的进程中,电视产业要积极寻求商业模式的创新和突破,但不能一味地盲目创新,必须遵循以下几个原则:

第一,社会效用原则。中国电视媒体的特殊属性决定了电视台在进行生产经营的过程中重视经济效益的同时,必须重视社会效益。也就是说,中国电视媒体要进行商业模式重构和创新,就要兼顾经济效用和社会效益。中国电视媒体作为党和政府的宣传喉舌,作为文化产业的主力军,无论取得多么大的经济效益,如果不能实现相应的社会效益,那么,电视媒体的商业模式创新则会变成"水中月、镜中花",难以获得可持续发展。

第二,经济效益原则。电视媒体通讨产业价值链的延伸、拓展,整合内部资源而产生经济效益是电视媒体进行商业模式创新的根本目标,也就是说,如果电视媒体不能实现价值增值,那么电视媒体的商业模式创新也就没有意义。所以,经济效益原则是电视媒体商业模式创新的最基本原则。产生规模经济、范围经济、多元化经营以及降低生产经营成本是电视媒体产生经济效益的最直接的表现。

第三,资源匹配与技术兼容性的原则。在媒体融合时代,电视媒体的内外部资源必须与技术兼容,这是电视媒体进行商业模式创新的方向。如果资源和技术不能够很好地兼容,则会导致在媒体融合的过程中出现资源与技术的矛盾冲突,进而导致商业模式创新的成本提高,甚至导致媒体融合过程中商业模式创新的失败。

第四,商业模式的重构与创新必须符合电视媒体融合发展的总体规划。媒体融合发展的总体规划影响电视媒体的发展方向,是电视媒体在较长时期内的经营指导方针,在电视媒体商业模式的重构过程中,需要在结合其自身优势资源与能力的基础上进行探索,而且要严格围绕媒体融合发展总体规划,否则很可能在竞争多变的市场环境中迷失方向。

综合上述分析,电视媒体商业模式创新路径的核心原则是对自身、对竞争对手、对行业、对整个传媒系统,甚至对社会系统都要充分了解、有效把握。唯有如此,才能顺应媒体融合趋势,并在媒体融合进程中实现长足发展。

四、电视产业商业模式体系重构的路径探索

在媒体融合的进程中,无论是传统的报业集团、广电集团,还是新媒体机构、自媒体等传媒主体都在进行积极的商业模式转型,相关经验都积累了很多,而且不同传媒类型、各个主体的经验各不相同。其中,有较为成熟的商业模式,也有仍然处于探索阶段的商业模式。针对电视媒体而言,也进行了诸多试验。

(一)内容变现:"泛内容连接"提升价值

在当前的媒介生态环境下,电视媒体单纯依靠新闻内容产生经济价值的单一生产模式已经完全不能够适应生存的需要,必须向"泛内容"变现模式转型,建立多元化的盈利模式。

所谓"内容变现",指的是传媒主体销售内容产品,用户如需消费传媒内容产品,则需要支付相应的会员费或订阅费等,从而使得传媒主体直接、快速地获取收益。这与过去的广告支撑型商业模式,即二次售卖模式相比,用户内容付费和传媒主体内容变现模式的兴起,主要得益于互联网,尤其是移动互联网发展所带来的变革。随着移动互联网时代的到来,信息已不再是稀缺资源,反而每

天铺天盖地的信息极大地消耗着用户有限的注意力资源，在这样的情况下，催生出的新型"把关人"群体从海量繁杂的信息中筛选、甄别出有价值的内容，并进行归纳、提炼，以提高信息获取、消费的效率，降低用户信息搜索和处理的成本。与此同时，随着移动支付的迅速普及和发展，便捷化的支付场景让内容变现实现勃兴，逐渐为音视频、资讯等文化类产业所青睐，电视媒体也在媒体融合的大趋势下敏锐地嗅到了这一新的利益增长极。

在最初的媒体融合之际，对标新媒体内容变现模式的发展，电视媒体纷纷按图索骥，试图尝试付费收看以及通过新闻内容拉动广告收益，如推出付费频道，旨在向受众提供传统电视服务的替代品，并以此增加广告营收。但是"万物皆媒"，以"新闻立台"著称的电视媒体，其新闻内容的影响力与其自身平台的影响力均发生了撕裂，用户获取信息渠道的多样性，阻碍了优质内容输入的单一性，甚至很多优质新闻内容是从其他平台上获取的，这就极大地折损了电视媒体新闻价值的利益。因此，电视人应该跳出思维的桎梏，不单纯做新闻内容，而应该着眼于"泛内容"的连接。很多自媒体的经营模式便是通过泛内容来吸纳大量用户，从中获得高额的广告投放。就电视媒体而言，内容变现的实质是平台的搭建，传播各种泛内容。

内容连接提升价值。电视媒体的转型要懂得用"内容连接"提升价值，即新闻内容连接提升社会价值，而泛内容连接可以获取商业价值。电视媒体的"泛内容"并不是不着边际的"泛化"，而是电视媒体根据自身优势聚焦某方面做"泛内容"创意。就实质而言，从新闻内容变现到泛内容变现的目标是聚合强大的传播力和强大的经济实力，新闻变现是承担社会责任，打造品牌，巩固社会资源；而泛内容变现则是承接项目，连接机构，连接产业，实现产业格局的网络化。

在移动互联网时代，要实现电视媒体的泛内容变现，需要在四个维度发力：内容、服务、技术和资本，只有在厘清泛内容、用户和资产关系的前提下，挖掘电视媒体在媒体融合时代的新优势，抓住新机遇,才能有效提升泛内容的变现能力。

第一,要巩固内容优势,持续进行优质泛内容的发力。所谓优质内容,一是要具备内容的稀缺性,只有不可替代、难以复制的内容,才会有持续变现的价值。二是要以用户为导向,满足用户需求。移动互联网时代,用户需求呈现个性化、多元化和碎片化的特征,越能精准匹配用户需求的内容越有价值。三是生产的优质内容要能够与现有先进技术和传播渠道相匹配。因为在移动互联网时代,内容和技术的界限已经逐渐弥合,内容生产一定要与技术有更好的互动,更为紧密的协同,如过去电视媒体的长视频就要适应当下短视频的播出需求,而央视新闻客户端推出的《主播说联播》的成功,就是真正做到了技术和内容的相适应,这样才能获得更大范围的用户群体。

第二,电视媒体,尤其是新闻内容要立足"服务"二字,除了提供信息服务外,还应该最大限度地发挥媒体公信力的优势,积极开展政府服务。其中,政府购买服务是中国特色的媒体内容变现模式,相对于个体"买单",政府"买单"与电视媒体的属性更相适宜。"服务"二字更多在于城市电视台落地推进,如苏州广播电视总台积极打造政务云建设,2016 年 5 月 18 日"看苏州"移动客户端上线,打通了苏州各个政府部门与百姓之间的连接通道。"直播 + 政务 + 服务"三位一体,"看苏州"成功打造了一个区域性的媒体生态平台。苏州广电积极抢占直播和短视频的风口,发布数量已经占据了原创内容的 80% 以上。直播内容规划更是覆盖了不同人群的需求,集合时事热点、娱乐八卦、美食生活等于一体,内容更新速度快、节目质量高、互动活动多,更有主持人从大屏走向小屏,打造移动端的正能量网红直播。苏州广电正是以互联网为纽带,依托强大的新媒体技术,通过"泛内容"的打造,最快、最权威地传递党和政府的声音,发布最快、最有价值的本土资讯,形成了独具特色的"政务网宣 + 技术服务 + 社区落地"的政务服务体系,相关收入也稳定增长。

第三,与传统的依赖新闻生产者经验的生产模式不同,移动互联网时代的内容生产需要借助大数据分析和用户画像,电视媒体要想适应这个时代的发展需求,必须具备海量的内容以及海量的用户,并且以用户为中心,通过数据分析最大限度地挖掘用户的兴趣点,根据用户的不同需求,不同消费场景,有针对性地推送特色资讯,实现信息的精准分发,内容变现的机率无疑也会大大增强。借助媒体融合,电视媒体加大移动客户端的打造工作,但需要注意的是,平台的搭建一定要自主可控,只有将用户数据掌握在自己的手中,才能有效实现内容变现的闭环,电视媒体的价值才能够最大化,任何依托微信、微博等第三方平台上的粉丝聚合力,都有可能将自己沦为第三平台方的"打工者"。

第四,资本运作是电视媒体内容变现最直接、最有效的途径。由于广电单位一直采用事业单位企业化管理方式,加上 20 世纪 90 年代市场经济催生了电视广告制度的兴起,国内广电行业迎来了创业的黄金时期,资金充裕,对于资本运作的需求较小。因此,相较于国外,我国广电行业的资本运作启动较晚。然而,随着互联网的发展,新媒体产业快速发展,给传统的电视行业带来了前所未有的猛烈冲击,并且伴随着行业改革的推进以及媒体融合进入深水区,电视行业迎来了新的发展红利期,主动或被动地推进资本运营。其中最典型的例子就是湖南广电集团下面"芒果 TV"的资本运营。"芒果 TV"在发展过程中,深刻感受到无资金、无技术、无人才和无机制的"四无"窘境。在"唯快不破"的新媒体时代,湖南广电战略性地选择了资本运营。2015 年 6 月起,"芒果 TV"相继进行了 A、B 两轮融资,通过释放少量股权吸引了全国 40 多家国有基金,募集资金约 20 亿元,成功缓解了前期巨额战略性投资资金不足和资金来源单一的压力,并帮助"芒果 TV"快速完成产业整合,实现整体产业的布局,建立起一定的规模优势,呈现出一个巨大的传媒生态雏形。截至 2019 年上半年,"芒果 TV"有效会员突破了 1500 万大关,"芒果 TV"运营主体芒果超媒实现了营业收入 55 亿元,同比增长 10.41%,净利润 8 亿元,同比增长 40.33%,广告业务同比增长62%。① 可见,资本的介入使电视媒体有望迅速做大做强,并实现内容、用户的有效变现。

因此,电视媒体的泛内容变现,实质就是通过用户将内容转换成资本的过程。泛内容变现的能力是如今电视媒体生存的基础,更是其发展的动力和价值的体现。在这个盈利闭环中,内容是出发点,用户是中介点,资产则是落脚点,而电视媒体需要发力的根本,在于如何将优质的泛内容和优质的规模用户转化成资本的能力。

(二)传播模式:重新结构差异化品牌传播业态

随着媒体传播模式日益丰富,电视媒体的品牌越发成为电视媒体市场的核心资源。目前,品牌化的电视节目主要以综艺娱乐为主,并且近两年各卫视综艺娱乐节目出现井喷现象,加之用户细分,倒逼电视媒体由传统的"产品运营"向差异化的"品牌运营"转型。差异化品牌运营的价值在于三个指标的降低:一是营销成本;二是用户的选择成本;三是社会的监督成本。而一旦品牌成型,品牌效应为电视台带来的利益是极为可观的。

以"芒果TV"为例,"芒果TV"可以说是国家政策推动和电视台融合转型共同的产物。如今网络视频马太效应愈发凸显,爱奇艺、腾讯视频、优酷土豆三强领跑的局势基本确立,此外还有以"央视频""芒果TV"为代表的广电跨界视频网站正在突围。在价格竞争日趋减少的互联网时代,良好的品牌形象和优质的服务成为视频网站获胜的法宝,这得益于视频网站的差异化战略。"芒果TV"也不例外,坚持优势资源独播和特色资源聚合战略。

第一,视频网站越多,观众的选择越广泛,忠诚度必然受到影响。如果想要争取到最大范围的互用,必然要有独特的吸引力。"芒果TV"结合自身特点,除了对湖南卫视的优质节目和热播大剧同步跟播以外,还积极发展自制节目,如《我是歌手3》《花儿与少

---

① 沈浩卿:《芒果TV逆势增长秘笈:7大ROI生产力》,https://www.sohu.com/a/347251740_505816,2019年10月15日。

年》《爸爸去哪儿 2》等一大批优质节目,为"芒果 TV"吸引了大量注册用户并积累了阶段性流量。

第二,网络传播的特性之一在于分享,多元化的内容传播才是网络视频媒体可持续发展的有力保障。如果"芒果 TV"一直坚持独播的垄断式传播策略,"芒果 TV"在互联网的传播效果或许会出现滑坡现象。因此,"芒果 TV"除了依托电视台的优质资源以外,还一直致力于特色资源的聚合,从内容、端口、渠道等全方位合作实现资源的聚合。并且根据不同用户的需求,"芒果 TV"还开设了电视剧、综艺、电影、少儿、动漫、新闻、好玩、直播、生活、教育等 19 个频道,这样一来,高清、正版的多种特色资源满足了用户娱乐和非娱乐、专业和非专业的差异化需求,为"芒果 TV"争取到了除湖南卫视忠实粉丝之外的更多用户。

第三,网络平台"大"而"全"的覆盖优势给了网络视频包揽最广泛用户的可能性。那么,如何在大而全的资源中寻求用户差异化的需求,大数据思维的应用显得至关重要。大数据通过数据筛选、过滤、整合分析和深度挖掘,从中发现规律、创造价值,使其成为推动电视媒体发展的驱动力。"芒果 TV"要想成功逆袭互联网,从"独播"走向"独特",打造独特差异化的品牌化网络视频播放媒体,需要将收视率数据决策意识运用到互联网平台的运营上,并建立起一套能够不断更新且有效的媒体大数据系统。大数据系统框架搭建起以后,利用大数据获取用户对于品牌的认知度,并建立起完备的评估机制,根据用户的反馈予以影响力的测量,为后续提供参考。在大数据转化的过程中,充分挖掘大数据背后的商业价值,不断拓展网络视频产业链。

与此同时,"芒果 TV"依托大数据实现了"私人订制"。在经济学领域,有一个最为简单的产品存在准则,就是当一种产品的功用价值为其他产品以及更高效的方式所替代,那么这种产品也就注定要被市场淘汰。所以,在网络视频竞争非常激烈的当下,运用互联网思维,打造个性化的定制式视频节目是电视媒体在互联网抢占一席的重要措施。对于"芒果 TV"来说,就是要依托大数据分析,建立起有效的用户数据库,识别用户并建立起较强的用户关系,在了解用户的基础上,确保内容的独特性和针对性,以提升用户的忠诚度。

(三)营销模式:搭建起数字化营销生态系统

目前,人类社会已经进入一个全面开放的"全流时代"。所谓"全流时代",就是指当今社会已经进入一个由参与者多少或者数据汇集程度所决定一切的时代、一个流量起决定作用的时代。① 而流量经营是以智能管道(物理网络)和聚合平台(商业网络)为基础,以扩大流量规模、提升流量层次、丰富流量内涵为经营方向,以释放流量价值为目的的一系列理念、策略和行动的集合。② 流量的实质就是数据,虽然电视媒体数据库的搭建是迟滞的,但数字化的营销生态系统已初见雏形。

媒体融合的背景下电视媒体将多元化的营销方式和营销介质结合起来,从而实现了由单一到多元的广告整合式营销,将资讯推送、商品宣传、消费体验、用户回访、客户攻关等一系列的营销流程集合于一体。基于互联网思维中以用户为中心的新媒体营销理念,电视媒体通过营销方式的综合利用与媒介资源的优化配置,不断利用网络媒体的互动优势调整自身的营销策略,实现了商家与用户的交互沟通,在智能化与移动化的营销平台上,通过网络化、多元化的营销手段实现了消费对象的精细化和个性化,最终实现了商家与用户互惠互利的良性发展态势。

第一,营销渠道平台化、移动化和智能化。如今,随着以手机为代表的移动互联网终端设备功能的日趋丰富,电视媒体的营销渠道广泛拓展并移植到了以移动客户端为主的社会化媒体平台上。由平台搭建起的商家、媒体与用户之间的互动关系已经远远超出了传统意义上商品宣传推销的线性关系。就实质而言,电视

---

① 刘邦凡、栗俊杰、陈朋伟、王闻珑:《全流时代的共享经济平台运营模式构建》,《中国人民大学学报》2020年第5期,第79页。

② 杨云思:《流量经营与数据经营下的电视台新媒体发展分析——芒果TV与腾讯视频的对比研究》,《西部广播电视》2015年第1期,第3页。

媒体改变了传统媒体广告二次贩卖的路径，但完成资源整合后，却让营销信息的传播价值无限放大，路径缩短的同时，有效激发了商家与用户的交互实时化和智能化。

第二，营销方式多元化、一体化。与过往的传统媒体营销方式不同的是，如今的营销经过媒体整合的网络载体为广大用户提供了更多的、无限的惊喜。电视媒体可以在媒体融合的基础上共享网络平台，迅速、高效地实现商品信息的整合推送。电视媒体积极顺应媒体融合的大势，利用自身优势展开与新媒体的对接与合作，实现资源共享，进一步提升电视行业的收益。如电视媒体在进行活动营销时，借助新媒体渠道进行前期预热，利用微信、微博、抖音、快手等新媒体平台进行宣传推广，最大限度地挖掘各个年龄段的潜在用户，以促成购买行为，达到甚至超过广告主的预期目标。前期宣传得越充分，媒体聚集的人气越旺，活动效果也越好。

第三，营销用户定制化、精细化、个性化。在过去，电视媒体的营销模式通常是通过栏目受众群体的精准定位来实现广告宣传的挑选。而如今在媒体融合的背景下，传统的电视受众群体划分方式已经无法满足当下用户个性化与精细化的需求了。因此，电视媒体在持续深耕自身优质品牌的同时，也转向综合利用网络新媒体资源实现双向互动的经营模式，淘汰过去那种单纯依靠收视率抽样调查来判断用户群体的结构范围的评估方式。这种转型也是希望通过对网络数据的实时监控和信息反馈来捕捉用户画像，从而建立更为精准的用户数据分析库，最大限度地化解因电视媒体单向度传播特性带来的局限性。

（四）产业模式：智能化改革产业发展网络布局

总体而言，媒体融合战略提出后，电视媒体加快了与新媒体的融合步伐，电视内容产业也相继进入创新发展的新时期，依托网络渠道的不断扩宽，节目不断推出精品，平台价值也不断提升。同时，网络视听新媒体新业务逐渐成为培育新经济的重要引擎。

就电视传输产业而言，呈现出了冰火两重天的局面：一方面有线电视行业在用户流失的困局中苦苦挣扎，努力寻求各种转型之路;另一方面 IPTV 和网络电视逐步占领市场,活跃度居高不下。在日益激烈的市场竞争中,必然会推进产品和服务的优化升级,因此,电视传输产业在激烈的博弈和竞争中,一方面需要持续加强网络建设改造的力度,另一方面还要继续加强业务的融合开发力度,加快由转网向兼具着综合信息服务和宣传文化的新型网络转型。

就电视广告产业而言,各级各地电视机构积极推动广告产业经营创新,更深更宽开拓市场空间。电视广告运营创新的模式主要体现在以下几个方面:一是"电视平台 + 网络平台 + 广告"的模式,电视平台与网络新媒体广告平台之间联合,积极利用融媒体双向传播、交互沟通的便捷性,提升受众黏性和广告精准达到率,让整合营销和融合营销配合更加默契;二是"电视平台 + 电商平台 + 活动 + 广告"模式,这不仅整合了电商与广告等其他经营板块,还进一步延伸了电视平台和电视节目的价值链,不断开发衍生产品、周边产品服务,使电视节目、广告、产品与服务等有机交融在一起,持续挖掘了节目的深层次价值,进一步加强综合效益的开发;三是"电视平台 + 广告 + 活动"的模式,将线上线下的活动相结合,有效连接平台内外的用户,用户与平台之间的互动、共享营销模式可谓风生水起。除此之外,为了创新广告营销,赢得更大的收益,一些媒体还根据平台和节目的不同特性及其运营的实际情况,将以上三种模式糅合起来综合实施,互为补充,收到了较好的实践效果。

虽然广告仍然是电视媒体收入的主要来源,但各级电视机构也都在注重持续打造多元化生态体系,涵养生发新的创收格局。在媒体融合的背景下,电视媒体利用新型视听服务的形态,积极开通不同的平台界限,努力挖掘不同的用户价值,争取拓展多收入渠道,逐步构建起了多元化的产业生态体系,不断推动收入模式向多元化、可持续方向发展,形成全新的发展与盈利模式。

就电视机构的新媒体业务而言,电视媒体逐步强化与新媒体在资源、业务、体制、机制等方面的有机整合和一体化运营,共同构建舆论引导新格局。电视媒体充分利用新媒体传播主流声音,弘扬主流价值,讲好中国故事,提升自身的影响力。如在新闻报道方面，从"中央厨房"革新内容生产，到"媒体大脑"试水新闻制作，再到大小屏互动移动话播出颠覆传播模式，电视媒体不断尝试创新，推出形态各异、精彩纷呈的报道，彻底改变了单向传播格局，用户参与、跨平台联动成为新特征，产品化、移动化和直播化成为新的新闻报道的新趋势。

本章小结

电视媒体融合转型的推进，离不开运行机制的保障。电视行业风风雨雨60多载，其运行机制经历了不变与变的历程。所谓不变，就是电视作为党、政府和人民的喉舌，作为公益性事业单位，其基础设施建设由财政承担，60多年来基本未变。所谓变，主要集中于运行机制和分配机制。当前，我国的媒体融合发展已经进入深水区，"中央厨房"作为传媒领域时下最热的关键词，成为媒体融合的"顶层设计"，各大电视媒体纷纷发力建设。因此，本章节从作为电视媒体融合转型的标配——"中央厨房"入手，并选取在融合转型中对电视行业发展影响较大的组织结构、流程再造、基层生产机制、人力资源、商业模式等运行机制，多角度探讨媒体融合背景下电视媒体的变革方向和实践路径，建立起电视生产、电视管理与电视组织之间的客观联系，从而为电视改革发展提供有利的理论参考。具体来说，本章节的主要观点如下：

第一，"中央厨房"被称为电视媒体转型、新闻改革的"启辉器"。从本质上来看，"中央厨房"作为一种新型的采集、生产、传播信息的平台，不仅打破了传统的以媒介技术、机构以及介质等形成的行业边界，还从电视机构内部打破了不同部门之间的壁垒，构建了高效的信息生产模式，为用户群体提供了多元、优质的信息产品，满足了他们通过网络终端接收各种视觉、听觉信息，并能够参与其中的需求。但电视媒体的"中央厨房"究竟能否常态化、能够避免内容同质化、能否帮助电视媒体实现彻底转型等，成为业界和学界普遍关心的问题。

　　现在部分电视媒体将"中央厨房"当作一个工具,仅仅用于某些重大活动或大型赛事的报道,被称为"节庆厨房",这是对"中央厨房"的一种严重误解,是非理性的。但从这个误解也不难看出,"中央厨房"建设本身是好事,但如果体量大、投入高、运转难,那么,常态化运营确实有难度。从结论而言,"中央厨房"可以常态化,但有难度,必须满足前提条件:一是体制机制的改革问题;二是观念和理念要能够跟得上;三是产出比核算体系的变革和经营上的有效融合,否则"中央厨房"不仅不能够常态化,反而会成为烧钱的工具。

　　我们还要有一点清醒认识:单纯的"中央厨房"建设是不能够彻底帮助电视媒体实现转型的。不可否认,"中央厨房"的建设很大程度上可以改变电视媒体的当前颓势,但这需要其他运行机制的积极响应,电视媒体要做的不仅仅是内容生产体系流程的改造,还要开始实行电视组织架构、人员调度、管理考核、商业模式等运行机制的一体化改革,可以说,"中央厨房"不过是电视媒体融合转型的一个系统,电视机构要通过这一顶层设计倒逼整个电视媒体进行深度转型。只有各个环节通力配合,或许电视媒体才能迎来阳光明媚的明天。

　　第二,媒体融合可谓是传统电视媒体在新媒体环境下展开的一场"自救"。电视媒体实行的媒体融合,不仅基于技术层面,更是组织层面的一种"深入骨髓"式的变革,这种组织变革重塑了从内容生产到组织结构的方方面面。随着当前新媒体冲击加剧和产业规制的放松,电视产业整合和全媒体生产成为电视媒体组织变革的主要方向。

　　流程再造是电视组织变革的核心内容。电视媒体的流程再造特点包括:以市场为主体,编辑部门享有内容生产的指挥权,适应不间断生产要素动态组织等。以法人结构治理为核心的现代企业制度,有助于推动组织结构的重塑。同时,借助资本平台能够打破电视资源分散的局面,构建有效的全产业链,形成以资本为纽带,跨层级、跨区域、跨媒体、跨行业的综合传媒组织架构。

第三，在电视媒体的发展实践中，工作室制是继制片人制、产品经理人制等之后，出现在电视媒体中的新型基层生产运作模式。融媒体工作室制是工作室制诸多类型中的一种，优化电视媒体组织架构和运行机制是加快深化融媒体机制改革的关键，融媒体工作室则是一种灵活的融媒体运营机制，是传统电视媒体迎接融媒体时代的一种新型生产运作模式，也是目前电视媒体机制改革的突破口和创新点，在创新改革实践中已初显成效。

融媒体工作室以参与人员的兴趣为导向，其组织方式跨越了现有部门的设置，突破了大编辑中心集中统一的整合和调度。这样，可以对市场变化做出及时反应，激动电视媒体的内生动力，凝聚团队的核心竞争力，使专业人才和核心骨干都能发挥各自专长。同时，融媒体工作室以产业和服务项目为核心，建立适应一体化发展和市场竞争生产传播流程和运行机制，实行全媒体指挥调度、协同联动、资源融通共享的新机制，是电视媒体应对困境的重要探索和突破。但由于目前融媒体工作室还处于组建的初级阶段，电视媒体在运用工作室进行融合发展的同时也遇到了一些问题和困难，其中资源配置、高层次人才匮乏等问题，还需要在改革中逐渐解决、稳步推进。

第四，电视行业人力资源是电视组织中最核心、最有价值的资源，对电视媒体能否实现成功转型起到了决定性的作用。通过对央视的人事管理机制变迁的梳理不难发现，随着时代变迁，内容生产流程的再造、商业模式的重塑和组织结构的变革对电视人力资源管理既带来了挑战，又带来了机遇。在媒体融合的背景下，电视人事管理机制如何实现变革，在后面的章节中我们会做出详细探讨。

第五，如果说我国的电视媒体经历了产品价值、广告价值和品牌价值三个时代，并推动着价值链从链条型向网络型过渡，同时使得电视媒体从组织、运营到盈利模式都发生了改变，那么，在媒体融合时代，电视商业价值的提升不仅来自电视系统内部的环节效率提升、广告经营拓展，更受益于原先电视系统之外的互联互通所带来的业务与市场空间的空前扩张。用户价值的凸显、产业边界的泛化和价值变现途径的改变,都使得电视媒体过去的商业模式得以消解和重构。当前电视媒体要做的是通过大数据整合内容资源、技术资源、文化资源,更好地满足多元用户群体的需求。这种整合和运营的对象不仅仅是电视媒体的优势内容或节目的生产和播出,还包括激活与用户的互动和社交需要的各种营销手段、技术手段,以及强化与其他企业之间的关联等,以实现社交功能与产业价值的结合,从而提升对生态圈的影响力。

第四章 案例:电视媒体
融合发展的实战经验

　　媒体融合是一个行进中的过程,在这个过程中,理念不断深化、产品迅速迭代、组织亟须再造、体制机制也会由此变革。在电视媒体融合发展纵深推进的关键时期,各级电视机构都进行了大量的探索和实践,中央、省、市、县四级电视媒体不断催生出融合的新业态、新模式和新案例,中国四级电视媒体融合呈现出不同的特点:中央广播电视总台融合改革全面提速,省级电视卫视频道优化播出结构,市级媒体掀起跨媒体融合潮,多地已实现县级融媒体中心建设全覆盖。在上一章,我们从电视媒体的运行机制对当前的融合发展路径进行了深入剖析,本章我们则采取实证分析法,选取中央广播电视总台、湖南广播电视台、南方财经全媒体集团、苏州广播电视台以及河南县级融媒体中心为研究案例,全面审视四级电视媒体融合发展的新布局。

第一节 中央广播电视总台:
构建新型主流媒体生态

　　数字技术的发展为人类社会带来了深刻的变化,对于人类的传播行为更产生了革命性的转变。这不可避免地对传统电视媒体产生了巨大的冲击,同时也为电视媒体的升级迭代带来了难得的机遇,把所有"参赛者"带回到同一起跑线。作为中国的核心传统媒体,中央广播电视总台无论从技术支撑、产品优化,还是传播渠道和机制创新,都走在探索尝试的前列。随着中央电视台(中国国际电视台)与中央人民广播电台、中国国际广播电台合并成立中央广播电视总台,形成庞大的媒体旗舰,无疑为全新融合发展提供了更大的想象空间。通过对中央广播电视总台媒体融合路径的梳理,更可以从宏观视角窥视我国新旧媒体融合的全貌。

一、准备期(1996—2000年):从网站初步创立到成为国家重点网站

20世纪90年代后期,面对互联网这一"异物"带来的冲击,多数传统媒体自然地表现出强烈的"排斥"效应,不是瞧不起它就是全面压制它。中央电视台作为我国的国家级电视台,在此时受到的互联网冲击可谓极小。但是,央视在新媒体发展战略方面能够高瞻远瞩,抢在中国互联网发展的起步时期,迅速抓住发展机遇,果断采取网站建设行动方案,于1996年12月10日建立了中央电视台国际互联网站(www.cctv.com)并开始试运行,走在了国内传统媒体前列。

正是在我国互联网行业早期发展的重要阶段,中国大地不断发生变化,经历了一波又一波的重大新闻事件。传统媒体的轮番报道自不待言,初生的网络新媒体也正摸索前行,央视新媒体担当起"领头羊"的角色。1997年7月前后,中央电视台国际互联网站围绕香港回归,实施了较大规模的密集网络新闻报道,引起了社会的巨大反响。此后便一发而不可收,1998年央视春节联欢晚会、1999年12月澳门回归、2000年9月悉尼奥运会等,央视网站围绕这些大事件均进行了大规模的网络专题报道与跟踪报道,初步显示出网络新闻的传播特点与优势。

此外,电视节目上网是央视的另一个重要举措。新闻传播业扩展到网络产业领域依然做的是内容产业,"内容为王"是不变的

主题。对于央视而言，通过网络平台传播节目，而不仅仅依赖传统电视渠道，这在当时是一个重大突破。《新闻联播》等央视主打节目纷纷入驻网络平台，同时尝试性地开展电视与网络间的互动。如2000年4月，央视网站配合《东方时空》七周年，创新制作台网互动的特别节目；2000年9月，央视首次进行网上记者招待会的互动尝试，邀请中国常驻联合国代表、驻美大使在网络平台上接受记者提问。正是由于央视网站的出色表现和不断提升的社会影响力，2000年9月央视网站被列为"国家六大重点网站"。2000年12月26日，中央电视台网站正式更名为央视国际网络，简称"央视国际"，并正式启用新首页，呈现出一派崭新气象。伴随着新千年的到来，央视新媒体迎来一个崭新的网络新媒体大发展、大变革的时代。

在这一阶段，央视新媒体发展的亮点主要体现在以下几个方面：

第一，充分发挥视频内容资源优势。央视作为国家级新闻媒体，着眼于新闻媒体的首要功能——新闻报道功能，充分发挥了原创新闻的优势。这种优势使其与商业门户网站之间形成了天然的分野，尤其在视频内容制作方面的优势是其他网站无法比拟的。

第二，积极探索与尝试台网互动模式。网络互动性的特点在央视网站得到了初步认识与使用。互联网不仅是作为电视的一种补充性存在，而且网络有其自身的优势和特点，在互动性方面远远超过了传统电视媒体。具体来说，央视一方面展开网络与电视间的节目互动，另一方面进行网络上的问答互动，甚至开始尝试大型网络互动游戏的开发。

第三，彰显视听网络新特色。央视网络形成了以视频为主的视听网络特色。中央电视台发展网络新媒体，最初就认识到自身的独特性所在，在深刻分析了自身与其他新闻媒体，如新华社、《人民日报》等媒体的异同点后，充分利用自身所具有的视频资源优势，突出视频新闻和视频节目，初步彰显网络媒体的视听特色。

与此同时，在这一阶段，央视在涉足与新媒体的融合发展过程

中也存在明显不足,主要体现在以下几个方面:

一是网络互动的运用受到较大的局限。央视新媒体在网络互动性方面运用不足,存在很大的局限性。一方面受制于当时有限的互联网技术,互动性技术尚不完善。当时的央视处于互联网Web1.0 的技术时代,这一阶段仍然是以信息发布为主的技术模式,用户参与、分享和交互功能到了后来的 Web2.0 时代才被进一步发掘出来。另一方面则是央视网络人才队伍尚不强大,直到2000 年才成长为具有一定规模的分组机构。因此有限的人力资源只能维持央视网站的日常业务运行和重大事件的网络报道,至于互动性方面还无暇顾及。同时,在互联网发展理念方面存在的局限性也影响了网络互动的有效发挥。

二是视听资源开发尚不充分,海量的视听资源尚未得到充分利用。这除了与上述相同的技术和人才因素局限之外,还与央视的整个发展战略设计有直接关系。在最初的顶层设计中,央视网站的主要定位是作为中央电视台传统电视业务之外的有效补充和拓展延伸,带有较强的实验和探索意味。在此阶段,整个中国传媒界对于互联网的重视程度不足,各方面投入较为有限。央视网站只是将部分代表性节目搬到网络,还谈不上更深层面的视频资源挖掘和视频价值整合。因此,这一阶段的缺陷和不足,恰恰为下一阶段的突破性发展埋下重要伏笔。

二、起步期(2001—2005 年):从加强网站直播功能到网站全频道建设

在这一阶段,央视对新媒体渠道的探索和新旧媒体的融合路径进行了多元化的探索和尝试。

第一是对网络直播功能的探索。我们习惯将 2016 年称为"直播元年",实际上"网络直播"的概念早已产生。虽然最初的直播概念和现在的网络视频直播有所不同,但就其本质而言,都遵循了"现场感"理论,直达现场是其传播目标。2001 年是央视新媒体发展第二阶段的开启之年,其采取的一个典型举措是持续加强网站

的图文和视频直播功能。以 2001 年春节为起点,央视新媒体利用春节联欢晚会的契机,与央视春晚节目组合作,推出春晚网上专辑,台网一体化制作《网上大拜年》节目,并对春晚进行了长达 4 小时 15 分钟的全程直播。2001 年 7 月 13 日,央视网站专门针对北京申奥活动,分派多路记者驻扎莫斯科和北京各地,进行了长达近 18 小时的直播报道。此外,11 月 10 日、11 日,央视网站还对中国加入世界贸易组织(WTO)进行视频和图文报道相结合的大型直播报道。此后,重大事件的网络直播报道成为央视网站的一种常规报道形式。

第二,实践的探索还需要理论的支撑,央视一边尝试开发互联网渠道,一边进行理论研讨,最大化地吸纳理论成果,为进一步的成果转化做好思想和理论准备。仅 2002 年,研讨会的展开就持续了一年。研讨会作为一种重要的讨论和学习、提升机会,可以在不断研讨中碰撞出创新的思维火花。2002 年,央视网站一项十分突出的工作便是多次组织网络发展研讨会,体现出央视网站探索和发展新媒体理性、前瞻的态度。2002 年 1 月,央视网站召开"2002 央视国际网络发展座谈会";紧接着 2 月,围绕 2002 年春晚网络互动的主题,央视网站召开了"春节联欢晚会互动理念研讨会";7 月,央视网站发起并主办"全国电视台互联网站发展研讨会";8 月,央视网站合作主办"中国网络媒体论坛",并联合 100 多家网站签署《保护网络作品权利信息公约》;12 月,央视网站召开"央视国际网络发展座谈会"。上述一系列研讨会的召开无疑增强了央视网站对新媒体发展规律更深层的理解和把握。

第三,新闻内容如何编排与设置一直是新闻网站业务运营的核心环节,视听资源的频道化设置和集纳式编排是央视网站的特色。2003 年,央视网站渐次推出各类频道,将央视网站的全频道建设推向了发展高潮。仅在 2003 年,央视网站就先后推出台湾频道、军事频道、综艺频道、经济频道、教育频道、科技频道、体育频道、电视指南频道、主持人频道、生活频道、广告频道、留学频道、国家地理频道、健康频道、戏曲频道、音乐频道、英语频道、舞蹈频道、西部频道、旅游频道、篮球频道、足球频道共计 22 个网络专业频道。央视网站接着于 2004 年相继推出中文国际频道、农业频道、书画频道、少儿频道等 10 多个频道。通过这项重要举措，大大弥补了央视网站第一阶段存在的视听资源利用不足的问题。

第四，品牌是一种重要的无形资产，品牌打造在任何领域都不是一蹴而就的。央视网站通过不断深耕细作，在诸多网站中脱颖而出，持续强化央视网站的品牌价值。2005 年，央视网站开始着手网站品牌建设。3 月"两会"期间，央视网站邀请全国"两会"代表参与网上"品牌中国"系列论坛，再次引起社会的巨大反响。9 月在首届全国优秀电视台网站评选活动中，央视网站荣获"中国最具人气电视台网站"。12 月在中国互联网站品牌栏目（频道）推荐活动中，央视网站《视听在线》荣获"2005 年中国互联网站品牌频道"。截至 2005 年 12 月底，央视网站全年广告营收超过一千万元。这充分表明，央视网站依靠自身的网络品牌影响力，取得了良好的经济效益。

在这一阶段，央视在与新媒体的融合发展过程中呈现出的亮点主要体现在以下几个方面：

首先，强化了网络直播功能。网站直播功能的强化是央视新媒体在此阶段的重要举措。这一阶段的网络直播不仅包括视频直播和图文直播的样态，而且更加注重网络直播中与网友的互动和在线讨论。将"直播"和"互动"两种元素结合在一起加以利用，充分体现了网络的巨大优势。央视网站对 2005 年央视春晚采用了 P2P 等网络直播先进技术，不仅达到了直播画面前所未有的清晰度和流畅度，而且搭配推出的"春晚论坛"这一互动交流平台吸引了巨大的网络流量。

其次，开启了全频道建设"网络央视"的进程。央视在这个阶段不断推进网站的全频道建设。央视在此阶段持续投入巨大的资源建设网站的各个频道，几乎涵盖所有细分领域和受众市场，实现了新闻资讯、生活服务、娱乐休闲、个性需求等全方位的信息功能。网站信息的体量之大，完全超越了第一阶段的"补充"或"延伸"的角色定位，几乎将央视网站打造成为另一个国家级的"网络央视"，这为日后国家网络电视台的成功组建奠定了全面而扎实的基础。

再次，打造网络特色品牌栏目。央视新媒体在此阶段还注重原创性的特色品牌栏目打造。2002 年 5 月央视网站新首页改版，推出《电视批判》《线上故事》《点击主持人》等具有网络特色的栏目。这些栏目不仅整合特色内容，而且突出网络互动性，深深吸引了网民的参与互动。时隔一年后的 2003 年 5 月，央视网站再次进行首页改版，隆重推出"今日头条"概念，每天聚焦国内外最核心的热点要事，精心策划推出一个头条新闻。经过不断完善，网站形成了集图文报道、视频点播等形式于一体的"综合头条新闻"，这一新闻理念在当时极具引领价值。

当然，除了亮点，也存在不足，主要体现在网络视频互动功能缺失和网站缺乏精细设计。和第一阶段相比，虽然央视网站在网络互动方面得到了很大程度的强化，但是其互动形式大多限于图文互动甚至单一文字互动，无法做到真正的视频互动，视频特色在互动方式上未能发挥出应有的独特作用，这在一定程度上限制了央视网站追求视频特色的打造。毕竟视频是央视网站高于其他媒体网站的最佳抓手，如何实现视频互动，这需要日后从技术、理念、业务等多层面着手解决。

与此同时，央视网站在页面设计和内容编排方面的精细程度还不够。央视网站开启的全频道建设，使其信息量呈现出倍增的态势。供应的信息量越大，网站需要投入的人力、物力、财力就越大，尤其是运营如此多的网络频道，相对有限的人才队伍就显得捉襟见肘，根本顾不上对页面形式进行优化设计以及对内容进行精细编排，这为央视网站接下来的组织机构调整提供了依据。

三、成长期（2006—2010 年）：从组织机构整合到建立国家网络电视台

我国的新闻媒体从来没有停止过改革步伐，机构改革是其核心步骤之一，通过不同部门的资源整合配置来提升业务发展。在

这方面,央视有其独到的一面。2006 年 4 月 28 日,央视网站创办十周年来临之际经历了发展史上的一场重大洗礼:中央电视台网络传播中心成立,同时央视国际网络有限公司正式挂牌,央视网站也经过全新改版正式发布。新机构的组建,整合了总编室网络宣传部负责运营的"央视国际(www. cctv. com)"和中视网络发展有限公司负责运营的"央视网络电视(www. icctv. cn)"两家机构。整合后的新央视国际既负责中央电视台网络宣传业务,也承担中央电视台网络资源的整合和新媒体增值业务,获准开展 IP 电视、手机电视和网络电视等新视听媒体业务,还将充分体现互联网特色和电视特色的融合,定位在打造,是一个以央视为依托,集新闻、信息、娱乐、服务于一体的,具有视听、互动特色的综合性网络媒体。①

　　合作机制是一个组织或机构突破自身局限、取得优化发展的不二之选。央视新媒体利用北京奥运会的重大契机,在此方面不断有所突破。2007 年 7 月 17 日,央视国际网络有限公司与国内重要商业门户网站、2008 年北京奥运会互联网内容服务赞助商搜狐网签署了战略合作协议,对品牌、内容、渠道等多方面资源实行共享合作。央视网站具有强大的品牌和资源优势,而搜狐网具有强大的技术和运营优势,将两种不同的优势资源进行整合,不仅能有效提升双方的综合竞争力,也可以为广大网民提供更加友好的网络使用体验。2007 年 12 月 18 日,中央电视台与国际奥委会签订"2008 年奥运会中国地区互联网和移动平台传播权"协议,央视网站首次获得了网络转播权。这又一次充分证明了央视网站的强大传播力和品牌影响力,能够赢得国际奥委会的充分信赖,这也在一定意义上表明央视网站已经取得网络媒体领头羊的地位。2008 年 7 月 23 日,央视国际网络有限公司与微软(中国)有限公司正式建立战略合作伙伴关系,双方携手打造新一代数字媒体平台。

　　利用 2008 年北京奥运会的重要契机,央视网站借助微软的最

---

　　①　中广网:《中央电视台进行网络资源整合央视国际网全新改版》,中广网 2006 年 4 月 28 日。http://www. cnr. cn/news/t20060428_504200902. html。

新技术支持,不仅为广大网民提供不同以往的数字媒体应用体验,还通过微软设计的跨平台广告管理系统精准匹配网络广告资源,为此后的新媒体发展引领新的方向,即通过精准营销与精准传播达到最佳传播效果。互动性和参与性的深度挖掘,一直是互联网行业发展的重要促动因素。2009 年 12 月 28 日,以央视网站为基础打造的中国网络电视台(www.cntv.cn)正式开播。作为中国国家网络电视播出机构,它以"参与式电视体验"为产品理念,力图打造一个以视听互动为核心、融网络特色与电视特色于一体的全球化、多语种、多终端的网络视频公共服务平台。同年 12 月 29 日,中国网络电视台宣布和易传媒结成战略合作伙伴关系,并联合组建"中国网络电视台·易传媒视频广告联合实验室",共同打造广告资源管理和投放系统,在目标受众定位、广告效果监测等方面争创行业领先标准。① 2010 年 8 月初,中国网络电视台完成中央集成播控平台建设,通过这个播控平台,可以提供影视剧点播、体育、教育等丰富的视听节目服务以及其他增值产品服务,实现从"看电视"到"用电视"的转变,同时借助三网融合试点项目,进一步探索与其他企业的多样化合作模式。② 中央集成播控平台为中国网络电视台提供了坚实的技术基础,使其顺利担负起国家网络电视播出机构的重任。

在这一阶段,央视与新媒体融合发展的亮点主要体现在如下几个方面:

第一,多元发展目标逐步实现。央视新媒体采取多元发展战略。一方面,央视国际通过组织和资源的重新整合,明确采取多元发展战略,除了央视网站原有的新闻宣传和广告等业务以外,还进一步开拓 IP 电视、手机电视和网络电视等新的视听媒体业务和增

---

① 央视网:《中国网络电视台与易传媒结成战略合作》,央视网 2009 年 12 月 29 日。http://news.cntv.cn/china/20091229/102499.shtml。

② 曹亚宁、李森:《中国网络电视台中央集成播控平台建成服务三网融合》,中国新闻出版网/报 2010 年 8 月 4 日。http://news.xinhuanet.com/zgjx/2010 – 08/04/c_13429673.htm。

值服务。另一方面，央视不断寻求与外界的跨界合作，探索央视新媒体的多元发展。如与搜狐网通过战略合作实现双方的互补式协同发展，与国际奥委会合作承担 2008 年奥运会的网络转播权；与微软(中国)有限公司携手打造新一代数字媒体平台。多元化发展是其公司化运营和市场化运作的必然选择，并且有力推动着央视新媒体的进一步发展。

第二，打造国家网络视听团队。央视新媒体早在 2006 年 7 月组建了专业化的网络记者团队和网络评论员团队。前者围绕青藏铁路开通事件，专门派出了网络记者团队乘青藏铁路列车赴藏采访，为网站提供了大量即时和原创新闻报道，为国家战队准备了网络记者队伍。后者在第十二届青年歌手电视大奖赛期间，为配合网站报道而专门组建网上评论员团队，推出了大量富有网络特色的原创评论，为国家战队准备了网络评论员队伍。此后每逢大事发生或重大仪式举行，均有央视新媒体的网络记者和网络评论员的"声""影"彰显。

央视新媒体打造网络视听媒体国家战队的卓越品质，但依然需要加强国际传播，并且对于经营模式的探索也应该加强。在央视新媒体的发展过程中，其追求的"全球化、多语种"的传播效果有限，国际传播力尚且不足。央视新媒体虽然投入了大量的人力、物力和财力，重磅推出多个语种的频道，建立了全球传播的基础平台，但从其传播效果看还是有很大的局限性。国际化传播平台搭建只是提供了基本条件，但是如果对国际网民的了解程度不够，缺乏有效的国际网络用户管理，就不能准确满足国际网民对中国议题的内容需求，从而不能有效吸引国际网民的注意力和参与度，难以达到良好的传播效果。这也恰为央视新媒体及我国其他媒体增强国际传播力提供了借鉴并指明了方向。

与此同时，央视新媒体的盈利模式尚不成熟。央视新媒体的影响力越来越大，官方网站的访问量不断有新的突破；央视新媒体的投入力度也越来越大，一直在持续不断地开拓新频道、新页面和新栏目；央视新媒体的人才队伍建设也日渐强大，但主要集中在内容制作层面。但从整体而言,央视新媒体对盈利模式、经营业务的探索远远滞后于对内容制作和事业发展的探索,与商业门户网站相比更是相形见绌。如何探索出一种行之有效的盈利模式和经营套路,已经成为央视新媒体亟须弥补的另一个重要议题。

四、加速期(2011—2017年):从发布"三微一端"到打造智慧融媒体

微博的发展促使传统媒体纷纷开始向微转型的实践探索。2011年初,央视便开始了面向微博的拓荒之旅。新浪微博、腾讯微博分别于2009年8月和2010年4月先后上线。2011年1月26日,CNTV微博正式启动内测。中国网络电视台、中央电视台的主体用户构成了CNTV微博的第一批用户群。CNTV微博与其他网站微博相比,有自己的独特之处:它拥有强大的内容和用户资源,将CNTV内容资源按照兴趣、话题等进行整合归类,并结合央视主播与栏目资源形成具有独特风格的微博产品。① 这正是其他互联网企业所无法比拟的,具有不可替代的价值。2010年初,时任"苹果"公司CEO乔布斯宣布iPad("苹果"平板电脑)诞生。作为一种人性化的、功能强大的移动互联网媒介终端,在全球传媒界引发了一场持久的iPad热潮,开发iPad客户端几乎成为各大媒体的标配。2011年11月4日,CNTV中国网络电视台发布了iPad客户端产品——CNTV直播中国,开启了基于移动智能终端的视频产品运营实践。央视在之后的时间里不断开发新的iPad客户端系列产品,如"央视影音""央视新闻""央视体育"等,甚至诸多栏目也有单独的栏目客户端,呈现出移动互联网媒体遍地开花的繁荣景象。

移动互联网时代为传媒带来的变革远远超过PC时代,呈现出五彩斑斓且不断推陈出新的媒介景象。继微博平台之后,2011年1月,微信平台诞生,微信的独特传播优势使得各路传媒再次纷至沓来。面向微信平台,央视新闻中心于2013年4月1日正式开通微

---

① 新华网:《CNTV微博测试版上线:实行用户邀请制》,腾讯科技·互联网报道·互联网新闻2011年1月26日,http://tech.qq.com/a/20110126/000138.htm。

信公众号,专门组建了一个优秀的编辑团队开展产品运营,经过不断调整,摸索出了一套较为符合微信传播规律和用户使用规律的推送模式,即"早晚推送精选新闻图文专题,随时推送重大突发新闻独家资源,以图文素材为主,注重多媒体搭配"[①]。

2014年11月APEC(亚太经济合作组织)会议期间,中央电视台新闻中心推出了一款具有强大视频优势的新媒体产品——"V观",通过系列微视频的形式,突出新闻的独家性和报道的差异化特性,既彰显其与电视、电脑等大屏幕视频新闻报道的区别,又符合移动化、碎片化的用户场景的视听需求。在全国两会、国庆阅兵、习近平总书记出访、G20峰会等重大事件中,"V观"均构成一支不容忽视的报道力量,共同支撑起了央视新媒体"三微一端"的产品矩阵。

在上述各种新媒体产品及平台发展基础上,央视坚持发挥新媒体优势,统筹全台新媒体资源,使得电视与新媒体同频共振。在2016年全国"两会"报道中,央视将新媒体报道与电视报道一体化统筹、一体化运作,首次设立融媒体编辑部,启用无人机、VR全景720度拍摄技术,构建立体传播、全景呈现的融合报道格局,成立全台融合发展领导小组,推动节目部门升级为全媒体内容部门,利用新技术手段探索融媒体节目,建立融媒体评价体系,规划和建设央视云和大数据平台,实现央视新的云生态系统及智慧融媒体的目标。

除此之外,2017年2月19日,中央电视台正式上线移动融媒新闻平台——央视新闻移动网,这是中央电视台在媒体融合这一重大战略下取得的重要成果。央视新闻移动网的创建与上线,是央视推进媒体融合走向纵深、打通大小屏、实现一体化生产的关键布局,是推动电视与新媒体深度融合的全方位变革。

在这一阶段,央视在与新媒体的融合发展中体现出下面几大

---

　　①　蔡雯、翁之颢:《微信公众平台:新闻传播变革的又一个机遇》,《新闻记者》2013年第7期,第40页。

亮点：

首先，央视开始面向移动端接连发力。央视新媒体在此阶段实现了向移动互联网的快速转移。移动互联网发展速度如此之快，只有抓住先机抢占至高平台，吸引并稳定一批优质用户，才能赢得新媒体发展的机会，央视在移动互联网转型方面表现出快速反应、接连发力的良好状态。iPad 诞生的第 2 年即发布 CNTV 中国网络电视台 iPad 客户端，尤以央视新闻的步伐最快，仅用了 9 个月的时间就先后推出微博、微信、客户端的移动互联网媒体矩阵，而且在"三微一端"的平台上继续发力，借助最新传播技术不断推出创新报道样态与产品。

其次，不断创新媒体融合业务。央视大胆进行融媒体报道技术与形式的创新。在融媒体报道方面，央视借助"两会"的报道契机，不断进行新的探索。2013 年自主研发 P2P2.0 网络直播系统，重要场次会议做到视频、图文、互动等全方位同步直播；2014 年专门为参会记者配备秒拍 App（智能手机的第三方应用程序），通过秒拍进行直播报道和视频互动；2015 年利用大数据、H5（HTML 第5 代应用标准）等新技术推出"数字两会""V 观两会""漫画两会"等创新形式，开启全媒体多平台报道；2016 年推出"两会"云直播系列报道，形成一体化运作的融合报道格局。

但媒体融合的瓶颈仍需进一步突破。在媒体融合趋势下，央视新媒体虽然在持续发力，但是总体的媒体融合程度仍存在较大的发展空间。最主要的问题是媒体融合的机制瓶颈难以突破，虽然在台网一体化运营方面，通过内部资源整合、对外强强联合甚至市场并购等系列手段取得了一定效果，但是与打造媒体融合传播体系和新型主流媒体集团的目标还有很大差距。

同时，新媒体用户黏性尚且不足。虽然央视新媒体在权威性、现场感乃至独家层面具有不可替代的优势，但是其对用户的有效管理和分析应用比较欠缺。一方面，央视新媒体仍然是以信息传播为主而非用户服务为主，导致对用户的全面需求和个性化需求难以很好地满足。另一方面，央视新媒体虽然在不断推陈出新，但是同质化的特征依然明显,对用户的价值挖掘略显不足,导致用户黏性降低。因此,如何有效增强用户黏性,成为央视新媒体可持续发展面临的关键问题。

五、深化期(2018—现在):从组织机构的创新到矩阵式传播的搭建

2018 年 3 月,中央决定在"中央三台"的基础上组建中央广播电视总台,并对媒体融合发展高度重视,走出了一条央媒融合传播的创新之路。总台按照"台网并重、先网后台"的思路,持续推动"三台三网"加速融合,建立总台新媒体"一键触发"机制。同时,在短时间内打造出"央视快评""时政微视频""国际锐评"等一批知名网络传播品牌,利用平台的人才、技术和平台优势,力求发挥出"1 + 1 + 1 > 3"的传播效果。央视的转型之路,可以说是从进军新媒体到变身新媒体,再到有能力有本领去引领新媒体,未来将融合人工智能、5G 网络等新业态、新技术,创新新媒体和新传播。

(一)推动"三台"融合,打通媒体融合多元渠道

统筹台内外资源,调动全台各中心各频道的积极性,实现统一共享,改变总台目前短视频发展散乱现状。同时整合拓展外部资源,通过战略、业务、资本等多种合作形式,与顶级互联网机构、电信运营商、技术服务商等强强联合。近年来,总台通过在媒介产品生产、内容传播、平台建设三方面发力,已建成全覆盖、整合内部资源,推动"三台"融通。

在媒体融合向纵深推进的过程中,受众全时化、在地化使用媒介产品的需求已成为媒介生产的导向。当下,一个具有传播价值的融合媒体产品不仅要具备传统媒体产品的所有要素,更要具有适合在终端传播的内容与形式。面对融合发展趋势,"三台"在"合一"的过程中整合资源,打通边界,在相加的基础上实现了资源、制作、传播等全方位的相融。在 2019 年两会期间,央广推出了系列节目《央广会客厅》,该节目首次实现了央视、央广、国际台的跨平台直播,实现了产品的内部共享。在节目的制作过程中,三家单位

各取所长,基于自身职能的差异进行细分。例如在国庆70周年阅兵电视转播的同时,央广播报了适配广播的讲解稿,使听众在不借助图像的情况下也能感受到阅兵盛况。

媒体横向联动,关键信息互通有无。在近年来历次重大活动的新闻传播过程中,总台在新媒体端与人民日报、新华社等主流媒体实现了产品共享。以外交部例行记者会为例,该会议是发布中国重要外交活动信息、阐述中国对外政策工作的重要常规会议,发言人在表态的过程中往往金句频出,成为各大媒体争相报道的焦点。其精彩瞬间通常会被制作成短视频吸引巨大流量,甚至引爆舆论。在此过程中,总台往往能够搜集到一手视频素材,制作成短视频,并由人民日报、新华社、中国日报等媒体共享至其客户端以及抖音等视频平台上,同时,用户也可通过各大媒体的终端入口了解信息,间接为总台创造收益。

加强与地方媒体的沟通,提升新闻收集与分发效率。在央视《新闻联播》初创时期,就形成了地方电视台有义务为中央电视台提供新闻素材的规定。新媒体时代,总台与地方台的联系更为紧密,但在新媒体端,双方却已脱离了"地方台—总台"这一相对单一的供稿模式,转而借由平台达成共赢。这一改变突出体现在央视新闻移动网的"精选"与"矩阵号"两个栏目中。在重大时政新闻报道过程中,总台不仅在央视新闻移动网平台上发布自产短视频,还联合江苏新时空、河南广电、浙视频等多家地方媒体,在平台上发布多家媒体的产品。由此,总台借助地方媒体的产品丰富了自身的内容,地方台也借助总台宣传了自身品牌,拓展了知名度和用户。此外,长三角总部上海总站挂牌成立,央视大湾区中心揭牌也体现了总台在机构合作方面的拓展,展现了总台在机构建设方面的全国视野。拓展跨行业合作新模式,加快在地化宣推进程。

近年来,在地化宣传推广成为各大媒体平台扩大流量的重要方式。其优势在于利用场景营造用户的在场感,将线上场景转移到线下场景,从而触动用户情感,引发用户共鸣,提升用户参与度,增强用户的接受效果。如腾讯公益为"99公益日"造势,在杭州地铁 1 号线出入口的阶梯处布置创意媒体,同时安装红外感应器,乘客可将行走楼梯的步数捐赠,助力公益事业。仿照此种模式,总台通过相关合作项目,在公交、地铁、机场等线下场景中进行重大项目的宣推,全方位拓展受众接受范围,扩大知名度。

(二)矩阵式传播机制创新,巩固信息全方位传播

多样化生产手段提升媒介产品质量。在媒介生产实践中,总台顺应趋势,积极拓展产品种类。除传统媒体端外,总台已形成了多层次、有重点的立体化宣传平台,满足了具有不同使用习惯和年龄层次的用户以不同方式接收信息的需求。以"三微一端"等新媒体传播平台为基础,已形成集文字、图片(长图)、H5、VR、短视频、直播等以不同生产手段为依托的媒介产品矩阵。以 2019 年两会报道为例,在传统媒体端推出《我从基层来》《两会同期声》等栏目的同时,在新媒体端推出 H5《一起看两会》、微视频《我是代表》等一系列融媒体产品。在此期间,CGTN 利用 VR 技术推出了《全景中国》系列节目,总台所属各大平台也同时聚焦两会,利用直播的方式随时跟进,满足用户在地化搜索信息的需求。同时,总台还进驻"抖音""B 站"("哔哩哔哩"视频弹幕网站)等视频平台,推出《主播说联播》《看"澳"秘,门开啦!》等有针对性、匹配不同受众特征、同时又兼具引领效应的短视频、长图解产品。

第一,优化视频优势,打造短视频传播渠道。媒体生产短视频内容进行传播,是当前短视频传播风头正劲的原因之一。短视频是运用可视化呈现新闻的新形态,是丰富传播产品和提高网络传播力的新形式。随着 5G 移动网络的酝酿出台,短视频在做好主流舆论引导、正能量传播和挖掘潜在市场需求方面有着巨大的发展空间,需充分利用和发挥短视频的传播作用。

总台面向台内各中心、各频道、央视网,搭建全台微视频内容和数据统一共享平台。将新媒体平台打造为自主可控、具有超大影响力的视频新媒体旗舰平台,将央视的短视频打造为中国短视频第一品牌。打造融媒体中心,形成一体化的短视频生产运营机制。以前,无论是央视新闻中心制作的短视频,还是央视网制作的

短视频,都是基于其内部资源打造,在全台范围内没有形成一体化的短视频生产运营机制。新的融媒体中心以 5G 为基础,旨在流程再造,形成一体化的微视频生产运营机制。一体化设计的关键在于,将短视频节目制作融入原有电视节目制作的各个流程,所有重点节目和栏目要把短视频作为标配,一体化策划,一体化制作,快速形成规模效应。

除此之外,总台明确短视频整合思路,统一央视旗下账号。央视含有"CCTV""央视"或"中央电视台"等关键词的微视频发布账号共 50 多个。账号不少,名称很多,但品牌不响,没有一个明确的、集中全台优质资源的主打品牌,也没形成合力。为此,中央广播电视总台确立央视短视频主品牌的名称和标识,统一策划短视频内容矩阵,保留"央视新闻""央视体育"等已经具有影响力的平台和账号,继续鼓励他们创作生产短视频原创精品,丰富央视短视频内容产品矩阵。

第二,随着媒体融合创新不断试水新技术,H5 因其创意独特、形式新颖、传播效果好、互动性强等特点,深受新闻业界及用户的广泛青睐。2014 年,基于微信平台的 H5 小游戏开始在朋友圈病毒式传播后,新闻业界也将更多的目光投向 H5,试图通过 H5 这一新型的呈现方式来进行新闻内容的传播。建军 90 周年之际,央视新闻特别推出的融媒体产品《铁血铸军魂》,极大地拓展了 H5 的技术应用。在呈现上,以"一镜到底"的形式囊括图片、视频、文字等,通过由远及近的观察角度和元素间的位移动画,带来穿透式的场景融入感,展示人民军队武器装备的演进史,体现出了较强的交互性、沉浸性和体验的友好性。

第三,Vlog(即"微录",视频博客,为博客的变体)作为新兴视频表现形式,以互动、贴近、真实的特性广受欢迎。2019 年两会期间央视推出系列 Vlog,尝试将其带入新闻报道领域。2019 年 11月,知名主播康辉发布的 Vlog 引发热议,康辉通过镜头生动讲述自己的工作日常,介绍央视的工作性质、工作方式等内容,进一步拉近了与用户的距离,也是央视在全媒体时代不断探索创新的重要标志。

第四,央视新闻移动网为深化"5G + 4K + VR"等新技术运用,展移动端覆盖优势,于 2019 年全国"两会"期间,在人民大会堂和两会新闻中心架设多台 VR 全景直播设备,并联合运营商在两会各报道点位实现了 5G 通信网络全覆盖,成功于微博端进行了"部长通道"和"首场政协记者招待会"的两场"5G + VR"直播,总阅读播放量近 400 万。此后,央视新闻新媒体实现"4K + 5G + VR"全要素、全流程实时制播,并运用自主研发的一体便携设备独立发起移动直播。

第五,进行"人无我有"的语音搜索体验。当前,大部分热门互联网平台都普遍使用算法推荐和人工智能赋能技术,在交互方面与商业平台竞争,需要有"人无我有"的技术优势。央视意识到,利用语音音视频智能搜索可实现产品战略性突破,因为目前智能语音视频搜索还没有具有竞争力的平台。央视频将以智能语音视频搜索作为交互的主打核心功能,将语音搜索置于产品的默认界面或者界面首页的显著地位,打造不一样的用户体验。同时,总台积极探索利用大数据进行用户调研,利用动态反馈机制调整传播布局。如央视基于有线电视网络的融合媒体服务系统"央视专区",即为通过大数据分析用户,从而有的放矢地提供内容服务。

除此之外,总台还积极尝试推出原创时政微视频以及时政漫评,最大限度地覆盖用户。2018 年央视网全年推出原创时政微视频 40 支,其中 17 支获中央网信办推荐全网首页头条置顶通发,19 支全网首页重要位置转发,总传播数据约 8.7 亿次,其中《贺新春:长长的记忆》《家国天下》《新时代致敬英雄》单支传播数据均破亿。同时,央视网时政漫评是目前行业内唯一的、融短评和动漫于一体的网上时政报道产品。2018 年以来,围绕习近平总书记活动推出了 23 个系列漫评共 57 期作品,其中 28 期被全网通发。

(三)充分发挥内容优势,匠心打造融媒体产品

"内容为王"始终是传统媒体遵循的准则,在信息洪流中优质内容更显珍贵。央视充分利用长期积累的内容生产优势,在全媒

体时代进行主题创新,拓宽选题范围,更新话语表达,用"短、新、快、活"的微视频、匠心打磨的综艺节目、创意出众的融媒体产品,连接媒体和用户,讲述好新时代的中国故事。

第一,打造特色时政新闻内容。在央视新闻客户端中,着力打造了不同的新闻版块,除了要闻、传习录、直播等版块外,"V观版块"是专门进行时政新闻微视频报道的版块,央视新闻能够借助自身的新闻资源优势来打造高品质的时政新闻版块,并且很多新闻内容都是独家呈现,使得很多大活动通过"V视版块"的微视频得到广泛的传播。①

第二,创新节目主题,弘扬主流价值。近年来,央视作为中国电视媒体的排头兵,推出了一系列原创文化类综艺节目,如《国家宝藏》《朗读者》《中国诗词大会》《中国成语大会》等,深受广大观众好评。在快节奏、同质化、审美缺失、奇观迭出的综艺娱乐热潮中,让观众静心沉淀,思考精神文化层面的意义。文化类节目的创新推出是央视守正创新、弘扬主流价值的鲜活表现。全媒体时代的内容创作,互动和参与成为必须具备的要义。如《中国诗词大会》自策划伊始便采用台网融合的一体化运行模式,强调全民性参与,挑选横跨社会各领域阶层的诗词爱好者组成"百人团",制作私人定制诗词H5,获观众一致好评。《朗读者》在北京、广州、杭州等多个城市设立线下朗读亭,让观众和节目之间有更多的互动,在提供朗读平台、激发大众朗读热情的同时也为节目增加了不少话题与热度。

第三,创新经典栏目,探寻跨媒介联动。互联网时代,不进则退,慢进也是退。《新闻联播》作为全国人民最熟悉的栏目,在全媒体时代同样面临挑战和机遇。自2019年7月起,《新闻联播》推出《主播说联播》短视频栏目,并入驻"抖音"和"快手"两大短视频平台,开通《新闻联播》微信公众号,建设《新闻联播》小程序,以及此

① 张珠海:《微信微博在电视新闻传播中的运用》,《科技传播》2018年第10期,第94~95页。

前增设的以新媒体平台为主要阵地的《央视快评》《国际锐评》等短评栏目，一系列举动宣告着《新闻联播》话语表达方式的创新与突破，表明《新闻联播》以人民为中心，顺应时代发展趋势，变单向传输为双向互动，可将此视为央视及整个电视新闻改革的风向标。《主播说联播》依托《新闻联播》的原生内容，以当日播发的新闻为基础，紧跟热点，在几十秒或 2 分钟左右的短视频呈现中，用年轻化、接地气的语言传递主流声音，与《新闻联播》跨媒介联动，实现多平台的内容互补，使新闻报道更具层次感，同时也借此平台与网民积极互动，深受网友好评。

第四，总台在青年群体占主导的网络环境下，抢占网络阵地，满足新一代受众的叙事偏好，顺应潮流探索新途径，践行了"内容适配场景"的新媒体传播原则。在新闻内容制作与推送方面，需要注重硬新闻的软化处理，在语言文字处理方面可适当应用网络语言来吸引受众注意，这样可以满足受众需求。顺应形势，不断提升自身内容制作、推动水平，注意语言使用以及信息推送时间等问题，这样才能够有效提升自身发展能力。

第五，坚持以人为本创新节目内容。为分享中国故事，解读人民需求，呈现社会主义核心价值观的精神内核，央视积极寻找具有群体共鸣性的创作切口，辅助年轻化设计元素，深挖主旋律文化中最易触动人、鼓舞人、引领人的点，与广大人民群众形成情感同心圆。由央视和教育部联合推出的《开学第一课》，从 2008 年开播至今已走过十年，影响力覆盖近 3 亿中小学生及其家长。十年耕耘、厚积薄发，2017 年 9 月 1 日播出的节目，收视率创造节目十年以来最高纪录，在全国所有电视节目中收视率和关注度仅次于央视春晚；全媒体公益寻人节目《等着我》以情理交融的原生态形式，诠释了社会主义核心价值观，实现了社会文明、精神价值的回归。

（四）建立平台与用户的强连接，实现资源全面下沉

主流媒体经历着用户流失、渠道失灵、生态重构的多重冲击，如何拥有庞大用户规模，如何广泛聚合资源，如何进行多元化运营以实现投入、产出的可持续，这些问题是主流媒体实现平台自主可

控、持续活跃要解决的主要问题。在与政府、媒体、机构全面连接、资源整合的过程中,要真正实现触达海量用户,建立起与用户的强关联,必须全面下沉,通过渠道下沉、内容下沉、服务下沉,建构起复合多元的新型媒体平台。

第一,渠道下沉。随着县域用户成为移动应用最大的增量群体,县级融媒体就成为平台下沉最优质入口。2019年2月19日,中央广播电视总台在央视新闻移动网基础上,上线"全国智慧县级融媒体平台",利用总台在媒体传播方面的理念、技术、经验和能力,助力各地县级融媒体中心建设,实现渠道下沉和资源整合,强化地域性信息采集,深耕基层群众内容需求,进一步提升县级融媒体的综合影响力和平台渗透力。

第二,内容下沉。不同平台使用不同话语表达方式,适应平台话语传播体系。如央视新闻以央视知名主播朱广权的一段新Rap(说唱)宣告正式入驻B站,朱广权因多次在播报新闻时合理即兴发挥,被广大网友称为"段子手",成为B站"鬼畜"视频中的常客。随后央视新闻上传多期自己制作的"鬼畜"视频,将常见的梗融于内容制作之中以贴近年轻人,与时俱进的表达收获一致好评。央视主动拥抱用户,尊重用户,转变话语表达,打破年轻用户对新闻、对央视的刻板印象,传播过程中传受双方的主被动关系更迭融合,以互动沟通建立新的传受关系。

第三,服务下沉。随着媒体融合进程走向深化,媒体边界正不断模糊,新闻资讯产品的功能逐渐脱离单纯的信息传递,开始实现对政务、党建、民生等领域信息化服务的支持,媒体不断壮大,业态不断丰富。央视网积极搭建融合新平台,为产业生态赋能,通过"媒体+服务"的模式,整合上下游与平行关联的产业资源,并与社会各界力量深入合作,形成多元参与、开放融合、价值重构的媒体新生态。在"智慧家庭"发展新浪潮中,央视网充分利用IPTV、互联网电视等智能大屏的牌照资源和平台优势,积极与各方开展合作,共同探索生活缴费、电子政务、社区管理等民生服务以及在线教育、电商等信息增值服务,组建多方共赢的智能大屏生态共同体。

　　未来,央视将充分利用数据的开放合作和共享能力,坚持以用户为核心、以平台为基础、以引导为目标、以服务为支撑的原则,在数据中台的基础上持续发展视频中台和业务中台,构建完善的平台架构体系,通过自主可控的平台为县级融媒体等行业用户赋能,与政务服务、民生服务、电商服务、社区服务以及文化服务相结合,以数据提升与整个产业的链接能力,建立开放的数据生态,构建完整的大数据生态链,拓宽媒体融合的边界。

第二节　湖南广播电视台：
树立行业标杆与模式创新

　　2000 年 12 月 27 日,我国第一家省级广播影视传媒集团在湖南长沙正式挂牌成立。2004 年的"金鹰网"是湖南广电旗下湖南卫视的核心网络平台创建,它的成立,标志着湖南广电"触网"的开始。湖南广电的媒体融合经历了三个阶段:一是 2005 年到 2008 年,以"金鹰网"的建立为代表的互动阶段;二是 2009 年到 2013 年,借助"芒果 TV""呼啦"发力移动互联网的整合阶段;三是 2014 年,以"新芒果 TV"的整合构建为起点,逐渐形成"一体两翼、双核驱动"的大融合阶段,这也标志着湖南广电步入了媒介融合的深水区。

一、"一体两翼、双核驱动"融媒体传播格局的形成

　　2009 年 8 月在南京召开全国文化体制改革经验交流会之后,随着对"制播分离"的再度高扬,要求与原先所管辖的宣传业务与传媒实体相切割,以实现"事业和产业分开""宣传与经营分开""制作和播出分离"的局面,从而进一步有了强调仍然"事业性质"的总台格局下面实施产事分离的改革蓝图,并力推业界最具改革轰动效应的上海与湖南广电作为首批试点单位。

党的十八大以来,媒体融合加快从相"加"向相"融"迈进。对传统广播电视机构来说,拥抱新时代新视听,加快媒体深度融合是一场关系生存发展的全方位创新、全局性变革。对于如何进行媒体融合,中央也给出了明确的建议,"要深化机构、人事、财政、薪酬等方面改革"。以电视台为代表的广电系事业单位,体制机制不灵活,在市场竞争中处于劣势地位。湖南电视台在新媒体发展上的成功,与机制改革有极其重要的关系。2010 年,湖南电视台成立"芒果传媒",集中电视台优质经营性资源、资产,同时汇聚快乐购公司、快乐阳光公司等新业态进入,进行市场化运作,实现了湖南电视台"从体制内走出去,从国内走出去,建立新的市场主体"的第三轮改革目标。市场化的"芒果传媒",在薪酬体系、人才机制、市场运作上也都更加灵活。

2014 年 4 月 20 日,脱胎于"金鹰网"、以"湖南卫视内容独播"战略打造的专业视频网络平台——"芒果 TV",以"创新融媒"的姿态全新亮相。八天之后,湖南广电领头人吕焕斌在工作例会上做了题为《融合发展,以我为主,打造芒果生态圈》的讲话。至此,湖南广电的媒体融合发展之路,随着旗下新媒体平台"芒果 TV"的正式定型全面开启。湖南出台湘办"59 号文件",全省文化口的广播电视电影出版业,建立八大产业集团。其中要求湖南广电借助六大板块重组"芒果 TV",并与湖南卫视一道成为集团融合发展的"一体两翼",于是有了近一年的准备。

2015 年 4 月 15 日,由首家省级广电集团变身的湖南广播电视台已正式完成转企改制,又重新组建新的湖南广播影视集团,7 月2 日正式挂牌。集团决策层表示,要完成从单纯的媒体管理者到媒体管理和市场经营的复合型企业管理者转型,力争使整体转制的湖南广播影视集团在未来媒体格局中占有重要的一席之地,早日建成新型主流媒体集团。

2016 年 12 月,湖南广电正式确立了"一体两翼,双核驱动"的媒体融合发展战略。该战略可以解读为,电视湘军将依托电视媒体湖南卫视和新媒体"芒果 TV"做到双翼起飞,使两者作为媒体融合的主力和建设新型主流媒体的主动单元。在"一体"的构架下,湖南卫视和"芒果TV"两个主力核心平台的受众和用户是可以相互转化的,这也为两强融合提供了一个天然契合的基础。从媒体融合的进程来看,从造新媒体到用新媒体,湖南广电媒体融合发展的步伐又前进了一步。由此,湖南卫视为核心的传统媒体集群和芒果TV为核心的新媒体生态集群,作为湖南广电媒体融合发展的"两翼"和"双核",开始真正进入融合状态。

毋庸置疑,"芒果TV"与卫视形成的"双核驱动",充分发挥了全媒体发展新格局的平台融合优势;创造多元发展空间,广告、策略、孵化、模式一体化经营的经营融合优势;推动传统媒体、新媒体人才互通,新时代管理先行的管理融合优势等。正是利用这些优势的融合资源,以内容优势倒逼技术、应用的发展,从内容、渠道领域,逐渐扩展到硬件领域,"芒果TV"走出一条独特而行之有效的融合发展之路,不仅稳坐国内视频领域前四的位置,也在创新和经济效益上交出了漂亮的成绩单。

2018年1月起,湖南卫视先后设立了12个一线团队的工作室,这12个工作室拥有湖南卫视26个节目团队中51%的导演人数,主创完成了湖南卫视接近80%的自办节目量,赢得了超过90%的频道营收,进入样片制作和上档播出的所有创新方案中70%来自这12个工作室。2019年7月初,湖南卫视又进行了工作室制度的升级,发布了工作室2.0版。

2018年6月,"芒果TV"与芒果互娱、天娱传媒、芒果影视、芒果娱乐五家公司整体打包注入"快乐购",正式成为国内A股首家国有控股的视频平台。7月,"快乐购"正式更名芒果超媒,湖南广电由此开启了媒体融合的资本新路。而"芒果TV"也率先实现了从新媒体到全媒体的升级。"生态双主业、卫视核心制、超媒中心制",芒果超媒的成立,让湖南广电迎来了融合路上向全媒体生态演进的新节点。这个决策既是融合成果初现的标志,也是创建全媒体生态的一块试金石。在全媒体进程中,芒果超媒是集团媒体融合的主力担当,在集团向全媒体生态的挺进中将发挥引擎效应和示范效应。全媒体语境下,芒果超媒旗下多领域多业态的子公司将更多资源要素注入"芒果 TV"当中,这无疑给"芒果 TV"升级全媒体传播生态带来了重大契机。

第一,生态矩阵升级。芒果超媒成军后,以芒果 TV 视听内容为核心,整合芒果娱乐、芒果影视的影视制作、芒果互娱的游戏电竞、天娱传媒的艺人经纪、"快乐购"的电子商务,打通上下游产业链,建立起一网联结,多点联动的生态矩阵,为芒果大会员(用户)提供新闻和生活服务资讯、影视剧、演艺娱乐,电子商务等全媒体生态下多元化、差异化和精细化的服务。

第二,人才融合升级。芒果超媒以集团化改革为契机,推行传统电视和互联网人才的齿轮型配置。在全媒体生态下,来自系统内外的专业的互联网人才团队、视频内容制作团队、VR 实验室等新技术团队和电商客服团队,这些原本不搭界的人才团队正在跨界融合,抱团攻关。芒果超媒作为从传统媒体到互联网企业的先行进化者,建立了可持续化、高成长性,覆盖内容、技术、创意、硬件、投资、财务等各领域,面向未来的"芒果人才库",为湖南广电全媒体集团化整体运营提供了人才储备。

第三,内容整合升级。2018 年"芒果 TV"的网综产量只占全网总量的 10%,但在关注度最高的网综前十中,"芒果 TV"就占据了五席。2019 年,在全媒体生态的支撑下,"芒果 TV"的"自制 + 独播"内容全面升级,文化综艺节目和影视剧的产量达到 40 档。

第四,技术创新升级。芒果超媒成立了"创新研究院",对 5G、AI、VR 等技术应用进行全媒体生态下的前瞻性布局,力求以技术创新提升生态矩阵的传播速度和传播精度以及商业效能。成军仅一年的芒果超媒,全媒体建设成效正逐渐显露。芒果超媒的全媒体产品生态,是一个以马栏山为圆心的内外双生态圈,内环是与芒果台所有优质内容 IP 和团队班底的融合协同,外环是通过战略投资构建"内容合作朋友圈",实现共同增值。在主流宣传中,台网融合空前加强,"芒果 TV"将平台与生俱来的优良基因充分释放,与湖南卫视以及地面频道紧密合作,"先网后台"的优质新闻融合产品和主题大片产出不断,基于 PC 端、移动端、OTT 端、IPTV 端的新闻融合制播生产机制已经形成。另一方面,超媒六大子公司发挥聚合优势,打造出一系列青春正能量网络影视剧作品。此外,"芒果 TV"的运营商电视业务,用户超 1.47 亿。在移动客户端,"芒果TV"手机 App 下载安装激活量超 6.2 亿,月活用户超 5 亿。"芒果TV"海外用户已经覆盖了全球 195 个国家和地区,总数超过了 1620万。"湖南卫视芒果 TV 官方频道"以 MCN 的方式成为 YouTube 上用户规模最大的华语频道。"芒果 TV 国际"App 的独立运作也一并加快进程。

同时,芒果超媒利用主流优质内容,重点针对"一带一路"沿线国家和地区进行海外业务布局,实现从文化"迈出去"到文化"卖出去"的转变。围绕全媒体布局的新业态,包括"芒果文学""芒果抓娃娃""芒果听书""芒果游戏",已经完成了项目孵化,"芒果闪购""芒果课堂"、金融、体育等新业态也正在拓展。多元化的产业链让芒果超媒的 IP 和品牌在多领域传播衍生,为芒果超媒的全媒体生态实现多重赋能。

二、创新运行机制,促进媒体融合发展

如前所述,融媒体工作室作为电视媒体机制改革的创新点和突破口,是加快深化融媒体机制改革的关键,而且湖南广电已经在实践过程中取得较好的效果。

(一)融媒体工作室:借鉴传统媒体资源优势

人才是文化创新的重要基础,在市场倒逼下,融媒体工作室应运而生,并在融媒体实践中表现出旺盛的生命力。电视媒体经过60 余年的发展,积累了优秀的传媒人才队伍,打造出了各具特色的平台优势和品牌号召力,保持着创新创优的优良传统与工作作风。人才资源、品牌资源和精神资源是传统媒体的资源优势。湖南电视台于 2018 年率先尝试推行融媒体工作室制,工作室以知名导演或主持人的姓名来命名,责任到人,相互借力。

湖南卫视 12 个融媒体工作室分别是刘建立工作室、刘伟工作

室、孔晓一工作室、秦明工作室、卞合江工作室、王琴工作室、沈欣工作室、陈歆宇工作室、徐晴工作室、网恬工作室、安德胜工作室和洪啸工作室。这12个工作室团队都有着过硬的业务能力,如孔晓一工作室,是一支"曾制作过四届'快男''超女'""点亮2016年湖南卫视小年夜春晚"的创意节目制作团队,并操刀了《少年说》第一季、《汉语桥》和《夏日甜心》。又如秦明工作室,"被国家新闻出版广电总局评为2016年创新创优节目《中华文明之美》的原创者",并且一手打造了《嗨！看电视》《快乐中国剧好看》等优质项目。另外,2018年5月底,王琴工作室、沈欣工作室、刘建立工作室、陈歆宇工作室、徐晴工作室、刘伟工作室、王恬工作室7个工作室完成了湖南卫视60%的自办节目,初显头部效应。

（二）全媒体思维:实现人力资源的优化整合

相比于团队制,融媒体工作室具有更加灵活的人事权。在人才引进和培养上,工作室制作人拥有最大限度的话语权。比如刘建立工作室和刘伟工作室分别针对湖南卫视《中秋之夜》晚会与《快乐大本营》进行公开招聘,打破了原来"统一招聘、统一分配"的人才招聘制度。同时,允许制作人在创立工作室时,对团队人员进行重组。

事实上,不仅仅是外部招聘,从内部用工来看,工作室也有了相当开放的"提拔"权。这不仅是对湖南卫视现有人才资源的重新盘整和稳固,更是一次有制度保障的内部开源。如《中秋之夜》晚会的导演,便是刘建立工作室曾经担任执行制片人的杨子扬;七夕《爱情歌会》的总导演之一是徐晴工作室的陈震,他曾在《声临其境》中担任策划;刘伟工作室的年轻导演刘乐则担纲了《快乐中国毕业歌会》的总导演。根据项目的不同,选择合适的人,制片人不一定再兼任总导演,只要是优秀人才,都有成为总导演的机会。让制作人成为更专业的项目管理者,让年轻导演有更多独当一面的机会,这是工作室制度的设计理念之一。

（三）内容为王:从"依赖版权"到"独特自制"创新

融媒体传播生态下,内容生产的分众化传播是必然趋势。广电媒体传统管理体制的优势体现,可以通过集中统一的生产调度平台实现一次采集、多种编辑、多途径传播的良好效果,有效地保证了资源的优势整合与共享,在重大选题内容生产和传播上,能有效地引导舆论,实现传播效果的最大化。但是,在民生问题、休闲娱乐等类型选题的内容生产和传播上,受众的个性化需求越来越强,受众需求的细分,使传统的内容生产与传播模式受到挑战。融媒体工作室按照专业化、垂直化的原则分类,整合不同部门的采编、设计、技术等相关人员,优化生产流程,实现供需动态对接,部分地满足了新媒体生态下受众对信息需求的分众化要求。以产品和服务项目为核心,建立适应一体化发展和市场竞争生产传播流程和运行机制,实现全媒体指挥调度、协同联动、资源融通共享的新机制,是传统媒体应对困境的重要探索与突破。

从最初诞生到现在,"芒果 TV"一直走的是一条"前无古人"的路。2014 年,作为当时综艺娱乐节目的龙头老大,湖南广电面对新媒体浪潮深感危机,正是在这种忧患意识中,"芒果 TV"的"独播"策略应运而生。其实,"独播"的底气来自 IP(知识产权)资源长期的高价版权售卖,以及湖南广电作为全媒体链条内容提供商的不甘心。但是,完全依赖"独播"受收视率的影响大,并且需要极为丰富的 IP 资源,这不是一家电视台能够支撑的。巨大的市场风险容易使湖南广电陷入"创新者窘境",面临被颠覆的境地。从 2014—2015 年,"芒果 TV"以湖南卫视版权综艺为原始资本,一边买下"mgtv"的域名,发力 PC 端,一边紧跟"移动趋势",大胆布局移动端口,实施"内容驱动,移动优先"的竞争战略。2015 年 7 月,"芒果 TV"App 累积下载量突破一亿,这是市场对这个体制内新媒体的正面认可。

战略里的"内容驱动"其实分为两步,第一步是"独播内容",第二步是"独特内容"。由于当时外界对"芒果 TV"的预期很高,如何做得独特,与其他平台有区别,这是个难题。因此,"芒果 TV"启动了互联网自制节目,"独特"策略由此开始。迄今为止,《明星大侦探》系列、《妈妈是超人》系列等原创节目的爆红,《爸爸去哪儿》系列、《变形计》《快乐男声2017》等成功转成网综IP,一系列有代表性的"芒果TV"自制作品的大受欢迎,证明了"独特"策略的合理性。这也使"芒果TV"加速从"附着"的地位变成了"独立"的平台,成为湖南广电又一个新引擎,与湖南卫视形成"双核驱动"、全媒体发展的新格局。

(四)运营机制:激励圈层,提高管理效能

融媒体工作室在拥有更大自由度和更广阔运行空间的同时,任务指标和考核机制也相应地更为严格。由节目制作中心管理,以工作体量、质量为考核标准的工作室制度,与由创新研发中心推动的创新竞标体系,共同组成了湖南卫视内容团队的激励圈层。

工作室的工作体量由规定,其实是为了保持生产机制的有机运动,激活所有制作人的工作动力。只要能够完成生产任务,实力足够优秀的团队,就可以申报成立工作室。而现在的工作室如果缺少拼劲,不能完成任务,也有可能被降为团队。另外,由创新研发中心推动的创新竞标体系,则是湖南卫视全力推行的创研管理模式,好的节目必须通过层层竞争才有机会脱颖而出,上屏播出。因此,对于工作室而言,需要在完成已有节目的基础上,参与更多的创新方案竞争,才能保证全年生产任务的达标。定量的任务标准与定性的创新要求,一起盘活了现有的节目生产力。

新工作室和老工作室之间,也没有因老牌与新锐差别而有标准上的差异,只要上升为工作室,就要面对同样的工作量,就要在同样的工作要求下冲锋陷阵。这么规定一方面是为了释放制作团队生产力,另一方面也对湖南卫视的编播版面多有助益。这样一来,不一定适合电视屏上播出,更适合网络播出的内容,那么就可以输送到"芒果TV",而湖南卫视的工作室也可以承载"芒果TV"的制作任务,实现双核驱动的内容生态共建。

当前,在新旧媒体竞争愈渐激烈的竞争态势下,湖南卫视管理的核心思路还是激励专业人才实现专业价值,为顶级的内容匹配顶级的创作资源。如前述所的导演破格选拔制、激励政策、人事授权等,对湖南卫视内部确实起到了盘整和激励的作用。

三、技术赋能实现渠道融合

在渠道融合上,主要体现在技术层面,通过现代传播网络和终端构建新的渠道。"芒果TV"通过大数据来分析用户的需求,提供用户所需要的各方面信息以及其他各种服务,真正实现了湖南卫视和"芒果TV"媒资、技术、数据的互联互通,做到了"一云多屏",从传统电视的直播屏,到IPTV、OTT(基于开放互联网的视频及数据服务),以及平板电脑、移动端,所有渠道全部融合打通。从观众到受众,受众到用户,实现内容变产品,产品到商品。

（一）变内容产品为IP资源

湖南广电专注于全媒体版权的控制权,将电视独播、衍生节目、网络综艺、网络剧等捆绑成内容云进行渠道分发。在内容云的构建方面,湖南广电主要实行三项策略:一是移植策略,将卫视的优势节目资源移植到"芒果TV"平台播出。2015年,凭借《我是歌手》的超强人气,"芒果TV"手机客户端首次登顶应用商店下载榜榜首;全景游戏真人秀节目《全员加速中》,"芒果TV"作为全网首播平台的总播放量达到6亿次。品牌IP资源构建的内容融合桥梁形成"吸粉"效应和价值导流,打破了台网间的资源和渠道壁垒,初步实现了"两翼"的互联互通。二是价值衍生策略,通过IP资源的衍生开发,实现"一次开发多个产品、一次销售多个渠道、一次投入多次产出"。《全员加速中》除了原版节目在"芒果TV"播出以外,团队还利用节目的素材进行二度创作,衍生出独家未播花絮《粉丝追捕计划》《全民追星》等在"芒果TV"平台播出。《我是歌手》也相继衍生出《备战T2区》《歌手相互论》以及最终的音乐盛典和同名电影。差异化内容打造增强了用户对平台乃至整体品牌的黏性,实现了细分版权的再售收益和衍生品的新广告收益。三是节目自制策略,为了培养平台的忠实用户,"芒果TV"仅在2014年就投入10亿元进行节目定制,打造了娱乐新闻类节目《芒果捞星闻》、明星访谈类节目《偶像万万碎》,以及真人秀节目《完美假期》等原创版权,它们都带有典型的互联网综艺基因,面向台网双向输出。

（二）变"观众"为"用户"

"个性"和"互动"是互联网产品的核心元素，强调的是以用户为中心，注重用户体验。全民参与的娱乐时代，"与用户对话"一直是电视媒体的短板。在《完美假期》里，用户不仅可以对节目点赞、评论，还可以跟选手对话，帮选手支着儿，通过投票决定选手的去留和节目走向。节目的"818互动聊天室"是选手与外界的唯一交流平台，为用户打造了聊天互动的实时场景，提供了良好的代入式体验。节目上线30天总播放量突破3亿次，微博话题阅读量达到3.6亿次，成为全台"独特"战略转型的核心资源。

2015年的跨年演唱会，除了卫视频道单向直播，"芒果TV"平台还提供了另外5路现场信号，用户可以根据喜好在PC、iPad、手机平台自行选择机位，形成了台前幕后画面的全方位直播。收视体验的"场景化"推动晚会在收视率、网络视频点击率、话题指数等指标上远超同类竞争节目。

"独播"不等于独绝，而是不停地整合市场资源，形成内容的聚合平台；"独特"不等于独行，而是始终契合用户的个性化需求，满足互动性消费体验。无论是"王牌节目＋衍生自制节目"的内容聚合，还是"多屏互动＋呼啦体验圈"的平台和社交集合，湖南广电的战略转型方向都是集内容、平台、应用、终端于一体的自循环有机系统，进而完成"以我为主、开放融合"的生态构建。

四、打造多元商业模式，提升盈利渠道

内容制作成本方面，不同于其他主要视频网站"买买买"的心态，"芒果TV"凭借坐拥湖南卫视所有王牌综艺版权，以及自制爆款IP为自身节约了一大笔在版权购买上的开支。而且在制作成本控制上面，"芒果TV"的套路似乎很少为哪个IP狂砸"小鲜肉"，而是将钱花在刀刃上，保持内容的质量和水准。营收渠道上，与BAT旗下视频网站专注发展广告收入和会员收入不同，"芒果TV"由于"牌照"齐全，得以建立立体型商业模型，广告、版权、运营商、OTT、

会员多个渠道共同发展,这样多元化的收入结构有利于整体营收更加合理、平衡。通过创新业态,"芒果 TV"的营收状况越来越好。这大概就是"芒果 TV"能成为现今唯一一家盈利的互联网视频平台的原因。

关于 IP 产业链,利用品牌效应向上下游企业延伸产业链,建立互联网媒体的垂直体系,湖南广电将其定位为集团的"电视 + 互联网 + N"战略,即通过产业合作、资本运作、投资并购等方式吸收一切具有"媒体属性、可以创造品牌、能够通过粉丝传播推广"的环节进入产业链条。

(一)"TV + 电商"模式

湖南卫视的核心观众群与电商的核心消费群不谋而合,为营销创新提供了肥沃土壤。2015 年,湖南卫视与阿里合作推出"天猫双 11 狂欢夜",在 4 小时的全球直播中首次实现了所见即所买。为了解决跨平台支付问题,"芒果 TV"与银联、支付宝、微信扫一扫等合作,搭建便捷、灵活、多样的支付体系。从阿里当天 912 亿元的交易额看,这场跨界融合晚会不仅是一次内容变革,也探索出一条"TV + 电商""娱乐 + 消费"的商业狂欢营销新模式。

(二)"TV + 硬件"模式

为了从源头锁定用户,湖南广电大力拓展终端业务,与硬件生产厂商合作,不断丰富"芒果 TV inside"产品家族。2014 年 8 月,作为国内互联网电视牌照方与电视机厂商合作推出的第一款联名互联网电视机"TCL 芒果 TV"上市。目前,"芒果 TV"已经覆盖三星、TCL、长虹等多个电视机品牌的 4K 超高清全品类产品。面对更为活跃的机顶盒市场,湖南广电与百度推出"百度影棒 3"、与英菲克推出"芒果飞盒",还有与亿瑞格合作的"芒果乐盒"、与 TCL 合作的"七 V"等,向用户提供湖南卫视的热播综艺节目,以及高清电影、影视剧、动画、MV 等正版内容,目前有近 200 套电视频道可供点播、时移和回看。

(三)"TV + 游戏"模式

"TV + 游戏"的融合方式最能体现湖南广电的青春元素和娱乐

基因。湖南广电依托旗下互联网游戏公司芒果互娱进行内部资源整合，以"自主研发、联合开发、授权许可"的方式率先在国内电视机构跨界布局游戏产业链。根据同名电视剧改编的回合制卡牌手游《武媚娘传奇》，具有剧情同步、策略宫斗、皇权大战、华服盛宴等诸多特色；根据同名亲子真人秀节目授权开发的跑酷游戏《爸爸去哪儿》，玩家可以扮演节目中的星爸萌娃，畅游节目中的旅游景点；根据少儿纪实节目自主开发的飞行射击游戏《一年级》，将儿童带入充满幻想的异次元世界，使其在与懒惰、马虎等坏习惯幻化成的怪兽斗争过程中不断感受到自我的嬗变。

作为一家广电媒体，跨界运营互联网内容面临诸多风险，首先是 IP 资源的过度开发可能会带来主内容产品的视觉疲劳，流失用户；其次，过长的产业链条也向市场运营、商业模式创新以及版权的精细授权提出挑战；最后，传统媒体的人才和组织架构与互联网基因不符，会降低资源流通效率。湖南广电认为，解决以上问题唯有进行资本运作。资本不是纽带，而是"核能量"转化为"核动力"的支点。为此，集团启动多轮融资，仅"芒果 TV"在 2015 年的 B 轮融资后估值就达到 135 亿元，并与 18 家上市公司建立了关联。

在资本市场，湖南广电积极推动内部优势资源整体打包上市，以促进融资步伐和人才的股权激励改革。继 2016 年重组失利后，集团于 2017 年 4 月再次启动重大资产重组，公司发布公告，"拟通过发行股份购买资产并募集配套资金方式收购上市公司实际控制人旗下的新媒体，及有利于实现产业协同的相关资产"。集团的上市战略可以理解为，以 IP 资源为龙头，深度整合"芒果 TV""芒果互娱""天娱"芒果传媒、金鹰卡通、芒果画报 6 家集团优势资源，以捆绑注入现有上市公司"快乐购"的方式进入资本市场，实现产业协同运营。

第三节 南方财经全媒体集团:
打造全媒体纵向垂直模式

2016 年 11 月,南方报业传媒集团和广东广播电视台两家单位联合,整合《21 世纪经济报道》和广东广播电视台经济科教频道等相关资源,成立南方财经全媒体集团。南方财经全媒体集团目前共拥有"两报两台三刊三网两微一端",包括了《21 世纪经济报道》、TVS1、FM95.3(股市广播)、"21 财经"App 等品牌媒体,形成了全媒体矩阵。这是经中央批准的国内首家全媒体集团,是广东贯彻落实中央深化文化体制改革、推动媒体融合发展战略部署的重大成果。

2017 年 6 月,南方财经启动"全媒体指挥中心"建设,一期建设于 2018 年 3 月投入使用,目标是建成国内最先进的策、采、编、发平台,为集团全域子媒体板块新闻报道的全生命周期提供技术支撑,构建一个全媒融合的生产模式和管理环境。

南方财经全媒体集团从创建伊始就以"媒体 + 金融""媒体 + 技术"思路开展破解媒体融合发展难题的有力探索,实施跨介质、跨领域、跨业态战略重组;基于"媒体 + 数据 + 交易"开展业务,将在新型主流媒体功能基础上,继续深度跨界融合,拓展财经信息数据服务,参与金融交易业务,形成"媒体、数据、交易"三大骨干业务板块,内容涵盖银行、保险、信托、证券、期货、基金等现代金融体系的各个范畴。

一、成立南方财经全媒体集团的必要性和可行性

从必要性来看,在南方财经全媒体集团成立之前,别说还没有实力强大的财经媒体集团,即便从单一的财经媒体来看,几乎都在艰难中前行。这与中国媒体行业的发展是不匹配的,也与中国经济发展的现实不相适应。企业众多、经济总量大,而且与全球经济

接轨后劲儿足的中国,需要有能保证经济顺利运营的强有力的舆论环境和能提供金融、财经资讯等服务性内容产品的财经媒体集团的支持。站在更高的层面和从中国长远发展来看,做大做强财经媒体集团,是关系到能否拥有全球经济话语权的大事,关系到中国的舆论安全,是国家综合发展战略的需要。

从现实可能性来看,广东是改革开放的前沿,是全国第一经济大省,用户对财经信息和金融需求旺盛,财经类媒体面对良好的市场现状和未来前景能大有作为。这次共同发起组建南方财经全媒体集团的南方报业传媒集团、广东广播电视台,是广东的主流媒体,拥有良好的资源和雄厚的实力。全媒体集团改革是广东深化文化体制改革、加快媒体融合发展的重点项目和文化强省、媒体强省的重要探索,目标是建成广东省主流媒体和媒体融合发展的标杆。

慎海雄有针对性地提出了"国家利益高于一切,用户体验检验一切"的发展要求。从发展趋势上看,媒体融合是国家发展和治理体系现代化的一部分,是当下舆论生态、媒体格局、传播方式所催生出的媒体探索与革新。此外,做好稳就业、稳金融、稳外贸、稳外资、稳投资、稳预期"六个稳"工作是应对目前经济下行压力的有效方针,在金融领域,稳定的大众情绪和和谐的舆论生态有利于金融市场平稳有序运行,而财经类主流媒体尤其肩负发挥引导舆论、稳定市场预期的责任。在需求端,中国用户对内容消费进一步"碎片化",64%的用户使用手机看新闻、59%的用户观看即时通信上的视频,这一数据高于世界平均水平。[①] 面对新的传播格局,主流的财经媒体应着力推进媒体融合,促进与其他媒体协同发展,占领舆论阵地,创新内容价值、用户价值、服务价值,做党与群众沟通的桥梁,自觉传播正能量,充分表达公众诉求,关心公共事件。

---

① 周锦昌、钟昀泰、林国恩:《科技之巅——站在顶端的中国数字消费者 2018 中国移动消费者调研》,《北京:德勤中国科技公开发布研报》(2019 年)。

二、整合多方资源,推进媒体融合

稳步推进媒体融合的前提是进行资源整合和对接。南方财经全媒体集团率先在精英人才的吸纳、基础平台的搭建、技术装备的配置、自主软件的开发、主导产品的研发、经营模式的探索等方面进行聚合。

(一)整合人力资源,用户参与内容生产

南方财经全媒体集团集聚了两大媒体优秀的精英团队,团队成员中既有新锐的传媒先锋,也有资深的舆论舵手,他们都在各自的领域中拥有丰富的经验和广阔的视野,这也是我们常说的 OGC(英语全称为 Occupationally-generated Content,指职业生产内容)职业媒体人,他们是媒体生产内容产品的主力军,是传统媒体得天独厚的优势,是南方财经的立业之基。与此同时,南方财经还要整合PGC(英语全称为 Professional Generated Content,指专业生产内容)专业机构或专家学者,定期与不定期地向我们生产专业产品内容,进一步提升媒体权威性和影响力;更为重要的是 UGC(英语全称为User Generated Content,指用户生产内容),即广大用户生产产品的开发和培养,让更多的用户提供来自基层、最接地气的内容产品。所以说,整合 PGC 和 UGC 人才资源非常重要。

(二)整合采编资源,实行平台化管理

如今,随着全媒体的不断发展,出现了全程媒体、全息媒体、全员媒体、全效媒体,信息无处不在、无所不及、无人不用,导致舆论生态、媒体格局、传播方式发生深刻变化,新闻舆论工作面临新的挑战,南方财经全媒体集团在"融合性"上下功夫,努力把集团推向"融为一体,合而为一"。

南方财经全媒体集团将打破传统媒体的管理模式,运用集团采编一体化平台,在统一指挥调度下,融合多种技术,适应多介质信息生成的总控矩阵、"中央厨房"、数据中心、链接平台,全面负责报纸、电视、广播、杂志等传统媒体和网站、App、微博、微信等新兴媒体的内容制作和分发。要培育穿戴装备齐全的全媒体记者,所有采编人员要用全媒体思维和视角制作产品,将稀缺有限资源在全媒体上充分利用。实际上,就是将报纸、广播、电视、杂志及网站的编辑部整合成统一的全媒体财经新闻中心,探索全平台360度采编,实现"创意未来"全媒体战略计划。从传统媒体的分散到采编一体化平台的集中,是媒体流程再造的一次重大变革,需要有敢为人先的胆识和互联网时代的管控思维。

以2019年两会报道为例,南方财经旗下两报两台三刊四网两微一端共14家媒体、50多个财经垂直"两微"平台,以及集团运营的"头条号""南方号"等共69个平台全部参加全国两会宣传报道,抽调65名采编、技术骨干组成联合报道团赴京,前后方联动团队全员达210人,融媒体作品前后方联合制作,以覆盖报纸、电视、广播、新媒体的全媒体阵容全程跟进。通过一系列新闻实战,融合后的集团管理层与新闻一线团队在磨合中逐渐增强了了解,形成资源配置的优化,达到信息传播"无处不在、无所不及、无人不用"。

与此同时,南方财经全媒体集团平台搭建的构想是前瞻的,资金投入是国内外媒体建设中史无前例的,全力筑建立足华南、辐射全国、影响全球的财经全媒体产业链,进一步扩大"辐射力"。南方财经全媒体集团的平台,主要是媒体平台、数据平台和交易平台。在南方财经全媒体集团矩阵下,三大平台建设通过强链接,形成了独有的产业链和生态圈。其中也包括全媒体的矩阵总控、"中央厨房"、大型数据中心、云端存储、各类金融交易平台、平台间端口通道等硬件及软件开发,还有各种新兴媒体产品开发和App平台的研制、开发及推广等。南方财经全媒体集团已经形成共识:规模效率是平台建设的基础,技术先进是平台建设的依托,云计算和大数据是平台建设的条件,链接和矩阵是平台建设的最大优势。创设形态多样、手段先进、具有强大竞争力的传播平台是完整产业链和生态闭环的关键。所以说,南方财经全媒体集团的平台建设能否占领传播高地的重中之重,取决于平台的搭建,也就是说,拥有平台就拥有管控权、指挥权和话语权。

(三)整合媒体资源,打造拳头产品

南方财经全媒体集团是南方报业传媒集团和广东广播电视台

最优财经媒体资源的整合。"第一次推动广电媒体与平面媒体跨介质深度融合,第一次推动媒体发展与金融资讯、数据交易跨业态融合,在体制机制上作出大胆突破。"①加快平面媒体和广电媒体的融合,发挥双方优势,开发适应移动互联网传播特点的财经新闻和音视频节目产品,逐步形成完整的生态圈和产业链,再在加速迭代的基础上,提高转化率和流量变现。

南方财经全媒体集团拥有全国财经类媒体首位的 21 世纪报系旗下媒体资源,拥有广东广播电视台优质的财经类电视频道、广播频率和证券咨询牌照等稀缺资源。整合网站、新闻客户端等新媒体,预留发展端口,嫁接集团外富有市场活力的优质媒体资源以及具有全球知名财经全媒体的软硬件基础和发展空间。

南方财经全媒体集团重点打造以"21 财经"App 为主的媒体产品,将其作为拳头产品进行打造。此外,还有"投资快报"等 4 个App,"21 经济网""21 财搜网""财富动力网"等 17 个网站,44 个微博、49 个微信公众号。"21 财经"App 有"热点""学习经济""新时代""数读""品牌论坛""一带一路"等多个栏目,同时也可以看到《21 世纪经济报道》的纸媒报道,以及股市广播等音频、视频内容。"21 财经"App 与经济领域相关部委办局开展战略合作,取得权威资讯第一发布权;与珠三角、港澳财经媒体合作,通过资源共享、合作开发、联合推广等方式,依托"一带一路""大湾区""自贸信息"等频道,将"21 财经"App 打造成权威的财经信息发布平台。

(四)整合金融资源,以资本撬动媒体

广东作为文化大省和金融大省,"文化 + 金融"的合作模式将产生裂变效应,有利于破解媒体融合的发展瓶颈。广东大力贯彻落实中央部署,切实解决文化企业融资难问题,通过金融与文化的融合,打通文化产业发展的"任督二脉",增强了广东文化发展的强劲动力。广东着力构筑媒体融合发展的资金保障,打造标杆项目

---

① 李明:《打造媒体融合发展新样本》,深圳特区报 2016 年 11 月 18 日。http://sztqb. sznews. com/html/2016-11/18/content_3665205. htm。

和拳头产品,相继成立了广东南方媒体融合发展投资基金、广东省新媒体产业基金。

南方财经全媒体集团充分利用资本的杠杆,通过引资、投资和并购等资本手段激活媒体。以集团或属下企业为融资平台,引入战略投资者,以市场化估值对外融资,以解决集团公司发展所需要的资金、技术、体制机制等问题。同时,南方财经全媒体集团积极推进下属企业上市,引入券商等中介机构,根据集团业务发展的阶段和国内资本市场的情况,通过重组等手段,实现登陆资本市场。并且依法依规探索实施部分骨干员工和管理层持股计划,积极探索各种创意工作室、事业合伙人和合伙创始人等机制,充分运用众筹、众包和联盟等共享经济方式,根据资本业务设置投融资管理部门,对经营业务按照市场化方式进行管理,形成符合市场化发展的激励机制。

三、技术赋能媒体融合,重构生产业态

南方财经积极开展"媒体 + 技术"的跨界实践,用国际领先的行业技术重构生产方式和业态,以人工智能为驱动,与各行业领先的技术公司合作。目前已经开发人工智能语音主持人、南方财经全媒体舆情服务平台、全媒体平台机器人写稿系统、智能化视频制作合成系统、视音频传播监测分析系统等应用。

（一）启用人工智能语音主持人,优化播报流程

全媒体指挥中心采用了"语音合成技术"（Text to Speech,简称TTS）,运用声学、语言学、数字信号处理、计算机科学等多学科原理,实现了文稿的一键式智能语音输出转化,让机器像人一样开口说话,替代了原有的配音播报作业流程。TTS 技术在媒体的应用始自 2017 年,《华盛顿邮报》、BBC、《金融时报》等已有相关实践。传统的 TTS 技术基于电子合成音,情感体验和传播效果不佳,为此南方财经的全媒体指挥中心与语音合成技术行业领先的"科大讯飞"展开合作,创造性地运用以真实人声为模本的 TTS 技术,采用最先进的中文文本、韵律分析算法和大型语料库的合成方法来实现文

稿转换成自然语音的新闻生产方式。这次跨界实践,是中国媒体领域人工智能应用的一次成功探索,南方财经也成为全国首家应用真人语音智能生产新闻的媒体机构。

(二)搭建南方财经全媒体舆情服务平台,实时监测舆情动态

对于新闻机构而言,组织力量开展信息汇集整理和分析,从海量数据中发掘舆情苗头,及时防范舆情风险,既是履行新闻媒体所肩负的职责,也是实现业务转型和业务拓展的有效途径。南方财经全媒体指挥中心在2017年便搭建了"南方财经全媒体舆情服务平台",通过人工智能分析处理,可在2分钟内快速获取各类门户、论坛、自媒体的相关敏感数据,并可通过办公区域的可视化大屏,实现动态舆情展示,便于进行快速预警、研判和应对。

南方财经全媒体舆情服务平台的技术应用主要包括三个方面:

一是数据的智能采集。通过网络工具自动对网上数据进行抓取并存储在本地数据库。数据必须包括各种合法网站和社交平台,并能够进行信息源差异化、智能化处理,实施多样化采集策略。采集到的数据需要自动过滤掉电商、广告等垃圾信息,对相似文章进行归并处理,抓取有意义的跟帖、回复等内容供新闻策采环节使用。

二是大数据的分析和智能处理。对采集到的大数据的关键词、标注等语言、文本特征进行分析,形成组织化数据,然后通过数据模型进行分析,从多个方向提供包括热点信息自动推荐、重点目标实时监看、核心主题监测分析等信息,实现自定义主题跟踪、专题汇聚、热点榜单、路径分析、走势分析、新闻溯源、重要人物的热点追踪、全景追踪、事件子话题分析等,对舆情进行多种方式的实时预警。

三是新闻稿件的影响力分析。根据发布渠道构建传播效果分析模型,智能跟踪和自动分析各个渠道的传播影响力。通过转发量、浏览量、PV值、原创数、首发数等指标的统计分析,形成多维度评价指标,智能分析挖掘集团稿件风格(语义分析、情感分析)、稿

件属性(社会新闻、财经新闻属性)与稿件传播影响力的关联性;同时针对特定事件,实现对标杆和竞品的事件关注度的对比分析,客观反映新闻采编效果,为决策层全面掌握舆论动态,做出正确的舆论引导和运营决策提供分析依据。

(三)推出智能机器人写稿,增强信息采编效率

机器人写稿并非新近出现的技术。2009年,美国西北大学智能信息实验室研发的StatsMonkey软件通过统计分析整体比赛动态撰写了一篇关于美国职业棒球大联盟季后赛的新闻稿件。从2015年开始,《纽约时报》《华盛顿邮报》、路透社、《卫报》、腾讯财经频道、新华社,甚至阿里巴巴、"今日头条"等纷纷推出机器人写稿。

机器人写稿的核心是自然语言的处理,同时涉及数据挖掘、机器学习、搜索技术、知识图谱等。机器人写稿的生产方式可归纳为"三步走":根据各业务板块的需求定制发稿模板,数据自动抓取和稿件智能生成,各业务部门编审和签发。目前对有思想性或形式更为灵活的报道,写稿机器人显得力不从心,因此,南方财经全媒体平台机器人写稿只在两类新闻报道中使用:一是财经新闻类,针对公告、快讯、经济数据、人民币汇率、沪深市场行情等业务建立模板库,采集上交所、深交所、上海外汇交易中心等网站的公告信息以及市场行情,按照其发布频率,自动采集和生成相关稿件供编辑参考;二是事件监测类,针对工业效益、重组信息、IPO批文、自然灾害、民政信息等相关信息,采集国家统计局、央行、证监会、银保监会、国资委、外交部等的数据信息自动生成稿件。

(四)采用视音频传播检测与分析系统,实现智能传播

视频新闻已经成为当前不可忽视的潮流。2017年12月31日,Wibbitz对美联社2017年头条新闻进行自动化剪辑,生成了一个长约3分钟的视频,超过100万人观看了这个视频,为美联社带来了近120万美元的利润。如今,人工智能技术可实现文本、视频、音频间的互相转化,媒介融合进一步加强,智能化视频制作已成为媒体发展的方向之一。智能化视频制作技术主要包括三部分:一是内容分析,用户输入一篇文章、一个链接或者一个关键词

后，系统会自动将相关新闻内容拆解为一个个内容片段；二是素材推荐，通过人工智能服务和场景分析，依据内容片段自动推荐对应的图像内容、视频内容以及文本内容；三是自动合成，通过视频合成技术，配以人工智能合成的语音系统，直接向用户提供多个版本的视频，交由用户选择、确认。

在媒体融合的大背景下，媒体的"新旧"实质上只是传播媒介的不同。每一次新的传播媒介技术手段的更迭，都对媒体传播形态带来深远影响，有价值的新闻内容的传播方式正在以视觉化、人性化、即时化、互动化、社交化、移动化的趋势高速进化。如何适应新形势新要求，聚焦高质量发展，拥抱新技术，在富媒体内容网络传播监管层面运用好人工智能及大数据技术，确保传播内容具有正确的政治方向、舆论导向以及价值取向，为媒体品牌树立良好的公众形象，扩大媒体传播的影响力，成为当前媒体行业发展的重要探索方向。目前市场主流的技术体系中，面向新闻传播效果的监测分析系统较多，主要监测对象是图文类报道，而音视频内容的传播监测及效果分析是富媒体监测技术的空白。

南方财经全媒体集团"视音频传播监测与分析系统"应用百度AI能力图谱中的视频内容分析 VCA（英语全称为"Video Content Analysis"）技术，对南方财经旗下优质原创音视频内容进行智能化分析处理，从语音、视频、文字、公众人物、物体、场景等多个维度进行自动识别、交叉比对和自然语言处理，不仅能够结构化地输出视频的场景、公众人物、地点、实体和关键词等原始属性标签信息，还能够运用碎片化和标签化的智能技术抽取所有类型的稿件知识，通过领域分类、多维聚类、智能关联以及自动专题汇聚等方式将其整合成相互关联的决策知识，形成媒体资源中心潜在的知识关联网络。

在内容传播链中，系统结合互联网大数据定向抓取技术、视频内容审核 VCR（英语全称为"Video Content Regulation"）技术、视音频检索比对技术，实现多种传播渠道的传播内容监管、效果监测及质量评估；在数据抓取方面，利用百度强大的互联网数据采集能力，实现多地域、多终端主流媒体渠道的数据高效获取及定向采集;在视频内容审核方面,大大优化了内容监管手段,提升了视音频内容的监管效率,最大化地保证了传播内容的正确性;在视音频检索比对方面,实现基于基础图像或图像序列(视频)的特征值提取,并与监测目标获取的内容进行相似度比对,实现对视音频内容的网络传播定向监测。

四、融合"媒体 + 数据 + 交易",打造专业化服务功能

专业性与知识性是财经媒体的立足之本。因此,在报道好新闻的同时,南方财经全媒体集团立足于打造专业化的服务功能,如智库、电商与知识付费等。

南方财经全媒体集团将创建最具规模的数据平台,由云计算和大数据组成,云计算包括私有云、公有云和混合云;大数据囊括原生数据、归纳数据、分析数据、管理数据等。致力于要打破单一的媒体传播范畴,拓展延伸政务服务数据、金融运营数据、财经信息数据、个人消费数据等重要数据资源,培育综合政务、金融、资讯、交易数据服务商。建设云计算和大数据平台,是整合、优化和提升财经类媒体资源效用的一次突破性实践,是财经类媒体集团化、矩阵化、功能化发展的主要方向,也是建成生态闭环的重要环节。

(一)信息服务

一是发起组建中国自贸区信息港,打造全球自贸区信息产业高地。力争将其打造成全球自贸区信息采集、加工、传播、交易、发布的枢纽中心,为更好地服务国家实体经济发展和高水平对外开放奠定良好基础。

二是发起组建粤港澳大湾区研究院。2017 年,南方财经全媒体集团参与发起的粤港澳大湾区智库挂牌成立,分别落户深圳前海与广州南沙。作为一个"增量",大湾区智库从筹备到成立,不仅仅融合了南方报业传媒集团与广东广播电视集团的相关力量,更进一步与其他政府机构、企业、事业单位进行二次融合,相关部门还包括深圳报业集团、北大汇丰商学院、南沙区政府等。这样通过

"政府＋媒体＋金融＋智库"的方式深化粤港澳合作，打造国际知名、国内一流的高端智库，打造权威指数和数据发布平台，构建高端论坛体系，提升粤港澳大湾区的经济话语权和国际影响力，为大湾区经济发展提供智力支持。

目前，智库致力于三大板块，分别是"报告""调研"和"培训"。其中，智库着手进行《城市营商环境报告》，从 2017 开始每年定期发布，形成品牌。而在调研方面，则远赴非洲调研中资企业在外投资运营情况，历时 4 个月，撰写了 43 万字的调研报告。此外，智库聘请了 30 多位国内外知名专家，分布于经济学、法学、政治学、传播学等领域。智库的组建为南方财经全媒体集团打造了知识底蕴，同时也为大湾区持续发展提供了智力支持。

三是南方财经总部大厦、南方财经中央厨房、海丝之路研究院、南方经济研究院和飞笛资讯等数据业务快速发展。2017 年以来，南方财经依托媒体平台、高端智库、数据处理等优势，致力于为金融机构、投资者提供个性化、智能化的资讯及工具服务，辅助用户提高投资决策效率，深度挖掘信息价值，发展势头相当喜人，有望成为国内领先的投资顾问平台。

（二）商业服务

南方财经依托众多的数据平台在链接上下功夫，形成强大的混合矩阵，这是南方财经今后发展的助推器和新引擎。南方财经可能不是最大的数据营运商，但有可能是财经媒体的最大数据拥有者；南方财经可能不是最强数据变现者，但有可能是最多财经流量的所有者；南方财经可能不是最好的数据运用平台，但有可能是财经数据最好算法的使用者；南方财经可能不是最能利用数据的大型机构，但有可能是最专注财经数据的精准服务商。

由此，南方财经全媒体集团打造知识付费等功能。在知识付费方面，依托现有公众号"投资通"，整合现有新媒体传播渠道，以打造头部财经知识付费平台为目标，积极引入"小鹅通""功夫财经"等外部平台已有知识付费产品成品，充实知识付费平台内容库；主动挖掘内部优质内容生产潜力，物色外部优质内容生产者，逐步在原创知识付费内容生产制作领域布局。

(三)增值服务

媒体单靠广告经营模式打天下的历史已经基本结束,更多的是考虑多元化、产业化、规模化、精准化运营,在共享经济的推动下实现共赢。"共享经济"将是南方财经全媒体集团的一种重要经营模式。在这里,南方财经强调的是高端化、权威性、专业化的一种俱乐部经济或会员经济,设立的是面向高端人群的俱乐部社区,提供财经咨询、数据服务、股市直播、VIP增值服务、会员定制服务等,建立财经专业人士和广大用户黏性更强、忠诚度更高、交互性更好的社群。

(四)交易平台

南方财经全媒体集团将在财经全媒体和金融数据平台基础上积极参与各项金融交易业务,盘活证券咨询等理财类牌照资源,建设交易平台或链接交易端口,包括银行交易、保险业务、证券交易、信托理财、期货交易、大宗商品交易、文化金融交易、金融资产交易和金融要素交易等平台建设工作。

做大文化交易平台,加快推进文化产权交易、文化企业投融资、文化产品金融创新等业务。通过控股、参股方式建设商品交易中心,与制造类企业建立紧密关系,大力发展现货电子交易业务,直接服务生活资料和生产资料流通市场,提升在资源领域的定价权影响力。以起航基金为依托,盘活旗下证券咨询、基金代销牌照,扎实参与东方文化财产保险公司筹备工作,申请财产保险、第三方支付等牌照,进军投资理财领域,为投资机构和个人提供值得信赖的服务。

南方财经全媒体集团将以交易平台为目标,紧抓三个经济:一是紧抓产业经济,创制自己上下游贯通的产品和系列衍生产品,形成产业链,同时挖掘产业链相关投资机会,形成涵盖集团各板块的生态孵化和投融资交易系统;二是紧抓电商经济,南方财经旗下的App和公众号均要链接电商业务,组织差异化、独特化的产品进行销售,充分利用线上线下形成独有的O2O商业模式,在现有电商引流基础上,与"有赞"平台沟通合作,通过对用户购买偏好等销售数据的分析,逐步实现从电商引流向自建平台转变;三是紧抓新媒体经济,探索互联网 B2B(企业间电子商务)撮合贸易和 B2C(商对客电子商务)或 C2C(个人对个人电子商务)自营交易,新兴媒体的盈利模式要清晰可见,把握好互联网的开放和共享特点,控制获客成本,加速产品迭代,提高转化率和流量变现,把盈利和创造价值作为最终目标。

第四节 苏州广播电视总台： 以机制创新探索城市广电融合发展

城市广播电视台作为中国广电行业不可获缺的重要力量,一直以来都是以新闻立台为根本,充分发挥地缘优势,凭借无可替代的服务性、垂直性、贴近性,成为引领区域传播的主力军。然而,面对媒体生态格局的深刻变革,城市广电的竞争环境更加激烈,曾经辉煌的城市台正在经受着互联网与央视、卫视等传统电视媒体的双重挤压,夹缝中的城市台面临着收拾断崖式下跌、广告收益下滑、人才老化、体制机制梗阻等问题。因此,城市台转型迫在眉睫,机制创新是城市台走出低谷的新引擎、新动能,如苏州广播电视总台(集团)、扬州广电传媒集团(总台)、徐州广播电视传媒集团(台)等,通过互联网向传统媒体赋能,进行"自我革命",发展成为城市台媒体融合的排头兵和新高地。这里我们以苏州台媒体融合的探索与实践为例,探讨媒体深度融合形势下,城市电视台的融合发展之路。

一、苏州广播电视总台触网之路历程回溯

苏州广电于 2002 年 1 月正式运行,十余年来在全国城市广电中始终排名前列,2016—2018 年连续被国家广电总局授予"TV 地标年度最具综合实力城市台"。2020 年 1 月 17 日,国家广电总局

公布了 2019 年度全国广播电视媒体融合先导单位评选结果,苏州广电位列其中,成为城市广电融合转型的典范。

苏州广电虽然是地市级媒体,但其融合转型的程度却很高,这得益于苏州广电从最开始便明确了整体转型、移动优先、统筹发展的定位,通过机制转型倒逼人的融合转型,进而形成稳定的组织生态支撑。那么,我们先来简单回顾一下苏州广电的融合转型历程,从发展中总结苏州广电应对媒体融合的实践经验。

(一)起步阶段

1999 年,"名城苏州网"的前身"苏州之窗"网站由当时的苏州有线电视台组建。2000 年"苏州之窗网"改版,更名为"名城苏州网",并正式开通上线。2004 年 9 月,苏州广播电视总台与苏州市政府信息化办公室合股成立"苏州名城信息港建设有限公司"。2007 年,新华网苏州频道创立,由"名城苏州网"配合日常内容更新和技术维护。

2009 年苏州移动政务平台,以及掌上名城——"名城苏州"开通。同年 6 月,苏州广电总台官方网站正式开通上线;10 月,苏州网络广播电视台正式开通上线,由名城苏州新闻中心升级的名城新闻网正式开通上线。与此同时,从 2009 年起苏州广电按照"以项目建设为龙头,带动广电产业转型升级、多元经营、规模发展"总体思路,兴建了一批以"现代传媒广场"为代表的起点高、业态新、影响大的文化产业项目,加快推进总台文化产业的大力发展。

(二)成长阶段

2010 年,苏州广播电视总台重点打造的新闻生活类城市应用手机客户端——"无线苏州"上线,为苏州市民提供各类城市生活应用。"无线苏州"利用移动互联网、物联网、云计算等信息技术手段,建立起广泛覆盖和深度互联的城市信息网络,对城市资源、环境、基础设施、产业等多方面要素进行全面感知,并整合构建协同共享的城市信息平台,进行智能处理利用,为政府社会管理和公共服务提供智能决策依据。

2011 年"无线苏州"全面实现了"四网融合"以及"三屏互动",

同时以"无线苏州"为模板与全国50多个城市结为联盟,共同打造"城市服务信息云平台"(CICI)。同年,新版苏州广电总台网站上线。网站整合了苏州电视丰富的栏目节目资源、主持人资源,大量生活服务信息、媒体活动以及实用资讯。2013年,"无线苏州"首次尝试与苏州广电965生活广播展开合作,借助于相声广播的模式,创新原创节目的呈现方式。

2014年11月,苏州新闻综合频道、社会经济频道相继推出"看电视、摇金币"活动,3天共有1.2万多人通过"摇摇乐"应用平台参与互动,活跃率高达90%,吸引了部分用户和年轻人向电视媒体回流。苏州广电电视屏和手机屏的结合互动,创造了"社交电视"的新概念。[①]

(三)整体转型阶段

苏州广电基于技术战略的整体转型之路大致可以分为以下两个方面:一方面以"互联网+"思维优化再造"策采编审发"流程,自主研发支撑全媒体新闻平台("中央厨房")的"SBS媒体云"系统,运用技术创新,有序构建互联互通的全媒体生产平台,不断推进"多来源汇聚、多媒体制作、多渠道分发"体系建设;另一方面坚持打造新媒体技术百人自主研发团队,团队成员约占整体技术人员的一半,三分之一为高级职称,拥有发明专利1项、实用新型专利授权3项。其中,技术人员兵分两路,以"统分结合、柔性组合、项目推进"方式整合新媒体技术力量,新媒体技术部(世纪飞越公司)主攻县域融媒中心项目、社区智慧治理项目;融媒中心技术团队主攻"互联网+政务党务/民生服务"方向。苏州广电对于新媒体技术团队实行量化考核以提升团队的市场服务力,面向市场敢"闯"敢"创",探索适合媒体融合时代传统广电媒体的发展路径。

2015年智慧广电建设,苏州广电先后投入1.6亿元自主研发支撑全媒体新闻平台("中央厨房")的"SBS媒体云"系统,一手抓

---

① 王雨辰:《习近平"生命共同体"概念的生态哲学阐释》,《社会科学战线》2018年第2期。

传统广电的互联网化改造,一手抓融媒场景运用,完成融媒技术平台架构,打通了传统媒体与新媒体的生产流程,实现了"多来源汇聚、多媒体制作、多渠道分发",以及广电节目生产制作的云端化。

具体来说,"SBS媒体云"系统具备以下几大功能和应用:一是视频快速回传。创新性地实现了全台素材共享,通过非编软件云化部署,在办公电脑端便能够实现快编模式和业务落地。二是提升了演播室智能集成化。集大屏、虚拟、互动、多媒体聚合技术于一体,通过全自动一体化播控、摄像机虚拟场景跟踪以及一组既能各自拆分也能组合的交互触屏,带来各种样式的新闻节目展现,为视频新闻各栏目间的衔接串场提供了更多的可能性,让新闻播报变得更加生动鲜活。三是媒资智能化应用。苏州广电是全国首家常态化应用人脸识别媒资视频素材的单位。在全文搜索的前提下,运用智能人脸识别,创新以图搜图、以图搜视频、敏感人物出库的人脸识别工具;支持聚类展示、时间点定位、下载提示,一张照片精确定位全库视音频资料,能够实现历史资料的精准搜索、深度挖掘,为人物识别、聚类分析、专题分类等发挥更大作用。同时,对新入库的资源可以发起智能处理流程,形成编目信息供检索浏览。除此之外,这一技术应用还支持移动端下载审核,极大提升了出库安全性。四是新闻大数据的应用和推广。自建新闻线索、传播效果、经营评估一体化的分析系统,拥有提供新闻线索、跟踪热点事件等能力,目前已初步形成舆情追踪系统,每天舆情信息汇入,机器学习自动标注、分类提取,支持多条件排序搜索。五是具有多元发布平台。具有互联网平台自适配发布能力,能够自动对接微博、抖音、今日头条、一点资讯等30余个全网头部平台,实现图文、短视频、H5网页等富媒体产品一键发布,并且提供快捷有效的多终端渠道,具备实时收集包括转发、点赞、评论等多维度的传播效果。六是具备智能推荐系统。基于深度内容分析构建的全媒体知识图谱,结合对海量用户行为进行数据建模,能够交叉融合应用于苏州广电旗下应用软件,实现面向用户的个性化精准推荐,千人千面,打破空间、时间限制,激活长尾内容,优化用户体验。

2016 年,由苏州广电倾力打造的新闻客户端——"看苏州"正式上线运营。"看苏州"以创新的互联网思维、强大的新媒体技术,结合广电总台的特色优势,最快、最权威地传递党和政府的声音,发布最快、最有价值的苏州本土及全球资讯。同年 8 月,苏州广电入驻被称为苏州城市新地标、文化产业新载体、广电发展新平台的现代传媒广场。

2017 年,苏州广电从实际出发,高质量打造广电版的"中央厨房"。同时,打破了地域局限,通过互联网创新性地与全国头部视频平台——"二更"逐步建成融合型平台,合作成立更广科技文化传播有限公司。

2018 年,"看苏州"开启"政务 + "平台,为党政机关提供移动端权威信息发布渠道和精准的大数据服务支持。2018 年上半年,"看苏州"客户端启动了区域生态平台原创聚合工程,推动了 PGC(专业生产内容)、UGC(用户生产内容)功能的挖掘,在客户端设立了类似的订阅号版块,形成了流量入口,苏州广电各个频道频率和栏目在这里都开设了自己的公号,汇集了总台各个内容平台的最新资讯。

二、机制创新：重新调整组织架构,搭建智能双中台架构

传统电视媒体以媒体融合为契机,积极探索供给侧结构性改革,利用"中央厨房"这个抓手调整生产关系。苏州广电也顺应大势,对原组织架构进行了调整。如前所述,苏州广电在 2015 年进行了智慧广电的搭建,2016 年倾力打造移动新闻客户端——"看苏州",以期实现媒体转型。

第一,苏州台对原有以介质划分的生产组织,有计划、分步骤地实施架构重组,组建了全媒体编辑中心、全媒体采制中心和以"看苏州"客户端为聚合点的融媒体中心,形成"三位一体"网络化组织架构,坚持第一时间向"看苏州"客户端首发、快发、优发品质内容。同时,新设融媒技术部、融媒管理部两个单元,专门负责融

合生产的技术支撑和考核评估。这样，"1+3+2"的驱动格局设置，能够有效统筹传统媒体和新兴媒体资源优势，实现高效、协同、融合发展。通过"拆墙""并灶"等创新机制，苏州广电改变过去依靠单一节目为主的生产方式和管理模式，杜绝融合中传统媒体与新媒体"两张皮"现象，鼓励"一支队伍、多点支撑"，不断激发人员互通共融、优势互补。通过组织架构的调整，苏州广电约有30人的电视采编团队转岗至客户端，100多名新老采编、摄像进入融媒采编团队。

第二，以移动优先为评价导向，把导向管理和风险把控摆在首位。各栏目的评价体系中均有10%的社会效益评价占比，除此之外，调整首发、优发"看苏州"客户端权重，传统采编部门月度绩效设置20%~45%的融媒占比，这样能够有效促进节目一线的融合转型。另外，融媒重点项目纳入部门年度目标责任书，以工程管理方法抓落实，如2018年推出原创内容聚合、融媒技术赋能、泛资讯短视频产品、主播秀迭代IP孵化、融媒政经报道影响力提升等七项工程，分别对应七个项目小组，台长定期以现场推进会方式，按照工作任务项目化、项目目标化、目标节点化、节点责任化的要求，抓住节点、事件，检查推进，落实到绩效考核跟踪的每个环节。

第三，鼓励部门结合定位属性创新工作机制，激发内生战斗力。如"看苏州"倡导自下而上、百花齐放的创新模式，重要节点重大项目，广发"英雄帖"，鼓励所有人激发潜能、积极参与。提案人可以自行组织团队，也可以由中心配置，小组采用"阿米巴工作模式"，一般包含编辑、记者、美编、技术等角色。技术人员可以与一线记者一起外出采访，全程掌握一线动态，与运营一同对接客户洽谈业务，与编辑一同探讨编稿剪辑。如此前后端周密协作，能够最大程度上发挥各个岗位人员的主观能动性，提高内容产品影响力，最后根据方案质量及执行效果评估，给予相应奖励。

众所周知，在移动互联网时代，用户的需求才是核心，平台化的力量往往可以使我们事半功倍。鉴于传统的"前台+后台"的平台化组织架构已经逐渐不能满足用户不断变化的需求，苏州广电采用了智能双中台架构，更好地服务前台规模化创新，更好地满足服务需求，做到自身能力与用户需求的快速、持续对接。

苏州广电创新性地构建了统一的技术中台和数据中台，完成了跨业务线的能力复用平台建设。数据中台主要将各种来源数据，如内容、用户、行为、活动运营、媒体等信息汇聚、加工，为业务端提供详尽的数据服务，包括舆情热点、传播分析、用户画像、智能推荐等；技术中台则为各上层应用提供标准接口服务和统一基础资源，包括容器或虚拟机等微服务运行环境、数据库等基础服务、转码等媒体处理服务、语音识别等人工智能服务、云管控服务等。通过技术中台和数据中台的搭建，能够使传统广电快速适应融媒体业务的思路和模式变化，通过大数据和人工智能技术向全业务链赋能，包括智能媒资、视音频处理、媒体大数据、资源管理等服务应用。从技术的角度来看，"中台"这种创新的组织架构，使一个可以灵活快速应对变化、快速实现前端服务需求的架构，能够有效避免重复建设，符合敏捷开发的理念。

首先，该平台可以实时监测本市民生舆情。2018年下半年，苏州广电从市区基本盘做起，锁定权威网站的民生舆情、热点线索、投诉建议等数据，每天大约有近千条的信息录入，机器学习自动标注每分钟可以达到640条，并且能够按分类标注、地理位置信息提取，以地图方式展示和检索，支持按热度、发布时间、区域等条件排序和搜索，目前已经初步形成了可供日常采编运行的舆情追踪系统。民生舆情服务的个性化、专业度以及跟踪能力是未来苏州广电深入研究的方向，以便更好地为政府掌握舆情动态、为媒体分析传播趋势提供支撑。

其次，该平台还可以对传播现象进行智能分析。新媒体技术部通过需求调研和产品分析，上线了智能策划和传播分析系统，用来为业务部门的内容策划、选题方向、传播情况提供更好的决策依据。这套系统数据源较全面、覆盖面较广，能够第一时间为业务部门提供各大官方媒体的热点新闻报道内容，通过智能数据分析，提供新闻线索服务，还可以针对新闻报道专题进行优化，对专题热点事件脉络进行跟踪,使生产策划的节目内容更具吸引力和传播力。传播分析系统通过对新媒体内容的广度、深度和信度进行多维度分析,能够精准还原新闻传播路径、剖析传播问题,为传播效果评估、内部考核、传播版权监测、"竞品"内容比对提供有效依据,形成全台内容运营管理数据驾驶舱,进一步提升传统广电媒体对于新媒体应用的敏锐度,促进传统广电媒体有针对性地改进传播策略,扩大在新媒体平台的影响力。

最后,搭建用户会员体系,形成广电用户专属标签。通过这一平台,能够自主构建完成支持海量数据集中采集、存储,快速处理加工、统计分析和数据挖掘的大数据平台,并且可以将台属新媒体用户以及历史数据统一采集,建立包括用户主题、内容主题、活动主题、政务服务主题和流量主题的数据仓库,通过用户注册信息、浏览信息、操作行为信息和服务办理信息等,勾画出各类属性标签,形成苏州广电用户标签体系,为后期提升用户服务质量提供丰富的信息储备。

三、内容创新:以用户为中心,形成多元化内容生态

节目内容是城市台的立身之本,也是融合转型发展的有力支撑。城市台没必要头脑发热,盲目骑驴找马,被一些目前还不符合自身实际的时髦理论迷惑。在当前媒体融合向纵深推进的关键时候,城市台当务之急应该是练好内功、打好基础、沉下心来,减少无效的节目内容,增加深度,满足所在城市的用户需求。作为区域化媒体,以内容产品满足并引领所在区域用户的信息需求、服务需求和情感需求,也是融合转型的内生基础。

苏州广电在融合转型过程中,始终坚守"内容为王"的价值本位,并在守正的同时坚持求变,在主动适应新媒体发展趋势的基础上,持续变革传播形态,充分满足用户的多元化信息需求和情感诉求,真正实现了舆论引领导向和优质服务用户,形成了既有温度又有新意的内容生态。为了更好地持续产出优质内容,苏州广电于2017年9月28日成立融媒工作室,为总台进一步探索有效机制,

盘活各方资源,汇聚智慧力量提供了有力支持。

(一)做好建设性新闻内容,凝聚社会最大共识

对传播内容提出建设性要求,是全媒体时代提出的新要求。当信息变得轻而易举可以获取的时候,有建设性的信息就成了有品质的内容。这里的"建设性"不仅包括在创造性活动中具有发现、革新的思维品格,也包括发现问题和建设性地提出解决问题的思维能力。电视媒体应该在多元化的思想中确立主导地位,在多样化的声音中谋求共识,在融合发展中确立有建设性的正确舆论导向和价值标准。画好最大同心圆,正是电视媒体的职责所在、使命所在。因此,媒体生产的内容是否具有建设性,关键在于能否凝聚社会的最大共识。

首先,建设性新闻是新媒体时代的必然选择。新闻是对新近发生的事实的报道,舆论则是公众对特定的社会事件,公开表达的、基本一致的意见或态度。在传统媒体时代,有关事实的报道属于新闻学范畴,有关舆论舆情的分析则属于传播学范畴。但在新媒体时代,两者之间的界限日趋模糊。新闻或许引发舆论,舆论也可以成为新闻。因此要做好舆论引导工作,就必须做好新闻的建设性工作。这就对新闻的策、采、编、播、发全过程提出了"建设性"要求。不仅要有发现问题、提出问题的能力,还要有分析问题和推动问题解决的能力。

其次,破立并举做好建设性新闻。"建设"的反义词即"破坏"。在全媒体时代,如果传播内容"不具有建设性",或许就会造成媒体公信力的减退、媒体权威丧失。建设性新闻让受众看到的不再只是简单的冲突与负面新闻,也让新闻充满解决之道与希望。

苏州广电在内容生产上破立并举,一方面压缩"无建设性"的琐碎内容,另一方面积极倡导具有独创性、预见性的报道,鼓励采写有深度的,能挖掘事态积极面的、提出问题解决可行性的内容。苏州电视台选择黄金时间段开设了建设性的新闻栏目,先后关注了数百个公共话题,对政府工作提出 3000 多条建议,推动了十多项政府公共政策制定完善。并在 2019 年开设了《共筑美好生活

苏城议事厅》电视栏目,该栏目以问题为导向,从热线投诉、寒山闻钟以及12345梳理相关线索,探寻民意,涉及政经、文教、城建、社会管理等各类公众关心的内容,并问计于政府官员、专家学者、相关市民,汇聚民智,提供解决方案。栏目一经播出便收获了一致好评。

(二)壮大主流舆论阵地,打造主流媒体"网红"

2017年4月开始,"看苏州"App推出"主播秀"项目计划,按照有颜值、有素质、有气质、腹有诗书、心有用户、肩有担当的标准,选取80位广电主持人进行了149场次直播,以创新、活泼、互动的方式传播主流价值和信息服务,将名主持、名主播打造成有别于一般网红的有个性、有魅力的"主流网红"。直播中每一个主题都与时下热点紧密相关,有效拓展了传播范围,传递社会正能量。对强化新型主流媒体平台传播力乃至巩固和发展主流舆论阵地,具有重要的现实意义。

对广电来说,广泛发动媒体人做移动直播也有倒逼的意义:一是倒逼传统广电内容生产创新,要开发出适合移动端的全媒体互动形式,占领用户更习惯使用的渠道;二是倒逼我们遵循用户体验检验一切的原则,专注于产品的不断研发和改进;三是倒逼在内容垂直领域深耕细作,如关注旅游、出行、美食等方面的内容和策划;四是更高的目标就是遵循市场,关注数据,引入社会资本共同成长。

(三)坚守媒体责任,盘活优秀传统文化资源

传统媒体应充分发挥议题设置、话语把控、表达方式、价值坚守等方面的优势。苏州广电围绕重大主题、重要时间节点进行多角度策划、多元素融合、多层次展现、多媒介传播,是体现媒体融合创新成果的重要参照指标。

与此同时,民生新闻因社会监督、公共服务的功能在群众中拥有较高的口碑和信誉度。传统媒体新闻线索来源主要靠市民爆料、投诉、记者采访等方式。而在网络平台,记者可以通过刷微信、微博等方式获得线索,把获取信源后策划加工的新闻产品再反哺

给网络平台，即实现了热点事件的全方位、多维度共振传播。

另外，苏州广电高度重视优秀传统文化的当代视听叙述，将文化建设的媒体责任内化为在传承中创新、发展、构建精品生产。苏州是首批国家级历史文化名城，物质和非物质文化遗产资源丰厚。苏州广电在融合发展过程中依托苏州优秀的历史文化资源，实施"文化+""互联网+"项目。积极发挥科技创新、文化传承力量，挖掘优秀传统文化资源，推出了一批如"吴方言保护计划""苏昆评抢救工程"等有代表性的文化产业项目，把地方特色文化品牌培育得更加厚重、健康、响亮，取得了不俗的社会影响。其中，"吴方言保护计划"基于领先的人工智能技术和智能语音优势，与国内顶尖公司"科大讯飞"联手推进吴方言保护。同时，依托本土主持人在戏曲方面的特质，开发优质的直播内容，发挥苏州广电"昆曲、苏剧、评弹音视频保护传承工程"承办单位的重要作用，抢救性录制苏昆评舞台艺术的精华，为当代存经典、为后世留珍品。

（四）发力"移动暖视频"，传播社会正能量

移动互联网时代，移动短视频成为主流传播形态，同时也是媒体融合转型的重要突破口。苏州广电在加大移动短视频内容生产的基础上，将短视频与主流报道相结合，为受众增加正能量的内容供给，推出了全新的"移动暖视频"，并取得了非常好的传播效果。

仅2019年上半年，苏州广电就推出了近400条暖视频，总播放量高达11.3亿次，而其中有80条都是百万以上的精品，甚至有点击超千万、过亿的爆款。这些爆款暖视频给受众带来了温暖、力量，如《守着你的最后十一年》，记录了退休医生周昆吾与妻子相濡以沫、不离不弃的爱情故事，《谢谢你的弯腰》记录了孕妇在不同场合因无法弯腰系鞋带时，过路陌生人出手帮助的动人故事。

（五）内容垂直化、细分化，实现价值变现

用内容换用户，让用户变粉丝，为粉丝建社群，为社群荐客户，通过这样的垂直细分路径，苏州广电最终实现内容和流量的价值变现。通过媒体的公信力背书，加上城市媒体对于本土受众和客户需求的掌握度，内容结合电商是个可行的路子。农产品、工艺品

这类产品品质高、但市场化程度不高的领域,是本土媒体最可能涉足的电商领域。苏州广电名牌生活服务栏目已多次与农产品产销商、旅行社、装修公司等合作,制作农产品产地揭秘、旅游线体验、房屋改造等产品,运用专业能力,找到用户和商家的利益结合点,取得了收视、流量和收入的多赢。"看苏州"App 首播后,电视栏目再进行二次传播,有效覆盖不同人群,取得了大屏和小屏的双效突破。

(六)加强与头部机构合作,提高短视频质量

苏州广电与互联网公司合作,首先是希望用他们的理念促进转型;其次,让传统媒体人有机会到互联网平台去锻炼,去转型。苏州广电对适合自身定位的新媒体短视频平台的合作对象进行了一定的选择。市场上处于头部的互联网新媒体并且可以合作的大致分为三类:一是立足新闻类、但尺度较大的梨视频;二是公众号——"一条",从原本的短视频定位变更为电商类,与主流媒体气质不搭;三是聚焦一线和二线城市生活方式的短视频公众号——"二更"。

打造 IP 和头部内容是提升网络传播效果的关键,为了在这方面少走弯路,本着"以我为主,为我所用"的积极心态,植入互联网基因,苏州广电最终选择与"二更"进行战略合作。2017 年底,苏州广电集团还与杭州"二更"成立合资公司——"更广",并且在总台内部挑选做短视频的记者、编辑,他们脱离了原来的部门,用新身份加入合资公司,在快消类短视频、移动直播、网综、专业培训等领域全面发力,共同开发三观正、有追求、有质感、有内涵的头部内容产品,提高新时期视频行业影响力、话语权,努力让苏州广电成为正确价值观的输出高地。

总体而言,苏州广电作为本土化媒体,以内容产品满足并引领所在区域用户的信息需求、服务需求和情感需求;以融合传播的形态,满足区域用户的信息需求;以"自家人、身边人"的姿态,满足区域用户的情感需求;以深度互动的生态,满足区域用户的服务需求。

四、盈利模式:拓展产品类型,推动产业升级

从产业层面而言,自 2004 年起,苏州广电电视广告收入连续多年来位居全国地级城市台首位,目前净资产已达百亿元。在媒体巨变开启之前,苏州广电就提早布局资本市场,将黄金时期积累下来的资金投入多元化的产业运作中,提高苏州广电的抗风险能力,为媒体融合转型赢得了时间和空间。

(一)拓展类产品:紧扣特色,多元发展

苏州广电作为地方性媒体,有局限性的同时也有着极强的服务意识,尤其在媒体转型的当下,要连接用户,首先要研究本地用户在智能手机等设备上的消费、娱乐、社交和服务的需求,像以前了解电视观众和广播听众那样,深度分析他们的体验感受,然后把视听内容生产链前置到移动内容产品上,并逐渐形成品牌。苏州广电正是在深谙本地用户需求的前提下,拓展多元产业链,囊括了艺术培训、金融投资、文化地产等多方面。

一是综合活动类产品的投放。以活动促经营,并带来较高的营收,这几乎已经是所有地方媒体的增收利器,也只有接地气的本土媒体机构才能更好实施这一做法。

二是艺术培训类产品的打造。广电机构有播出渠道,有"造星"优势,更有广大市民认可的公信力,完全可以在空间巨大的培训行业里实现社会效益和经济效益的双丰收,苏州广电把艺术培训和节目内容有机结合,进行了成功实践。

三是文化类综合产品的品牌打造。城市台往往是所在城市的文化中心之一,聚客功能强大,结合实际情况打造文化类城市综合体,有很大的成功可能性。如果提早布局,既能享受文化地产的巨大增值空间,又实现经营的有效补充。

另外,苏州广电在"文化 +"上有自己的定义和发展,首先是"文化 + 地产",苏州广电自筹资金建设现代传媒广场、苏州国际影视娱乐城、苏州演艺中心等一批文化产业项目。全资组建苏州广电传媒集团有限公司加快产业运作,拓展酒店管理、办公租赁、金

融租赁、影视投资、教育培训、户外广告、艺术品投资等新产业,优化了产业结构,确保了经营,创收总量在全国城市广电始终处于前列。其次是"文化＋金融",苏州广电作为联合发起人和主要股东,成立了苏州金融租赁股份有限公司;参与组建苏州资产管理有限公司,围绕大文化与新兴媒体业务,结合地方优势产业与传媒主业,对具有战略协同效应的文化产业项目进行股权投资。①

(二)资本化运作:以"资本＋"推进产业转型

面对移动互联网巨头的逼迫式竞争,传统媒体一切不与资本共舞的融合转型都是自娱自乐。特别是随着全面深化改革的不断推进以及文化产业政策的不断调整,让市场机制充分发挥作用,成为建设新型主流媒体的重要路径。

为了集聚更多市场资源,占据更大的市场份额,苏州广电不断提升以资本为纽带的产业发展能力,增强自身造血输血机能,从而达到强化主流媒体综合竞争力的目的。从 2014 年开始,由苏州广电自主投资 60 亿元、建筑体量超 68 万平方米的三大文化综合体——"现代传媒广场""国际影视娱乐城""演艺中心二期"先后竣工投入运营,2018 年三大产业营收超过 3 亿元,成为经济创收的又一重要支柱产业。

对接资本市场是传媒做大做强的必然选择,只有得到资本市场的认同,才能用好资本杠杆发展传媒产业。2015 年底,苏州广电作为联合发起人和主要股东的苏州金融租赁股份有限公司正式开业,这是苏州工业园区获批全国首个开放创新综合试验区域后,第一家入驻的金融租赁公司,累计投放近 42 亿元,累计收益突破 3 个亿;2016 年参与组建苏州资产管理有限公司,围绕大文化与新兴媒体业务,结合地方优势产业与传媒主业具有战略协同效应的文化产业项目进行股权投资。这些资产和资本运作为融媒转型提供了强大的经济基础,也为全面转型做好了充分准备。

---

① 邓本奇、蒋帷方、石小建:《拥抱移动互联网打造广电融合新媒体——以"无线苏州"为例》,《传媒》2015 年第 2 期。

五、服务机制:提供优质服务,高效推动社会治理工作

作为区域性的主流媒体,城市广电应该把自己打造成所在城市运转体系中的一部分,以信息服务、上情下达、连接沟通等职能,深度融入所在城市居民的生活。要发挥这样不可替代的作用,广电机构对内外各种资源的梳理汇聚,并将这些资源整合到用户的第一大端口,即移动端口上,就显得十分重要。首先,内部的各类资源绝不能各占一摊、不相往来;其次,充分利用体制内媒体的优势,发挥利用好所在城市政府部门的各种数据资源,最大限度地为本地用户提供资讯、民生事务办理以及社交娱乐等多种服务。如果本地居民只要用城市广电的一个客户端,就能解决生活中的多类刚性需求,城市广电机构本身的"移动优先战略"实施就有了坚实的成功基础。

(一)民生舆情服务

2011年,苏州广电推出"无线苏州"App。2018年"看苏州"App5.0版本上线,为苏州市26家部委局单位开设了独家的信息服务频道,用户可从手机端获取政府信息。该App还陆续开通了问政系列,如有事问局长、有事问城管、有事问药监等,为市民与政府机关搭建直接沟通的平台。

其中,"有事问局长"产品脱胎于传统媒体。"看苏州"联合广播新闻频率《政风行风热线》推出大型融媒问政类栏目《有事问局(区)长》。每周一,"看苏州"新闻客户端推出当周上线局(区)长预告,并同步开通问题征集渠道,集中反映该部门所辖区域内的相关问题,"看苏州"同步视频直播,邀请局(区)长在线解答问题,"看苏州"相应板块记者进行联动关注。同时,设置"职能部门群众满意度调查"排行榜,就群众问题答复率、满意度等方面进行综合评定。"政务服务+生活服务"的模式全面填补了商业性App的短板,让城市服务更全面、更实用。苏州广电的服务理念,增加了本地用户的使用黏性,也为城市广电的发展开拓了新思路。

2018年下半年,苏州广电开始拓展大数据的业务范畴,首先将

目标锁定在了民生舆情服务领域,通过对权威网站每天上千条相关民生数据的全面抓取、挖掘与分析,按照分类标注、位置提取绘制了详细的舆情地图和追踪系统。这种个性化、专业化、持续化的民生舆情服务,不仅能够为自身大数据新闻业务的开发提供可靠支撑,而且能够为地方政府掌握舆情动态、制定公共决策提供可靠依据,同时能够为把握未来传播趋势和舆情走向提供专业数据。苏州广电的民生舆情服务已经成为增进苏州广电媒体与受众贴合性、与政府交互性的重要手段。

（二）智慧城市服务

媒体融合转型不单单是传播领域的系统工程,更是社会治理领域的重大命题。城市广电作为区域性媒体,必须站在服务智慧社会建设的高度,以技术逻辑为支撑,以内容优势为依托,以社会治理思维为导向,全面推进全媒体主流舆论阵地建设。增强社会协同与公众参与意识,将人民群众"融"进来,加强互动功能设计,与人民发生良好"化学反应",释放推动社会治理的巨大能量。这也是苏州广电一直践行的重要融合之道,经过多年实践探索,苏州广电已经形成了智慧城市整合大格局,构建了具有较强延伸性的智媒服务业务生态。

苏州广电较早开始实践"互联网 + 网格"治理,基于互联网技术手段做实做强第三级网络,整合社区资源,强化社区职能,提升社区服务,实现社区管理科学化、精细化和长效化。通过植入网络数据采集工具,为平台提供居民身份校验、完善居民基本数据库提供有效支撑。把地理社区与网络社区结合在一起,形成社区信息枢纽,完善县域融媒中心主体功能。

2019 年下半年,苏州广电与苏州市政府正式达成合作,成为城市总入口 App 项目的承建主体。随后,苏州广电明确了"融服务 + 融媒体"的格局定位,坚持开放性、先导性、智媒性原则,以"互联网 + 政府服务"为切入口,为苏州市所有群众提供政务服务和公共服务,包括查询、办事、建议、投诉等功能,逐步构建了完善的网络舆论生态,赢得了广大群众的好评与认可。另外,通过先前智慧社区、智慧校园等项目的建设,苏州广电正式形成了智慧城市服务的立体化业务格局,包括宏观层面的打造综合性城市公共服务入口,形成了"融服务+融媒体"内容生态系统;中观层面的县级融媒体中心试点运行,以及新时代文明实践中心协同建设,逐步形成了县域融媒体改革的"苏州广电样本";微观层面以"住枫桥"App为依托,全面布局智慧社区,为广大市民提供智能化的政务服务、生活服务和便民服务等。如此一来,就实现了地理社区与网络社区无缝对接,进一步丰富完善了区域性融媒中心的核心功能。

(三)电商平台搭建

电商平台是"无线苏州"的另一大王牌。"无线苏州"整合了苏州生活缴费、寻医问药、城市交通等一系列实时服务功能,为用户提供最便捷的用户体验,绑定用户,再对用户出行、购物、理财、居住等进行大数据画像,找出其中商机。它继承了苏州台强大的线下营销能力和运作经验,在新的载体、新的环境中整合变现。"无线苏州"的经验是在广电尚有余温的公信力的大旗下,整合产品和渠道,突出宣传优势,制定有想法的价格体系;利用分享、众筹等营销手段,为产品进行有故事的销售。

苏州广电作为我国城市广电行业的佼佼者,为同类媒体提供了丰富的可借鉴元素。但对于区域性媒体而言,苏州广电并非一个可以直接套用的模板,因为每个广电机构所处地区的社会经济情况、媒体的原有规模、管理者的理念等诸多因素,均会对复制的可行性和效果产生重大影响。对于城市广电而言,融合转型势在必行,是弱化市场意识退回体制怀抱,还是在广阔的新媒体领域开辟一席之地,苏州广电提供了一个很好的借鉴模版,其他城市广电也应该因势利导,发挥广电的优势,主动拥抱新媒体,不断强化创新能力,沉着应对,奋力突围。

第五节 河南县级融媒体中心：
打通宣传工作"最后一公里"

县级融媒体中心建设是时代发展的必然要求,也是新时代治国理政的重大举措,能够重塑县级媒体的传播力、公信力、引导力、影响力,从而推进媒体融合进程。在 2018 年 8 月召开的全国宣传思想工作会议明确指出,要扎实抓好县级融媒体中心建设,更好地引导群众、服务群众。同年 11 月 14 日,中央全面深化改革委员会第五次会议审议通过了《关于加强县级融媒体中心建设的意见》,会议强调,组建县级融媒体中心,有利于整合县级媒体资源,巩固壮大主流思想舆论。在基本完成中央、省市媒体融合建设的基础上,建立县级融媒体中心是我国进一步推动媒体融合的重要举措,实现媒体上下贯通、全面融合,真正打通媒体融合的"最后一公里"。河南积极响应国家媒体融合号召,推进县级融媒体中心建设。

一、融合实践:打造县级融媒体中心河南样板

继 2014 年国家提出中央及省市融媒体中心建设后,2015 年 10 月,河南广播电视台大象融媒云计算数据中心启动建设,先后与多家互联网云服务商、IT 设备厂家、软件厂家签订合作协议、成立联合实验室,最终"融媒云"于 2016 年 3 月正式上线。此后,融媒业务蓬勃发展,类型不断丰富,规模不断扩充,但各类安全问题也初见苗头。为保障智慧媒体健康运行,大象融媒同专业安全团队一同梳理业务模型,建设安全管理制度,加强整体安全保障,于 2017 年 10 月通过安全等级保护三级测评。

2018 年 3 月,河南日报报业集团在对全省县区考察之后,搭建了融媒体平台,安阳县、郸城县和永城市率先使用。2018 年 9 月,河南省委宣传部组织专家论证和第三方评估,确定由河南广播电

视台建设河南省县级融媒体中心技术支撑平台，各县按照"一县一端"的要求，依托全省统一的技术平台做好内容生产、把关、分发，确保新闻信息资源融合联动、安全可控。河南广播电视台把握县级媒体融合、舆论引导的形势趋势，坚持将县级融媒体中心技术支撑平台建设作为一项战略性、基础性的工作，立足实际、整合资源、拓展领域、创新方式，切实为县级融媒体中心建设提供技术支撑、搭建传播平台，努力以高质量的融媒体产品供给促进县级媒体的体制机制改革和转型升级发展。

2019 年 3 月《河南省加强县级融媒体中心建设实施方案》的出台，正式拉开了中原大地县级媒体融合发展的大幕。首先从全省选取 39 个省级试点县，加快推进采编中心建设和全媒体矩阵建设，以点带面，多点开花。同时中央和省财政在 2019 年和 2020 年分别拿出 1.17 亿、1 亿元扶持县级融媒体中心的建设，确保县级层面全覆盖、示范带动保重点。全省多个县（市）积极制定出台财政资金的扶持政策，基于建设配套资金。如济源市财政投入 2500 万元用于设备采购；禹州市投资 350 万元用于采编中心建设，投入资金 8000 多万元，对电视、广播技术设备全面升级。河南省委宣传部领导主动牵头，组建工作专班，分片分批成立调研督导小分队，以"包干"的形式，分赴全省各县（市）开展调查研究，加强协调督导工作。并积极召开专题座谈会，邀请部分县（市）融媒体中心负责人、技术人员，开诚布公检视问题，听取意见反馈，收集汇总，梳理归纳，分类分项加以处理。

在县级融媒体中心建设如火如荼的生动实践过程中，河南各地各职能部门也自觉提高政治站位，攻坚克难，创新举措，不断加快推进县级融媒体中心在运行机制、生产流程、平台建设、人才技术等方面的融合发展，取得了阶段性的重大成果。

二、功能定位：深度挖掘县域融媒体服务优势

能广泛地贴近民众，关注本地信息，充分利用本土化资源是县级融媒体的最大优势。因地制宜的本土化策略在县级媒体中得到了广泛的应用，从品牌的打造到内容生产均重视利用本地资源，立足本地现实、服务当地民众。建立县级融媒体中心，应根据不同情况，采取因地制宜策略，而不是一刀切。

省级融媒体中心准确把握县级融媒体中心的工作需求，不断完善平台功能，丰富产品应用，提升移动新媒体平台在内容传播、业务拓展、市场开发、用户服务等方面的支撑能力。按照功能模块化、呈现个性化的方式，定制开发各县（市）移动客户端，满足不同经济状况、不同用户规模县级融媒体中心的应用需求。

目前，河南县级融媒体中心建设根据各县市不同情况，采取了不同策略。据最新发布的《中国新媒体发展报告（2019 年）》蓝皮书显示，各地县级融媒体中心建设以建设的主导权限分配为划分依据，目前的融媒体中心建设实践主要存在三种模式，分别为省域统筹、市域联动和县域自主。据了解，河南县级媒体融合的建设既有省域统筹模式，也有郑州模式的市域联动，还有项城模式的县域自主。不同模式在运作方式上也存在一定的差异，基于目前媒体融合的大背景，结合本地发展的实际情况，县级融媒体中心应打牢融合根基，实现可持续发展，成为主流舆论阵地的同时，也将成为治理主体。

与此同时，县级融媒体中心还积极发挥本土媒体优势，为本地用户提供充分的服务。首先，为公众提供多元个性的信息服务。广泛采用图文、音视频、动漫、3D、H5 等多种传播形态，丰富呈现方式，创新内容表达，增强用户体验，满足广大受众多样化、个性化的信息需求。借助各类垂直应用的渗透和便民服务的整合，盘活区域内有效社会资源，运用大数据分析的用户数据，精准化的个性推荐，为全体群众提供综合服务的网络端口。深耕本地内容，以最新鲜、最本土的新闻吸引受众、服务受众。

其次,提供地方平台的特色服务。社会的智能化程度日益提高,智慧城市运营、智慧政务不断发展,大数据的重要性愈发显现出来。因此,县级融媒中心建设应立足本地资源,契合时代发展,构建智能媒体新平台,实现智慧政务功能,促进智慧城市运营,利用自身优势,及时抓取大数据,为进一步提升社会治理提供依据。

通过不断发展,逐步实现县级融媒体的四大功能——主流舆论阵地功能、综合服务平台功能、社区信息枢纽功能、智慧城市功能。这四大功能主要体现在:一是主流舆论阵地功能。围绕属地管理、一端应用的目标,在河南广播电视台提供技术和运维支撑的前提下,各县级融媒体中心负责本地内容的生产、把关、分发,结合本地实际,准确阐释、权威解读各级党委政府的决策部署。二是综合服务平台功能。坚持深耕本土、"贴地飞行",把版面留给群众、镜头对准群众,把老百姓的烦心事当成融媒体中心的要紧事,电视设立"帮帮团""维权哥"等栏目,帮助菜农销售、筹集公益善款等;广播融合生活资讯、交通路况等,及时播报路况,方便群众出行,通过这些贴心服务增加用户黏性。三是创新文化服务。把戏剧演出、电影放映、图书推荐、讲座培训、便民服务等文化资源及服务整合上网,打造百姓点单、政府派单的融媒体中心"文化超市",服务群众"淘文化""点文化",被中宣部领导称为"掌声工程"。融媒体中心正加强与图书馆、文化馆、豫剧团、文化站、村文化大院等交流协作,丰富文化产品供应,进一步提升群众幸福感、获得感。四是社区信息枢纽功能。升级便民服务"万物融合",大势所在,单一的新闻资讯服务已经无法建立用户对平台的忠诚度,因此县级融媒体中心要与行政服务中心对接,加快实现在"一网通办"的前提下,以"最多跑一次"为目标的电子政务服务。落实"放管服"改革要求,以方便企业和群众办事为导向,将政务服务功能嵌入融媒体中心平台,打通技术连通渠道,为群众提供申报审批、注册办证、社保办理、投诉受理等一站式政务服务。实现线上预约、线下办理、全程监管,创新不同群体在不同时间"就近办、优先办、窗口办、网上办"等模式,打造"指尖上的政务服务中心"。

最后,发挥地方本土优势,以构建移动传播矩阵的模式,挖掘本土资源,实现乘势而上、比肩上级媒体的传播效果。如项城媒体关注百姓柴米油盐、衣食住行,电视台、报纸、杂志都成立了"帮团""维权哥",只要接到群众的热线电话,第一时间跟踪报道,直至问题解决。同时开展了帮助菜农销售蔬菜、为困难群众筹集善款等公益活动,打造融媒体的影响力和公信力。93.6广播及时播报交通路况信息,为群众出行提供方便,听众几乎覆盖了周边的县区。依托吃货广播105.9,建立了与项城千家饭店组成的美食联盟。融媒体中心推出报料功能,问题解决率达98%。

三、技术融合:构建融媒资源共享生态

县级融媒体中心技术支撑系统由河南广播电视台负责承建,在升级扩容改造河南广播电视台"融媒云"的基础上,采用"公有云为主,私有云为辅"的混合云架构,以较低的成本、最优的方案确保"全省一张网"目标的实现。其中,公有云依托河南广播电视台"融媒云"平台,采用云计算技术为各县级融媒体中心提供云服务;同时,在各县级融媒体中心设置私有云服务节点,方便各技术平台的接入,并按照信息安全等级保护的要求,建设信息安全保障体系,确保网络信息安全。

在具体功能上,主要是做到"五个注重":一是注重传统媒体与新兴媒体的技术融合。切实增强技术支撑系统的扩展性和兼容性,方便县级融媒体中心已建内容生产、编播分发等技术系统的融入对接,从技术层面达到融为一体、合而为一的目标,最大限度利用原有资源,降低建设成本。二是注重县级融媒体中心内容的汇聚和传播。按照"本地可分发、云端可汇聚"的方式,县级融媒体中心在内容分发本地媒体传播的同时,可自主选择将有关内容上传至"融媒云",并在更高平台、更大范围内实现内容的二次传播、共振发声。三是注重云计算、大数据、人工智能等先进技术在县级融媒体中心技术支撑平台的应用。紧贴县级融媒体中心建设实际,依托河南广播电视台"融媒云"平台,切实为县级融媒体中心新闻

指挥、线索汇聚、选题策划、内容生产、分发传播、数据分析、可视化呈现等提供技术保障和手段支持。四是注重舆情研判和内容安全。强化技术支撑系统的舆情分析、内容管控功能，切实为县级党委宣传部门和融媒体中心监测舆情、应急处置提供技术手段。五是注重贴近地方实际。为减轻县级融媒体中心建设压力，省级技术支撑平台由河南广播电视台承担建设任务，以服务租赁方式为县级融媒体中心提供技术支撑，并视县级融媒体中心的实际情况，定制化、套餐化地制定各种服务方案，方便县级融媒体中心结合实际自主选择、灵活接入。

由河南广播电视台承建的县级融媒体中心省级技术支撑平台，致力于五个方面的融合：

第一，整合渠道资源，通过提供融媒体云端服务、融媒体软件系统服务、平台软件和硬件运维、技术和业务培训、人才培养等打通云端，夯实终端。整合广播、电视、内资、网络、政务平台等建立"一中心八平台"立体传播矩阵，项城融媒按照"多渠道采集、多元化生产、多终端发布"的融合发展思路，整合新闻资源，即一个融媒体指挥中心，电台、电视台、项城市讯、项城瞭望、项城网，以及"瞭望项城"官方微信、微博、App 客户端等 8 个传播平台。拥有采编中心、制作中心、虚拟演播厅、广播电视转播车、无线数字机房、编辑机房、媒资管理系统、600 平方米和 1000 平方米演播大厅等先进设施。对全市 70 家网站和 42 个微信公众号进行整合，有效地整合了域内的人力和智力资源，形成了"新媒体首发、全媒体跟进、融媒体传播"的传播格局。①

第二，建立"中央厨房"，实现新闻信息的"一次采集、多种生成、多元传播、全方位覆盖"，形成传播共振效应，提升传播力，打造县级新型主流媒体。② 统筹文字数据库、图片数据库、视频数据库、

---

① 胡舜文：《坚守初心、不辱使命、加快创新型主流媒体建设步伐》，《视听纵横》2018 年第 1 期，第 7～10 页。

② 碎金：《如何抓好县级融媒体中心建设打造县级新型主流媒体探究》，《新媒体研究》第 2018 年第 4 期，第 100～102 页。

历史资料库建设,建立统一指挥调度的多媒体采编平台,实现资源、平台、渠道的共建共享,为优质产品生产提供平台保障。

打造全新内容汇聚平台(广播、电视、报纸、网站、客户端、微信、微博等)、内容生产平台(音频、视频、图文、直播、互动等)、立体化传播平台(电视、广播、手机、大屏等)、舆情监测平台(正负面、情感、地域等)。基础硬件平台实现互联互通,统一管理,构建全新的融媒资源共享生态。如建立指挥调度三审机制,即任务下派→任务认领→任务签到→提交报片→一审→全媒体制作→二审→分发→三审→效果评估。其中报道、制作和分发三个环节要进行节目的审核发布。建立全省统一选题策划库,所有登录系统人员,都可以创建自己的选题,发起全省的统一选题策划,其他县(市)进行针对性供稿。还能够实现与新时代文明实践中心、志愿服务中心、党建、清风中原等全省统一选题策划素材的内容共享。

第三,再造业务流程。聚焦重大主题报道、重要产品生产,打破部门隔阂,整合信息资源、技术应用、平台终端、人才队伍,组建统一指挥调度的多媒体采、编、发平台,实行"一次采集、多种生成、多终端发布、多元化传播",建立"新媒体首发、全媒体跟进、融媒体传播"的传播格局。在最短的时间内,能够更快更好地使融媒产品完成从生产到推送。所有采访素材全部进入中心平台进行审核把关,各个宣传平台根据自身需求各取所需,对素材进行再编排、再加工。

第四,借船出海、抱团取暖,实现媒体融合。县级媒体单是融合省市及内部媒体还远远不够,需借助国内影响力大的权威媒体进一步造势登高。如项城融媒与央视网和中国人民大学新闻学院战略合作,依托央视网数据平台,聚焦项城融媒体中心升级建设需求,通过数据赋能,推动项城媒体融合工作向纵深发展。借助央视新闻移动网,在其客户端"央视新闻+"入驻"全国县级融媒体智慧平台",形成渠道丰富、覆盖广泛、传播有效、可控可管的移动传播矩阵。入驻抖音、快手等短视频平台,拓宽传播渠道;与"中科大洋""大象融"和"杭州调频凡音"等传媒公司合作,定期开展学习交流和培训活动,实现抱团取暖,助力项城融媒发展。

第五,构建多渠道、多终端的县级传播矩阵。一是整合各类终端用户资源,切实以庞大的用户规模、叠加的覆盖范围,为县级融媒体中心的内容传播形成倍增效应,提升传播效果;二是利用有线电视、IPTV 的电视大屏优势,开辟县级媒体融合专区,通过上线富有地方特色、乡土风情的内容,及时传播县域声音,展示各地经济社会发展的新形象、新风采;三是发挥有线电视网络覆盖全省、专网传输、安全可靠的优势,确保县级融媒体中心技术支撑平台的信息安全、数据安全、传输安全。

四、内容创新:激活区县融媒体中心生产活力

在互联网时代,面对多元海量的信息,受众虽然更加挑剔但对社会事件和社会问题也有更强的参与意识,注重对新闻的体验、传播和分享。我们以河南项城融媒体中心的内容创新实践为例,探索县级融媒体如何做好内容、做活内容。

河南项城融媒体中心一改过去传统的新闻采编流程,打造"互联网 + 栏目"平台,将 PGC(专业生产内容)与 UGC(用户生产内容)、线上与线下有机融合起来,让用户参与到新闻的制作、采集和传播中来,并通过手机客户端及时传递新闻,根据用户反馈调整新闻选题、跟进新闻报道,满足用户对新闻深度化、个性化和社交化发展的需求。同时,在栏目手机客户端推出微视频、互动直播产品等,建立重大突发新闻事件联动采集和传播应急机制。深度挖掘本地新闻资源,精耕细作本地市场,打造高质量的节目栏目。

县域媒体融合一定要立足本地资源优势,以"内容为王,用户至上"的准则,同时要强化运营,提升可持续发展能力。县级融媒体不论在地理上还是心理上都离基层老百姓最近,因此,立足于本地资源这一得天独厚的优势,打"贴近性、及时性"牌,坚持为受众提供原创、精品、深度、优质的新闻内容产品,关注产品质量、服务质量和用户体验效果,注重内容传播时的分众化和差异化,不仅能增强群众的认可度、受群众的青睐,更是对"内容为王,用户至上"

准则的有力落实。然而，在当前的县级融媒体中心建设实践中，有些地方在硬件建设上，尤其在选址用地上费尽脑汁，贪图"高大上"；在资金投入上，不顾客观条件，大量投入人力、物力、财力，盲目进行新媒体平台的自主研发，使原本运行困难的县级财政雪上加霜；在媒介构成上，仅仅是把传统媒体和"两微一端""抖音"等新媒体传播渠道简单"相加"，全线发力，眉毛胡子一把抓，由于推广力度不足，造成媒体传播毫无新意，舆论引导力没有充分发挥，影响力也没有明显提升。

而项城融媒体中心不仅在第一波县级融媒体建设中平稳完成了体制改革和管理架构的调整，还实现了全台扭亏为盈的局面，服务和产业收入占比高达七成。而项城的成功路径，就是从"新闻"着手，打造了"新闻+"的运营模式，打开了内容生产的新思路。

"新闻+政务"模式。2018年6月25日，项城云App正式上线。项城云App不仅满足了受众对新闻资讯和信息的需求，在为广大市民提供各种便利的同时，还开通了线上政务服务功能，对接线下政务服务工作以融合发展。市长热线、市民爆料、学习强国和民生诉求等功能使"掌上的便利"成为现实；文化、教育、公安、交通和环保等多单位相继加入平台，努力提高线上服务本领；秣陵镇、丁集镇、高寺乡等各乡镇服务中心入驻平台，打造便民的服务型政府。这种"新闻+政务"的模式，节省了人力、财力和时间成本，有利于政府提高办事效率，增强民众的认可度和满意度。

"新闻+文化"模式。项城作为千年古县，历史悠久，文化积淀深厚，具有鲜明的地方特色和发展潜力。项城融媒充分利用这一优势，通过"百姓文化云"功能，为群众提供免费优质的文化内容，集观察、体验、反馈于一体。采用超市式供应、菜单化服务和订单式配送的方式，将"非遗"、文化社团、图书推荐、电影放映和艺术鉴赏等多种文化资源存放超市，让群众根据个人喜好对丰富的文化内容实现"一键式便利获取"。同时，开通文化直播间，使群众能近距离围观精彩活动现场，还将图书馆、博物馆、文化馆以及各村镇文化大院和文化站等公共文化资源与项城云App相融，使群众透过屏幕便可了解本地"非遗"文化,免费进入图书馆、博物馆和活动室,从而满足了基层群众的精神文化需求。

"新闻+服务"模式。在项城云 App 设立便民服务中心,群众可以通过在线和电话方式向 FM936、《马上就办》栏目组或其他开通渠道对自己在生活中遇到的各种问题进行反映,该平台将群众与融媒体中心和党委政府有机连成一条线,能及时解决群众的困难,反映民生。开通名师空中课堂、生活缴费、违章查询、快递查询、景区门票和汽车、火车、机票购买等多种功能,搭建同城信息服务平台,群众可以及时了解本地在求职招聘、寻人寻物、房屋租售和物品买卖等方面的信息。这种一站式服务涉及工作、交通、旅行、娱乐等与群众生活密切相连的方方面面,是满足不同群众需求,与群众贴近互动,促进政府与群众交流沟通的重要举措。如在疫情期间,项城融媒体中心发挥媒体优势,及时宣传国家政策,每天推送本地区疫情动态,并开通多路直播,将多彩活动和空中课堂融入直播,涵盖医疗防疫、书法、瑜伽、舞蹈、美食等,兼顾并丰富了各个层面群众的宅生活,更让学生停课不停学。

"新闻+监管"模式。该模式主要依托于互联网平台和大数据技术,鼓励群众参与到监督的队伍中来,联合食品监管部门打造"明厨亮灶"工程,把食品安全经营和监管全程搬到互联网,保障舌尖上的安全;采取线上线下摇奖相结合的方式倒逼商家阳光纳税,以增加政府财政收入;打造智慧城管,把辖区内的井盖、路灯、垃圾桶等城市公共设施实行数字化监控,市政设施一旦损坏,融媒体指挥中心第一时间受理、督促相关部门更换处理。如项城融媒体中心与纪委联合,开办了舆论监督栏目《电视问政》,线下走访畜牧局、交通局、审计局等与农业民生相关的部门,并邀请相关领导参加节目,问政于民,问需于民,被当地民众誉为项城的"焦点访谈"。

"新闻+电商"模式。随着农民收入的提高和消费理念的提升,农民对商品质量特别是食品质量的消费需求上升,但缺乏有质量保证的购物空间。为了让农民用上安全放心的商品,项城在全市农村建立连锁超市,联合商家举办商业促销活动,满足广大群众的需求,为农民提供生活便利。其先后举办了"首届品牌推广电视文化节""首届 TV 团购节""欢喜过大年"和"疯狂购物节"等大型电视文化商贸活动,共吸引观众 30 万人次,销售金额突破 6000 万元。

五、盈利模式:创新"媒体 +"产业链,实现多元营收革新

以"媒体 +"的产业链创新,为持续融合提供保障。县级媒体营收机制也经历了从依赖财政支持,到"产业链"式多元营收的革新。一方面,要有效整合财政资金来源。县级媒体融合需要大量的成本投入,从办公区、机器设备等硬件成本,到采编发系统等软件成本,再到人员成本及后续的运营成本,都需要大量资金。县级媒体的发展资金长期以来多依赖财政支持,各地县级媒体融合均得到了当地党和政府的重视和支持。在持续加大财政专项资金投入力度的基础上,依托县级融媒体中心在新闻宣传、信息发布、舆论引导等方面的技术、人才优势,着力用好政府购买服务,把分散在党委政府各部门各单位的政务发布、政策解读、舆论引导等相关经费整合起来集约使用,提高资金使用效益。比如,与纪委监委联合运行管理"清风"系列公众号,与税务部门联合开展"发票摇奖"活动,与各单位、乡镇联合开展政策法规专题宣传等,不断充实融媒体中心财政经费支持。

另一方面,要依法依规吸引社会资本参与。坚持把社会效益放在首位、实现社会效益和经济效益相统一,通过合法合规渠道吸引社会力量参与媒体融合项目的技术研发和市场开拓,构建媒体融合状态下的新闻采编和经营创收一体化管理模式。例如,组建合资公司,探索可持续运营。县级融媒体中心建立后,按照中宣部关于媒体"采编经营两分开"的要求,遵循市场化、公司化的原则,郑州报业集团将与各县(市)区、开发区合资成立融媒体产业公司,通过媒体融合盘活县区存量、做大县区增量,融合市县两级媒体资源,共同开发县区的智慧城市资源,提升县级融媒体产业公司的经

营效益,用县级融媒体中心的新闻宣传主业引领其多元副业,用副业反哺主业,形成良性闭环,推动县级融媒体中心可持续发展,并力争推动县级融媒体中心登陆资本市场。

又如,项城融媒体中心坚持"新闻 + "理念,坚持多元经营、协调发展,深耕细作本土市场,探索总结出"广电 + 生活""广电 + 公益""广电 + 活动""广电 + 服务"等"广电 + N"多元业务模式,既提升了新闻产品质量,也拓展了业务增收渠道,实现了社会效益、经济效益双提升。2016 年以来,项城融媒体中心组织开展空调节、美食节、家装节等线上线下联动活动,联合农资经销商开展乡里乡村"春季行""秋季行",全年活动 200 场次;2017 年实现经营收入2060 万元,成功入选"中国县市广电媒体 20 强"。

河南县级融媒体中心在加快建设省级技术支撑平台的同时,开始逐步从建设平台升级为运营平台,开发和提供垂直类服务,积极打造新型商业模式,将"媒体 + 产业"深度介入农业、餐饮、娱乐和房地产等行业,积极"造血",实现可持续发展,提升经济造血能力。2020 年 3 月 27 日,由河南广电主办的"大象助农团"暨"县长直播带货"项目启动。此项目是在疫情影响下为助力各县农产品销售而发起的。截至 4 月 8 日,"大象助农团"之县长带货系列抖音平台播放量已经突破 400 万。作为电商带货产业模式的升级版,此项目助力脱贫攻坚、帮助农民增收,力图实现社会效益和经济效益相统一,成为河南广电县级融媒体中心建设运营实践的一大亮点。

但由于没有参照范本和经验借鉴,河南县级融媒体中心建设在进入市场化运营期后,在探索实践中困难重重。一方面,是在社会效益运营方面经验不足。比如,大力发展"云上河南"系列县级App,通过内容汇聚与平台打造,扩大社会影响力。但在推动其内容建设本地化过程中,需要获得县级政府部门的支持、配合,促使各行政机构参与其中。由于各县级政府对此重视程度、支持力度不一,造成各平台发稿量、阅读量差异悬殊,从而影响了社会效益的整体运营能力。另一方面,在经济效益运营方面缺乏整体思路和有效规划。以"县长带货直播"项目为例,建立"大象助农团"账号平台,通过汇聚各县资源和产品,力图打造自己的专属内容直播平台。但是,由于开设的直播平台为全新账号,在粉丝数量上与头部流量平台相差甚远,所以,即使有县长亲自站台,即使内容建设、产品质量、直播技术都有严格把关,即使播放量喜人,但目前实际成交量仍与预期相差甚远。

本章小结

本章分别从中央、省、市、县四级媒体融合平台建设的角度,以中央广播电视总台、湖南广播电视台、南方财经全媒体集团、苏州广播电视总台和河南县级融媒体中心为案例,从实践层面对当前四级电视媒体的融合发展历程、组织架构调整、内容机制创新、盈利模式创新、人才机制创新等多角度进行观照,不仅可以清晰地看到当前四级电视媒体融合发展的现状,还为后面对当前现状的分析、问题的指出及未来发展路径提供了分析依据。

中央级媒体与生俱来的资源优势,在媒体融合过程中始终走在前列,而作为卫视排头兵的湖南广电,也积极发挥自身优势,成为电视媒体融合中机制创新的标杆和模板。市级和县级的电视媒体作为地域性的媒体,媒体融合中将"服务"二字立于核心,以"服务"推进产业链的升级,通过以用户为中心,聚合本地流量,实现媒体效益的最大化。

在融合融合转型过程中,四级电视媒体的优势和劣势也表现得尤为明显。电视媒体的普遍优势在于依托互联网技术,实现了内容的二次创新和业务流程再造,但各级新媒体人才的欠缺也成为制约融合的瓶颈。可见,不同层级的电视媒体在融合进程中都存在着自身的优势和短板,只有在体制机制上不断优化、创新,各层级融合媒体相互渗透、协调合作,全方位拓展电视媒体融合发展的外延,形成优势互补、互利共赢的融合运营局面,或许才能在未来的电视媒体融合之路上走得更稳、更远。

第五章　困局：电视媒体
融合发展的现实问题

　　通过前面章节对互联网背景下电视媒体融合现状的考察来看,自我纵向比提升较大,但横向比,与新媒体的整体融合度偏低,无论是技术融合度、市场融合度还是业务融合上的表现均远远落后于新媒体产业。是什么问题制约着电视媒体的融合转型? 又是什么原因导致问题的出现? 对此直接进行回应与分析,有助于在实质上推进关于如何加快电视媒体融合发展的思索,并可以使具体应对策略的提出更加有的放矢。

第一节　技术壁垒：资本、技术、人才困局

　　对于我国传媒业的发展,我们有一个基本判断,如果说政治因素是最稳定的决定性因素的话,技术因素可以说是最活跃和积极的进步因素,而资本因素无疑就是最自由且公平的重要因素。从媒体融合的角度,我们常常听到的是技术融合、内容融合、渠道融合和终端融合等,关注比较少的是机制融合、资本融合或市场融合。实际上真正的媒体融合,离不开资本,技术与资本密不可分,资本离不开技术的发展,技术的发展离不开资本的支撑,而两者都离不开专业人才的支持。与新媒体的竞争中,传统电视媒体无论

在技术、资本，还是专业人才层面，都存在着潜在的威胁。

一、技术融合："表"融"里"不融

科学技术是第一生产力，技术支撑是电视媒体融合发展的底座基石。在传媒业的发展实践中亦是如此，无论是文字发明、古登堡印刷术、电报和互联网技术背景下的四次传播革命，还是报纸、杂志、书籍、广播、电视、互联网等媒介变迁，背后的核心驱动力都是技术创新。纵观国内外领先的互联网平台、企业和传媒机构等，无不是技术驱动型的技术公司，如国内的腾讯、阿里巴巴、"字节跳动""快手"等，国外的谷歌、"苹果"、"脸书""推特""亚马逊""奈飞"等，本质都是技术公司。

传媒业作为一个大型信息处理系统，高新技术应用直接关系其生存和发展，没有现代科学技术的投入，传媒很难高质量满足用户的需求，进而无法保证获得更大的社会效益和经济效益。从某种意义上来讲，传媒与传媒之间的竞争，很大程度上就是传播技术的竞争。深谙此法的电视媒体在融合发展中，一些资金实力雄厚的电视台不断加大投入搭建自己的技术平台，寄希望于依靠技术投入扭转发展困局。然而，在实践中，技术和内容"两张皮"、缺乏自主可控技术、技术"形式主义"等"表"融"里"不融、融合发展的技术支撑"撑不住"等问题凸显出来。技术瓶颈反而成为目前电视媒体转型所面临的最大困惑之一。

一方面，互联网媒体的新闻化与电视媒体的技术化，是优势互补还是盲目转型，内容与技术之间的较量成为新闻机构的难言之痛。我们经常会提到一个观点，就是电视媒体面临互联网技术的挑战，实际上，电视媒体面对更多的是互联网媒体新闻化的挑战。互联网媒体有着强大的实力，通常具备创新型的技术平台、巨大的资本规模、强大的平台和产品运营能力，并且拥有海量的用户数据，这些都是互联网的"超级入口"。不同于电视媒体的新闻布局，互联网媒体，如"字节跳动"，主要依托更多元的内容分发渠道、更多的用户数据和强大的用户洞察力、更为市场化的营销手段。相比之下,电视媒体的技术壁垒主要存在于大数据技术应用不足、终端和渠道的兼容性有待提高等。

目前,电视媒体的大数据技术支撑与应用不够,技术应用并未产生预期效果,主要表现在大数据抓取技术薄弱和大数据分析呈现技术不足两个方面。在硬件上,大部分电视台的终端后台不具备用户使用信息采集能力,其服务器对用户的信息点击和信息使用无捕获响应,只能无奈地眼见数据资源白白流走。即便有的电视台搭建了"中央厨房",但后台的存储设备大多依然是传统媒体时代的配置,并未按存储大数据的要求进行扩容,导致捕获的数据溢出,无法入库,造成数据资源浪费。

大数据开发的最终目的,是经过对数据的系统分析,将其呈现出来并为用户和媒体所用。但是,目前大部分电视台欠缺对数据分析和呈现的技术能力。海量数据信息之间的关联性极弱,这就需要电视台通过数据分析找到数据之间的逻辑关系。而数据分析需要统计、计算和算法指令等复杂技术协同合作,电视媒体对于这样的技术要求无法在短时间内做出适应和满足。另外,经过数据分析所得的结果需要按用户的信息使用偏好进行呈现。目前,多数互联网媒体都在尝试数据可视化呈现,这对于电视媒体而言是不小的挑战,毕竟视频数据的制作和分析不是电视媒体的强项。

融合技术表现出了极强的兼容性,一举结束了传统媒体时代传输渠道彼此独立、不相往来的局面。但是,虽然有兼容性较好的融合技术的支持,但是电视媒体在技术的使用上依然存在问题。开发移动应用App,为用户提供信息接收终端是目前大多数传统媒体的融合举措之一,电视媒体也不例外。2020年6月29日,全新改变的"中国新闻蓝"移动客户端正式上线。"中国新闻蓝"App在内容上囊括了独家时政、民生热点、超级话题、特别直播、蓝媒视频等内容,界面设计更加简洁化、视频化,交互体验也更加的人性化。但是,"中国新闻蓝"App利用兼容性技术做了一个封闭的新闻终端系统,用户要想接收多个媒体的信息,必须逐一下载不同的新闻客户端,然后交叉使用。当然,自己搭台让别人唱戏的傻事谁都不愿意做,但是以我为主,兼容并蓄的终端经营模式以降低成本,实现利益共享总归是一件双赢的事。说到底,电视媒体在融合进程中对技术的使用依然受到传统媒体思维的影响,最终没有将技术的兼容性发挥到最佳状态,当然,这并不全是思维禁锢与技术应用不彻底的问题。

另一方面,电视台里的技术人员组成多以传统电视技术为主要技能,对移动新媒体等技术并不熟悉,新媒体技术人员有待充实。因此,许多电视台选择自己研发和技术外包相结合的办法。但是技术外包并没有那么简单,也存在问题。电视台是因为技术人员短缺且经验不足不得已才选择技术外包,那么由谁去和技术公司对接?如何表达自己的技术需求?面对技术公司提出的建设方案如何评估?后续的技术升级和维护如何衔接?诸如此类的技术问题在电视媒体与新媒体融合的各个环节都会遇到。电视台自身如果没有技术把控力和话语权,整个转型过程不但会趋于被动,而且很大程度上会大幅度拉高失败的风险。

与此同时,技术的开发和升级换代需要大量的人力、财力、物力的投入,而这一点,传统电视媒体与互联网企业无法相比。现在很多电视台都在进行移动客户端的开发,但移动客户端的开发仅仅是向新媒体迈出的第一步,技术的支持以及源源不断的升级换代,需要大量的投入。即便现在客户端已经成形,随着后期越来越多的流量、用户对内容鉴赏力的提高、客户端功能的多元化等不断发展,要保证音视频质量在最小流量使用下完善客户端的功能和用户体验,就需要强大的技术和资本投入的支撑。这些是摆在电视媒体面前的难题和担忧。

二、资本融合:"名"融"实"不融

纵观互联网在中国20多年的发展史,最终成功的互联网企业或者新媒体公司,在发展初期无不得到大量风险投资的支持,几乎都经历过"烧钱"的阶段。在这种情况下,电视媒体如果无法在资本投入方面进行突破,那么做大做强的目标就很难实现。因此,在资本、技术和人才三个方面,资本是最核心的因素。因为,如果没有资本,人才和技术也无从谈起。但当前的媒体融合,更多是在行政干预下的合并,而非资本纽带下的媒体融合,这种离开资本"名"融"实"不融的融合只能是油水分离,无法撼动根本。

传媒行业是一个高成长行业,但是资本市场对于传媒类上市公司的追捧主要集中在以互联网和移动互联网为基础的板块以及传统媒体向互联网以及移动互联网转型的概念上。近年来,电视媒体在走下坡路,收视率不断下跌,电视广告收入也连连下滑,使得电视媒体的融资能力急剧下降,资本市场给予的关注度越来越低。而从2016年开始,相比之前的年份,我国传媒行业的投融资手段更为丰富,主要包括直接上市融资,海外上市公司从国外资本市场私有化并在国内上市,引进战略投资者,成立各种传媒产业投资基金,定向增发融资,发行短期债券,跨境并购等方式。如2016年上市的传媒板块南方传媒、广西广电、贵州广电等基本都以信息网络建设媒体融合、信息系统以及网络平台建设、云平台新媒体建设等概念上市融资,资本市场对于传统电视媒体向数字化媒体和新媒体的融合转型都给予了高度关注。

资本运作的正面作用是非常明显的,它能够极大地缓解电视媒体融合发展中遭遇的资金瓶颈,通过合理的投资活动,实现资本的最佳配置和经济效益的最优化,有利于强化媒体的市场竞争力,打造体量更大、业务门类更丰富、品牌形象更佳的"巨无霸电视媒体",并且在资本运作过程中增强市场意识,培养用户至上的理念。这从湖南广电集团旗下的"芒果TV"就可以看出。

但是,电视媒体作为主流媒体之一,它与意识形态关系密切,必须在舆论引导、新闻宣传等领域有所作为,这一根本定位对其资本运作提出了确切要求——在资本运作的过程中,必须"守土有责",但这也间接造成了政治与资本之间的博弈。因为资本进入电视产业,不仅有逐利的经济目标,而且有控制传媒的风险,如通过人事安排、内容把关等方式,在媒体内容生产过程中获得绝对的优势地位,从而左右内容生产的基本思路和方向。在媒体融合发展的大背景下,电视媒体转型发展迫切需要社会资本的参与,但大量非国有资本进入电视行业,其资本逻辑和传统电视媒体的经营逻辑必然发生不可避免的碰撞,"基本控制媒体"的欲念会不时冒出。

为了保护意识形态安全,电视行业需要采取"制播分离"方式,将播出/新闻类资产划为不可改制的范围,然后上市,其复杂程度以及上市公司状况从"芒果TV"的上市可见一斑。2018年6月,"芒果TV"历经两年终于上市,其中历程可谓一波三折。早在2016年8月10日的时候,"快乐购"发公告称,拟购买湖南广播电视台控制的7家公司全部控股股权("快乐购"也由湖南广电实际控制),其中就包括"芒果TV"。然而由于重大资产重组方案中公司资产状况较为复杂,这个方案在当时没能通过。2017年6月4日,"快乐购"再发公告,拟收购湖南广电控制的五家公司的全部或部分控股股份,比上次少了金鹰卡通与天娱广告两家公司。9月底,"快乐购"再次启动重组,以115.5亿元总价,收购五家公司100%股权。一个月以后,深圳证券交易所对于"快乐购"重组交易提出问询函后,于2017年11月21日公开了深交所问询函的回复,并调整了重构预案,同日,上市公司复牌。2017年11月30日,湖南广播影视集团有限公司党委书记董事长吕焕斌公开表示,"快乐购"的重组方案已经获得了中宣部、广电总局等相关主管部门的批复。2018年4月26日,证监会发布公告,"快乐购"收购"芒果TV"、天娱传媒、芒果互娱、芒果影视和芒果娱乐五家公司的交易审核通过。也就是说,这次收购的实际意义是完成"芒果TV"的上市,成为迄今为止业内首例重大资产重组并购成功的案例。

上市后的"芒果TV"面临着很大的挑战:一是内容变现上有较大波动,对广告收入的依赖依然很大;二是"芒果TV"的独立性较弱,盈利主要还是背靠湖南广电这棵大树;三是在未来的发展过程中,除了要和BAT旗下三个纯粹的网络视频企业竞争外,可能还会面临在湖南广电内部新旧媒体之间对资源的竞争;四是依然存在"政企不分"现象。这和市场上的经营者仍然有较大的差距。从"芒果TV"上市可以看出,我国电视行业正在努力实现跨媒体、跨区域、跨国际发展,这类综合性的传媒集团必将成为电视产业经营发展的必然趋势,但前提是必须实现资本融合的"表里如一"。

三、人才融合:"硬"融"软"不融

"人"是媒体融合发展的核心和基础,但这一问题当前仍困扰着不少电视媒体。出于"速胜心理""观望心态"或者"悲观情绪"等思想认识误区,有的电视台过分注重硬件建设而忽视了软件支撑,导致电视媒体和新媒体在硬件上看似融合到了一些,但在人才结构、人才能力、思维模式等软件上却依然是"两张皮",尚未真正融合。

（一）人力资源管理机制滞后

人才流失是电视媒体人才管理机制缺位的表征。必须承认,近十年,随着科技的迅猛发展,媒介生态环境发生了翻天覆地的变化,随着媒体格局的变化,电视台人才"出走"体制一度成为街头巷尾热议的话题。人才流向主要表现在"向外"和"向上"两个方面。所谓"向外流"指的是实力较为雄厚的电视台,体制内人才流向体制外。越是影响力大的电视台。越是重要的业务部门,人才流失就越为严重,大部分都转向了新媒体行业。与发达地区的实力台不同的是,市县级电视台人才更多不是从体制内向体制外流动,而是"向上流",向省级台或发达的市级台流动。

用人机制不灵活,人才缺乏有效管理也在不同程度上影响了电视媒体的融合发展。有多少记者、主持人当初是怀揣着梦想走进的电视台,但一定程度上的论资排辈现象却不断冲击着从业者当初所执着的梦想,晋升空间有限,也代表着资源和发展平台的窄化。这主要体现在以下三个层面:

一是聘用合同的基础作用尚未充分发挥。聘用合同制度是电视台与工作人员订立履行、变更、解除、终止聘用合同的具体管理制度。一般而言,聘用合同是电视台的法定代表人或其委托人同电视台受聘人员确立人事关系,以书面形式明确双方权利和义务的协议。合同主要涉及合同期限、岗位职责要求、岗位纪律、工资待遇、违反聘用合同的责任等。目前绝大多数电视台已推行聘用制度,与绝大多数工作人员签订了聘用合同。在电视台内部,按照聘用合同用人,个人依聘用合同履行职责,双方依靠合同约束的格局初步形成。但是也应该看到,聘用合同的签订并为真正实现"全覆盖"。有的聘用合同签订后成为"一纸空文",放入电视台人事部门的档案库房中,导致在聘用合同的管理上流于形式。甚至有的聘用合同内容条款雷同,没有体现岗位特色和岗位要求。

二是编制内和编制外员工同时存在于某一家电视台中,容易导致"同工不同酬"的现象出现。公开招聘是电视台进人的主要渠道。目前电视台除了正式在编人员外,在人员招聘上大多不规范,部分电视台自行采取人事代理、劳务派遣、劳务外包和临时用工等方式招聘工作人员,出现编制外或岗位管理之外的用工大量存在,造成了体制内员工和体制外员工同时并存的局面。编制外用工大多签订劳动合同,造成了大量的传统媒体用工和新兴媒体用工没有得到上一级组织人社部门认同。因此,编制壁垒过高的状况容易形成贤才无法进入体制内,而体制内的员工凭借政策的保护获得优先优势,这种用工模式直接导致出现"同工不同酬"的弊端。

三是绩效考核、薪酬机制不健全。在事业单位企业化管理的前提下,如果电视台不能从制度上给予从业者更多的保障,机制不灵活、管理不科学、渠道不畅通,难免还会出现"人情"大于"人才"、束缚多于激励、惰性代替创新的现象。电视台人才流失所暴露的问题不仅仅是新媒体的加速发展对传统媒体的冲击,更反映了今天的电视台人才管理机制上的缺位。首先,电视台待遇相对落后,缺乏竞争机制,难以调动人才的主动性。虽然工资收入并不是衡量一份工作好坏的唯一标准。但未来发展前景、空间资源的掌握,却决定了人才的流动。上至中央台、省级电视台,下至地方台,作为一个行业而言,这十年电视行业的发展速度远远落后于新媒体,经济地位急剧下降。与此相对应的,便是电视台从业人员的待遇下降,缺乏激励机制,一定程度上影响了从业者的生活质量和主动性及创造力。

其次,薪酬体系是在事业单位工资制度基础上的累加,因此在内部公平上存在着内部岗位之间的薪酬关系不合理的问题。如管理、经营和采编序列之间、作为采编序列内部的记者和编辑岗位之间,以及记者内部不同层级之间的薪酬关系,如果处理不当,对于电视媒体融合发展的活力和积极性影响很大。电视媒体的激励机制是媒体融合的关键环节。目前国内诸多电视台都在探索尝试多种形式的激励机制,其中最重要的方式是年薪制。年薪制实施过程中存在着诸多的政策规范,国家和地方层面分别制定了年薪制管理办法,在既定政策框架内实现激励效果最大化是根本追求。电视媒体应该通过具体激励机制的设计,避免短期化行为,合理平衡好广电集团内部不同经营者的薪酬收入。

此外,薪酬激励的单一性,会导致新闻从业者职业倦怠的产生。对于电视媒体中的新媒体专业人才而言,这种不公平感的长期存在会抑制其发展,并导致其产生职业倦怠,进而出现新媒体从业人员的大量跳槽。这些新媒体从业人员的流失,将从人力资源角度直接影响电视媒体融合发展的进程。

（二）关键技术领域人才缺位

相对于内容生产的优势,在融合转型中电视媒体在技术、研发上缺乏专业人才的现象尤其突出。我国电视媒体很早就开始发展网站,但是这么多年过去,回看电视台的网站发展不过是"起了个大早却赶了个晚集"而已。错失互联网化发展黄金时期的原因是电视媒体对互联网产业认识不足,缺乏对网络未来的前瞻性判断。同时,电视媒体在互联网领域盈利模式尚不清晰的情况下,不愿意在新媒体研发上投入而损害现有利益。这些短期思维导致大部分电视台没有储备足够的互联网技术人才,对技术研发缺乏足够的重视。

同时,在媒体融合过程中,传统媒体的从业人员在转型的过程中难免表现出不适。如过去的电视新闻与现在的融合新闻制作区别较大。过去做新闻离不开扎实的新闻写作功底、过硬的新闻采访技巧、线性编辑和非线编的应用得心应手。但是现在的融合新

闻在过去传统新闻采制的基础上出现了很大的变革,新闻形态多
样化,如 AR/VR 沉浸式新闻体验、数据新闻的可视化制作、新闻游
戏、解释性报道等,而完成这些新闻制作播出不仅需要从业者保持
新闻价值的敏感性,同时还要熟练掌握 AE、动画、H5、Python、R 语
言等技术在制作新闻中的使用。除此之外,还需要根据不同的传
播渠道制作相应的新闻版本,所以对从业人员提出了更高的要求。

而且,传统媒体与新兴媒体之间的人才流动容易出现单向度
的流动,间接产生传统媒体人才与新兴媒体人才之间流动的阻隔,
新兴媒体的骨干人才认为传统媒体待遇稳定,愿意流动到传统媒
体,而传统媒体的骨干人才认为新兴媒体具有挑战性,但工作强度
大,不愿意流动到新兴媒体。

在种种因素的累积下,造成了电视媒体人力资源的结构性矛
盾,使电视媒体陷入了"一方面喊缺人,一方面人多余"的怪圈。新
媒体关键人才的缺乏,将导致电视媒体融合发展的相对滞后,影响
其核心竞争力的打造和培育。要想吸引到既熟悉网络技术规律,
又熟悉市场的新媒体人才,需要在收入分配、激励保障方面变革,
以引进和留住现有适应融合发展需要的核心人才。同时还需要建
立互联网人才发展战略,为优秀的互联网技术人才制定一种科学
合理的职业生涯发展规划。

(三)高校新闻人才培育与行业脱节

2020 年 5 月清华大学新闻与传播学院取消本科,并将大幅度
扩大硕士研究生规模,今后人才培养主要在研究生层次进行。消
息一出,业界、学界一片哗然。暂且不论清华大学的做法是否得
当,单纯从注重高层次人才培养方面,已经很大程度上反映出行业
对人才需求的缺口。高校如何培养新闻传播学人才,如何实现学
界与业界的有效对接都是需要重新思考的问题。

首先,教育体系保守,缺乏全媒体生态意识。随着互联网技术
的发展,立足于理论教学体系的新闻传播学教育已经不符合时代
的要求,也无法满足学生的要求,因此急需建立适应媒体融合视角
下的新闻人才培养的目标体系。如在传统的教学体系中,大多高

校的培养方向更多适合于传统媒体。数字化背景下的融合媒体生态则对学生提出了更多要求,高校需要调整教学体系,将教学重点瞄准以互联网为主的新媒体需要。

其次,实践教学模式陈旧。目前虽然大多数高校都意识到了培养新闻人才实践能力的重要性,但是因客观条件的限制,实践教学还停留在模拟实践的层面,无法与社会对接,实际上对学生实践能力的培养打了折扣。这一问题主要表现在两个方面:一是学校的实践教学完全是自主实践,即学校或教师给学生布置相应实践任务后由学生自行安排实践。在这样的实践过程中,由于学生的实践地点分散、指导教师无法深入跟踪指导,加之学生的自控能力差,实践效果可想而知。二是实践教学是在实验基地的硬性教学。由于学校的实践基地、实践设备的技术更新滞后,无法真正做到与媒体融合时代的融媒体技术接轨,对学生所起到的教育意义也并不理想。

最后,师资力量的短缺。高效人才的培养,师资是关键。媒体融合时代的到来,促进传统新闻传播内容与模式的巨大改变,因此也要求教师队伍及时更新自己的理念,不断提升自己,及时掌握新媒体的技术和知识,将最新的知识和技能带给学生,帮助学生适应现实社会对新媒体时代媒体人的需求。教材陈旧也好,课程体系保守也罢,其关键问题是教师队伍能否适应、满足当下融媒时代新闻传播教育的需求。

第二节 盈利困局: 广告收入下滑、盈利模式单一

20世纪80年代前后,大众传播渠道稀缺,电视台的特许垄断地位使电视媒体一度成为传媒行业的王者。到了20世纪90年代,产业化的浪潮席卷大众传媒产业,电视媒体较高的受众关注度,成就了其广告价格的飙升,尤其是电视媒体中领军的央视和几家实

力强劲的省级卫视,其广告时段成为各大知名品牌广告主的必争之地,电视媒体赢得了知名度和利润率的双丰收。然而,随着新媒体时代的到来,传统的电视媒体在收视率、用户规模、广告收入等多个方面均受到了新媒体的冲击而出现下滑,甚至是断崖式下滑。因此不难看出,曾经在传统媒体时代以"二次售卖"为核心的商业盈利模式正在濒临解体和崩溃。

一、市场规模缩小,广告空间收紧

改革开放前 20 年,电视台属于事业单位,所有的经费都来自国家财政部门的拨款。改革开放以后,在市场机制的作用下,商业广告作为电视台的一种补充收入出现了。1979 年 1 月 28 日 17 时09 分,上海电视台屏幕上首先打出字幕:"上海电视台受理广告业务",紧接着播出了第一条商业广告——《参茸补酒》,广告价格为每分钟 160 元,时长 90 秒,每次收取 240 元,广告 4 天内共播出 8次。[1] 广告播出后,随即引起了市场的强烈反响。在那个年代,人们每个月的工资不过 30 多元,而"参茸补酒"一瓶就高达 16 元,即便如此,在广告播到半个月时,整个上海大部分药店的"参茸补酒"便被抢购一空。看到经济效益的同时,上海电视台于同年 3 月 15日又播出了第一条进口商品广告——《瑞士雷达表》,并于同年与中国香港太平洋签订了 130 万港币的广告合同,为西铁城手表播放一年的报时广告。1979 年 4 月 13 日,广东电视台开始试播广告;同年 4 月 15 日,春节广交会开幕当晚,广告节目正式播出。1979 年 11 月,中宣部正式批准新闻单位承办广告。同年 12 月,中央电视台在两套节目插播广告,每天播出 5 分钟。同时,在财务上,中央电视台改全额预算为差额预算。从此,广告逐渐成为中国电视机构的主要收入来源。[2] 从广告开始,中国电视台继续保持事

---

① 易旭明:《中国电视产业的制度变迁与需求均衡》,上海大学博士学位论文,2011 年。

② 唐世鼎等:《中国特色的电视产业经营研究》,中国国际广播出版社 2009 年版,第 31 页。

业单位属性的同时,也被植入了商业属性。1980 年,国务院明确广
告业隶属国家工商行政管理总局管理,国家工商总局筹建广告管
理机构并着手制定有关广告管理法规。1980 年 8 月,根据国务院
领导批示,由当时的国家经济委员会牵头,国家工商行政管理总局
参加,开始起草《广告管理暂行条例》。1982 年 2 月 2 日,国务院通
过《广告管理暂行条例》,2 月 6 日《广告管理暂行条例》正式颁布。

　　更重要的是,电视媒体的消费具有非竞争性,也就是说,电视
节目可以无限次地供所有需求者消费,并且每一次消费完毕都不
会产生耗损。我国电视台在初创时期是政府出资建设并且运营
的,可供观众免费观看,因此,当时电视媒体的消费并不具有排他
性。正是因为这种非竞争性和非排他性,电视媒体呈现出显著的
公共物品属性,即便后来有线电视技术提升了电视节目的传输质
量,建立起了电视媒体消费的排他性,将不付费的观众排除在消费
电视节目的群体之外,但是由于有线电视收视费用较低,只能勉强
弥补传输的成本,并不能将费用用来支持电视媒体的节目制作等
成本。尤其在台网分离之后,有线电视传输的费用便不再是电视
台收入的一部分。电视媒体公共物品的属性使其需要依靠其他的
盈利模式来弥补成本,获得利润。而电视媒体的广告时段对于广
告主来说既具有排他性同时又具备竞争性,属于私人物品的范畴。
因此,长期以来,广告收入是电视媒体的主要盈利模式。

　　但是能够以广告收入完全弥补电视节目的制作费用并能够获
得可观利润的电视媒体还是少数,大部分卫视的广告收入并不尽
如人意,使得节目制作成本捉襟见肘。单纯追求制作费用不能使
电视节目的质量得到保证,粗制滥造的节目必然无法赢得收视率,
电视受众的大量迁移带来的直接后果就是电视台的广告收入锐
减。循环往复,电视媒体中形成了马太效应,强台更强,弱台日渐
式微。受新媒体广告的冲击,电视广告收入规模明显缩水,2012—
2014 年,我国电视广告收入呈增长态势,2015—2018 年,广告收入
出现下滑,广告收入规模从 2014 年的 1278.5 亿元下降到 2018 年
的 958.86 亿元。2015—2018 年四年广告收入同比分别下滑了

4.6%、16.6%、3.6%或0.98%。① 由此可见,单一盈利模式再也无法支撑电视媒体的持续发展。

一般而言,在传统媒体时代,由于媒体大多都是大众传播媒体,因此,对受众并没有进行细分,而广告商投放广告也主要是依据投放平台的收视率而定。而在新媒体时代,随着大数据、人工智能、区块链和算法的不断演进,互联网等新媒体技术为媒体的分众传播与广告的精准投放提供了技术基础,而传统媒体在受众细分方面目前是滞后的。因此,在这种情况下,广告收入出现断崖式下滑便不难理解。

以受到冲击较大的城市广电为例,受限于电视媒体的经营机制和自身的行业壁垒,就城市电视台而言,我国大部分城市台在经营上一直过于依赖传统的广告模式,不但缺乏多元创收路径,而且也很少考虑如何同其他行业进行横向合作,并向外拓展资本。更为严峻的是,随着新媒体行传播的异军突起,城市台的影响力受到了极大的冲击,在经营上的困境也愈发明显。一方面,在新媒体的冲击下,传统媒体受众纷纷转向新媒体平台,分流趋势明显。城市台的开机率、收视率、收视份额都呈现下滑趋势,城市广电的生存空间不断被挤压。另一方面,城市台与全国性和省级电视媒体相比,其覆盖面和传播内容有较大限制,同时,在传播的地理边界被虚拟网络空间打破和超越的信息传播环境下,传统城市媒体曾引以为傲的本地话语权优势也被部分让渡。

二、电视观众流失,变现能力下降

随着新媒体的介入,原本属于电视媒体的受众纷纷开始转向网络空间,以致电视媒体的收视率出现了历史性低点。根据CSM媒介研究统计,2019年上半年,所有调查城市平均每人每天收看电视时长为125分钟,相比2018年上半年减少7分钟,下降幅度为

---

① 中国报告网:《2019年中国电视广告行业市场持续低迷 五大卫视广告收入下降》,http://free.chinabaogao.com/chuan mei/201910/102545M492019. html,2019年10月25日。

5.3%,较以往两年降幅有所减缓。但与2015年上半年相比,全国平均每人每天收看时长减少了31分钟,下降幅度达19.9%,短短5年,人均收看电视的时间整整缩短了半个多小时。可见,新媒体的发展对电视收视率的冲击不可小觑。

同时,互联网技术创造了新的传播渠道,也在潜移默化中重塑着受众看电视的方式,电视受众逐渐分流。从过去居家围坐在屏幕前看电视,到后来边看电视边刷微博,逐渐习惯于在大、小屏幕间自由流转,表达观点、参与互动,再到如今年轻受众纷纷"逃离"电视、"投奔"网络,电视也已经不再成为家居设计中的必需品。根据第46次《中国互联网发展状况统计调查》数据,截至2020年6月,我国网民规模为9.40亿,[①]其中20～29岁、30～39岁网民占比分别为19.9%、20.4%,高于其他年龄群体。[②] 不难看出,"80后"以及"90后"的群体更愿意接触新媒体,这也间接造成了电视媒体的弱化。基于CSM媒介研究,2019年上半年,65岁及以上的老年观众人均收视时长277分钟,是唯一一个与前两年保持等量收视的群体,其他各个年龄段观众的收视量均出现一定程度的下滑,尤其是中年观众,收视时间下滑最为明显。具体来看,45～54岁中年观众人均收视时长减少超过15分钟,其次是55～64岁观众,人均收视时长减少9分钟,电视年轻受众不仅被新媒体分流,更为严重的是,电视收视量的下滑已经从年轻群体开始向中老年群体蔓延。电视媒体的受众正在渐行渐远,并逐渐释放出"失联"的危险信号。

三、媒体融合不均衡,投资回报不确定

2014年媒体融合上升为国家战略,到2020年媒体融合向纵深推进,国家一直在积极应对"电视衰落"问题,从中央到县级电视台也都在如火如荼地进行,但电视媒体进行融合转型所需要的经济支持是比较大的,不同层级的媒体所获得的支持也不尽相同。大

---

① 中国互联网络信息中心:《中国互联网发展统计调查》,2020年6月,第17页。
② 中国互联网络信息中心:《中国互联网发展统计调查》,2020年6月,第23页。

体而言,中央级媒体所获得的国家政策支持、经济支持最大,省级媒体次之,县级媒体因为政策支持,所获得的支持力度也较大,最薄弱的环节是城市台。其中,除了省级媒体中处于第一梯队的卫视,如湖南卫视、浙江卫视、江苏卫视、东方卫视等,依托本身强劲的平台优势和资源聚合力,在盈利上依然处于增长趋势外,其他省级卫视的融媒体推进之路是相对艰难的,更不用提大多数的地市级电视媒体。因此,从整体来看,电视台在媒体融合的技术平台、业务流程、用户数据库以及服务平台等方面严重落后,我国的媒体融合转型依然任重而道远。而且具体到媒介经营管理方面,在传统的盈利模式濒临崩解的情况下,媒体融合的投入又大于产出,成了一个非常大的发展瓶颈。

　　除了国家的政策支持和经济支持的不均衡导致不同层级电视媒体融合发展的不均衡外,电视媒体自身的投资回报考量也在一定程度上制约着媒体融合的进程。尽管新媒体的诸多优势使其很快拥有了大量的用户基础,但现有的盈利模式依然是以广告为主。在我国,观众看电视大多是免费的,如果将电视节目直接复制到新媒体平台,观众依然会习惯免费收看。爱奇艺是我国首个宣称以正版高清视频为内容资源的视频网站。其最初上线就走原版授权的高清品质路线,其设立的部分 VIP 资源需要付费观看,尽管近年来用户付费占收入的比重逐年递增,但广告仍然是其最重要的收入来源。许多移动应用软件虽然依靠投资很快得到了推广,但要么是昙花一现,还没有开始盈利就被市场吞没,要么就是虽然得到了用户的认可,但还没有找到稳定的盈利模式,即便如用户基数较大的微博和微信,大多应用也是免费为用户所使用,其主要收入来源依然是广告。当然,腾讯正在借助微信逐步拓展互联网金融的广阔市场,寻找除广告外的其他盈利模式,这是新媒体盈利模式中较为成功的案例,但也是个案,能做到这个水平的新媒体平台或互联网公司并不多。

　　电视媒体一直是广告主投放的首选之一,其广告价值和规模都曾经另各类新老媒体望洋兴叹,虽然近几年互联网广告总量超过了电视广告,但互联网公司的数量远远大于电视媒体的数量,所以单一电视媒体的广告收入仍然很可观,尤其是上星卫视中前50%的频道。因此,在媒体融合中电视媒体还没有找到新的盈利增长点,回报的不确定性也使电视媒体在媒体融合发展中踌躇不前,甚至有很多风险规模型、创新意识不强的电视媒体还仅满足于电视广告的既得利益。但必须明确的是,电视媒体不融合不转型就是死路一条,如何经济节约地推进电视媒体融合转型,就成了一个需要认真研究和不断探索的现实问题。

第三节 思维困局:
市场意识、用户意识及创新意识淡薄

思维是行动的向导,思想解放和观念转型在某种程度上决定着行为结果。然而,在电视媒体发展融合的进程中,存在着转型观念和融合意识的缺位与滞后,主要体现在市场意识、用户意识、互联网意识、创新意识等观念淡薄,导致融合受阻。

一、市场意识淡薄,阻碍媒介生态关系重组

在当前的互联网环境下,新媒体能够在短时间内迅速聚拢大量的用户,以微信、微博等软件为载体抢夺了大量的传统媒体用户,并快速崛起。电视媒体过去以自身影响力和公信力来吸纳广告的经营模式已经无法适应当前的传播形势,融合转型是电视媒体必须面对的问题。然而电视媒体在转型之路上显得有些操之过急、缺乏深度思考,转型不应该摒弃传统平台的基础,而是要在其固有影响力下打造新的平台,创造更多的利润。与新媒体相比,大部分电视台无论是资金来源、用户基础还是专业人才队伍的配置都毫不逊色,问题在于媒体融合语境下市场观念、产品观念和营销观念的迟滞与错位,忽视了对自身内容专业性和深度的打造,弱化了自身的优势,从而在传媒市场竞争中处于弱势地位。

整体来看,传统的电视媒体是一个相对封闭的系统,不仅缺乏互联网的基因,更缺乏互联网思维下媒介资源配置的全媒体视角,尤其表现在媒介产权意识的淡薄模糊。很多电视台一把手的观念还停留在"电视+互联网"的"台网联动"融合1.0阶段,以为做好节目(自以为好的节目)就会有观众。但媒介2.0阶段的媒体融合的外部发展环境和观念创新的内在要素已经发生了质的变化,受众变成了用户,要根据用户需求生产内容,并且用户也可以进行内容生产,供需关系重构的实质就是先有用户再有产品,并形成全新的服务模式和商业模式。传统电视媒体要想在新的生态关系中突围,就必须打破原有的媒介生态、思维定式和利益格局,通过深度跨界融合达到纳什均衡。

二、用户意识淡薄,降低电视媒体入口价值

互联网领域的未知内容远远大于已知内容,互联网时代,人们的生产方式和交往方式正在发生着革命性和颠覆性的变化,互联网改变着新闻信息传输的方式,改变着传者和受者在传播活动中所承担的功能和扮演的角色。数字化技术的飞速发展和全面应用,导致电视媒体在技术、媒介内容系统、网络系统、终端系统、组织系统、媒介规制、媒介主体的身份等方面发生了多层次、多方面的变化。融合发展的背后离不开互联网,互联网既是催生"融合发展"这个话题的一项重要因素,也是有效实现电视媒体融合发展的重要手段之一。

媒体融合的语境中,传统意义上的受众已经不复存在,人们在信息传受过程中获得了前所未有的主动性,成为融合用户。融合用户的消费取向发生了巨大变化,他们在传播的过程中,已经由被动的信息接收者转变为信息传播中的主动使用者和参与者。而部分电视媒体在融合发展中出现了"互联网思维缺乏"的问题,部分新闻从业者的脑海中没有受众观念,没有用户观念,融合意识缺乏。

其实,就电视媒体中的新闻改革而言,其深度与广度的拓展,

在相当大的程度上有赖于新闻观念的深刻变革，要具备"互联网思维"，颠覆传统媒体固有的运作思路，如移动客户端的开发。在媒体融合的初期，传统的电视媒体纷纷布局移动客户端，有的进行App的研发，有的运营公众号、发力短视频，还有的进行直播带货，以期抢占新媒体传播的一席之地。但现在来看，随着部分电视媒体主营业务收入的下滑，需要新媒体产品如微信公众号进行有力支撑的时候，却因缺乏科学的管理和维护，收效甚微，有些公众号甚至因为无人问津而无法得到正常的运转而停滞不前。这些问题的出现，根本原因在于互联网思维的缺失。

互联网的本质是"用户体验为王"，要通过更好的互联网技术来与用户交朋友，使用户有更好、更多的参与感。传统的电视媒体以"自我为中心"，重点是向受众提供好的内容，而互联网"以用户为中心"，重点在于为用户提供更为及时、便捷、互动的精准化的信息。所以在进行新媒体产品开发的时候，要求传统媒体要从"内容为王"彻底转变为"信息服务为王"，变之前的商业开环为商业闭环，唯有这样才能获取实实在在的商业利益。

三、创新意识淡薄，弱化电视媒体竞争优势

电视媒体的经营理念和管理思路相对于新媒体而言较为传统，缺乏突破创新的意识，单一化的经营模式不能够适应当前媒体融合时代的发展，出现了运营水平较低、产业发展滞后的问题。这也是电视媒体逐渐走向低谷的重要原因之一。电视媒体不进行改革和转型，单纯依靠线下经营是难以在网络时代生存下去的。另外，大部分电视台在人才管理上也有所欠缺，没有意识到人才是其发展的决定性因素，没有建立完善的用人机制和激励体系，很多有才华、有志向的年轻人得不到发展，人才大量流失。

对于媒体从业者来说，在媒体融合时代，部分电视媒体的从业者还停留在传统宣传模式上，没有及时转变思想观念，未树立起融合思维、创新意识，进而在新闻媒体行业的发展中没有进行有效的工作。这是在传统媒体观念的影响下所形成的问题，并非短时间

内就能扭转的。"人"是融合转型能否成功的关键因素,如果电视媒体的从业者不能够积极拥抱"新世界",在观念上缺位,疲于创新,那么即便有技术、有资金、有政策,也很难顺利完成融合转型。

我们都十分清楚,传统媒体和新媒体不同,这是媒体行业的全新篇章,标志着媒体行业的发展进入了一个全新时期。而电视媒体的发展也应紧跟时代步伐,与时俱进。在媒体融合时代,信息传递速率加快,人们获取信息的途径也在不断地增加,新型软件为媒体行业的发展创建出更多的优质平台。而且伴随着人们生活质量的提升,传统的媒体形式早已无法满足人们的需求,为促进新闻行业更加适应融媒体发展的需要,必须要改变以往的工作方式,树立融合思维,创新工作方式,提升业务能力。电视媒体的从业者也应该进行自我革新,强化融合技术学习,创新新闻报道的内容形式,以创新推动融合,通过融合实现转型,争做新时代复合型新闻传播者,以满足人们多元化的信息需求,促进新闻媒体行业的发展。

第四节　内容困局:
新闻、综艺与电视剧的发展危机

从全国电视播出节目类型来看,新闻资讯、综艺节目和电视剧仍然是拉动电视收视的"三驾马车",三大类节目收视量合计约占全部收视量的一半以上。然而,随着互联网技术和新媒体的快速发展,网生内容对电视内容产生了强劲的冲击,成为电视节目发展面临的巨大外在压力。

一、新闻生产危机:融合新闻的三重伦理困境

媒体融合时代的融合新闻实践,深刻地影响了电视新闻业的生态格局与话语观念,同时也对传统的新闻伦理提出了新挑战和新问题。电视媒体在进行融合新闻实践中衍生出的伦理问题主要体现在价值本位、生产模式和呈现形态三个层面,这也让我们对什

么是融合新闻、如何生产融合新闻、融合新闻的呈现样态有了新的思考。

（一）融合新闻价值本位的伦理困境

技术的颠覆往往引发伦理的共振。从融合新闻实践和相关研究现状来看，新闻推送技术化、新闻获取社交化、新闻形态视听化和新闻消费快餐化等趋势的转变，都纷纷将矛头指向了一个突出的问题——高质量新闻的缺失。这也是当前新闻传播中后真相的流行、数字鸿沟扩大等诸多问题产生的重要原因，因而成为媒体融合时代电视新闻从业者面临的最大伦理挑战。

所谓新闻伦理，是指新闻生产和传播实践过程中应该遵守的职业准则、专业规范以及价值取向。当下，关于融合新闻实践的批评，主题都是围绕伦理问题展开的。由于新媒体产品具有用户属性和产品属性，流量逻辑成为衡量产品价值的主导逻辑之一，这在一定程度上决定了融合新闻的传播方式与呈现样态。也正是基于流量逻辑的驱动，融合新闻更多呈现出一种娱乐化、戏剧化和情绪化的趋势，在一定程度上扩大了融合新闻的内涵和外延，让诸多泛内容产品被纳入到融合新闻的内容生态体系中来。其实，新闻娱乐化、戏剧化并不是媒体融合时代的产物，早在 20 世纪 90 年代电视新闻发展的鼎盛时期便初见端倪。20 世纪 90 年代以来，媒体的市场化改革让我国新闻业饱受市场经济的冲击，广告额、收入、利润等成为新闻媒体的"枷锁"，进入 21 世纪，技术迭代引发的新闻业重构让新闻的边界逐渐消解，但无论哪个时代、何种缘由，均是对"新闻是什么"这一根本性的新闻价值本位问题提出的挑战。

相较于传统的电视新闻形态，融合新闻产品的形式外延发生了巨大的变化，如数据新闻、VR 新闻、AR 新闻、新闻游戏、互动新闻、短视频新闻、动画新闻等新兴新闻形态给用户带来全新的体验感和新鲜感的同时，也正在经受着一场始料未及的"身份"拷问。实际上，新闻之所以被称之为新闻，就是因为其具备了真实性、时效性等新闻价值，这些原则性的价值标准始终约束着融合新闻的发展。无论融合新闻的形式如何演化，其主体身份依然是新闻，依然需要遵守新闻价值标准,一旦背离,新闻便会陷入价值本位的伦理困境,新闻价值也就无从谈起。

需要特别强调的是,当前,我们正处于后真相时代,所谓"后真相时代",其实就是事实的重要性退居次席,人们对事件所产生的情绪和态度比事件的真相更加重要。社交媒体对事件的表达也随之更为多元化和多维度,为用户打开了媒体赋权的窗口,但反转新闻、虚假新闻的频发也让新闻专业主义备受争议。如 2018 年重庆公交车坠江案、2019 年英国冷冻集装箱卡车案、2020 年上市公司高管涉嫌性侵未成年养女多年案等,舆情几度反转,其根本原因在于网民沉溺于情感宣泄,当个人的情绪经过媒体渲染后,情绪的个人性就具有了群体性,个人情绪就会形成社会情绪,对真相的追逐逐渐逐渐淡化。此时的电视媒体已经无法满足普通公众的表达需求,新型社交媒体因其开放性、匿名性和共享性等特征,为公众提供了狂欢的平台。但是,社交媒体对于真实的修正仅仅是对新闻事实中某个要素的修正,局部真实的矫正难以抹平受众对整个媒体构建"象征性现实"的失望。

然而,狂欢的背后需要理性。在一切权威都可以被解构,一切话题都可以被消费的自媒体时代,电视媒体尤其要担负起媒体职责,发布权威信息,实现价值引领,进行深入调查和深度报道。满足受众的知情权,体现媒体的专业能力。当真相浮出水面,谎言便无处藏身。同时,电视媒体的权威性还体现在对舆论的引导上。因此,新闻报道者也必须学会与人们的内心和思想对话,力求从情感上拉近与受众的距离并博得受众的认同。

(二)融合新闻生产模式的伦理困境

当新闻活动进入数字化时代时,新闻生产从方式到渠道都发生了翻天覆地的变化。人工智能、算法推介、数字编辑等技术越来越成为新闻生产的重要手段,而移动客户端、社会化媒体、搜索类媒体和聚合性媒体愈发成为新闻分发的主要渠道,这些由用户参与、未经审核的新闻数量大幅度上升,新闻内容的"专业化"生产也受到挑战,越来越多的自媒体在舆情风暴中扮演着重要角色;大数据、智能算法使得新闻传播和接受以用户为导向,这对新闻管理提出新的挑战。

　　具体到新闻生产环节,如今的算法推介、人工智能和大数据的综合运用彻底颠覆了过去"人找信息"的模式,逐渐演变为"信息找人",依据用户画像精准推送用户可能感兴趣的内容,这成为当下各个媒体进行数据库建设的初衷。流量经济面前,用户成为各大媒体的必争之地,但基于"算法"而生成的新闻生产和传播过程,并非以新闻的真实性为准,而更多地掺杂了过于娱乐,甚至是低俗化、恶趣味的内容,这些内容不仅不能为用户提供正确的价值导向,反而将用户引入平面化、低俗化的深渊。

　　具体而言,无论基于用户的新闻偏好、行为协同,还是基于内容的推荐,如果不掌握用户的特征和全面数据,就很难给受众提供实用的东西。许多平台忽略用户的准确特征和分类,按照自己的意图漫无边际地推送有利可图的信息,根本不考虑信息的社会危害。这样一来,用户的信息满足感就会遭到践踏,资讯平台的公信力就会丧失殆尽,时间一久将被用户抛弃。媒体报道新闻要让受众了解社会变动,提升受众的认知,以往的新闻推送还经常把错误或虚假信息派发到用户的移动端,构成报道风险。有关社会政策、社会发展和社会矛盾的重大事件报道,是相当数量的用户所关心的,仅仅从用户的个体指标出发计算新闻分发,新闻推送必然埋下潜在的威胁。

　　因此,作为数字时代新闻业的重要组成部分,各种平台类媒体已经不能再无视新闻作为公共物品的伦理要求,更不能再回避自身肩负的新闻伦理要求,在技术不断革新的前提下,不仅要注重"平台权利",同时也应该重视"平台义务"。

　　(三)融合新闻呈现样态的伦理困境

　　新闻生产是电视媒体的一大优势,但这一优势想要继续存在,就需要一定数量的用户支持。然而,随着新闻生产方式的多样化,如新闻游戏、数据新闻、短视频新闻、VR 新闻、机器人新闻等的层出不穷,其与电视媒体的传统新闻生产在进行用户注意力的争夺,很多年轻的用户纷纷将视角转向新媒体。以智能技术带来人机协作的新闻生产模式而言,智媒技术可以助力新闻信息采集和新闻事件识别,提速新闻文本自动化生产,推动 MGC(Machine Generated Content,机器生产内容)时代的到来。再者,内容分发逐步走向个人化、交互化。如微博的兴起,无疑为用户生产新闻提供了平台和工具,从 140 个字的书写到图文并茂再到视频推送功能的完善,用户可以随时随地将自己看到的、听到的事情未经审核便发送出来,让用户"了解天下事"的同时,也忽略了"天下事的真伪",更多的只是平添了情绪的波动和键盘的评论。

同时,智能技术也不断重构着新闻生产生态。智能技术使得新闻生产的生态形成了新的竞争格局,职业新闻生产者生产的内容被稀释,促进了新闻生产的社会参与。由此,智能技术的发展促使电视行业的从业者重新审视媒体的角色。"现场"的地位将进一步跌落,电视媒体的现场报道优势进一步弱化,"AI 时代的内容组织者"将成为媒体的重要角色。内容生产的边界进一步消融,在数字媒体的叙事方式中,融合新闻报道将成为精品报道的常态,而技术则成为新闻叙事的重要表达元素,这对新闻记者的信息核查能力提出了更高的要求。

二、电视综艺危机:电视媒体与视频网站的博弈

随着媒体融合向纵深推进,台网之间的合作越来越频繁。网络综艺正以肉眼可见的速度对电视综艺进行收视分流,而一直以来电视综艺和网络综艺之间的博弈和抗衡,也在近两年出现了明显的分水岭:"大制作、大投入、大明星、大经营"的优质网络综艺已经诞生,虽然电视综艺也不乏有口碑和创新之作,但相比网综还是"冷"了不少;广告客户纷纷入驻超级网综,留给电视综艺的机会已经不多;慌乱之下的电视综艺,不免掉入"创新陷阱",而"唯快不破"的网络综艺生产机制让电视综艺措手不及。因此,在台网融合的大趋势下,电视综艺受到网络综艺的威胁,收视危机、创新危机、机制危机等频频来袭,对电视媒体来说,考验异常严峻。

（一）收视危机：视综收视"疲软"，网综建立"强连接"

电视综艺收视率过2%，曾被认为是"现象级"节目的三大标准之一。根据CSM55城的数据显示，2019年上半年卫视综艺节目收视率前30的排名中，收视率破2的节目为零，破1的节目仅有10档。稍显乐观的是，由于2020年疫情突发，上半年大家几乎都宅在家，因此，拉动了上半年卫视综艺节目的收视率，收视率破2的有7档。但短暂的乐观数据并不能掩盖高收视电视综艺节目数量下滑的危机。然而，低收视的真正危机在于广告客户对传统电视渠道能否聚合大规模受众的怀疑，这将很大程度上影响电视媒体的收入。

如前所述，造成电视收视危机的重要原因是年轻受众被网络分流，加上电视媒体"线性播出"的先天劣势以及与受众的"弱连接"，即便是深受年轻受众喜欢的综艺节目也难逃收视下滑的命运。但是，聚合粉丝却是视频网站所擅长的，建立粉丝社群，真正融入年轻用户中，与年轻用户建立强连接。如爱奇艺、腾讯视频、优酷等视频网站充分利用明星与粉丝之间的互动和影响力，增强年轻用户对平台的黏性。在此基础上，视频网站可以进行IP宣传推广等项目开发，潜力巨大。

（二）创新危机：视综掉入"创新陷阱"，网综打造"现象级"

所谓"创新陷阱"，是针对商业企业来说的，是指企业在发展过程中对创新活动存在着错误的认识和行为，包括资金陷阱、技术至上陷阱、意识陷阱等。对于电视媒体而言，现阶段的综艺节目也面临着诸多"创新陷阱"。

为了赢得高收视率，卫视之间不仅展开激烈竞争，电视台和视频网站之间的关系也进入了白热化。主要表现在倘若一档综艺节目成为"现象级"，那么其他各大电视台就会跟风复制，引发严重的同质化问题，缺少创新的同时，也影响了观众的审美体验。如湖南卫视推出的明星育儿真人秀节目——《爸爸去哪儿》播出，获得一致好评后，各大媒体与卫视便纷纷开始以此为样板进行制作，一时间电视综艺上演了轰轰烈烈的"萌娃"大战。

除了复制造成的同质化问题,更严重的问题在于电视综艺对原有"现象级"节目品牌的维护不够重视,反而过度寄希望于节目创新。然而,面对网络综艺迅速崛起的现状,电视综艺如果将原本有较好受众基础的节目品牌停播,转而将资本投入新制作,不仅会造成受众流失,很可能还会被网络综艺抢了先机。造成这一问题的根源在于部分卫视没有建立起自己的比较优势,因而没有找准创新方向和切入点,一味地与超级网综比较,堆砌流量明星,在错失电视媒体比较优势的同时,得到的收视效果也一般。而央视的多档文化类综艺,如《经典咏流传》《中国诗词大会》《国家宝藏》等节目的火爆,正是因为央视找准了自身的优势进行创新。

(三)机制危机:视综制作"缓慢",网综"唯快不破"

相比视频网站,电视节目制作机制的僵化是巨大的"掣肘"。视频网站的节目制作机制灵活,能够适应各个不同阶段的发展状况。尤其是互联网"唯快不破"的创新机制,能够迅速捕捉当下热点,给制作"缓慢"电视综艺以致命一击。

视频网站自带互联网基因,对于人才的培养和激励,从独立工作室到项目责任制,视频网站显然更加注重核心明星内容团队的长远打造和深度培养。如爱奇艺在2019年正式公布三大中心和21个工作室,工作室只保留导演、编剧和制片,更加专注于内容创作,对于S级的大项目,众多工作室则合力而为;腾讯视频在综艺制作上则采用项目经理制,也就是作为平台方的腾讯视频主要负责把关和运营,具体制作环节则交给优秀的节目制作团队。无论是爱奇艺,还是腾讯、优酷等视频网站,都具备快速反应、迅速开发的互联网特质,擅长挖掘适合年轻用户喜欢的产品,然后再由经验丰富的团队执行,唯快不破。

三、电视剧危机:网络剧的生长与突破

如前所述,电视媒体与视频网站均为媒体融合语境下全新传媒生态系统的一部分,两者之间的关系在不断地融合与博弈汇总中变化,由开始的相互合作,逐渐演变为当前的行业话语权的争

夺。无论是网络自制剧本身及其制播营销策略，还是传统电视剧"台网"联合播出的模式，均对传统电视剧及电视媒体产生了深刻影响。

（一）"台网联动"撼动电视媒体主导地位

2017年6月《军师联盟》"先网后台"跳票，堪称是视频网站与电视媒体相互角力的标志性事件。虽然优酷和安徽卫视、江苏卫视最终达成了同步播出的意向，为一线卫视保留了最后的尊严，但事件背后所反映出的视频网站逐渐坐大的趋势值得人们深思。

"一剧两星"政策的实施，使电视剧市场的竞争愈加激烈，先是二三线卫视惨遭一线卫视"淘汰"，一线卫视几乎垄断了大制作、高热度的电视剧的播放权，再是网络视频平台跻身于一线卫视同等地位，成为电视剧出品方优先考虑的投放平台。相比电视媒体，视频网站拥有更强大的购剧实力，如在一线卫视普遍单集报价300万元以内的市场环境下，PPTV为《凉生，我们可不可以不忧伤》开出了单集1000万元的报价，欢瑞世纪出品的《盗墓笔记3》更是将独家网络播放权以单集2400万元的天价出售给了爱奇艺。①

不难看出，网络视频平台涉水电视剧制播营销对电视媒体的影响深远，主要表现几个方面：一是在分摊购片成本的同时，网络视频平台极速抬高了版权费，而电视台购买电视剧的盈利几乎全部依赖网络版权收入，这样无异于逐渐让电视台丧失话语权；二是受经济杠杆驱动，制作方日益偏向于网络视频平台，流量明星、热搜话题等网络名词高频出现在电视剧中；三是在资本的助推和平台的博弈下，电视剧正在由"先台后网""网台联动"向"先网后台"及"网络独播"转变。

也应该看到，电视媒体几十年来塑造的受众收视习惯和全民影响力短时期内还不能完全被视频网站颠覆，因此，出品方依然没有放弃对一线卫视的争夺，千万级别制作费的小成本电视剧依托

---

① 欢瑞世纪：《欢瑞世纪联合股份有限公司关于霍尔果斯欢瑞与爱奇艺签订影视剧售卖和定制合同的公告》，http://file. finance. sina. com. cn/211. 154. 219. 97；9494/MRGG/CNSESZ_STOCK/2017/2017-10/2017-10-16/3803615。

电视台,还可以收到"薄利多销"的效果。

(二)"用户至上"挑战传统电视剧制作理念

分众策略的实施,让网络剧可以充分迎合用户需求,以更加精致化的制作方式吸引用户的点击率和关注度,这种近乎为用户量身定制的网络剧备受推崇,也为电视剧的创作平添了压力。

首先,在网络剧火爆的当下,视频网站为了争夺流量和市场份额,纷纷高价购入电视剧版权和自制网络剧,试图用高质量的头部剧确立网站的特色。如爱奇艺曾在 2017 年发布"海豚计划",以单集 300 万~800 万保底价(含演员)+分成 50% 的诱人分成模式,公开招标"A-S"级别的网剧。制作成本的提高也使得网络剧逐渐摆脱了过去粗制滥造的印象,"五毛特效"的时代也一去不复返,逐步向精品化靠近。而且网络剧的制作团队也越来越豪华,名导演积极参与网络剧项目。演员方面,流量明星扎堆,而且网络剧有着极强的造星能力,众多新人演员凭借一两部作品就能迅速走红。

其次,网络剧轻量化的制作使制播周期明显缩短。相较电视剧动辄 30 集起步的体量,网络剧明显更能够快速触达用户。如热门的网络剧《盗墓笔记》《无证之罪》《鬼吹灯之牧野诡事》等均为 12 集的体量。小体量的季播剧更加能够适应网络用户求新求变的审美取向,也便于制作方和平台方及时、灵活地调整制播流程。

最后,相较于电视台,视频网站播放机制更为科学、灵活,这让网络剧制作和播放更加贴近用户。用户行为监测使得收视数据能够真正做到反哺创作和播出。传统的电视收视率统计仅仅能以采样的方式监测观众的收视行为,评价观众的收视倾向。但受制于取样的代表性和人为的干扰因素,实际得出的收视率数据必然存在误差,并且电视作为一种家庭的收视方式,得到的数据更多反映的是家庭收视的整体状况,尚不能有效地反映个体用户的需求偏好。而基于大数据的网络剧播放,则具备了更为系统有效的播放反馈机制。每一个平台用户绑定一个个人账号,用户每一次的点播行为都能与用户个体建立联系,并且可以对用户点播行为进行监测记录,从而有效判断用户偏好,并对播出的剧集进行量化分析。视频网站对大数据的挖掘,为评估剧集质量、定向宣发乃至更长远的衍生品营销都提供了更多可能,这对电视媒体来说是危机也是参照。

(三)"全产业链开发"改变电视剧盈利模式

传统电视剧的盈利模式较为单一,其中电视台的收入仅有广告这一项。而网络剧的全产业链开发极大地颠覆了传统电视剧的运营传统,革命性地扩展了影视剧 IP 的利用空间。

首先,网络剧具备更多灵活的广告营收空间。2016 年 4 月国家新闻出版广电总局下发《关于进一步规范电视剧以及相关广告播出管理的通知》,这对电视剧广告投放有了更多限制和要求。相较而言,网络剧播出则要灵活许多。通常在剧集开始前,非会员普遍都要观看 60 秒左右的广告,单集播放过程中还有 30~60 秒中插广告的捆绑。另外,还有以弹幕形式出现的"创可贴"广告,如《鬼吹灯之精绝古城》中,胡八一醒来时,屏幕底端的广告弹出"老胡,你醒了? 来瓶咖啡"的广告语,与剧情遥相呼应。这些广告形式俨然已经成为网络剧区别于电视剧的一大外部形式特征。

其次,视频网站的会员付费是网络剧营收的另一个重要来源。2017 年,爱奇艺、优酷、腾讯视频等主要视频网站的付费会员数量均超过 2000 万;到 2019 年 6 月,爱奇艺付费会员突破了 1 亿,腾讯、优酷和"芒果 TV"紧随其后。而电视媒体无论从广告收入、会员收入,还是头部内容等,都受到了视频网站的强烈冲击和影响。

再次,衍生品的开发是网络剧营收的第三大来源。电视媒体与视频网站相比,在 IP 内容的影游浮动、综合开放方面,视频网站都有不可比拟的优势。

网络剧多元的盈利模式、"用户至上"的创作理念以及精品化的制作更能够满足受众预期,也在某种程度上提高了"手中的观剧"体验。虽然目前传统电视剧融合了一定的互联网元素,但是其发展仍然受现实多方面因素的制约而延缓,从这个角度来说,网络剧的快速发展实则会继续加速电视观众的分流。

四、版权风险：电视节目版权保护与运用困境

媒体融合时代，随着知识经济深入发展，版权日益成为媒体融合发展的战略性资源和融媒体参与市场竞争的核心资源。在融媒新变局下，当技术、资本、创新进入相对平台期后，平台竞争、流量竞争最终还得依靠内容来唱主角，而电视媒体的节目内容即版权正是电视产业可资利用的核心资源。对于电视媒体而言，如果没有版权，则难以进行正常播出，难以开展产业经营，难以实施对外传播，更难以推动媒体融合。然而，在媒体融合背景下，如何进行版权保护与运用，发挥其应有价值，成为电视媒体的痛点和难点，融媒版权保护现状不容乐观。

首先，侵权界定之困。就电视新闻而言，新闻作品是电视媒体的宝贵资产和核心资源，打造新型主流媒体，需要善于保护和运用宝贵资源。然而，随着互联网技术的迅速发展，社会化媒体平台层出不穷，各种篡改新闻标题、未经授权随意转载的情况时有发生，对节目版权的滥用一定程度上阻碍了电视媒体的发展，加强版权保护刻不容缓。但是，面对海量的互联网数据，电视媒体版权保护的首要难题在于电视新闻作品网络转载是否构成侵权、如何确定侵权对象、如何界定侵权行为与侵权程度等，维权的复杂程度和难度可想而知。

进入数字时代以后，网络媒体未经著作权人许可便转载视听产品的行为一直是版权纠纷中的重头戏，转载情况的不同和态度的摇摆不定让侵权行为界定常常陷入窘境。当前公众获取新闻的主要途径日益转向互联网以及移动客户端，电视媒体也将新闻资源向网络实时转播和网络点播方向转型，侵权新闻视频的情形也在有意与无意中产生。如大部分市、县级电视媒体从业者缺乏版权保护意识，为吸引眼球、扩大传播范围，惯性地"被迫"同意将其信息资源用于商业网站或自媒体平台，往往并没有与使用者签订版权授权协议，在这种情况下，一旦发生纠纷，权属问题尚不明确，侵权行为界定更是难上加难。

其次,自身管理之困。管理困境主要体现在以下三个方面:一是电视行业从业者对内容版权存在模糊认识,很多记者和编辑认为对方免费为自己的作品宣传是一件好事,并没有意识到这一作品并非记者和编辑自身单独所有,利用单位资源所形成的作品是职务作品,是所在单位宝贵的版权资产,未经单位许可不得转载。试想,如果电视媒体的新闻作品被长期无偿使用或是非法转载,甚至遭到恶意剪辑传播,最终的结果不仅仅是电视媒体利用其资源养肥了网络媒体,有可能还会造成价值观传播的扭曲,影响电视媒体的公信力。

二是电视台内部缺乏专门的版权管理机构。对于电视媒体而言,广告一直是其重要的经济支持,对于版权价值的开发和运营是最近几年才逐渐引起重视,因而相关机构的设置也慢了半拍。且不说市、县级电视台,就拿省级卫视频道来说,有专门版权管理机构的只是极少数。

三是存在侵权成本低、维权成本高的现实。在网络侵权中,侵权人通过简单的操作和技术手段很容易实现对电视新闻作品的使用和转载,侵权成本较低,但却可以获得高额的流量收益。然而,传统的版权保护救济属于民事侵权,适用"谁主张谁举证"的原则,如果电视新闻作品被侵权,对于权利人来说,其调查取证等维权费用不是一个小数目,有时甚至高于维权所获收益。加上电视台法务人员较少,更多需要依赖外部律师事务所处理相关法务问题,导致维权成本增加。另外,互联网传播过程中用户身份多为虚拟导致难以确定侵权主体,且侵权渠道多样化,很多电视台尚没有建立起科学有效的检测系统进行实时监测,找不到目标维权行动也无从谈起。

最后,版权开发之困。在媒体融合的语境下,版权经营与管理隐藏着巨大红利,全版权运营通过对版权作品进行深度挖掘和加工,成为互联网传媒产业链扩展的重要一环,也为电视媒体"跨界"融合提供了更大空间。电视产业在融合和结构升级过程中,随着衍生市场的进一步开发,节目版权经营除了节目播出、广告招商、音像发行等传统领域,也应该向多层次、多渠道、多平台延伸,实现版权增值。但是,目前除了有实力的省级卫视之外,大多数电视台对于版权的多次开发和利用仍处于初级阶段,版权保护意识尚且不足,更谈不上版权应用与开发。

第五节　行政壁垒:制度、区域、行业困局

当前,得益于新媒介技术的赋能,电视媒体从过去的"单兵作战"正积极寻求"融合发展",但传统媒体管理制度方面存在的问题始终阻碍着电视媒体与新兴媒体的融合发展。虽然电视体制机制的变迁表现出了与国情相适应的渐进性,却也为后续电视媒体的改革陷入体制性困局埋下了伏笔。

一、制约电视媒体融合发展的制度壁垒

从改革开放以来,我国的电视媒体就一直没有停止机制改革:从开始部分广告经营的尝试,到20世纪80年代末特别是90年代初期,个别媒体已经开始了"事业单位管理、企业化运营"的尝试,再到90年代中后期大部分电视媒体开始了"事业单位企业化管理",部分媒体业务开始了市场化和资本化运营等。这些都是20世纪电视媒体体制机制改革的实践和成果,也基本奠定了我国电视媒体进入21世纪后的机制供给和蓬勃发展。但随着新媒体的崛起,电视媒体在顶层决策机制、人财物资源配置与方式、外部供应链与价值链系统、内部组织架构与流程等各个方面,都暴露出了与互联网时代日益不匹配的窘态和疲态。

(一)"事业"与"产业"间的属性碰撞

考察中国电视媒体发展路径,清晰可见一直存在于内部的二元动态逻辑结构,用政策话语表达就是"事业单位、企业化管理"的推行,落实到电视媒体的性质就是双重属性。双重属性决定着中国电视的发展变化,因此,我们有必要对电视媒体的属性进行专门、独立的阐述,以便更好地找到"事业"与"产业"之间的属性碰撞

对当前媒体融合的影响。

1. 电视双重属性的历史选择

我国电视事业在筹备时期,就已经明确电视台是党和政府的舆论工具,必须担负起政治宣传、传播知识和充实群众文化生活的任务。虽然随着电视媒体的发展,媒体功能越来越丰富,但"事业单位"这一性质并没有发生变化。而"市场化"的引入则是在1978年改革开放后,为了顺应社会政治经济体制的改革需要,国家对电视事业的机制进行了结构性调整,从党媒机制到"事业单位,企业化管理"的过渡,再到借力文化机制改革的政策快车进入"分类管理、转企改制"的阶段,"市场化"被引入传媒领域后诱发的一系列媒介制度变革成为电视事业最为重要且关键的表述。在这些结构性调整中,以"企业化管理"为政策开端的市场化改革成为改革开放新时期有意促进电视事业发展的一套理想化的策略。

1978年以前,几乎所有电视台都是财政全额拨款的事业单位,由政府供给。直到1978年,《人民日报》等八家媒体单位提出要实行"事业单位、企业化管理"运营模式,要求自己养活自己,至此媒介制度改革观念才出现萌芽。从实践层面而言,国家对"事业单位、企业化管理"的批复实施改变了过去党和国家大包大揽对新闻业务、人事管理、事业发展等事务的做法,将部分权力下放给电视台,特别是在经营层面,允许电视台提取一定比例的经济收入用于员工福利的发放,以弥补政府财政补贴的不足。由此,电视事业的体制改革从业务层面向经营层面逐渐展开,广告经营、自发创办节目等多种经营方式纷纷出现,可以说,"企业化管理"的提出和落实是电视台经济自主意识萌芽时的最初体现和反映,即便这种模式只是"过渡性"的,无法从根本上解决电视事业发展的症结。因为,事业单位原本不从事经营性的活动,更多实行的是预算拨款制,由国家财政负担其全部开支,而企业实行的是经济核算制,通过经营活动来获得收入,两者是完全不同的。为了缓解国家的财政压力,才不得已实行"事业单位,企业化管理"。鉴于电视台一直被视为主流意识形态宣传的"工具"的思维惯性,即便实行"企业化管理",

"事业单位"的基本认知也并未撼动，电视媒体的产业属性也未得到普遍承认，电视体制的具体改革路径和发展方向并不明朗。

直到 20 世纪八九十年代，关于电视机制改革的研讨会陆续召开，这些都表明了人们对于电视机制改革的迫切性。这一阶段的讨论主要集中在新闻采编业务层面的改革、传媒单位领导体制与管理体制的改革，以及传媒企业化改革三个方面。"95.6% 的新闻工作者主张新闻单位开展多种形式的经营活动并实行企业化管理，以实现新闻单位的经济自立"[1]，无论是学界还是业界都对"企业化经营"表示了肯定，但这个时期人们对"计划"和"市场"的概念并未完全厘清，电视事业的市场化改革观念尚未形成。

直到党的十四大建立起"社会主义市场经济"的改革目标，才确立了"市场化"改革观念的养成。"内部搞活，外部断奶"的改革口号也在电视事业的体制改革中生了根。"内部搞活"换句话说就是"简政放权"，使电视台的每个部门和每个员工都能够得到相应的权、责、利，从而更好地调动员工的积极性、创造性和主动性，实现电视台效益的提升；"外部断奶"就是不再依靠政府补贴，电视台的自主性大大增强。从"企业经营"到"内部搞活"，"市场化"的观念在电视台和电视人心中逐渐得以明确和落实。随着电视事业市场化改革实践的不断深入，对电视机制改革的讨论开始由政策和观念层面逐渐向具体实践层面转移，并逐渐深入到"集团化"和"资本化"。首先，在当时的语境下集团化改革被认为是电视体制改革的必经阶段。"集团化"的最初设想兼顾了政治和经济效益，既保证实现市场扩张后的传媒集团在政治上与舆论引导上的正确性，同时还保障传媒集团规模扩大化和经济效益最大化。自然在"集团化"提出后不久便得到了党和政府的支持和批复，1996 年广州日报社第一家报业集团组建，1999 年 6 月，无锡广播电视集团成立，随后 20 多家广电集团如雨后春笋般出现，"集团化"观念落地生

---

① 喻国明：《新闻改革实践的主体研究和发展研究——对全国新闻界关于新闻改革问题抽样调查的研究分析报告》，《中国广播电视学刊》1989 年第 2 期。

根。相对于"企业化""集团化","资本化"在电视机制改革层面是更加敏感的一个词语,对于资本市场的抵触主要源于对传媒导向性上的不确定。并且处于电视事业控制权的考虑,政策上也并不支持其他资本的介入。不过,电视台在激烈的市场竞争下,依然表现出对资本的强烈渴求,开始在实践层面通过投资新闻传媒外行业、合作经营新闻传媒相关产业、传媒单位下属企业股份制改革、参股上市公司、直接上市融资等方式进行资本运作。①尤其在中国加入 WTO 后,依靠自身积累来应对国际传媒集团的挑战,逐渐显露出"心有余而力不足"的态势,于是,通过资本运营来扩大电视事业的控制力、竞争力和抗风险能力,成为"资本化"进入官方话语体系的重要语境。直到 2001 年,电视事业资本化运作终于得到了正名。在此后电视机制改革的多数论述中,资本运作被视为推动电视事业向"企业化"和"市场化"发展的重要路径。但需要指出的是,即便"企业化""市场化"和"资本化"一直成为电视事业改革的热词,但囿于"事业单位,企业化管理"的机制框架,后续电视制度的改革与创新仍然维持着临场发挥、尝试性突破的改革方式。

电视事业的市场化改革所带来的效果是十分丰富的。作为意识形态主体的电视事业而言,"企业化经营",赋予了电视事业发展的更多可能性,在一定范围内为其打开了一个宽松的经营空间。也正是因为这样,电视事业才得以通过各种恰当的方式和手段从市场中获取经济利益,缓解资金压力。对于电视机制改革中的另一个行动主体——国家而言,"事业单位,企业化经营"的机制确立带来了更为丰厚的政治和经济效益。在不改变电视事业作为党政宣传系统的的基础上,自给自足维持自身运作,极大地缓解了国家的财政压力。而且,目前湖南电视台、浙江电视台、江苏电视台等发展较好的电视台,甚至成了当地政府财政收入的主要来源之一。由政府主导的市场化改革不失为电视事业发展的成功策略。作为既得利益者,电视媒体本身并不愿意轻易放弃这种机制带来的垄

① 赵曙光:《浅析我国媒介产业的资本运作》,《传媒观察》2002 年第 2 期。

断地位,更无意放弃旧有制度提供的保护政策。

2. 电视双重属性的现实掣肘

不可否认,遵循了"事业性质、企业管理"的电视机制,在实践运作中逐步得到来自社会各方的认同,激活了电视产业的活力,并由此引发了媒体经济的起飞。然后,"事业性质"将电视烙上了浓厚的公益色彩,而"企业管理"又带有明显的资本寻租色彩,电视媒体这一双重身份之间的权、责、利,存在着永远不可调和的矛盾和悖论,被业界生动地描述为"拔河赛"。在实际的运行过程中,"事业单位"和"企业化管理"这两个轮子,很难也从未真正意义上做到过协调一致。特别是近年来随着互联网技术的不断突破,新媒体依托灵活的机制迅速占领市场,不断侵蚀着电视媒体的固有阵地,造成传统电视媒体的用户被分流,广告收入下滑,发展受限。在这场不可逆的变革中,电视媒体要想借助新技术和新平台再攀高峰,除了探求媒介自身的发展规律之外,对于电视体制机制的研究也必不可少。

首先,电视体制并不是独立存在的,而是存在于一个庞大的社会系统中。在这一社会系统中,处于最高端的是国际体制,第二层级是文化体制,第三层级是传媒体制,电视体制的建构是整个系统中位于第四层级的体制设置。作为中国深化机制改革的重要部分,电视机制的改革是特殊而复杂的:由于电视媒体具有较强的意识形态功能,因此既涉及国家文化安全和意识形态安全等内容,同时还涉及政治机制和经济机制层面的改革。对于当前电视机制中存在的痼疾,有学者认为,中国电视机制规制的重大缺陷是缺乏一个透明化、常规化、程序化的规范,并且中国电视规制对于规制主体的限制性规定几乎为空白,规制主体对于传媒规制的随意性极强,在实践上致使权力无法与经济利益分离,从而引发媒介寻租和腐败现象。①

---

① 邓文卿:《中国特色电视体制的建构:理论、组织、价值》,《现代传播》2017年第4期,第103页。

其次,当电视体制改革到一定程度后,另一个不容忽视的问题是电视台内部的运行机制,如组织架构、人事制度、财务核算等层面的改革便不可避免。我国电视事业的行政管理体制实行的是中央和地方的双重领导和管理。但是,长期以来,广电的行政管理部门和电视台是上下级领导和被领导的关系,实行的是"局台合一"的机构体系。在之后的市场化改革过程中,电视台又开始了产业化经营的活动,电视行业"政企不分""政事不分"的现象普遍存在。如20世纪90年代进行的广电集团改革。在集团化组建原则上,指导思想是通过行政手段推动,按照市场机制运作,以实现资源重新配置、资产重新组合,形成统一高效、规范运行的良性机制。因此,在实践过程中,要求以资产和业务为纽带,以电视台、电台、电影制片厂等为主体,市、县广播电视机构和其他影视企业单位参加,做到广播、电视、电影三位一体,有线、无线、教育三台合并,省、市、县三级贯通,优势互补,资源共享,优化重组,协调发展。并且,在集团的管理体制方面,设立管理委员会作为领导机构,主要负责集团发展规划的制定、重要的人事任免以及资本动作的决策、组织落实各项任务等。管理委员会主任由省广播电视局(厅)长兼任,管理委员会与省广播电视局(厅)领导班子联合办公,两个职能机构的领导班子成员交叉兼职。这样的体制设立在实际的运行过程中必然存在着诸多问题与隐患:第一,集团的产生并非是市场高度发展使然和资本力量的推动,缺乏市场根基与发展潜力是导致集团化紧急叫停的根源;第二,集团的核心身份模糊不明确,企业和事业身份交叉,不利于市场化的竞争和经营行为的展开;第三,"三位一体""三台合并""三级贯通"等并不能从根源上解决集团化产权结构不清晰、国有资产所有人缺位和委托人残缺的问题;第四,领导班子之间的"领导兼任、联合办公",在一定程度上为"翻牌公司"开了制度的口子,这与集团化的组建目标南辕北辙。最后,导致集团化无疾而终。

电视媒体的双重角色认定造成了在实践过程中原本的公共利益和社会正义被逐渐抽离,而市场化运营中的不规范行为又未能及时制止，因此每一次制度变迁过程，就如集团化一样政府规制体制面临着与其构建的初衷大相径庭地悖论式尴尬。长期以来"政事不分""以政代事"的管理体制极大地削弱了电视媒体参与社会经济生活的内在动力和主动精神。而"局台合一""三位一体"的体制又导致了电视事业内部管理结构的松弛，造成主体不清、信息不灵、效率低下的情况，难以适应市场竞争的趋势。另外，除了"事业单位，企业经营"的制度安排外，为了保证电视事业的政治属性，另一个最根本的安排就是按照行政组织的条块分割化的"归口管理"体制，使得电视事业的市场化整合非常困难，产权不清晰，市场主体无法成形，自然市场的无法成形，必然导致电视产业的发展受限。

最后，现行广电政策法规与时代发展的不匹配。到目前为止，我国还未出台专门的广播电视行业的法律法规，具有最高行政效力的就是国务院分别在 1997 年和 2000 年颁布实施的《广播电视管理条例》和《广播电视设施保护条例》。更多时候是以"试行规定""通知""若干意见"等形式出现。缺乏具有前瞻性的法律规制。随着文化机制改革的不断深入以及互联网技术的更新换代，电视行业不断涌现出很多新的传播媒介和其他流媒体等，这些方面的管理和运行都缺乏相应的法律规范。正是因为电视行业中缺乏具有强制性和前瞻性的法治依据，在改革的过程中常常处于无法可依、只能依靠行政手段进行规范的尴尬境地，为行业的管理和改革意见的实施增加了难度。中国的电视媒体要想与国际接轨，新闻立法势在必行。

（二）行政机制与市场机制间的博弈

电视媒体的行政机制集中表现在"条块分割，以块为主"这一电视管理的基本框架上。所谓"条"，指的是纵向管理，即中央、省、市、县的电视机构归对应的广播电视主管部门管理，强调的是"归口管理"；而"块"指的是横向管理，即省级及省级以下各级政府对同级所属广播电视机构实施直接领导，强调的是横向的"属地管理"。其中，"条"向的"归口管理"所涉及的部门较多，我们以广播电视主管部门为例,中宣部负责宣传内容和舆论导向的把控,广电总局则负责广播电视事业的管理,工业与信息化部负责协调维护国家信息安全等,2018 年刚刚调整的文化和旅游部负责文化艺术事业的政策制定和相关管理等,外宣办则负责对外宣传和网络宣传管理等。按照这一模式,以行政区划分的各省、市、县分别在各自的区域内办台。"块"向的"属地管理"与地方政府密切相关,以省级电视台为例,其为省政府直接管理。省的各地(市)、县(市)级别的广播电视机构也为同级政府直接管理。这种传统的"条块分割、以块为主"的电视管理基本框架,即便在互联网迅速崛起的当下,也没有实现良好的改善,成了电视行业发展的掣肘。如直接导致电视媒体资源尤其是人力资源的非市场化配置,造成其在人才配置上的盲目、随意和不规范,而且很容易让从业者养成唯命是从的习惯,把遵循上级的命令作为自己行动的最高准则,缺少作为职业媒体人独立的观点和判断。

　　而当前正在推进的媒体融合是以市场化为导向的,新媒体集团的实力和影响力必须通过市场竞争进行检验与发挥。传统的话语权掌控方式正在从行政性、垄断性让渡给市场性和竞争性。尽管经过了多年的市场化改革,电视台也建立了经营队伍,但由于其宣传地位的垄断性和企业管理的行政化,导致不少电视台无论是内部管理还是在应对市场变革上,还存在着市场化程度不够高、市场化机制运行不顺等特点,主要表现在:电视台内部管理参照行政机构设置,缺乏市场指标考核;缺乏互联网经济的应对手段,电视台广告收入减少,甚至出现断崖式下滑;互联网传播方式消解了电视媒体的影响力和传播力,动摇了电视媒体的生存根基;由于缺乏市场力量的介入,部分电视媒体融合注重形式融合而忽视了内在融合,无论是内容生产、体制机制、发布渠道还是用户体验等,都没有实现真正的市场化。

　　近些年来,虽然电视媒体加大了媒体融合与体制转型的节奏,但由于在融合目标与整合方式上没有完全确立市场化的方向,导致创设的新媒体业务反而成为电视媒体的投资困局。因此,电视媒体融合发展必须以市场化为方向,创新机制,推动媒体融合向技术融合、机制融合、平台融合和经营方式融合转变,推动电视媒体变身为市场化运营企业特别是互联网企业。

二、制约电视媒体融合发展的区域壁垒

如前所述,我国电视媒体管理的基本框架是"条块结合,以块为主",其中"块"为一种属地化的管理策略。依据行政区域划分的属地管理范围直观且权责明晰,可以说是"守土有责"。在一定程度上,属地管理原则有利于各级党委政府和具体职能部门对所管辖区域范围内的相关事项进行全面管理、全面负责,有利于提高管理的工作效率。但这也为电视媒体融合发展造成了一时不可破的障碍。

电视媒体属地化管理策略的运行逻辑是:"省(自治区、直辖市)广播电视厅(局)受省(自治区、直辖市)人民政府和广播电视部的双重领导,以同级政府领导为主;省(自治区、直辖市)广播电视厅(局)的宣传工作,受省(自治区、直辖市)党委(宣传部)领导和广电部领导;事业建设受省(自治区、直辖市)人民政府和广电部的双重领导,以同级政府领导为主,这一原则也适用于省(自治区、直辖市)、地(直辖市)与其各自的下一级行政单位广播电视局之间的关系。"[①]可以看出,地方政府对所管辖地区——"属地"内的电视媒体有极大的管理自主权,且每个层级没有隶属关系。

当然,电视媒体的属地化管理策略的建立和完善经历了一个历史过程,颇具"中国特色"。1949 年 6 月 5 日新华广播电台脱离新华社,成立中央广播事业管理处,12 月 5 日更名为中央广播事业局。成立之初的中央人民广播电台由中央人民政府新闻总署领导,新闻总署撤销后改由政务院文化教育委员会领导,宣传业务受中共中央宣传部领导。我国的电视事业在成立之初承袭了广播事业的两大特点:一是宣传媒体国家公有;二是多重管理。随着改革

---

① 刘习良主编:《中国电视史》,中国广播电视出版社 2007 年版,第 289 页。

的调整,我国的电视管理策略也发生了变化,"过渡到中央和地方双重管理,以地方为主的'条块结合,以块为主'的体制"。① 由此中国电视媒体的属地化管理策略逐步形成并稳固下来。直到1983年第十一届三中全会召开,才确立了"四级办电视,四级混合覆盖"的管理方针,为之后电视媒体的发展搭建了基本框架,这一方针直到今天还在发挥着作用。"四级办电视、四级混合覆盖"从根本上改变了中央和地方"两级办电视"的格局,同时加强了电视事业与各级地方政府的紧密联系,建设了区域宣传中心,以及"全国形成分层建设,按区域分工的统一事业体系",从而也使"中国的电视事业结构向多元化办台转变",②至此,中国电视媒体的属地化管理策略的治理架构得以巩固和加强。

然而,值得我们反思的是,虽然属地化管理策略有助于辖区内电视台工作效率的提高,但这也恰恰制造了区域之间的差距和不够协调,极容易形成地方主义。地方主义并非简单的追求地方利益,而是囿于既有机制造成现有格局,没有其他选择,而且缺少协调机构。与此同时,由于电视事业在社会中所具有的独特结构地位,每一层级的行政属地内的电视台都具有不可或缺的意识形态地位和功能,因此即使市场化的改革在不断深入,但市场的淘汰机制在中国电视事业的市场是失灵的。因为电视媒体在市场化的改革过程中,只是单纯引进市场机制,并没有真正触动架构,属地化分治从根本上造就了一个市场参与主体十分广泛、竞争力参差不齐、市场化程度相对有限的电视市场。因此,改革难度很大。

更重要的是,媒体融合很难只做一个区域或者一个行业的媒体融合,互联网时代的信息传播是没有层级或地域、部门或行业的截然割裂的。"三跨"——跨媒体、跨地区、跨行业,是电视媒体融合的必由之路。当前,我国电视媒体融合已经从"相加"向"相融"过渡,并且逐渐向纵深发展,但仍然没有形成跨媒体、跨区域的传

---

① 刘习良主编:《中国电视史》,中国广播电视出版社2007年版,第66页。

② 刘习良主编:《中国电视史》,中国广播电视出版社2007年版,第288页。

播格局,大多数的媒体融合还局限于区域市场和特定媒体形态内部,所形成的媒体集团也多为区域性的广电集团,真正跨区域的综合性媒体集团还比较少,这在一定程度上制约了电视媒体在行业竞争力的提升。因此,电视媒体融合发展应该尝试媒体的跨区域横向融合,或者跨行业横向融合,或者从中央媒体到基层的纵向融合,同行业、同领域的垂直融合,从而真正搭建有影响力的新型全媒体综合平台和全媒体垂直平台。但前提是,要打破现有电视媒体的属地化管理策略,建立起全国统一的制度,加强协调性,跨地域上要有更加强大的协调能力,这恐怕还需要一段时间。

三、制约电视媒体融合发展的行业壁垒

由于中国社会的特殊性,电视媒体的竞争格局以及竞争结果并不完全取决于市场。在这种情况下就造成了两个直接的市场后果:一是行政性行业垄断;二是资本准入机制的严格与退出机制的缺乏。关于行政性行业垄断的问题,它是与经济垄断相对应的一个概念,是伤害竞争市场的主要力量。针对电视行业垄断行为,主要集中在市场份额、行业资源以及与电信、新媒体等市场主体的非对称进入以及行业竞争的同质化问题等。比较突出的表现就是行业主管部门会因为保护自己下属的组织机构利益而侵犯其他机构的利益。造成这种情况的根源在于行业法律的不健全,缺乏对规制机构权力的限制,单纯依靠行政规制容易形成行业垄断,这并不符合市场机制中市场主体的平等竞争原则。

电视行业严格的准入制度的依据是2001年11月12日由当时的国家广播电影电视总局颁布的《关于广播影视集团融资的实施细则(试行)》,广播电台、电视台及频道、频率等新闻媒体由国家主办经营,不得吸收境外资本和私人资本。这一规定同样适用于正在进行的电视媒体融合转型。这一规定将电视台定位为公益性文化事业,一方面作为事业单位性质的电视台要进行企业管理,参与市场竞争,追逐资本利润;另一方面,由于市场化发展过程中资本的天然扩张与趋利动机,让看似严苛的电视行业准入制度在实际

的执行过程中被以各种灵活的方式"钻了空子"。因此，严格的准入制度是一把双刃剑，有利于舆论导向把握的同时，又可能存在市场竞争的不足，成为"权力寻租"的机制之殇。

本章小结

　　本章将电视媒体融合发展过程中遇到的现实问题进行了剖析，主要集中在五个方面：一是技术壁垒，互联网技术在不断推进新旧媒体融合的过程中，也让电视媒体意识到技术、人才和资本的短缺。具体而言，由于新媒体既是一项全新的事业和探索，但又耗资巨大，因此，必须在政策、资金和人才等方面进行全方位的倾斜。然而，不仅人才引进困难，而且融媒体平台的搭建耗资巨大，仍需要电视媒体部分的盈利来投入和支持，这也会使得对新媒体的投入困难重重。二是盈利困局，电视媒体的盈利模式较为单一，广告是其主要收入来源。然而，近年来随着电视用户的流失，广告收入出现了断崖式下滑，如何进行盈利模式的创新，成为媒体融合中不可回避的问题。三是市场意识、用户意识和创新意识的淡薄，导致融合受阻。四是网生内容对电视内容产生了强劲的冲击，成为电视节目发展面临的巨大外在压力，主要表现在高质量新闻的缺失以及多样化新闻生产方式的出现给新闻伦理带来的挑战，以及电视媒体与视频网站之间在综艺节目和电视剧层面的抗衡与博弈，无论是视频网站多元的盈利模式，还是"用户至上"的生产经营机制，都让电视媒体有强烈的危机感。五是行政壁垒，制度僵化、电视媒体的区域化和行政化设置，让融合发展受到限制。电视媒体要想更好地推进媒体融合向纵深发展，对于上述问题的探讨是必须也是必要的。

第六章 突破:电视媒体
融合发展的方向探讨

改变是大势所趋,如何改变才是问题的关键。

媒体融合不断向纵深推进,电视媒体的自主发展空间、媒介环境的变迁以及主管机构的权力逻辑三者之间也处于一种微妙而又不平衡的状态之中,归纳起来就是"不变"与"变"。所谓"不变",指的是我国电视制度的核心内容——电视媒体是党和人民的喉舌,这一根本属性始终不能发生改变。我国《宪法》对这一根本属性也给予了认可。《宪法》第 22 条明确规定:"国家发展为人民服务、为社会主义服务的文学艺术事业、新闻广播电视事业、出版发行事业、图书馆和其他文化事业,开展群众性的文化活动。"同时,1997 年 9 月 1 日正式实施的广播电视业最高行政法规《广播电视管理条例》第三条也对此做了明确规定:"广播电视业应当坚持为人民服务、为社会主义服务的方向,坚持正确的舆论导向。"因此,电视事业必须接受党的领导,必须在政治上与党中央保持高度一致,逐渐形成"党的新闻事业"的一整套行为规范。所谓"变",指的是随着政治、经济和技术等不同历史阶段的变化,电视媒体的基本原则也被赋予了新的内涵,为了适应不同的发展阶段,电视媒体的内部结构也会做出相应的调整。在这种"不变"与"变"的动力结构形态中,不断激发着电视媒体的发展潜力以及对自身发展进行的一些策略初探,无形中在很多方面为中国电视的发展制造了一系

298

列重要的结构性机会。这种结构性机会对于中国电视媒体融合发展无疑是至关重要的。因此,在当前媒体融合的背景下,我们从主管机构政策的层面、产业经营的角度、运行机制的重构等方面对电视媒体未来的发展路径进行了思考。

第一节　主管机构层面：
转变工作观念,推动规制变革

媒介技术的不断迭代让媒介环境日新月异,这对于中国电视事业的发展来说有着非常重要的意义。媒介环境的变迁意味着电视事业面临着全新的发展境遇、发展状态与运行规则,从而规制机制也要做出相应的策略性调整,而且要具有前瞻性和指向性,以确保国家对电视事业保持有效领导的同时,也能够为电视事业的市场行为创造一个有效的博弈空间。其实通过电视规制机制的变迁不难发现,媒介环境的变化及其引发的关联性后果对于电视媒体的发展而言,其实蕴含着一种极其微妙且具有某种普遍性的结构性机会。

一、观念先行：更新媒体观念,转变政府职能

起源于20世纪40年代的公共选择理论认为,社会观念与制度选择之间存在强联系。虽然公共选择理论是市场经济的研究方法,但其着力点在政治学,是经济学与政治学的交叉理论。根据"经济人"假设为逻辑起点,公共选择理论研究的核心问题是在市场经济条件下,政府的干预行为失灵或公共决策失误问题。就电视媒体而言,当前机制创新和改革的最大路障就是观念的陈旧和思维的腐化。当下业界和学界提到最多的是"互联网思维",但"互联网思维"并未从根本上触及电视媒体的属性问题,更多的是从顶层设计的角度进行思考。在观念创新上,症结点在于对电视产业的属性认识不足。虽然电视产业的发展经历了产业化、集团化和

不断深化的文化体制改革,但在计划经济条件下形成的电视发展理念和思维模式仍然盛行,满足于将电视媒体看作行政附属单位,同时,弱化了资本力量和市场力量对电视产业的外部性影响,对媒介经营管理、产业化运作等理念认识较为模糊,对机制创新存在严重的路径依赖。

媒体融合不仅仅指的是技术、人才和平台的融合,更深层次上指的是观念融合。无论是数字技术还是互联网信息技术,随着基础新技术的发展已经并仍然在继续重塑传统电视的内涵与外延,推动着传播格局深刻而巨大的变革。这是一个不可逆的潮流。在时代发展背后既有巨大的社会需求在拉动,也有技术进步在推动,在两种力量的结合下,从信息生产、信息传播到价值产业链的交换上,电视媒体都发生了革命性的变化,并且在一种全新的价值链条上创造着新的商业模式、技术、产品和服务。加之社会力量和社会资本的介入,电视事业的外围地带也逐步走向开放,以各种隐蔽性、公开性的方式参与到市场利益的追逐之中,其局势形态在新媒介生态环境中产生了诸多的不确定性。加上电视媒体的广告份额、开机率等指标出现了明显的衰退迹象,电视传播渠道的垄断地位被互联网技术打破,电视媒体不再具备内容生产和传播的优势,过去的“信息中心”地位也逐渐被边缘化,最终成为信息产业链中的一个节点。因此,转变观念成为电视媒体战略转型的前提。

当前,我国社会的主要矛盾已经转化为人民日益增长的美好生活需要和不平衡不充分的发展之间的矛盾,在这一社会背景下,要想满足人们的“美好生活需要”,核心在于政府职能的转变,为人民提供丰富的精神食粮。而当中国的经济发展到目前这一阶段时,人们对于物质的“硬需求”相对下降,对于文化、服务和环境这样的“软需求”则相对上升。随着文化体制改革的不断深化,需要建立健全现代文化产业体系和市场体系,创新生产经营机制,完善文化经济政策,培育新型文化业态。在这一过程中,政府的一个重要任务就是提供一个有利于国家利益的可预期的、透明的、适当的法律和管制框架。在媒体融合、产业融合的当下,传媒产业作为文化产业中重要的组成部分,对我国文化产业的发展起到了主导性作用,并且承担着满足人们美好生活需要的重要任务,政府在促进传媒产业融合的过程中承担的是一个最主要、最直接的载体和工具的角色,一个适当的制度框架将促进传媒业的发展,保证一个竞争性市场,为公众提供必要的需求,同时承担中国国情所决定的公共事务。

虽然媒体融合正在逐步推开,可电视产业在自己的市场领域中已经独立垄断运作多年,虽然已经形成了一定的规模,但面对融合依然存在明显的进入障碍,更无法和国外已经相当庞大的产业规模相提并论。因此,政府首先必须看清国内传媒行业发展中的瓶颈和障碍,然后认识清楚国际传媒产业对我国的威胁和冲击,在这一基础上,根据历史和现实的路径安排相关部门制定最优化的管制框架。

同时,我们也应该意识到,由行政之手推动的传媒产业规模化之路,后遗症和副作用相当明显。从我国电视产业发展的轨迹不难发现,电视归属组织机构的变迁、发展规划和政策文件的多变、市场化口号的频多,可谓令人“目不暇接”,可效果却有限。有学者将政府经济行为分为以下几类:其一,足球裁判型:主张政府干预与市场经济相结合;其二,守夜人型:以经济自由主义为前提;其三,道德人型:强调政府对经济活动进行干预。行政主导在过去更像是一个“道德人”的管理思维,但随着文化机制改革的逐渐深入,电视产业更需要一个超越行业和地方利益,近似“裁判”的角色,从国家战略层面来作为的管制主体,而不是直接参与到经济的具体活动过程中。如中国广电体制发展史上的分水岭事件——“三台合一”的举动,使得全国广电行业形成了宣传与经营分开、事业与产业分开、制作与播出分开的变化。这是建立在市场规律基础上实行的政府高效运作,政府承担的更多是“有界理性”和“有限积极”的角色,在媒体融合、产业融合的背景下,适度均衡各部门利益和各地方利益,改变产业发展碎片化的前提下,实现整体竞争格局,属于国家品牌战略中的重要一环。

二、明确导向：从"分立规制"向"融合规制"转型

我国互联网媒体产业得以迅猛发展，除了技术之外，更深层的原因在于互联网媒体规制在市场结构、市场行为、规模经济等方面的经济效益均优于电视媒体规制。虽然电视媒体和新媒体的规制体系形成有其特定的背景和目标，且体系融合显然有较大挑战，但当下媒体融合的现实却要求这两种"分立规制"逐步向"融合规制"转型。

（一）厘清对象："泛众传播"模式下的融合媒体

所谓"泛众传播"，指的是融合媒体已经实现了集大众传播、组织传播、人际传播于一体的传播功能，传媒规制的合法性和效果都发生了深刻的转型。同时，电视媒体与新媒体融合后的"融合媒体"传播，不仅仅是信息产品、精神产品的传播，很多时候是生活信息、消费信息的传播，并直接构成了物质生产、经济活动，电视媒体也逐渐演化为互联网经济时代产业融合的载体，成为产业融合创新和信息传播的"赋能媒介"。因此，互联网时代的融合媒体大大突破了过去传统电视媒体的功能，融合媒体已经成为"泛众传播"模式下的经济载体。只有理解融合规制的对象——"融合媒体"的转型，才能深刻理解我国电视媒体的规制导向从过去的"国有主导、行政格局"向"社会投资、市场竞争"的转变过程。

在过去传统的电视媒体格局中，处于电视行业内部的有线电视、卫星电视和广播电视之间都有相对独立的传输网络，互不干扰。即便是电视媒体与电信网、公共互联网三者之间基于技术方案和标准的不同，也边界清晰且相对封闭。在这样的前提下，传统的规制能够集中主要的资源，对不同行业设定不同的规制策略，对封闭的电视媒体的各个领域和环节都能够有序、有计划地集中监管和控制。

但是随着数字技术和互联网技术的不断发展，尤其是在媒体融合政策的推动下，目前广播电视网、电信网和互联网已经实现了有限程度的交叉进入，这使得中国电视媒体的结构范围从过去相

对封闭的电视行业延伸到了电信和互联网系统。更重要的是,整个大传媒产业的融合、创新、发展,离不开全社会企业乃至消费者个体的参与生产和创造。传统的电视媒体如果还局限于大众传播规模而不能从这种"泛众传播"和产业融合的模式认识传媒,就很难真正实现媒体融合并实现规模效应。如果主管机构对新旧媒体融合之后形成的融合媒体不能充分放松规制、激励创新,就会严重阻碍新型支柱产业的成长以及国民经济全面升级转型。

(二)把控方向:充分激活社会投资和有效竞争

我国现行电视媒体规制政策目标,体现为保障政治宣传前提下服务公共文化、促进传媒产业发展;准入规制总体还是采取了十分严格的行政许可,对社会投资设置了极高的准入壁垒;内容方面采取了严格的审查程序。虽然在宏观经济持续增长的背景下,电视媒体也获得了较快的发展,但随着互联网与新媒体的强势崛起,电视媒体的经济效率一直为行业诟病,电视产业的发展潜力并没有充分释放。更为关键的是,长期在行政保护下经营的国有媒体,在当下竞争激烈的融合媒体市场中的竞争力显然不足,主要表现在融合转型过程中自我生长能力的缺乏。

由于最初互联网在我国被定位为信息通信行业,并非传媒行业,因此互联网媒体与电视媒体的规制目标截然不同。政府对互联网媒体的规制目标在于充分释放信息技术的巨大生产力。因此,对经营性互联网信息服务许可并没有排斥民营资本和境外资本,有着较为宽松的准入规制。当然,对新闻媒体性质的互联网准入仍然要由新闻行业主管部门审核。但是在媒体融合的国家战略下,传媒规制由传统电视媒体和新媒体"分立规制"向"融合规制"的转型需求越来越迫切,有的转型已经启动。

不过放松规制、充分竞争条件下形成的互联网新媒体更加接近"有效竞争"的特征:活跃的投资带来持续的生产要素投入;在充满活力的竞争中资源配置效率和创新能力的持续提高,形成了规模经济效率。虽然电视媒体承担着公共政策宣传功能,无法大规模放松产权规制,但可以适当放松国有媒体之间跨区域、跨行业准入规制,扩大放松非新闻类传媒市场规制,推动制播分离,鼓励有效竞争、充足合作,优化产品结构和治理结构,形成有效竞争的市场格局。

(三)转变方式:从市场结构规制向市场行为转型

从全球来看,进入数字化融合时代以来,世界传媒规制理念发生了根本性转型,即从侧重市场结构规制向直接规制市场行为转型。这种转变对我国媒体融合背景下的规制转型有一定的启示和思考:一是我国电视媒体的规制应该弱化、优化结构规制,在媒体融合的背景下,相关管理机构不能简单采用传统电视媒体的市场准入限制、覆盖限制等机构性规制手段,来防范潜在的传播风险;二是政府在放松机构规制的同时应该实施有效、针对性的"再规制",对确实有损整体经济效益、社会效益的企业行为进行针对性的约束,对技术创新、经营创新、服务社会的行为则应该给予制度性的激励和支持。

以互联网电视的牌照制度为例。各种创新形式的互联网电视产品,目前已经对传统"客厅模式"收视市场、有线电视传输市场有了较大规模的渗透,国家对其采取了牌照制度的区隔化管理。截至2018年,国家广电总局共下发了15张内容服务牌照,分别是:中国网络电视台、上海广播电视台、浙江电视台和杭州市广播电视台(联合开办)、广东广播电视台、湖南广播电视台、中国国际广播电台、中央人民广播电台、江苏电视台、国家新闻出版广电总局电影卫星频道节目制作中心、湖北广播电视台、城市联合网络电视台、山东电视台、北京广播电视台、云南广播电视台、重庆网络广播电视台。另外,要特别提及的是集成控播牌照授权了7家,分别是:中国网络电视台、中央人民广播电视台、中国国际广播电台、湖南广播电视台、杭州华数、上海文广新闻传媒集团、南方传媒,他们分别对应的牌照运营商是未来电视有限公司、银河互联网电视有限公司、国广东方网络有限公司、湖南快乐阳光互动娱乐传媒有限公司、华数传媒网络有限公司、百视通网络电视技术发展有限责任公司、广东南方新媒体股份有限公司。

当然,牌照制度必然存在一定的合理性,它将互联网平台的内容规制、自我规制统统放入单一规制框架内的牌照制度,从一定程度上是对电视媒体利益的保护性倾向。但从市场层面而言,电视媒体由于行政区域划分有 3000 多个频道,视听内容资源分散于所有制形式、市场实力、行政地位等各不相同的广电企事业单位中,呈现出碎片化的布局。另外,长期的市场分割已经使得各个组成单元不具备经济自主权,与产业管理部门的合作博弈成为维护其垄断利益的常态,"四级办台"制度也日趋刚性。在 7 个集成业务牌照方形成的同时,大量电视机构被排除在外,这在一定程度上体现了不对等性。[①] 而且,牌照制度与互联网电视的层级技术机构和横向产业架构形成了不可调和的矛盾。在这样的背景下,"一刀切"的牌照制度便有悖于"技术中立"原则,更容易造成市场主体之间的隔阂,造成政府与市场边界不清晰、权力寻租、融合受阻等问题。因此,没有必要将内容和平台放到单一的规制框架下,也不是说全面放开准入,而是应该制定各种创新性的互联网电视产品市场准入标准,探索国有电视媒体与非国有互联网电视机构合作新模式,在保障社会效益的基础上培育具有竞争力和规模效应的市场结构。

三、机制创新:所有制结构变革是核心

所有制结构变革是电视产业机制创新的核心。电视媒体僵化的事业机制与企业化的管理相矛盾,造成管理职能的模糊以及产业运营的困难。长期的竞争缺乏、封闭经营造导致的结果是电视台创新能力不足,效率低下以及产业链的不完整。因此,当面临互联网大军来袭时,显得猝不及防、难以融入。现有电视产业的所有制模式变革已经刻不容缓。我国的电视台可以按照由"内部"向"外部"突围、由"存量"向"增量"改制,最终实现全盘整合的路径

---

① 岳宇君、胡汉辉:《我国网络视听内容规制的重构:基于 OTT TV 的思考》,《河北法学》2019 年第 12 期,第 95 页。

进行改革。

从"内部"的改制路径而言，按照由内向外圈层推进，处于最基础的是电视台内部业务的剥离，进而是关键性的电视台公商分设，最终建立起公、商分营的电视网。电视台内部业务的公、商剥离是整体改制的基础和前提。将可经营性的部分与公益性业务剥离，也就是电视台保留新闻业务，其他的业务板块，尤其是综艺节目和影视剧等可经营性的部分，都可以通过制、播分离成立独立的公司运作，独立核算，培育新型市场主体，实行企业化经营。

如果说业务的公、商剥离是转轨的基础，那么电视台公、商分设便是其关键步骤。所谓电视台公、商分设，是指将功能和属性一致的电视频道合并在一起，如新闻、国际传播、少儿科教等频道归为公共频道，财经、娱乐、影视等频道归为商业频道，在此基础上分设国营电视台和商业电视台，资源的整合有利于制度优势的获取。

国营电视台和商业电视台的分开设立是转轨的关键，同时也是覆盖全国的公共电视网和商业电视网的基础。公共电视网虽然实行的仍然是事业机制，但由于其本身的机制僵化、供给不足、运营成本偏高等问题，也将逐渐从传统计划经营模式向现代市场模式靠拢。而商业电视网则完全按照现代企业制度进行公司化的改造，完善企业法人治理结构，依据市场体系制定产业政策，确立市场经营主体地位。但不管是公共电视网还是商业电视网，都必须建立规范健全的法制监管模式，以保证对运营过程和结果的安全监控。

内部改制，也可以称为"存量改制"，是指对电视台现有资产和资源的改革。而外部突围，则是在增量上做文章，通过增加资产或资源的途径对旧有体制进行突破。增量突围的具体改革路径可以表述为保持现有电视台组织架构不变的基础上，重新组建新的商业电视台，形成公私二元电视机制。增量突围的关键在于改变现有电视台的所有制结构，打破现有单元机制结构。增量突围的理论表述虽然较为简单，但由于目前我国缺乏建立商业电视台的土壤，因此真正实行起来还有很长的一段路要走。

除了内部改制和外部突围两条路径,整体转制也具有可行性。所谓整体转制,就是机制内开放运行,盘活存量的同时进行增量突围,机制内的商业部分与机制外新组建的商业电视台优化组合,整体转制,形成公、商电视台竞争发展的新格局。

需要强调的是,以上三条改革路径是层层递进的关系,每条路径都有自身的优缺点,但就我国目前的实际而言,需要在存量改制成熟的基础上再逐步放开业外资本的准入限制,实行增量突围,最终实现整体转制,而这也是中国电视改革的最终路径。

第二节　电视台组织层面:
重塑理念、完善机制、搭建平台

在当前媒体融合的背景下,电视机制的创新主要涉及三个层面:一是从组织机构的重新建构和流程再造的角度出发,探讨融合媒体机制;二是运用互联网思维,寻求内容机制的创新;三是借鉴互联网产业发展经验,探索电视产业跨界整合的经营机制。

一、全面建设大数据体系和用户入口,形成平台聚合效应

在传统的电视节目产业链中,节目的制作、播出、覆盖和收视是一个开环结构,其中"观众需求和反馈"的缺失,使电视媒体在与新媒体的竞争中越来越力不从心。互联网时代,电视媒体要想坚守阵地并突出重围,不仅仅要做好内容生产,更要借助大数据来整合内容资源、技术资源和文化资源,并建立起反馈用户收视行为的大数据采集和分析平台,以更好地满足多元用户群体的需求,形成完整的产业生态系统。

(一)大数据驱动下电视媒体的能力搭建

所谓大数据,就是指服务于决策,需要新型数据处理模式才能对其内容进行采集、存储、管理和分析的海量、高增长率和多样化

的信息资产。① 2013 年被业界称为"大数据元年"，也标志着我们从此进入了移动互联网和大数据时代。借助于大数据挖掘和分析技术，传媒行业，尤其是传统媒体的信息搜集处理、内容制播渠道、信息传播效果、受众互动体验等整条价值链都发生了翻天覆地的变化。

然而，就目前而言，电视媒体的大数据处理技术还相对薄弱，主要体现在以下几个方面：首先，大数据的信息处理能力取决于用户基数和技术，而这两方面均为传统电视媒体的短板。当前掌握数据分析技术的大多是腾讯、阿里巴巴、谷歌、"字节跳动"等互联网公司，如革新了新闻传播理念的"今日头条"，其核心优势是基于海量用户数据库的内容分发，这种"信息流找人"的模式颠覆了网页端时代"使用搜索引擎寻找内容"的模式。其次，电视台同质化内容导致信息大量重复，且长期存在散、小、弱的格局，很难在短时间内形成平台聚合，产出高质量内容，因此无形中给信息的筛选和提炼造成了很大的阻碍。

虽然电视媒体一直致力于积极探索与新兴媒体在渠道和形式上的融合，但却一直无法找到更好的盈利模式，究其根源，在于大数据技术的不完备，无法提供与用户有效匹配的内容。因此，电视媒体应借鉴新兴媒体平台的内容生产、聚合与分发的优势，在实现渠道融合的同时，注重建立用户、内容及产品的数据库，以实现内容、渠道和运行机制的有效整合。

首先，电视媒体对于产品数据库的搭建，旨在满足用户的多元需求，增强用户黏性，以内容吸引用户，用服务留住用户。这就要求电视媒体整合平台中的产品资源，将原来的广告客户需求与产品特性进行匹配分析，鼓励用户与品牌对话，从而建立良性的长期关系。同时，还可以广泛利用网络平台的明星与意见领袖为品牌背书，扩大产品的线上线下口碑，实现商业价值。例如，一些媒体集团流程再造，建立了"中央厨房"模式，以整合内容生产传播，"中

---

① 郭全中：《大数据与传媒业发展》，《新闻与写作》2016 年第 6 期。

央厨房"的内容生产和信息分发也必须建立在大数据基础之上,基于优质的产品数据库,才可能实现良性运转。

其次,相较于传统的电视媒体而言,大数据下的新媒体传播渠道是多元化、技术化的。在大数据时代,互联网渠道、移动端互联网渠道以及物联网体验渠道得以迅速发展。新媒体运用这些新的渠道传播信息,其中网络渠道是主要通道,海量、即时的信息都是通过网络媒体发布的。技术化是说新媒体充分利用先进的现代科学技术拓宽媒体的传播渠道以及媒体内容的表现方式。这种新媒体渠道替代旧媒体渠道的融合方式是革命式的,也是渐进式的。其融合的关键就在于对已有旧媒体传播渠道能否进行技术化的改造,这也是考验传统媒体对大数据的处理能力。

最后,从互联网的精准分发来看,内容数据库的搭建是实现精准分发的基础。要想搭建内容数据库,首先不得不对已有内容进行数据化的存储处理,或者通过数据挖掘在更大范围内获取生产内容和社会信息,从而方便工作人员从中检索和提取有用内容。从供给侧的角度而言,应对已储存内容进行标签化,这也得以保障信息能够精准分发。

无论是新兴媒体还是传统电视媒体,对于优质内容的掌握都是不容忽视的,因为优质内容是吸引用户的关键,而传统媒体恰恰在内容的采写和制作方面有着天然的优势,应在与新媒体的融合过程中充分发挥这一优势,即以内容为抓手,将传统媒体的优质内容数字化、网络化,对内容加以适当的处理后,用新媒体的传播渠道与全新的报道方式呈现出来。因此,从上述分析内容来看,新旧媒介在内容、渠道、传播效果等方面的相互借势与有效融合,在互联网时代,都需要依托强有力的数据库作支撑。

(二)建设用户入口是聚集海量用户的关键

电视媒体与新兴媒体的竞争之一在于用户规模的争取。因此,建设用户入口的是传统媒体聚集海量用户的关键,这背后需要一系列强大的技术后台作为支撑。如以 QQ、微信为代表的即时通信应用,以融入日常生活为切入点,为跨年龄层的用户在线重塑了彼此的关系，由于其应用性较强，无形中快速聚拢了大批量用户。再如"字节跳动"旗下的"抖音"和"今日头条"，其内容基于算法实现了广泛的传播与用户互动，得益于多平台上的广泛用户入口。如何快速聚合用户，在一定程度上决定了电视媒体的信息传播效率。用户个体不仅仅是信息的接受者，更是信息的传播者，是电视媒体新商业模式建构的基础元素。因此，如何聚合海量用户来建设用户入口是传统媒体融合转型的关键。

第一，在万物皆媒的时代，让用户拥有产品的沉浸式体验是聚合海量用户的路径之一。沉浸式体验是通过全景式的视、触、听、嗅觉交互体验，并辅以 AR、VR 等设备，使用户有一种身临其境的感觉。如今，VR 技术的应用，使人类进入了"时空的穿梭"和"虚拟世界"，也将迎来 IP 体验的新时代。像新华社、央视网不断创新，努力为受众打造沉浸式体验，纷纷采用 H5 技术，融合文字、图片、声音、视频、游戏以及全景进行内容的分享、传播。H5 的新媒介表现形式突破了静态文字、图片的传播限制，以视听结合的方式和特有的交互性引起了受众的极大关注，快速吸引移动互联网时代下的受众，并产生联结，不断进行信息的二次传播。

同时，传统媒体应该在产品的开发本身多进行交互功能的优化体验。比如可开展细分垂直社区运营，为用户提供归属感；采用更为简便的交互设计和零门槛操作，吸引互联网红利未饱和的"老年人、儿童、农村无线"受众。建立一些"群岛式"社区产品，在用户和内容、用户和用户连接质量方面进一步提升，等等。

第二，融媒体新闻产品的生产过程中应该将用户纳入，使其参与到新闻生产的全过程，加强互动性，并且可以在电视媒体掌握议程设置主导权的前提下采集用户资产作品，目前来看，这一趋势已初现于各大主流媒体的生产流程之中。如《人民日报》在 2019 年春节的"中国福"征集、津云新媒体集团在中华人民共和国成立 70 周年前夕进行的"我与天津"短视频征集、央视"朝闻天下"的新媒体网络征集活动等。当下，主流媒体在题材征集方面已经形成了一定声势，下一步要加强的是如何引导受众制作并提供更加高质量的、适宜在新媒体端分发的融媒体产品。比如数据新闻的制作。目前对于数据新闻的制作大多应用于财经新闻领域,而且以简单的图标为主。如果能将短视频、H5、动画、游戏等形式融入其中,使数据的可视化效用最大化,或许用户的参与性将会更高。

第三,随着互联网的迅猛发展,多元化的信息传播平台让用户有了更多自主选择的余地。用户更多地依托自身的兴趣爱好及阅读习惯等因素,选择自身喜闻乐见的传播方式,用户的自主选择性大大提升。相较以往传统媒体单一的信息呈现方式,如今可供用户选择的信息获取方式更加多元。人们不仅可以通过微博、微信等平台来传播和获取信息,也可以通过 H5、VR 视频等不同传播形式获取内容。随着社交元素的融入,用户与用户之间能够依托于兴趣、专业等因素,聚合成社交圈。优质融媒体产品的传播,由过去点对点的传播,演化为多维、裂变式传播网络,用户的触达面也随之大大拓宽。因此,电视媒体要适时改变传播理念,在最大范围上触达用户,实现核心价值观的传播和全覆盖。

电视媒体在建立用户的同时,用户也应该不断提升自身的媒介素养,改变对传统媒体的"刻板印象"。随着媒体融合发展的不断深化,传统的媒体服务理念将得到一定程度的更新,用户也将在信息消费和新的服务模式中受益匪浅,其根本原因就在于融媒体所倡导的一站式服务、个性化服务、交互式服务方式非常适合用户的信息消费观念。在新媒体时代,部分用户在从海量的信息中选择自己所需要的信息时,往往对电视媒体及其新闻报道内容等带有明显的倾向性、主观性、片面化,这种扭曲和曲解主要是由于用户对电视媒体一贯的"固有刻板印象"所造成的,认为电视媒体属于主流媒体,是官方媒体,因而对其报道的内容都带有一种偏见,认为其形式单一、内容教化、无法互动等。

我们需要明确的是,媒介素养教育的对象不仅包括传播者,同时也包括接受者。如今互联网技术的发展已经很大程度上弥合和传者和受者之间的界限,因此,提升用户的媒介素养,增强用户的社会责任,显得十分必要。用户决定着电视媒体融合发展的定位,同时电视媒体在新闻的生产和传播过程中也影响着用户的行为和思想。从受众层面而言，用户媒介素养的提高离不开正确的媒介素养的教育。提升媒介素养，改变过去"固有的刻板印象"，意味着减少用户对电视媒体所产生的新闻信息及其他内容的负面印象和评价，这对电视媒体及其从业者提出了更高的要求，促使电视台及其从业者在遵守新闻职业道德、尊重新闻价值规律和传播规律方面有更高的要求。

二、加快业务流程再造和组织重构，建立融媒体发展机制

如前所述，业务流程再造（Business Process Reengineering，简称 BPR）是 20 世纪 90 年代初由麻省理工学院（MIT）的计算机教授迈克尔·哈默（Michael Hammer）和 CSC 管理顾问公司董事长詹姆斯·钱皮（James Champy）提出的，随后引发了各行业管理变革的浪潮。其核心思想是打破企业按照职能部门划定的管理方式，取而代之的是以在"成本（cost）、质量（quality）、服务（service）、速度（speed）"等关键绩效指标上取得全局最优为目的，对企业管理过程和作业流程进行的重新设计。融媒体发展机制是指传统媒体与新媒体一体化后所建构的新的标准和机制。电视台在实现了业务流程再造的基础上，要重新按照业务流程和要素进行组织重构，重点在内容制作、分发渠道和营销模式上改革，并遵循一定的原则，不能随意改造。流程改造要坚持以下几个原则：

一是要以用户为导向。这里的"用户导向"不仅仅是指电视观众的满意度，还包括电视媒体从业人员的满意度。媒介技术的迭代更新带来的是媒介形态的多样化和信息来源的广泛性，电视媒体的内容生产也正在由 PGC 向 PUGC 过渡。因此，在流程设计时，出于对业务流程的规范考虑，除了对自身内容的严格把关，也应该将内容供应商纳入流程之中，并对其做专业化的处理，以适应电视平台的播出。

二是系统优化业务流程。电视媒体在进行流程再造时，应该

将更多注意力集中到"流程"，而非"部门""职能""组织"等。业务流程再造的目的是优化整体，而非局部改善。在过去电视台的旧流程中，部门和部门之间常常出现因沟通不畅而造成的相互扯皮、推诿的现象，大量与盈利无关的机构设置和业务造成了媒体资源的无端浪费。因此，在流程再造过程中，应该以整体的流程优化着手，建立起以"流程为中心"的管理模式，简化重复设置的机构部门和工作内容，剔除流程中非增值的业务，将增值业务优化重组。

三是精简节约的效率原则。目前电视台存在节目生产过程中铺张浪费的现象。比如在新闻的现场直播中，举全台之力进行报道，在信息采制过程常常会出现重复、时效性缺乏等问题，但播出之后社会反响平平。这就要从组织目标出发重新考量，对每一项流程的价值进行评估，精简不必要的环节、层次，除去重复无效的、耗费人力、财力、物力的机构和岗位设置，节约成本。电视媒体的流程再造一定要充分发挥电视台的优势，如对突发事件的专业化处理和获取信息的权威性，只有做到精简和节约这两个原则，才能在之后的全媒体转型过程中实现效率最大化。

在把握流程再造基本原则的前提下，传统电视媒体的流程再造可以根据以下几个步骤进行推进：

首先，寻求政策支持，确定统一目标。相比于新媒体信息传播速度快、传播范围广、互动性强、高度私人化等特点，传统的电视媒体的比较优势在于信息的权威性和专业度，这两点在电视媒体的业务流程再造中是需要重点关注的节点。认清媒介环境只是流程再造前的第一步，与此同时还应该获得管理层，包括相关的政府宣传部门的支持。只有在政策上得到有利的庇佑，才能使整个流程再造有一个统一的远景和目标，有利于后续工作的展开。

其次，优化人员配置，重新设计流程。前面已经多次提到了电视媒体相对于新媒体在流程再造中的比较优势，就是其专业性和权威性。专业的人做专业的事，在改造过程中，人是整个流程再造核心中的核心。因此，在这一过程中需要对人事制度进行全面改革，有部分电视台已经在这一环节走在了前面，取消或淡化员工身份,建立了"不看身份,用人唯才"的岗位制度和"同工同酬、按绩取酬"的激励制度,以满足战略转型之后业务发展对人才的需求。同时,将电视媒体、手机移动客户端、互联网终端等不同的信息出入和接收端口统一纳入电视台内部的流程中,如国外的一些著名传媒巨头模糊了电视、互联网等不同媒介之间的界限,打通组织架构重新设计流程,我们的电视台也可以借鉴效仿,更高效地采集信息和分发信息。

最后,调整组织架构,建立扁平化管理机制。当前,大多数电视台还是采取的事业部制,也就是以频道为单位进行独立的日常运作,每个频道都设立了一个职能型的播出机构,这样的组织架构导致电视台内部以及电视台与电视台之间频道同质化竞争严重,无法集中优势力量对抗外来竞争。在这方面,互联网产业的发展模式值得借鉴。2013 年,阿里巴巴重新调整了集团内部的业务架构和组织,成立了 25 个扁平化的事业管理部门。组织变革的方向是将集团整体的业务按照新的商业生态布局拆分成一个个小的事业部,这种扁平化、网格化的管理模式,打破了原有复杂的层级结构,有利于企业提升决策效率和执行速度。电视媒体的扁平化结构调整,首当其冲的就是"去行政化",减少行政管理层级,在制作和内容创新方面给予充分授权和放权。只有这样,才能在后续的内容生产流程和商业模式得以创新。

三、运用互联网思维创新内容生产机制,建立全媒体平台

随着媒体融合的纵深推进以及媒介之间的竞争逐渐加剧,新一轮的电视媒体的改革剑指全媒体生态产业链的打造,而电视媒体的核心业务——内容生产机制成为改革的重中之重。

(一)模式探究:全媒体"中央厨房"式内容生产机制

目前,"中央厨房"已经成了传统媒体向全媒体转型道路的"救命稻草",其意义在于通过采编流程的再造,激发体制机制的创新,推动新闻生产方式的变革和多元商业模式的创新。

　　"中央厨房"之所以被如此看好,主要是源于其在内容生产机制上的创新。首先,"中央厨房"是实现全媒体转型的中枢,是实现内容创新的平台。它改变了过去电视媒体内部各个频道单兵作战的策采编发模式,通过搭建资源共享平台,集合传统媒体和新媒体的全部工作人员,协同作业,形成全媒体产品的采编发模式,实现了电视媒体的信息生产作业的颠覆性创新。其次,"中央厨房"作为技术平台,在全媒体内容产品的打造过程中,推出了一批富有表现力的产品形式——VR新闻、结构化新闻、数据新闻、H5动画(可视化移动端动画)等,以及在重大活动发生时能够进行多维度的融合报道,而这些产品的推陈出新都是基于技术支持下的平台搭建。最后,"中央厨房"的空间平台是全媒体转型的物理呈现和主要载体。如刚投入使用不久的中国国际电视台的CGTN融媒中心,成为整个电视端和新媒体终端的指挥中枢和中控平台,可以同时实时共享国内外近25000家网络媒体和70多家权威媒体机构的所有新闻资源和资讯报道。台领导可以在这里进行全盘调控,高效实现资源共享的最大化。

　　当然,"中央厨房"的建立并非一蹴而就的,有几个关键性的问题需要解决:第一,中国的电视媒体由于其特殊性,在重大的新闻报道事件中,"中央厨房"的运作相对有效且容易,但重大的新闻事件不是时时刻刻都有,而且对于中央电视台这样具有丰富资源的主流媒体而言,采取"中央厨房"的模式进行日常化运作,相对"成本—收益"较有保障,但地方电视台是否能承担起日常运作中由技术的迭代所带来的成本? 第二,推行"中央厨房"后,必然面临着人力资源的"瘦身",如何解决过剩的人力资源? 同时,对于保留下来的工作人员如何制定新的考核体系? 这些都是融媒体转型中需要考虑的核心问题;第三,对于"中央厨房"的打造,切不可做成面子工程,而应该建立以"用户为中心"的导向意识,生产的产品能吸附更多的用户,这样才能稳住广告客户,产生效益,这才使得打造"中央厨房"具有实实在在的意义。

　　纵观电视媒体,其"中央厨房"的运作是随着纸媒的使用而进入融媒体构架视野的。尤其是像中央电视台这样的资源较多的大电视台,因其历史原因,在"中央厨房"的"一次采集、多元生成"方面已经先行一步,已实现这些基本新闻要素的融合。如中央电视台从2003年新闻频道设立以后,就进行了数次资源整合,把原来分散在央视各个部门、各个频道的新闻采编力量整合为一个大的新闻中心。新闻中心成立后,建立了新闻指挥系统和新闻共享系统,同时对频道进行了改版。中央电视台新闻中心实行新闻中心总值班室,每天从早到晚开几次协调会,协调前后期、各频道、各栏目组的新闻选题、线索以及排版。现在包括新媒体部门(如"央视新闻"客户端)在内的各部门值班人员都要参会,以协调做好各编辑部的版面设计和相关调整,并对全台资源进行统一调配。和纸媒在子报间横向重点整合不同,现在包括中央电视台在内的电视台所要进行的"中央厨房"建设重点部分在于,纵向地将电视和网络端口的资源打通,将原来在电视端的采集任务延伸为多平台的采集和制作。中央电视台正在建设融合媒体素材库,实现电视和新媒体新闻编辑制作内容共享、共同使用;搭建电视和新媒体协同生产系统,增加诸如微信文章编辑、图片剪辑、H5模板库、数据类制作工具等;搭建新闻云生产体系,形成三级多数据中心、差异化素材提供的多级生产架构;采用私有云方式建设新闻共享云平台,并构建用户新闻上传平台(UGC系统)和面向生产的即时通信系统。

1. "津云":"'中央厨房'+工作室",打造融合全新模式

"津云'中央厨房'"作为全国首个全媒体融合平台,融合中央驻津媒体、天津日报、今晚报、天津广播电视台、北方网等主流媒体的优质资源,"津云'中央厨房'"打造了适合全媒体融合的新闻生产机制和指挥调控体系,实现了天津市"播、视、报、网"的全媒体融合,在全国媒体融合发展方面堪称首创之举。

"津云'中央厨房'"充分考虑全媒体融合状态下的日常管理和"策采编发"融媒体生产流程再造的需求,其工作空间被合理地划分为六大功能板块:一是核心指挥区——"津云'中央厨房'"的大

脑和神经中枢,发挥着对全媒体集中指挥、高效协调、采编调度等核心作用。通过指挥大屏实现对全媒体信息进行实时监控和追踪分析,满足日常宣传管理、突发事件处置、重大主题报道三种状态下的全媒体指挥需求。二是采编联动区——"津云'中央厨房'"的新闻产品生产和分发中心,由传统媒体和新媒体的采编团队入驻,可利用"中央厨房"提供的强大数据分析能力和采编系统获取新闻素材,完成融合产品的采集、制作与发布。三是技术支持区——为融合产品提供技术支持服务,本着"移动优先"的理念引入动新闻视频、无人机视频、VR 视频、H5 设计开发等专业团队,实现一次采集、多种生成、多元传播。四是用户互动区。利用强大的数据统计分析能力,对新闻产品进行传播监控,及时掌握网络舆论动态,并通过与用户在线交流等方式进行舆论引导、民情搜集和需求解答,为指挥中心的决策和新闻产品的生产提供数据保障。五是直播报道区。视频内容发布的开放性演播空间,也是重大、突发事件的舆论引导快速反应平台和权威发布平台。六是自由办公区。为跨媒体、跨行业的人员组成项目团队提供的创意空间,营造传统媒体与新兴媒体发生"化学融合"的环境。

2018 年,"津云"新媒体集团在"中央厨房"建构的基础上,从《天津日报》《今晚报》、天津广播电视台的编辑、记者、主持人及栏目团队中遴选出 20 个工作室,打造"'中央厨房'+工作室"运行模式。除了为每个融媒体工作室提供全年 10 万元启动资金保障外,在推进融媒体工作室的规范化运行方面也做出了积极探索。

第一,在平台方面,以"津云"客户端上"津云号"的形式为每个工作室设立专属页面。开放账号权限,为融媒体工作室的内容更新、图文音视频等内容上传提供空间及带宽上的便利。开放推广邀请码及数据监测后台,为融媒体工作室掌握内容传播效果提供数据支持。同时,开放网民评论等互动内容的审核后台,为工作室提供有效的内容管理手段。

第二,在服务方面,安排专门团队当好融媒体工作室的"店小二"。一方面对工作室进行技能培训,确保工作室主创人员掌握在

"津云"客户端进行内容发布所必需的操作技能;另一方面与工作室保持日常沟通,对接、引导各工作室开展内容创作、树立品牌、扩大推广。为了给融媒体工作室搭建一个取长补短、相互扶持的交流平台,"津云"新媒体集团定期举办"津云沙龙"活动,邀请人民日报"中央厨房""金台点兵"工作室的主创人员,分享创作经验、剖析典型案例,同时邀请来自新华网媒体创意工场、央视网微视频工作室等平台专业人员,为"津云"融媒体工作室和各传统媒体记者编辑介绍短视频产品的制作、传播经验。

第三,在考评方面,"津云"新媒体每月定期发布工作室内容生产传播情况指数报告,量化评估工作室的运行效果,激励内容创新。考评内容有通用指标和专项指标两类。通用指标有订阅数、当月访问量、带动客户端下载量三项指标。鉴于不同工作室在人员结构、产品形态、内容方向等方面具有较大的差异,"津云"新媒体集团按照"一室一策"原则设置作品更新频次、当月特色工作等可量化的专项指标。工作室内容生产传播情况指数报告将专报给各媒体负责人,成绩与当月所获得的经费支持挂钩。此外,"津云"每月进行工作室优秀作品评选活动,并对获奖作品给予相应的激励。

第四,在管理方面,"津云"新媒体集团预设负面清单,完善了融媒体工作室退出机制。如果工作室在运营过程中出现政治导向错误、侵犯版权、抄袭剽窃、虚假报道等违规违法行为,"津云"将视其情节轻重酌情处理,扣除相应支持资金直至终止与其合作。此外,"津云"还不定期约谈考评成绩不理想的工作室,要求其采取改进措施,提高内容建设水平和团队管理水平,对仍无实效的工作室,将终止与其继续合作。

"津云"融媒体工作室自 2018 年 4 月启动以来,已经陆续推出文字、音视频和摄影等各类作品近千件,访问量超过千万,取得良好传播效果的同时,也为媒体融合的推进提供了可借鉴的样本和经验。

2. 延庆:"广电 + 报业",建构中央厨房新模式

2018 年 6 跃 16 日,北京市延庆区融媒体中心成立,是国内首

家"报纸+广电"模式的"中央厨房",形成一个集报纸、广播、电视、网站、"两微一端一抖"共融交汇的全媒体阵地,搭建了指挥调度平台、中央厨房移动采编平台、舆情技术监控平台、媒体服务备料平台四大功能系统,加速实现了机构、机制、流程、服务、内外宣、数据从"相加"向"相融"的转化。

首先,延庆融媒体中心的"五个统一"确保了业务流程的顺利推荐:一是统一搜集新闻线索,所有汇聚起来的新闻线索会集中存放于一个"接收器"中,以确保新闻选题的全面准确,科学有效地判断新闻价值;二是建立"资源库",进行资源的统一调配,实现新闻产品深入融合,通过"一次采集、多次生成、多元传播",确保资源可以真正实现共享;三是打破过去传统媒体"各自为阵"的格局,实行统一调度指挥,树立全局"一盘棋"的思想,确保传统媒体和新媒体融合发展、优势互补、高效运营;四是驱动流程重塑,统一进行流程管理,确保所有的媒体产品能够实现一体化生产;五是制定科学合理的考评机制,实行统一绩效考核,确保从业者的业绩与收入价值等同,鼓励采编人员由过去的"一招鲜"向现在的"全招能"转变,建设全媒体采编队伍。

其次,确保"人"优于"技术"。根据之前的融媒体中心建设的经验,"中央厨房"技术系统的设计、开发和采购,常常成为建设伊始最受关注、投入精力最多的方面。但是,延庆在进行融媒体的实践中,却优先解决好"人"的问题,"技术"则放在了第二位。因为"人"是县级融媒体中心建设的决定性因素。人和技术之间,人是起到决定性作用的,只有人的思想理念转变,才能真正实现策采编发流程的重塑,并开发出新流程的"中央厨房"系统。同时,"中央系统"的技术系统必须立足人,并且服务人。换句话说,就是中央厨房这套设备得要为人所用,只有人觉得"用得上""用得好""用得顺",流程重塑和技术系统开发才是真正的成功。

诚然,技术是融媒体改革的驱动力,或者说得再准确一些,在县级融媒体中心建设中,技术"倒逼"并且"驱动"了策、采、编、发流程的重塑。工作模式变革往往是渐进式的,特别是从传统媒体的新闻生产向融媒体新闻生产模式转变的过程中，既需要编辑、记者、播控等各个岗位工作人员全面转换思想，也要求大家能够齐心协力、同步进入新的工作模式。在这个过程中，技术发挥了重要的"倒逼"作用，试想，如果没有技术系统的强制性要求，这一过程或许需要很长的时间才能完成。

纵观延庆融媒体中心的建设，成功的根本原因在于人的思想观念的转变，只有观念发生了转变，才能认可新流程和新系统新流程新系统。尤其在改革的时序上，以"人"的观念转变作为先导，才实现了人的改革和技术的改革协调推动、交错进行。

（二）多维融合：由传统电视平台向全媒体视听平台转型

之所以会出现"电视将死"的舆论和担忧，直接原因是用户接收信息的途径越来越多地转移到了其他电子终端和互联网。然而很多电视媒体仍然墨守成规，试图通过各种方式提高收视率，维持广告经营。导致很多电视节目的无效播出，这便是一种产能过剩。电视媒体作为内容供给方，要实现供需对接，首先要在收视方式上满足受众的需求。2014 年第二季度《尼尔森跨平台收视报告》指出，传统的电视观众获取电视节目的途径有两种：一种是通过有线电视网或付费账户接收电视节目；另一种是互联网用户，通过在线观看或者下载 App 应用接收电视节目。所以，电视媒体应该转向融媒体，台网联动便成了跨网络、跨平台、跨行业、跨地区、跨屏幕，进行资源整合、顺应媒体格局变化的重要举措，也是电视媒体"去产能"的应然之意。

所谓"台网联动"，是指以优秀的版权视频资源为核心，整合联动电视频道和视频网站，实现对目标受众的无缝隙全媒体覆盖。目前诸如湖南卫视、江苏卫视、浙江卫视等一线优势电视台纷纷在内容战略上布局互联网传播渠道，构筑以电视台为核心的台网联动机制。实际上，电视媒体的融合就是台网联动的过程，既需要在传统渠道将内容进行传输外，也需要在新媒体端获得更多的粉丝和用户。在台网联动机制中，传统电视媒体的核心资源就是版权，内容越优质，传播度更广，版权就越强大，可开发的价值就越高。

因此,电视台要树立品牌意识和版权意识,集中优势力量打造 IP 产业链,形成优质内容的全产业链开发。同时,像湖南卫视有自己的独播视频网站"芒果 TV",但除此之外,迫在眉睫的是完善全媒体平台的用户黏性培养,补足电视媒体在流媒体传播的短板,实现传播效果的最大化。

　　另外,在我国的媒体格局中,中央媒体和地方媒体之间的权责分工十分清晰。但自从 2015 年两会"互联网 + "被写入政府工作报告以来,传统媒体尤其是电视台便试图借助互联网思维打破这一传统藩篱。在媒体融合时代,只有充分调动中央媒体和地方媒体的积极性,率先实现两级媒体在资源、内容、渠道、形式等方面的融合,才能进一步推进电视体制和运行机制的改革。如中央电视台于 2017 年上线的央视新闻移动网,就是以央视为龙头,整合全国 37 家地方电视台搭建而成的媒体网络矩阵。央视这一举措,不仅通过整合中央和地方媒体资源,改善了过去电视媒体散、小、弱的局面,开创了适应互联网时代发展的全新媒体业态,更为重要的是,为传统媒体和新媒体一体化深度融合的全方位变革起到了推动作用。值得一提的是,央视除了整合地方资源,还放下身段,在"央视新闻 App"上贯彻互联网思维,增强户用服务意识,在移动客户端增加了"美食""查违章""火车票"等用户实用功能元素。这是中央级媒体和地方媒体之间纵深合作的典型案例,不仅开创了央媒和地方媒体合作的先河,而且利用互联网思维撬动了中国电视体制和运行机制变革的杠杆,从而将媒体融合向纵深推进。

　　除中央级媒体进行互联网移动终端的尝试,地方媒体也纷纷试水。如"无线苏州""智慧无锡"等地方媒体推出的多功能复合性 App,除了新闻资讯服务外,还为户用提供一些交通、就医、美食、天气等便民实用的服务,这些应用已经成为传统媒体拓展用户和市场的主要手段。从这一角度来看,在媒体融合的背景下,传统电视媒体积极践行互联网思维,并以此推动电视体制机制的创新,打造具有广泛社会影响力和市场竞争力的新型主流媒体矩阵。

四、借鉴互联网产业经验,探索电视跨界整合经营机制

在媒体融合的背景下,"跨界"成为一种潮流,尤其是在产业经营领域,跨界的使用频率越来越高。对传统电视媒体而言,跨界整合将成为行业发展的必然趋势。这一做法是基于互联网思维下的营销新模式,它打破了传统行业经营模式的固有藩篱,获得了互补性资源,通过打造自身的核心产品与相关的产业模式形成联合,共同对产品形态进行上下游地开发,使其产业链得到有序稳定的延伸。在跨界整合的过程中,电视台要想实现转型升级,就必须打造自身的核心产品,建立多元化的产销渠道,以实现跨媒体、跨行业、跨区域的全局发展。

其实,电视媒体的跨地域经营由来已久。早在 2010 年,上海电视台和宁夏电视台就签署了跨地域深度合作的经营协议,宁夏台保留宁夏卫视的所有权、节目终审权、播出权和管理权以及本地新闻类节目、公益类节目的制作、播出权,上海台享受其他电视节目的制作权和广告经营权;湖南广播电视台和青海电视台也签署了类似的跨地域合作协议。一时间,这种优势互补、抱团取暖的模式使得参与双方都尝到了跨地域经营的甜头,一些电视台跨地域经营不仅走出了地方的边界,而且逐渐走向海外。如湖南卫视与英国独立电视台(ITV)在节目研发、版权保护和节目播出等方面达成合作协议;深圳广电集团与日本北海道电视放送株式会社签署战略合作协议,在影视节目、大型活动等领域展开深度合作等等。当然,时至今日,电视所处的媒体大环境与数年前迥然不同,如今的电视行业跨地域经营似乎更多了一些迫于无奈的意味。但是,无论何种类型的跨地域合作,其结果无外乎都是期待以更少的成本取得更丰富的回报,因此,媒体融合背景下的电视跨地域经营,要切实对当前的内外部环境加以分析,在充分了解自身状况与外部环境后,再做出合适的经营决策。

在过去传统的事业机制下,电视媒体更多依靠自制节目播出和广告经营创收,随着传媒行业的相互渗透和开放竞争,这种自制

自播的"封闭式"发展模式已经难以适应新形势的发展。电视媒体应该适时转变观念,由"封闭式"的发展模式向"开放式"的发展模式转型,将电视媒体打造成一个开放式平台,通过整合资源,形成优质人才、创意、内容、渠道和资源的聚合力,逐渐实现"开门办台、开门引进人才、开门创办节目、开门搞活经营"的转型升级。

在经营观念的创新层面,电视媒体应该从"单一广告收入"的价值模式向"多元创收渠道"拓展。现在已经有部分电视台通过台网联动、打造 IP 等形式打通产业链上下游,实现了包括广告收入、内容分发收入、品牌增值、线下活动以及周边产品创收等多元创收渠道。由"单一"到"多元"的经营模式转型,既突破了传统意义上广告作为电视媒体的主要收入来源的限制和"天花板",拓展了经营空间,又重新定义了电视媒体的地位,即从"制播媒体"向"现代传媒服务企业"转型。如 2017 年,西部电影频道、四川电视台峨眉电影频道、长影频道、潇湘电影频道、上海东方电影频道、河南电视台新农村频道、江西电视台红色经典频道和广西电视台科教频道 9 家全国省级电影频道在引入中央电视台电影频道后成立了全国电影频道联盟,以电影为桥梁,打通电视媒体与新媒体之间的纽带,在海量电影版权资源、大IP 资源、宣传平台资源、院线资源、票务系统资源、创作资源和人才资源等方面,实现电影宣传、资源共享、节目互换、包装明星、全媒体整合等多项合作,连通电影上下游产业链,实现 1 + 9 > 10 的效果,在电视媒体融合探索上有了新突破与大发展。

如果说跨媒体经营和跨地域经营为中国电视产业破除了横向整合的障碍,那么,在跨行业经营层面,电视媒体依托自身强大的公信力,则把中国电视产业从近乎孤立和神秘的垄断状态中解放出来,参与到国内国际大传媒产业市场的循环,从而获得超常规发展的能量。

目前,电视媒体的跨界整合路径主要有以下三种:一是同心多元化路径,即电视台利用共同的经营资源,发现与现有业务关联度较高,以现有核心竞争力为支撑的业务,如开拓影视、电视购物等内容;二是垂直一体化路径,即向电视产业的上游和下游进行价值渗透;三是离心多元化路径,即开拓与原有经营资源无关的新业务,在这一过程中,成本较高,因为开发新业务所需要的新技术、资源和分发渠道都必须重新寻找。其实,这三条跨界整合路径在电视产业的发展过程中呈现出的是递进关系。如国际一流的传媒集团——迪士尼公司、时代华纳、康卡斯特、维亚康姆等都是先从主业出发,围绕传媒核心产业链进行相同资源体系的多元化布局,通过相关多元化的业务拓展有了充足的原始积累后,进而打通产业链,进行上下游的开发,如媒体运营、主题公园和衍生消费品等,之后借助资本市场的力量实现外延式规模的快速扩张,从而成为全球性的传媒巨头。

我国的电视产业也可以借鉴国外的经验,构建产业发展的业务框架,强化核心资源的竞争力,开拓电视购物、周边产品开发等业务,甚至可以结合地域优势开展有线增值服务,开发旅游、文化产业等多元化的产业发展路径,拓展多渠道经营战略,实现传统电视产业与互联网产业的有效联姻。同时,在政策允许的前提下,电视媒体需要转变思路和策略,以资本为纽带开展多种方式跨领域、跨行业、跨区域的兼并重组,不断扩张和调整产业布局,以实现生产力质的飞跃。如中国教育电视台通过充分调动频道资源、品牌资源、团队资源和硬件资源打造了"TV + 教育"线下产业——爱乐恩幼儿园。依托强大的国家级教育媒体资源,爱乐恩幼儿园除了在课程体系设置、核心理念的确定和教材选择等方面更具有专业性,在硬件设施、住宿饮食等方面更加标准化、国际化之外,在这里就读的小朋友,还有一个独一无二的机会,即通过培养和培训,孩子们最终有机会登上中国儿童艺术展示的专业舞台,而且还将有机会成为电视屏幕里的小明星。而这样一个融早教、美育、影视于一体的教育体系正是中国教育电视台"TV + 教育"的产业化推进的结果。利用自身优势,中国教育电视台在全国范围内开发早教频道 + 幼儿园、儿童培训机构、儿童艺术团、儿童影视作品、少儿经纪等早教产业生态圈战略,覆盖早教产业全产业链。又如河南电视台新农村频道联合河南新农村频道人力资源服务有限公司,针对省内外用工市场"用工荒、招工难"现象，投入强大的媒体资源和技术研发团队，推出了一款智慧就业综合服务平台——打工直通车，全面开发"互联网＋"安全就业。这是集培训、就业、维权、一对一打工服务于一体的综合信息服务平台，该平台依托河南广播电视台新农村频道等主流媒体资源进行政策权威发布，帮助求职者找工作，讨薪维权打假，发布企业用工信息，为外出务工人员提供全面的就业信息，入职后享受就业补贴。

随着电视媒体体制机制改革的不断深化，传统的制播体制将会逐渐消解，取而代之的是有实力的电视媒体向形态协同互补的全媒体的转型融合。届时，电视媒体将呈现出组织结构复合化、内容表达多元化、传播渠道全媒体化、传播效果叠加化和产业整合跨界化的传统新局面。

第三节　电视从业者层面：转变叙事语态，强化互联网思维

在电视媒体向新媒体融合转型的过程中，面临着包括机制、资金、技术和人才等诸多因素的制约，其中日新月异的新媒体技术与其无法相匹配的技术人才短缺之困，制约着电视媒体快速向新媒体融合的步伐，而一个适应新时代需求发展的媒体，能够在转型中立于不败之地，人才的作用可谓重中之重。电视媒体向新媒体的融合中，在吸纳大量优秀人才的同时，作为传统媒体现在的从业者，也应该抓住这一转型的新机遇，加速意识、技术和服务等多方面的观念转型，跟上时代发展的步伐，在融合转型中担负起赋予新闻工作者的使命和责任。

一、从"传统媒体思维"向"新媒体思维"转型，适应融媒体发展节奏

在媒体融合的道路上，媒介理念的更新至关重要。当下，电视

媒体正在紧锣密鼓进行供给侧结构性改革,并向新媒体融合的过程中,面对内容多渠道生产、多元发布的全媒体平台,电视媒体的策、采、编、发从业者面临的是全新的技术全新的流程以及全新的新闻理念,这就要求采编人员突破固有的思维束缚,积极投身于这一新的变革之中。但是在实际的工作中,电视媒体从业者面临最大的挑战不是技术的应用,而是思维的转换,即从"习惯性思维"向"互联网思维"转换。电视从业者要汲取互联网思维中"以用户为中心"的意识、以"平等互动"的传播方式、"开放分享"的姿态积极主动地与新媒体融合发展,提供满足媒体融合时代用户的个性化需求的信息产品和服务,电视媒体才有存在的价值和理由。

首先,对于电视从业者而言,核心的转变就是要改变传播者中心的观念,树立"以用户为中心"的思维方式,改变过去"你看或不看,新闻就在那里"的观点,以用户对信息的需求导向为出发点报道新闻,在采编环节和产品设计环节上时刻考虑用户的反应,关注用户的反馈,真正为用户提供多需要的信息。

其次,互联网呈网状结构,是开放的、无权威、去中心化的、分布式的,而电视媒体过去的传播模式是线性的、一对多、中心化和封闭的。显然电视媒体的传统基因与互联网之间存在着天然的沟壑,电视惯有的精英化、权威化、说教化的口吻和姿态已经不再适应互联网时代的文化基因。在如今众声喧哗、信息爆炸的时代,只有在平等中进行对话,才可能为新一代受众所接受。电视从业者不再高高在上、具有浓厚精英情结,而应该将专业主义精神与充分尊重用户的开放精神相结合起来生产新闻。这种去权威化、去精英化、以用户为中心的观念,对于融合转型的电视从业者摆正心态,认清自己所处的环境,并指导传媒人力资源适应变化具有重大的意义。

再次,快速迭代是互联网产品和服务的特点,在不断地升级换代以及与用户的互动中接受用户的反馈,修正产品,使产品逐渐完善。由于用户的需求是个性的、分散的,因此,对用户需求的把握是一个精益求精的、测试的过程。电视媒体与新兴媒体融合生产的网络新闻也是一种迭代产品。网络新闻打破了电视媒体的刚性播出时间,在即时动态中不断更新信息,不断修正和补充新闻信息。在与用户的互动中,新闻报道还可以根据用户的提问、用户评论,为电视媒体提供调查的新方向。

最后,电视媒体的从业者要养成开放分享的观念。互联网社会带来的深刻变化之一是信息的共享化。互联网的盈利模式是以免费信息加广告收费、服务增值服务的方式盈利。也就是说,信息开放越多,用户接入越多,带来的流量就越多,相应创造价值的潜力就越大。而电视媒体的本质是营销知识产权,强调版权垄断,依靠付费保护版权的专有垄断性。但是在互联网时代,电视产业版权垄断的盈利模式遭遇到了前所未有的困境。于是版权开放这种新的版权管理模式应运而生。所谓版权开放,就是通过专门的许可证,授予用户复制、发布和修改作品的权利,而仅保留作者的署名等人身权,即部分权利保留。这样可以吸引更多内容制作者使用新闻资源,产生与生产者合作进行广告分成的模式,这也是靠内容付费的盈利模式之外的另一条尝试之路。

电视媒体转型的前提,根本上还有赖于人的观念和叙事语态的转变。虽然当下电视媒体都在转型之中,还没有固定的成功模式,但用互联网思维来洗涤电视从业者的思维,有助于以另一种眼光审视电视媒体,实现电视从业者的转型,在媒体融合的自我颠覆中找到可持续生存之路。

二、从"单一技术"向"多面技术"转型,争做复合型人才

其实,对于传统媒体的大部分从业者而言,对媒体融合还存在一定的理解误区,或者有深入理解但是在具体执行的过程中还存在问题。最开始碰壁的就是技术问题。因此,在传统媒体向新媒体融合转型过程中,需要大量的掌握新媒介技术的人才,而驾驭这匹"黑马"需要专业化更高的复合型人才才能完成这一重任。

电视媒体的从业人员,是采编分开的,分工较细,技能单一,在

向新媒体融合过程中，电视媒体从业人员面对全新的传播技术是"一空二白"的。由于对新媒体技术的储备不足，一些从业人员在向融媒体转型过程中显得束手无策。而电视媒体向新兴媒体融合转型中面临着既不能大量解雇传统媒体的编辑记者，又不能大量使用掌握新媒体技术人才的两难境地。当务之急，需要电视媒体从业者通过自身的转型填补这一空白，在短时间内熟练掌握摄影、摄像、航拍和直播等技能的同时，还要掌握网络技术、特别是新媒体的传播技术，必须是十八般"技艺"样样在行才能胜任新的岗位，才能适应融合媒体对复合型人才的需求。

三、从"信息宣传功能"向"信息服务意识"转变，树立市场意识

电视媒体向新兴媒体融合转型的过程，实质上是从电视媒体岗位向新媒体岗位的转换和融合的过程。电视从业者大多是为自己所工作的电视媒体提供新闻产品，而这种是单向传播的方式，很难适应新媒体发展的需要。目前，众多的传统媒体从过去的新闻"生产商"向"平台商"转型，由此带来众多新岗位和人才的需要。随着新闻可视化的发展，数据新闻成为目前新闻生产的一种新方式，陆续还会出现数据工程师、可视化编辑、网络互动编辑和产品经理等多个新的工作岗位。新的工作岗位对从业者也提出了新的要求，从业者普遍以小团队、分工协作的方式工作，每位编辑要负责相关领域的内容生产，甚至担负从设计、生产、发布到互动、营销、推广的全线工作。

面对传播方式变革带来的新技术和新岗位，每位电视媒体从业者应该由过去单一的信息宣传功能积极向信息市场服务转变，在学习和掌握更多的新媒体知识和技术的同时，还要学习和掌握更多跨界的信息，如学习和掌握互联网知识、产业知识、金融资本知识、财经知识以及与自己负责的领域相关的知识，才能在电视媒体融合转型中担当"大任"。目前一部分电视台通过对现有新闻资源进行整合，构建融媒体的"中央厨房"，将原本"记者前线＋编辑

后方"的简单模式深化为"数据支持＋记者前线＋可视化融入＋极速推广＋产品经理统筹"的多线性协作模式，让新闻成为产品，将编辑、记者个体整合为新闻产品团队。这就需要每一位媒体人树立产品意识和市场意识，对商业有正确的理解。如果着眼于长远的媒体融合发展，媒体从业者的工具箱里就一定要有市场化、商业化、公司化这个工具，它能够帮助从业者在内容生产、信息传输、品牌推广、运作效率等方面形成突破。因为在传媒行业，没有商业效益，社会效益也很难实现，很难维持。而商业效益的实现需要从业者从意识到实践上的与时俱进，通过自己的刻苦学习和实践，储备更多跨界知识和多方面的技能，在电视媒体向新媒体融合中实现新的"创业"。

另外，在媒体融合的语境下，电视媒体的从业者更多是在和那些安全商业化的互联网公司竞争，在这个层面，电视台的管理人员更需要一些企业家思想，多一些市场意识和理解商业的能力，这是我们现在面对电视媒体融合这样一个重大使命和任务的时候，需要必备的而目前又奇缺的能力。因为管理人员的思维转化、认知升级和魄力、勇气、战略、思维，会很大程度上决定电视媒体的变革成效。

第四节 传媒人才培养层面：
坚定信念、夯实基础、拓宽视野

从过去电视媒体与新媒体的简单叠加与浅层合作，到近年来新旧媒体之间内容、渠道、平台、经营、管理多方面的深度融合，全面整合的新媒体时代正在来临。与此同时，传媒人才的培养将再次面临重塑升级。为了适应新的媒介传播环境，改变当前高校传媒人才能力培养的不足，新的能力培养模式应该在"媒体融合"的思想前提下展开，破除传统的类型媒介的边界思想，打开新的格局。

一、夯实基础能力,培养通识人才

基础能力是相对于专长能力而言的,在传媒人才的培养上带有通识意义,也就是培养传媒人的基本功。在电视行业,我们通常所讲的"媒体人才"主要包括专业的技术人才、制作人才和经营人才三类。而在融媒体时代,传媒人才则需要在媒介技术、内容制作、媒体营销三个方面都培养起自己的知识基础和能力体系。因此,在电视媒体与新媒体融合的前提之下,应该架构起新的人才基础能力层级,分别是融媒体技术实操能力、融媒体内容生产能力以及融媒体市场运营能力。

首先,要加强融媒体技术实操能力的培养。除了整合文字、图片、音频、视频和网络的媒介综合技术能力之外,还包括对融媒体新型技术工具的掌握,如视频简编工具(用于发布到微博视频的编辑),以及针对大屏互动、WEB 发布、SNS(Social Network Service 社交网络服务)发布、栏目 App 发布的编排工具等。只有综合掌握电视媒体的传统技术,再加上新型融媒工具的使用与操作,才能形成真正意义上的融媒体技术实操能力。

其次,要加强融媒体内容生产能力的训练。过去的媒体内容制作主要是依据媒介而定,形式、角度、风格各不相同,传播效果也各不相干。在融媒体时代,内容制作首先表现为一种针对市场与用户的生产,信息被全面整合之后,再根据不同的媒体渠道特征和用户特征进行媒体生产制作方式和流程的重构,选择性、精确性地传播给用户,使不同阅读或收视习惯的人都得以满足。因此,融媒体内容生产能力既是一种整合,又是一种细分。传媒人才需要在全面的融媒体业务制作平台搭建下培养能力,表现为能写、能说、能拍、能录、能编、能策划等"多能"集合;同时又具备诸如信息拆分重组、数据分析、可视化设计等新兴能力,能够在生产中遵循信息表现形式碎片化、精细化的创新规则,制作出与传统媒体内容本质不同的产品。

最后,要加强融媒体市场运营能力的拓展。在技术操作与内容生产能力更新后,就要不断推出能够让用户接受并消费的媒体产品,当前融媒体注重的是用户的原始积累,而这背后的终极目标则是产品的经营与销售。换句话说,融媒体这一新型媒体形态就是与传媒商业化、市场化的升级裹挟而生的。传媒人才的市场运营能力培养,应该首先改变传统媒体的经营理念——媒体依靠广告而生存的"倚靠型"运营惯例,学会抓住融媒体形式带来的商业机会,将媒体产出的信息内容更好地与商业资源结合,实现多元的收益,比如将搜索盈利、在线交易,以及汽车、旅行等各种与生活相关的商业服务项目介入媒体内容产品的运营系统,重新建构新的应用型运营平台。因此,以融媒体为渠道建立起来的市场运营能力,是能够利用融媒体规模性、跨越性、连接性、精准性等特征,扩展盈利范围、创新盈利增长点、变革盈利模式的能力。

二、打破学科壁垒,培养复合型人才

时至今日,随着新媒体的飞速发展,新闻业态已经发生了极大的改变,电视行业对人才的需求也正在发生结构性的转变。主要表现在三个方面:一是更加看重从业者的"跨界"知识背景。以往从事电视行业的人多是出自新闻专业以及文史哲等泛人文学科,而专业性很强的媒体则会特别强调强调某个单一的学科专业。而如今一个非常明显的趋势是,跨专业人才需求剧增,尤其是跨文、理、工科的知识背景,比如,新闻专业与计算机、信息技术、统计学、社会学等专业的"跨界"人才最受欢迎。二是电视媒体原有的采编部门架构开始被打破,出现了一些新媒体特征明显的新兴岗位。比如"数据与可视化设计师",要求与编辑、记者一起参与数据新闻的策划,完成数据新闻的可视化和大型互动产品的开发。再比如"信息数据编辑"岗位,要求新闻、统计或社会学专业的毕业生,要具备较强的数据梳理及分析能力,并且要熟悉互联网的传播规律。三是具备运用社交媒体的能力。从早期的 QQ、MSN、"开心网""人人网"到微博、微信等,玩社交媒体已不仅仅是一种时尚和生活方式,更是传媒人必备的技能。

因此，对于新闻传播学人才的培养必须通过新媒体学科交叉融合，建立起复合型的人才培养机制，包括新媒体技术、虚拟仿真报道、数据新闻的可视化、新媒体实物、电视摄像与编辑、智能传播等实践课程与学术前沿课程。同时，还应该引导学生加强其他学科能力的学习和培养，如数据新闻的报道，除了要保持对新闻的敏感，同时还要学习大数据挖掘技术。目前，数据新闻更多是在财经新闻、体育新闻、突发灾难性新闻领域应用较广，那么，对于学生的培养就应该引导其进行财经知识的学习，从而能够从专业的视角进行新闻报道。

三、创新用人机制，引进专门人才

新媒体人才的欠缺是一大问题。但这一问题的紧迫性更多集中在当前进行的县级融媒体的建设中。就当前的县级融媒体工作人员而言，他们几乎都是从原来的电视台、电台、新闻网站转岗而来，对于新媒体领域还不甚熟悉。一方面，对于新媒体产品生产环节及相关技术，这部分人员还不能很好地把握，视频的拍摄、剪辑、新媒体编辑等技术的学习需要一个过程。另一方面，对于新媒体运营过程中要把握的要点还不能运用自如，新媒体策划、新媒体项目运营等，都还需要进一步优化。用人问题导致了目前一部分县级融媒体中心虽然建成，但流于形式，没有真正发挥作用。这就需要创新用人机制，打破层级壁垒，培养或引进一批能够生产新媒体产品、运营新媒体项目的人才，为县级融媒体中心的内容生产和项目运营注入活力。

因此，电视媒体需要引进专门的融媒体人才进行培养。人才引进与培养策略主要有：第一，可以邀请专业人士对县融媒体建设发展出谋划策，制定人才发展规划，建立融媒体人才库。第二，在县级融媒体中心运营过程中，还可以通过对原来工作人员的转化，使其适应新媒体的发展。具体来说，单位可以通过内部培训，提升人员的内容生产技能，提高其新媒体运营能力，深化其融合认识。网络学习是一种重要途径，作为县级融媒体中心的员工要具有互联网意识,在网上制定一定的学习课程。根据自己的短板及需要,有计划、有步骤、有策略地学习和完善新媒体知识和技能。除此之外,电视媒体还可以与相关高校联合,派出业务骨干进行培训等,如河南的县级融媒体中心可借鉴河南报业集团的大河学院,对本单位人员进行内部培训。第三,对外加大人才引进力度,积极与重点高校联系,重点引进具备数据处理、互联网思维、新媒体运营以及媒体品牌意识的高素质媒体人才,逐步建设一支能够适应媒体融合发展的基层人才队伍。

对于人员管理实行自主招聘、自定薪酬的灵活政策。采取全员聘任制,打破编内人员和编外人员的身份界限,转变了以往机制不活、人浮于事、效率低下的老大难问题。坚持以人为本,建立适应媒体融合发展的人员录用、绩效考核、薪酬激励和运营管理体系,提供公平公正的竞争平台,形成灵活、包容、更具竞争力的用人机制和激励机制。评人才,定业绩,一把尺子量到底。打破事业单位传统的薪资分配模式,岗责一体,劳酬挂钩,多劳多得,优劳优酬,实行"基础工资＋绩效工资＋绩效奖励"的薪酬制度,充分激发员工的工作热情,极大提升了员工的工作积极性。例如郸城县融媒体中心,为了让贡献大的员工获得更高的绩效报酬,设立了运营创新奖、技术优质奖、外宣争优奖等激励机制,开展"明星团队""明星员工"评选活动,积极营造创先争优环境,激发了全员的创新活力。

第五节　互联网企业或新媒体平台层面：技术共享、深度融合

各级电视台目前的融合发展整体上已经进入深水区,但仍然存在一个显著的问题,就是以各自为政为主,没有真正形成电视媒体与新兴媒体之间的相互融通。为了谋求技术共享和合作共赢,互联网企业或新媒体公司可以与电视媒体合作,促进电视媒体的

从业人员和组织进驻新型移动终端,开发适合移动阅读的新版本和新内容,真正与社交、娱乐、游戏、商务、网络等服务平台实现对接,打通电视媒体与新媒体业态之间的用户群。通过建立融合发展的技术体系,提升新技术、新产品的研发和应用能力,提高网络支撑和运营能力。

电视媒体与互联网企业合作,是在试图扩大流量、增加收入的基础上,嵌入以社会关系为桥梁的"互联网+"时代的体现,为融合转型探索新的路径。通过与电视媒体合作,不仅可以利用互联网的优势入口,提高传播效果,还可以分享广告营收,增加内容变现。如苏州广电与"二更"隶属的杭州二更网络科技有限公司合作,开展战略合作,包括技术、平台、人力等多方面的共享,培育了电视用户习惯的同时,也实现了不同行业组织之间的合作,为电视媒体融合发展突破技术壁垒提供了技术共享和合作共赢的契机。

一、联合新媒体巨头,依托内容优势打通资本市场

总体来说,电视媒体的融合转型主要有两个影响因素:一是互联网思维的养成。这既包括媒体组织架构、人才队伍和运营理念,也包括传统媒体与新媒体之间实行融合后的运作模式。二是融合媒体平台的搭建。传统媒体的新媒体转型必然需要借助新媒体平台进行,这既包括打造自有新媒体平台,也包括借势已有新媒体平台。目前,虽然多家电视媒体都打造了自身的新媒体平台,开通了多元化的信息传播渠道,但是各自的影响力不尽相同,大部分仍然无法与现有视频网站竞争。因此,与当前有影响力的新媒体平台进行合作,是电视媒体进行融合转型的重要路径。

2017年4月,阿里巴巴集团联合北京卫视正式签署了"台网联盟"战略合作协议,北京卫视将自己的剧场、综艺、广告时段的资源都开放给阿里共享,而"阿里"则利用这些内容资源作场景营销的新尝试。这也是阿里巴巴集团首次与省级卫视开启全面合作。2020年10月27日,北京广播电视台与阿里巴巴再次合作,并签署了合作意向书。意向书表明双方将在多个领域达成意向合作,如

人才培养、媒体业务数字化转型、物联网智能场景、"阿里云"人工智能、网络新媒体、智能媒资、"专属钉钉"等。阿里巴巴为北京电视台提供技术服务，包括云计算及人工智能科技、安全可靠的计算和数据处理能力等。传统的电视媒体与互联网公司的合作，互联网公司以先进的互联网技术赋能传统媒体的融合发展，可以进一步加强电视行业先进生产力的建设，同时还可以为建设主流媒体提供更多先进经验。

浙江广电集团是国内有较大影响力的省级媒体集团，连续五年蝉联"中国 500 最具价值品牌"，位居全国媒体第六、浙江媒体第一，各项发展指标和综合发展实力走在了全国省级广电的前列。自然，在与新媒体的融合中不能缺席。2017 年 4 月 13 日，浙江广播电视集团与新浪正式达成了战略合作协议，面对用户消费习惯的升级，浙江广电和新浪将在短视频方面展开重点合作，双方合力打造台网互动的创新模式，共同开发丰富用户体验的新产品。合作内容包括在播节目、历史节目以及自制节目，类型涵盖了预告、正片拆条、未播花絮、二次创作等。这意味着，战略搭载新浪微博平台之后，浙江广电旗下优质内容 IP 将拥有更为广阔的发挥空间，未来也将为观众提供更多样化、更便捷性的内容服务及互动体验。除此之外，浙江广电和新浪还在直播、节目宣发、台网互动等多方面展开深度合作。其实，早在《奔跑吧兄弟》第四季播出的时候，浙江广电就已经开始探索与新媒体平台的互动新模式。早在第四季《奔跑吧兄弟》中，就用"微博撕名牌"的创意玩法引爆全网，两小时录制获 3108 万微博用户关注，60 万微博用户参与。全新一季《奔跑吧》开播在即，浙江卫视将和新浪微博将开启全新的 UGC 式个人热点社交化传播概念。与此同时，在直播方面，浙江广电和新浪围绕"2017 跨年演唱会"已进行合作，逐步形成了成熟的双平台直播模式。接下来，双方计划将直播合作范围全面扩大到大型晚会、综艺节目发布会、录制探班、未播花絮直播等。双方将围绕短视频及直播内容进行联合商业化，探索全新的娱乐互动营销方案。并且，双方将在台网互动层面加深合作，共同打造台网互动创新模式。如在《王牌对王牌》《奔跑吧》等王牌综艺节目的策划、制作、推广、播出等不同阶段,双方将充分做到电视和新媒体互融互通。

除此之外,浙江卫视还积极布局网络综艺市场,于 2020 年 10 月,携手爱奇艺,成为网络综艺创制战略合作伙伴。爱奇艺作为综艺行业的头部平台,浙江卫视依托爱奇艺丰富的网络综艺制作经验和爆款方法论,正式通过合作入局纯网络综艺制作的新赛道。不难看出,浙江卫视已经转变思路,从"融合"转向"倒融合"路径,实现"1 + 1 > 2"的强大势能,进一步为广大用户带来更多优质作品,也有望推动综艺行业的创新发展。

深圳卫视与阿里巴巴最重要的"台网联盟"模式的营销模式的全媒体化。如 2017 年 11 月,深圳卫视作为"双十一"晚会的全程直播的卫视之一,通过跨屏互动过引领品牌突围。凭借深圳卫视前所未有的全频道开放支持,实现了电视台与网络电商之间的实时导流,在为品牌电商平台带来流量和销量上的增长爆点的同时,也创新了电视媒体与新媒体合作模式。深圳卫视立足于深圳这座创新之城,先锋、进取、创新、年轻的基因让深圳卫视从全国卫视媒体中脱颖而出,依托于大华南市场,面向 20 ~ 40 岁人群专注生产细分领域的头部内容。近年来,深圳卫视一直持续探索差异化、垂直化、产业化的发展道路。其中一项重要探索,便是与阿里达成深度的战略合作,被外界认为是未来转型升级的重要契机。一个是不断创新,深度扩展跨行业平台合作资源,全面加速"TV +"模式运作的先锋卫视平台;一个是全面布局娱乐文化领域,寻求优质合作伙伴的"双 11"开创者。双方共有的"创新"基因和"先锋"气质,对双屏互动领域不谋而合的产业布局,乃至两支一样"敢想敢做"的优质团队,或将携手改变消费市场格局,引领电视产业的革命性发展。其实在 2017 年 6 月,深圳卫视就与阿里巴巴达成了长期深度的"台网联盟"战略合作,拳头产品《超级发布会》更是深圳卫视与阿里巴巴的独家战略合作成果。在国内电视史上首次将产品发布会搬到屏幕上,运用栏目级精良制作水准和电视直播技术,深挖产品价值,为品牌赋能。《超级发布会》致力于发掘品牌内涵与用户的深度情感共鸣,借助与品牌价值有共鸣的亲历者菲康的故事,输出知识干货,传播正能量的产品思想,真正成为连接品牌与用户的交流合作平台。

借助"台网联盟",深圳卫视不断释放创新营销的新理念,在"TV+"的战略下迎来了自己的转型升级。与此同时,在 2019 年 12 月 5 日,深圳卫视与爱奇艺合作,建立双平台合作体,通过跨屏合作加强网台融合战略布局,从模式、内容、运营、营销等多个维度继续加强联动,开创融合转型的新局面。作为网台联动的示范性合作标杆,爱奇艺与深圳卫视深刻洞察市场需求,聚集以年轻圈层为核心的多元受众,实现以创新合作为基础的双向共赢。此次合作内容涵盖悬疑轻喜剧、都市、爱情、脱口秀、真人秀、文化纪录片等众多题材类型。未来爱奇艺还会为深圳卫视提供符合平台属性的合作方案,以精良故事渗透双屏用户,延展作品的生命力,促进平台价值共振。并且双方继续在合作模式、运营体系、营销变现等维度展开战略合作升级,通过电视台与网络视频媒体的属性优势叠加,进一步扩容用户数量,共同服务品牌客户,助力内容与品牌的共振,赋能合作效应。

近年来,电视媒体与新媒体通过内容合作模式打通资本市场的现象较为普遍。与已有影响力的新媒体合作的优势在于,传统媒体可以通过新媒体的思维、技术和资本,带动电视媒体的转型升级和资源最大化。

二、资本运作推动产业整合,集中布局新媒体产业

目前,省级广电媒体资本运作和新媒体产业布局最为成功的当属湖南广电集团的"芒果 TV"(后被旗下"快乐购"收购)。湖南广电下属的"芒果 TV",通过一系列目标准确、操作精细的资本运作,积极开拓了广电媒体的新媒体市场,完成了新媒体产业布局。2014 年 4 月,湖南广电集团推出"芒果 TV",打造互联网新媒体平台。2015 年 6 月起,"芒果 TV"相继进行了 A、B 两轮约 20 亿元的融资,为"芒果 TV"实现产业整合提供了充足的资金。借助资本的

力量,"芒果 TV"逐步构建了从 PC 端到移动端、电视端,从软件到硬件,从用户、产品、平台到操作系统、设备终端的完整生态闭环。"芒果 TV"还不断推进自有操作系统、视频播放器、弹幕、VR、AR 等新兴业态,不断迭代创新直播 App、"芒果大数据"平台、"芒果云"平台、"芒果 TV"媒资播控系统。"芒果 TV"还通过设立芒果创意孵化基金、芒果文创基金、芒果次元基金等,进一步完善芒果产业生态。2016 年 8 月,湖南广播影视集团与湖南卫视联合注资亿元成立的"快乐购"曾发布公告,拟收购"芒果 TV"、天娱传媒、"芒果互娱"、芒果影视、芒果娱乐、湖南金鹰卡通有限公司和湖南天娱广告有限公司。虽然这项收购计划最终落空,但反映出湖南广电集团产业布局的发展思路。2017 年 9 月,"快乐购"收购"快乐阳光"("芒果 TV"的运营实体)、"芒果互娱"、天娱传媒、芒果影视和芒果娱乐 5 家公司各 100% 股权。"芒果 TV"、游戏、艺人经纪、内容制作等业务被打包注入主营电视购物的"快乐购",使得"快乐购"打通产业链,实现从内容到平台的全面涉猎。2018 年 4 月,快乐购收购"芒果 TV"、天娱传媒、"芒果互娱"、芒果影视和芒果娱乐 5 家公司的交易获有条件通过。2018 年 7 月,"快乐购"更名为"芒果超媒股份有限公司"(简称"芒果超媒")。这次历时两年的重大资产重组的完成,标志着"芒果超媒"主营业务由媒体零售业务拓展至新媒体平台运营、新媒体互动娱乐内容制作及媒体零售全产业链。

三、资本运作推动核心业务整合,构建文娱产业集团

成立于 1992 年的东方明珠(集团)股份有限公司是全国第一家文化类上市公司。公司成立以来,先后在文化休闲娱乐、新媒体、对外投资等领域进行多元化拓展,在规模、效益和品牌等方面取得了显著提升,实现了产业结构优化和业绩的稳健、快速发展。近年来,"东方明珠"在立足原有定位的基础上,不断调整业务结构。2015 年以来,"东方明珠"已累计完成对盈方体育、广电网络、歌华有线、兆驰股份、"盖娅互娱"等超过 10 个投资项目及"风行"

"艾德思奇"两个资本重组项目。2016 年 12 月,"东方明珠"与控股股东上海文广集团成立了"文广集团财务公司",这也是全国广电系统的首家集团财务公司。2016 年,上海广播电视台、上海文广影视集团积极布局"全媒体大文娱产业链",成立东方娱乐传媒集团有限公司,为腾讯视频制作《放开我北鼻》,参与出品《明日之子》等网络综艺节目,布局电影宣发,周播剧投资制作、直播、短视频、电竞、演艺活动等多领域。为强化东方明珠的娱乐内容生产,2017 年 6 月,东方明珠子公司百视通投资以近 8 亿元的价格公开挂牌转让所持数字营销公司艾德思奇 44.7785% 的股权;2017 年 11 月,"东方明珠"将国际广告公司 100% 的股权转让给了股东上海文广集团,进一步梳理各自的业务方向。2017 年 12 月参与发起设立的上海东方明珠传媒产业股权投资基金,以独立的市场化主体推进实施"娱乐 + 金融"的资本运作战略,加速实现外延式扩张。

通过电视媒体与新媒体行业合作模式的探索可以看出,虽然不同的电视台的资本运作和产业布局因自身的不同特点和发展状况,都各自有着不同的发展路径。但是,每一家电视台的发展都有其重要的意义。当前主要电视媒体的资本运作与产业布局所呈现出的一些运作模式,也能够为广电行业的发展提供一定的参考和启示。

电视媒体应该树立起全媒体产业链思维,构筑泛娱乐产业生态。积极布局衍生产业结构,打造完整的产业链,是当前电视产业发展重要目标,同时也是各主要省级广电集团的重要融合转型之路。融合发展并不是简单意义上的多渠道联动传播,而是推动媒体资源的全面整合,突破媒体运营的流程和方式,实现产业链的深度变革。但是从目前融合的情况来看,大多数电视媒体的融合转型和产业布局还属于传统媒体资源的新媒体转化,着重的是新媒体平台的借用,强调的是与新媒体平台的内容合作,缺乏独立的新媒体平台开发与运营的能力,资本运作依然处于追求短期盈利的投资,缺乏产业链思维。其实,无论是芒果超媒的新媒体产业生态布局,还是"东方明珠"的"娱乐 + 金融"的发展战略,无疑都是其产业链重构的重要布局。可以预判的是，未来电视媒体（大视频行业）的产业链将打通电影、电视剧、综艺、游戏、旅游、购物、教育、投资等核心产品矩阵，泛娱乐化产业将成为未来最有市场增长空间的新型文化形态。因此，电视媒体应该充分认识到自己在行业中的产业链地位，抓住契机重组自身资源，主动融入产业开发，服务娱乐产业链的整体布局。同时，电视媒体还应该充分发挥自身竞争优势，着眼长远的产业布局。诚然，资本是推动电视媒体融合转型的关键，是今后电视媒体发展的重要动力。然而，电视媒体的资本运作不应该仅仅停留在资本的简单投资、并购层面，而是应该着眼于广电传媒的长远发展，做好自身的发展规划，有步骤地完成发展目标。

本章小结

电视媒体的融合发展需要对应解决好第五章中所列出的现实困境和问题，通过突围，将"困境"逐步转化为"逆境"，将"瓶颈"逐步转化为"通途"，打造和培育电视媒体的核心竞争力。融合发展的背景离不开互联网，互联网既是催生融合发展这一话题的重要因素之一，也是有效实现电视媒体与新媒体融合发展的重要手段之一。"互联网＋"的拓展，无疑为电视行业带来了一场裂变式的改革，而这种"变"更多是立体化、全方位、多元化的。在电视媒体的融合进路中，针对电视媒体外部资本准入门槛高、区域壁垒严、市场化程度低，内部政策目标多、行政壁垒严、利益主体多的制度瓶颈，本章对电视媒体的融合方向提出几点想法。首先，电视媒体进行深度融合必须观念先行，即电视媒体由"制播型媒体"向"平台型媒体"的转变，由"封闭式"发展模式向"开放式"发展模式转型，由"单一广告收入"向"多元创收渠道"的经营方式转变，否则体制改革将是纸上谈兵。其次，电视媒体要积极拥抱互联网，打造"双力"——文化和经济的竞争力，继而最终打造和培育核心竞争力。因此，电视媒体应该提高新闻产品的传播生产力，强调新闻传播效果和用户服务意识,同时还要按照现代化的经营理念要求,通过探索多元化经营以及多种盈利模式来增强经营收入。最后,对于用户而言,也应该加强媒介素养的提升,改变对电视媒体的刻板印象,电视媒体也应该"以用户为中心",打造用户入口,利用大数据实现精准传播,增强用户黏性。当然,电视媒体融合发展的路径包含但不限于上述内容,在不断的探索过程中,依然会有新的路径拓展,但无论如何,电视媒体必须在坚守自己优势的同时,积极顺应时代,锐意改革,勇于进取,方能在激烈的媒体竞争中占得一席地位。

结语：电视媒体融合发展再思考

　　无论是业界还是学界，关于电视媒体的研究，伴随着电视事业（产业）的起起落落，已有 60 余年的历史，形成了丰富的研究成果。这些成果在推动中国电视媒体的改革进程中，所起到的积极意义毋庸置疑。在电视业发展最为兴旺的 20 世纪 90 年代至 21 世纪初，十几亿人看电视，意味着一个巨大的产业市场，意味着强大的社会影响力，并且这一阶段的研究成果也最为丰富。但是，伴随着互联网技术的更新迭代而迅速崛起的新媒体，毫无意外地给电视业带来了前所未有的强烈冲击。对于今天仍然暂居最大影响力和公信力的中国媒体——电视而言，地面频道纷纷倒台、央视主持人和知名媒体人接连跳槽、电视广告出现负增长、网络视频占据用户市场半壁江山等，都成为中国电视的社会影响力和产业绩效令人唏嘘的表征。

　　面对岌岌可危的"第一屏幕"宝座，"媒体融合"如一剂强心针，从顶层设计的高度为电视媒体改革指明了方向，从中央到地方媒体，融合实践如火如荼，电视媒体在理想的路径与现实的困境中摸索前进。如果说融合发展体现的是电视的实践理性，那么多维进化则彰显了电视对这个时代的应然状态。也就是说，必须在媒体融合的基础上，重塑和提升电视媒体的内在品质，使之更加契合电视的理想模样，这也是本书进行电视研究的多维高度。如果从物理学的角度来思考，维度表达是这样的：零维度只是一个点，一维是一条线,二维是一个面,三维是一个立体,四维则是三维空间在时间上的变化,即过去、现在和将来,五维是空间的自由穿越。将其借用于电视媒体融合发展的演化路径中,则是指电视媒体在人类时空隧道中全方位、全景式、嵌入社会语境的发展变化。这与达尔文提出的所谓"物竞天择,适者生存"的进化理论完全不同,是在技术进化、理性抉择、民主彰显、法治完善共同作用的结果,长远来看,更有利于电视自身的发展,更有利于传媒行业的壮大,更有利于社会文明的进步。

技术是一把"双刃剑",电视媒体的融合发展过程夹杂和携带了许多技术进步的成果,但无论如何发展,抑或以何种方式融合,必须要以人的需求为圭臬和准绳加以约束和规范。法兰克福学派代表人物马尔库塞警告人们,新媒体时代,媒体对受众"所进行的思想灌输不再是宣传",而是靠传播一种"比以前好得多的生活。"①也正是这种虚构,人类不知不觉陷入了对媒介的依赖和迷恋,"技术疯狂"正在成为所有这一切的主宰。试想,当技术操纵和技术控制盛极一时,人们的价值观将会变成怎样? 人性自身的内在演化和进化反过来又会怎样影响技术? 显然,电视作为统治传媒界话语权长达半个世纪之久的"媒体之王",也多少参与了技术对人的异化和钝化的过程,但面对大众社会雪崩式的分裂和瓦解,"一人受众"时代的来临,电视媒体呈现出的不是膜拜技术,更不是单纯地向傲慢和傲娇的自媒体靠拢,而应该更深层次地思考:如何通过融合改变当下人们拥有信息却对信息缺乏反思和辨别的状态。毕竟,技术只是途径,人才是终极意义。只有思考到了这个层面,电视媒体融合才不会背负"伪命题"之名,电视媒体也会在万物皆媒的当下找到存在的价值。

理性抉择是电视媒体融合发展实践中的一种存在方式,更是一种文化现象。麦克卢汉曾警告说:"这个世界在 CBS 新闻中,在迪斯尼乐园中,在郊区的大型商业城中,在时装杂志的封面上。在

---

① [美]马尔库塞:《单向度的人》,刘继译,上海译文出版社 2008 年版,第 11 页。

这个世界中,人变成了商品(在 T 恤衫上出售,转化为数码出售)。正如韦伊夫人而言'物质的东西在思索,人反而沦为物质。'"①确实,电视尤其是互联网电视的发展以其无所不在的信息、无所不能的功能使得人们逐渐消失在技术的洪流中。在泛媒体时代,个人不仅是消费者,还是生产者;不仅是传播者、沟通者,还是行动者。这在客观上导致网络声音纷繁芜杂,人们在特定事件、特定话题、精神旨趣、价值取向上很难达成共识,人们开始焦虑和忧思——网络上众声喧哗,然而真理是什么? 真相是什么? 互联网时代,我们离真相越来越近还是越来越远? 面对这样的情势,电视媒体又该何去何从? 一些荧屏佳作之所以被称之为艺术,是因为其所表现的意境或意象,无论是具体的还是抽象的、是清晰的还是朦胧的、是意识流的还是逻辑演绎,无一例外不是理性表达的结果,虽然表现形式略有差别,但这些独具匠心的精良电视作品中,无不蕴藏着理性思维和智识的成分。因此,电视媒体在融合实践中不只要高度警惕理性沦为技术的奴仆,还要借融合之势发起一场数字化的理性抗命,防止公民被数字化的自我蚕食。

"传媒是民主的产物,也是民主所有缺憾的解决之道。"②互联网时代将人们卷入一个日益复杂的大舆论场,人人都置身其中,人人都手握麦克风,在这关键时刻,电视媒体不应该被唱衰,更不可能消亡,而应该呼唤电视民主时代的到来。从宏观而言,电视媒体是公民治国理政的社会公器;从微观来说,电视媒体仍然是人们娱乐休闲生活中的重要部分。在互联网时代,电视媒体更应该承担起为民诉求、为民请命的社会责任,成为写满公民权利和民主故事的主流媒体。因此,从这个角度来看电视媒体的融合实践,不仅仅停留在平台的搭建、机制的创新、人才的引进层面,还要从表层的发展变化"通透"电视媒体的民主进化:一是通过电视媒体的融合,

---

① [加]麦克卢汉:《理解媒介——论人的延伸》,何道宽译,商务印书馆 2000 年版,第 13 ~ 14 页。

② [法]埃里克·麦格雷:《传播理论史——一种社会学的视角》,刘芳译,中国传媒大学出版社 2009 年版,第 23 页。

相比过去,人们实现了怎样的民主;二是电视媒体本身需要在融合实践中进行怎样的民主进化。从第一个层面看,电视媒体正在激发、激活公民的主体意识和民主意识。过去人们只是被动地收听收看时政新闻,而现在新闻界面设置的各种链接,使公众可以主动参与话题,继而能够参与国家的社会与政治生活。如每年全国"两会"的新闻报道,各大电视台都在互联网平台设置了线上互动,充分通过台网融合的后发优势搭建公民民主参与平台。对于第二个层面,电视媒体如何进行民主进化,其实互联网给了电视一个很好的进化途径。电视的媒体体系僵化一直是改革中的顽疾,许多时候与公众没有处于同一话语体系,更像是自我欣赏、自说自话。媒体融合中互联网思维的介入让电视媒体逐渐跳脱出对逻辑中心主义的狂热自恋,通过互联网集成大众智慧,接纳用户的观点、方法以及选题、创意和设计,既集中,又民主,真正实现众筹、众包和众创,进而形成商业新格局和经济新范式。

如果说民主进化为电视媒体融合发展提供了落脚点,那么法治则为其发展提供了制度保障和技术支撑。电视媒体作为人类文明和伦理精神的传播使者,在发展的十字路口必须用法治来规约其行为。法治与电视发展的关系是一个复杂且宽泛的话题,电视媒体融合又是一个庞大而系统的工程,任何试图通过三言两语对期间关系进行解说和阐释的努力都有可能显得苍白无力甚至是自不量力。但有一个道理显而易见,即法治能够保障电视媒体融合规范有序健康地发展,并且能够充分维护用户的合法权益。完善法制,刻不容缓。

媒体融合依然在如火如荼地进行,一本书不足以穷尽电视媒体为自身生存和发展作出的全部努力,但无论如何变化,电视作为一种公共媒介,一种传播技术,它是人类精神需求和权利的延伸,一切发展与进步均需围绕人的权利和需求展开,不可凌驾于人之上。因此,在技术发展越来越快速、媒介竞争越来越激烈、商业化越来越严重的时代,电视媒体更应该保持独立思考能力和理性思维,努力做一个有人文关怀和社会担当的传播使者。

参考文献

学术期刊

1. 秦汉．媒介体制：一个亟待梳理的研究领域——专访加利福尼亚大学圣地亚哥分校传播学院教授丹尼尔·哈林[J]．国际新闻界，2016，(2)：76—77.

2. 潘祥辉．论媒介制度的内涵及其分层演化理论[J]．理论界，2012，(2)：159.

3. 李良荣．论中国新闻媒体的双轨制——再论中国新闻媒体的双重性[J]．现代传播，2003，(8).

4. 李良荣．公共利益是中国传媒业立足之本[J]．新闻记者，2007，(8).

5. 周鸿铎．传媒经济不是经济学科——我的传媒经济理论形成过程[J]．现代传播，2006，(1).

6. 支庭荣，谭天，吴文虎．传媒经济不是经济学的弃儿——与周鸿铎教授商榷[J]．现代传播，2006，(5).

7. 王建宏．我国究竟应该建多少家电视台——对"电视热"的冷思考[J]．中国记者，1996，(5)：26—27.

8. 邱卓涛．论城市电视台及其发展战略——兼述广州电视台的改革之路[J]．新闻与传播研究，1996，(1)：22—24.

9. 黄升民．组织与网络的双轨整合[J]．现代传播，2000，

(1):55.

10. 龙佑云,朱建华. 谈广播电视的产业属性和即将到来的产业格局[J]. 中国广播电视学刊,1999,(2):26.

11. 杨状振. 新世纪中国电视产业运营的理论探索与问题反思[J]. 声屏世界,2009,(12):16.

12. 彭兰. 从老三网融合到新三网融合——新技术推动下三网融合的重定向[J]. 国际新闻界,2014,(12):130.

13. 孙正一,刘婷婷. 2000:中国新闻业展望[J]. 新闻与传播,2001,(2):12.

14. 黄升民. 网络与组织的双轨整合[J]. 现代传播,2000,(1):55.

15. 李良荣. 西方新闻媒体变革 20 年[J]. 新闻大学,2000,(12):32.

16. 徐舫州. 中国电视改革的问题及对策[J]. 现代传播,2000,(4):8.

17. 喻国明. 当前中国传媒业发展客观趋势解读[J]. 现代传播(双月刊),2004,(2):1.

18. 黄勇. 中国广播电视事业发展和体制改革[J]. 中国广播,2006,(5):5—6.

19. 李良荣,张大伟. 新闻改革与深化新闻改革——李良荣教授访谈录[J]. 甘肃社会科学,2007,(1):61.

20. 本刊观察员. 2005 年中央领导关注的 50 个问题(三十四)深化文化体制改革加快文化产业发展[J]. 领导决策信息,2005,(34):4.

21. 林晖. "双重转型"态势下中国传媒业发展战略[J]. 新闻记者,2009,(9):22.

22. 郭光华. 出版改制的四个认识问题[J]. 出版发行研究,2006,(8).

23. 黄升民. 制播分离:制度创新的补药还是泻药? [J]. 媒介,2009,(11):28—30.

24. 朱虹．国际金融危机对我国广播影视业的影响极其对策[J]．传媒，2009，(7)：11．

25. 郝雨，郝艳辉．制播分离的现实困境与前景——以上海文广集团为例[J]．现代视听，2011，(1)：35．

26. 张瑜烨，朱青．关于媒体融合与新闻传媒体制变革的几个核心概念解析[J]．武汉职业技术学院学报，2015，(5)：50．

27. 宋昭勋．新闻传播学中convergence一词溯源及内涵[J]．现代传播，2006，(2)．

28. 蔡雯．新闻传播的变化融合了什么[J]．中国记者，2005，(9)：70—72．

29. 蔡雯，王学文．角度、视野、轨迹：试析有关"媒体融合"的研究[J]．国际新闻界，2009，(11)．

30. 熊澄宇．整合传媒：新媒体进行时[J]．国际新闻界，2006，(7)：7．

31. 谭天．知变求新：走进媒体融合2.0[J]．广电师范学院学报(哲学社会科学版)，2016，(3)：154—156．

32. 李磊．浅析媒体融合下的制播分离[J]．大众文艺，2014，(11)．

33. 贾健．美国电视媒体推进媒体融合战略的三种新模式[J]．对外传播，2015，(2)：73．

34. 李岚．生态式改革：广电转型全媒体的体制机制创新[J]．视听，2014，(4)：39．

35. 郑涵，金冠军．十字路口：当代中国大众传媒产业发展再思考[J]．社会科学，2004，(8)：110．

36. 胡泳．试论频道化管理(问题讨论)[J]．新闻战线，2006，(1)：80．

37. 谭天．深度融合下的频道制改革[J]．电视研究，2017，(4)：20．

38. 王志强，张朝阳．变革中的"互联网思维"——媒体融合和文化体改双重背景下的电视媒体转型思考[J]．当代电视，2014，

(12):37.

39. 邱伟年,李超佐. 平衡计分卡在某电视台中的运用[J]. 中国人才,2006,(11).

40. 王黎鹏,薛凯元. 浅析独立制片人制——从湖南卫视和上海文广的大力推行说起[J]. 西部广播电视,2015,(3):6.

41. 吴丰军. 双轨制:电视制片人制的中国特色[J]. 电视研究,2006,(8):65.

42. 尚林,林泉. 论技术创新和制度创新的关系——从四次技术革命中得到的启示[J]. 中国科技论坛,2004,(1).

43. 张云凤. 来自实践的沉思——评吴敬琏教授的《发展中国高新技术产业:适度重于技术》[J]. 中国高校科技与产业化,2002,(6):52.

44. 龚文庠. 信息时代的国际传播:国际关系面临的新问题[J]. 国际政治研究,1998,(2).

45. 周庆山,刘济群. 媒体规制理论的演进:从传统离散规制到数字媒体融合规制[J]. 现代情报,2016,(1):6.

46. 李鹏翔. 新闻信息电子技术的现状和发展[J]. 中国报刊月报,1999,(1).

47. 李良荣. 中国新闻改革:20 年的三次跨越[J]. 新闻界,1998,(6).

48. 易旭明. 有效竞争视阈下中国电视市场结构再考察[J]. 现代传播,2017,(7):118.

49. 李韵奕. 资本多元化与传媒业观念和体制创新[J]. 新闻界,2004,(5).

50. 邓文卿. 中国特色电视体制的建构:理论、组织、价值[J]. 现代传播,2017,(4):103.

51. 江澄. 中国的卫星广播电视[J]. 广播与电视技术,2000,(1):3—8.

52. 万克文,程前,李志国. "亲密捆绑式":一种全新的制播分离模式——由《中国好声音》引发的思考[J]. 编辑之友,2014,

(7):71.

53. 蔡文.融合媒介与融合新闻——从美国新闻传播的变化谈起[J],采·写·编,2006,(2):57—59.

54. 浙江广电集团.中国蓝 TV——浙江广电集团新媒体融合和转型之路[C].第 24 届中国数字广播电视与网络发展年会暨第 15 届全国互联网与音视频广播发展研讨会论文集,2016:18—23.

55. 武军,陈争辉.深圳广电集团的全媒体融合之路[J].现代电视技术,2016,(3):34—38.

56. 赵华.媒体融合大势下的媒体云现状与思考[J].传媒观察.2017,(1):48—49.

57. 谭天.知变求新:走进媒体融合 2.0[J].广电师范学院学报(哲学社会科学版),2016,(3):154—156.

58. 魏岳江.媒介融合为何出现内容"融"而不"合"[J].新闻研究导刊,2015,(8).

59. 罗建文.论习近平新时代中国特色社会主义思想的"三大逻辑"[J],理论探讨,2018,(2).

60. 蔡雯,王学文.角度、视野、轨迹:试析有关"媒体融合"的研究[J].国际新闻界,2009,(11).

61. 宋昭勋.新闻传播学中 convergence 一词溯源及内涵[J].现代传播,2006,(2).

62. 宋建武.推动媒体深度融合,建立全媒体传播体系[J],城市党报研究,2020,(11):1.

63. 吴小坤.全球比较视野下的媒体融合——2015 年上海"世界传播论坛"的综述[J],新闻记者,2015,(12):90.

64. 黄光宇.5G 时代下智慧广电的发展[J],中国有线电视,2020,(6):61.

65. 李良荣,辛艳艳.从 2G 到 5G:技术驱动下的中国传媒业变革[J],新闻大学,2020,(7):61.

66. 郭全中."区块链+":重构传媒生态与未来格局[J],现代传播,2020,(2):1.

67. 董紫薇.2019 年中国传媒经济八大关键词[J],教育传媒研究,2020,(3):37.

68. 匡文波,黄琦翔,郭奕. 区块链与新闻业:应用与困境[J].中国报业,2020.03(上):16.

69. 李宇.人工智能研发及在传媒领域的应用[J],中国广播,2019,(9):36.

70. 胡正荣.传统媒体与新兴媒体融合的关键与路径[J]. 新闻与写作,2015,(5):24.

71. 裴长洪.数字经济的政治经济学分析[J],财贸经济,2018,(9):6.

72. 陶蕾韬,路口亮. 试论公共领域中的价值认同[J]. 理论与现代化,2013,(1).

73. 麦尚文."关系"编织与传媒聚合发展——社会嵌入视野中的传媒产业本质诠释[J],国际新闻界,2010,(1).

74. 周勇,何天平,刘柏煊. 由"时间"向"空间"的转向:技术视野下中国电视传播逻辑的嬗变[J],国际新闻界,2016,(11).

75. 王启祥. 变革与创新:中国电视新闻节目演变成因分析[J]. 学术前沿.2006,(7):22.

76. 竺怡冰.道琼斯公司"波纹"式新闻生产模式探析[J].新闻论坛,2016,(1):25—28.

77. 姚君喜,刘春娟."全媒体"概念辨析[J].当代传播(汉文版),2010,(6):13—16.

78. 周洋.打造全媒体时代的核心竞争力——中央媒体新中国成立 60 周年报道思考[J].新闻前哨,2009,(11):14—16.

79. 陈国权."四问报业"中央厨房的转型价值[J],青年记者,2015,(3).

80. 王沛,康梁虎.组织变革的多样性管理评述[J].科技进步与对策.2005,(2).

81. 桑强. 以流程再造为中心的组织变革模式[J]. 管理科学,2004,(4).

82. 吕尚彬,戴山山."互联网＋"时代的平台战略与平台媒体构建[J].山东社会学.2016,(4):18.

83. 宋绍勋.新闻传播学中convergence一词溯源及内涵[J].现代传播,2006,(1):51—53.

84. 马金胜.报纸转型新范式——国外报纸商业模式创新研究简述[J],中国传媒科技,2007,(9):45—47.

85. 刘邦凡,栗俊杰,陈朋伟,王闻珑.全流时代的共享经济平台运营模式构建[J],中国人民大学学报,2020,(5):79.

86. 杨云思.流量经营与数据经营下的电视台新媒体发展分析——芒果TV与腾讯视频的对比研究[J],西部广播电视,2015,(1):3.

87. 蔡雯,翁之颢.微信公众平台:新闻传播变革的又一个机遇[J].新闻记者,2013,(7):40.

88. 张珠海.微信微博在电视新闻传播中的运用[J].科技传播,2018,10(19):94—95.

89. 王雨辰.习近平"生命共同体"概念的生态哲学阐释[J].社会科学战线.2018,(2).

90. 邓本奇,蒋帷方,石小建.拥抱移动互联网打造广电融合新媒体——以"无线苏州"为例[J].传媒.2015,(2).

91. 胡舜文.坚守初心、不辱使命、加快创新型主流媒体建设步伐[J].视听纵横.2018,(1):7—10.

92. 碎金.如何抓好县级融媒体中心建设打造县级新型主流媒体探究[J].新媒体研究.2018,(4):100—102.

93. 王晨.新闻改革的思路[J].群言.1988,(6).

94. 喻国明.新闻改革实践的主体研究和发展研究———对全国新闻界关于新闻改革问题抽样调查的研究分析报告[J].中国广播电视学刊.1989,(2)

95. 赵曙光.浅析我国媒介产业的资本运作[J].传媒观察.2002,(2).

学术著作

96. 潘祥辉. 媒介演化论——历史制度主义视野下的中国媒介制度变迁研究[M]. 北京:中国传媒大学出版社,2009.7.

97. 张旭坤. 制度演化分析导论[M]. 浙江:浙江大学出版社,2007:113,116.

98. 李晓枫,柯柏龄主编. 中国电视传播管理概论[M]. 北京:中国广播电视出版社,2004.3.

99. 祁述裕主编. 中国文化产业国际竞争力报告[M]. 北京:社会科学文献出版社,2004.8.

100. 何舟. 从喉舌到党营舆论公司——中国传媒新论[M]. 中国香港:太平洋世纪出版社,1998:70.

101. 孟建. 中国广电业改革的奋进与迷思——对中国广电集团化进程中"大整合"现象的理论思考[M]. 北京:中国人民大学出版社,2003:136—137.

102. 熊澄宇. 信息社会4.0[M]. 湖南:湖南人民出版社,2002.

103. 熊澄宇. 新媒介与创新思维[M],北京:清华大学出版社,2000:59.

104. 黄辛琦,等. 上海文化产业若干经济政策的理论研究. 载卢莹辉主编. 文化经济与文化管理[M]. 上海:百家出版社,1989.

105. 王甫,吴丰军. 电视制片管理学[M]. 上海:复旦大学出版社,2006.7:3.

106. 陈宗胜,等. 中国经济体制市场化进程研究[M]. 上海:上海人民出版社,1999:6.

107. 广播电视部政策研究室. 方向与实践——第十一次全国广播电视工作会议文件和典型材料选编[G]. 北京:中国广播电视出版社,1984.

108. 中国广播电视年鉴编委会. 中国广播电视年鉴历年共30

册[M].北京:中国广播电视出版社,北京广播学院出版社,中国广播电视年鉴社,1986-2015.

109. 夏骏.十字路口的中国电视[M].北京:清华大学出版社,2006.

110. 王克曼,冯令仪.中国广电体制改革——南方模式[M].广州:广东人民出版社,2008.11.

111. 傅玉辉.大媒体产业:从媒体融合到产业融合——中美电信业和传媒业关系研究[M].北京:中国广播电视出版社,2008.7.

112. 朱羽君,高传智,等.瞭望之路:中国广播电视新闻改革研究课题报告[M].北京:中国传媒大学出版社,2007.11:184.

113. 刘琴.数字化背景下报纸内容生产及其管理研究[M].北京:光明日报出版社,2012.

114. 易旭明.中国电视产业制度变迁与需求均衡研究[M].上海:上海交通大学出版社,2013:235,241.

115. 陈力丹.新闻理论十讲[M].上海:复旦大学出版社,2008.

116. 陈力丹.世界新闻传播史[M].上海:上海交通大学出版社,2002.

117. 崔保国.2010年中国传媒产业发展报告[R].北京:社会科学文献出版社,2010.

118. 李晓枫.中国电视传媒体制改革[M].北京:中国广播电视出版社,2003.

119. 李晓枫.中国电视传媒体制运营[M].北京:中国广播电视出版社,2004.

120. 刘斌.中国广播产业制度创新[M].北京:中国传媒大学出版社,2007.

121. 郎劲松.韩国传媒体制创新[M].广州:南方日报出版社,2006.

122. 罗远峰,涂布,陈家成编.城市电视:坚守与适变:中国广播电影电视社会组织联合会城市台(电视新闻)委员会2014年(第二十二届）新闻理论研讨会论文集［M］．广州：广州出版社,2015.10.

123. 中国广播电影电视社会组织联合会,扬州广播电视台编.创新与融合：城市广电媒体改革发展［M］．北京：中国广播影视出版社,2016.5.

124. 钱蔚.政治、市场与电视制度——中国电视制度变迁理论［M］．郑州：河南人民出版社,2002.6:125.

125. 梅明丽.传媒制度分析和战略重构［M］．上海：上海人民出版社,2011:93—94.

126. 孙玉胜.十年：从改变电视的语态开始［M］．北京：生活·读书·新知三联书店,2003.8:87,91.

127. 童兵编.技术、制度与媒介变迁——中国传媒改革开放30年论集［M］．上海：复旦大学出版社,2009.7.

128. 人民日报社编.融合坐标——中国媒体融合发展年度报告（2015）［M］．北京：人民日报出版社,2016.6.

129. 丁和根.中国传媒制度绩效研究［M］．广州：南方日报出版社,2007.

130. 黄升民,丁俊杰.媒介经营与产业化研究［M］．北京：北京广播学院出版社,1997.

131. 黄升民,王薇.家庭信息平台：数字电视运营模式新突破［M］．北京：中国传媒大学出版社,2008.

132. 黄升民,丁俊杰主编.中国广电媒介集团化研究［M］．北京：中国物价出版社,2001:233,317,307,311.

133. 金冠军,郑涵.当代传媒制度变迁［M］．上海：上海三联书店,2008.

134. 吴信训.中国传媒经济研究 1949-2004［M］．上海：复旦大学出版社,2004.

135. 吴信训,金冠军,李海林.现代传媒经济学［M］．上海：复旦大学出版社,2005:11,15.

136. 刘成付.中国广电传媒体制创新［M］．广州：南方日报出版社,2007:112.

137. 柳旭波. 传媒业产业组织研究:一个拓展的 PC-SCP 产业组织分析框架[M]. 北京:经济科学出版社,2007.

138. 陆地. 中国电视产业的危机与转机[M]. 北京:中国人民大学出版社,2007.

139. 陆地. 中国电视产业发展战略研究[M]. 北京:新华出版社,1999:178.

140. 张曙光. 中国制度变迁案例的研究[G]. 上海:上海人民出版社,1996.

141. 喻国明. 变革传媒——解析中国传媒转型问题[M]. 北京:华夏出版社,2005.

142. 喻国明. 嬗变的轨迹——社会变革中的中国新闻传播与新闻理论[M]. 北京:中央编译出版社,1996.

143. 熊忠辉. 中国省级卫视发展战略[M]. 上海:上海人民出版社,2005.

144. 徐光春. 中华人民共和国广播电视简史[M]. 北京:中国广播电视出版社,2003.

145. 唐世鼎,黎斌,等. 制播体制改革与电视业发展问题研究[M]. 北京:中国传媒大学出版社,2005.

146. 卢现祥,朱巧玲. 新制度经济学[M]. 北京:北京大学出版社,2007.

147. 周鸿铎. 媒介产业制度论——周鸿铎自选集[G]. 北京:北京广播学院出版社,2004.

148. 邓炘炘. 动力与困窘:中国广播体制改革研究[M]. 北京:中国经济出版社. 2006.

149. 黎斌. 国际电视前沿聚焦[M]. 北京:中国传媒大学出版社,2007.

150. 李良荣. 当代西方新闻媒体[M]. 上海:复旦大学出版社,2004.

151. 郭庆光. 传播学教程[M]. 北京:中国人民大学出版

社,1999.

152. 王明轩．即将消亡的电视——网络化与互动视频时代的到来[M]．北京:中国传媒大学出版社,2009.

153. 丁淦林．中国新闻事业史[M]．北京:高等教育出版社,2002.

154. 郭镇之．中国电视史[M]．北京:中国人民大学出版社,1991.

155. 郭镇之．中外广播电视史[M]．上海:复旦大学出版社,2005.

156. 杨伟光．中国电视论纲[M]．北京:中国广播电视出版社,1998.

157. 杨伟光．电视新闻论集[M]．北京:中国文联出版社,2000.

158. 赵玉明．中国广播电视通史[M]．北京:中国广播影视出版社,2014.

159. 刘习良．中国电视史[M]．北京:中信出版社,2007.

160. 赵化勇．中央电视台发展史(1958—1997)[M]．北京:中国广播电视出版社.2008.

161.《中华人民共和国广播电视简史》编辑部编．改革开放中的广播电视(1984—1999)．北京:中国国际广播出版社,2001.

162. 黎斌．电视融合变革:新媒体时代传统电视的转型之路[M]．中国国际广播出版社.2011.

163. 鲁佑文．广播电视节目营销[M]．湖南:湖南大学出版社,2006.

164. 张金桐．媒介与传播研究发展报告(2016—2017)．长春:吉林大学出版社,2017.

165. 刘昶．互联网思维的传播学逻辑[M],中国传媒大学出版社,2015.

166. 张昆.环境要素对传播史演进的影响,新闻学论集(第20辑)[M]．北京:经济日报出版社,2008.

167. 孙玮. 中国传播学评论:传播媒介与社会空间特辑[M]. 上海:复旦大学出版社,2009.

168. 仁国杰. 童子问易[M]. 北京:人民出版社,2013.

169. 欧阳锋,林丹明,曾楚宏,等. 信息时代的企业组织变革[M]. 北京:经济管理出版社,2005.

170. 马作宽. 组织变革[M]. 北京:中国经济出版社,2009.

171. 刘社瑞,张丹. 媒介人力资源管理概述[M]. 长沙:湖南大学出版社,2006.

172. 谭云明,传媒经营管理新论(第二版)[M],北京:北京大学出版社,2014.

173. 邵培仁. 媒介生态学——媒介作为绿色生态的研究[M]. 北京:中国传媒大学出版社. 2008.

174. 崔保国,2004—2005 年中国传媒产业发展报告[M]. 北京:社会科学文献出版社,2005.

175. 唐世鼎,等. 中国特色的电视产业经营研究[M]. 北京:中国国际广播出版社,2009.

176. [德]马克思,恩格斯. 马克思恩格斯选集(第 2 卷)[M]. 中共中央马克思恩格斯列宁斯大林著作编译局,译. 北京:人民出版社,1995.

177. [德]哈贝马斯. 公共领域的结构转型——论资产阶级社会的类型[M]. 曹卫东,译. 上海:学林出版社,1999.

178. [加]文森特·莫斯可. 传播政治经济学[M]. 胡正荣,等,译. 北京:华夏出版社,2000. 6.

179. [美]托马斯·L. 麦克费尔. 全球传播:理论、利益相关者和趋势[M]. 张丽萍,译. 北京:中国传媒大学出版社,2016.

180. [英]艾伦·格里菲斯. 数字电视战略[M]. 罗伟兰,译. 北京:中国传媒大学出版社,2006.

181. [美]道格拉斯·C. 诺斯. 西方世界的兴起[M]. 厉以平、蔡磊,译. 北京:华夏出版社,2009.

182. [美]道格拉斯·C. 诺斯. 经济史中的结构与变迁[M].

陈郁,译．上海:上海三联书店,上海人民出版社,1999.

183.[美]道格拉斯·C.诺斯．制度、制度变迁与经济绩效[M].杭行,译．上海:格致出版社,2008.

184.[美]道格拉斯·C.诺斯．理解经济变迁过程[M].钟正华,等,译．北京:中国人民大学出版社,2008.

185.[美]道格拉斯·C.诺斯．制度变迁理论纲要[M].北京:中国人民大学报刊复印资料．理论经济学,1995.

186.[美]埃杰顿．美国电视史[M].李银波,译．北京:中国人民大学出版社,2012.

187.[美]尼古拉斯·尼葛洛庞帝．数字化生存[M].胡泳,范海燕,译．海口:海南出版社,1997.

188.[美]托斯丹·邦德·凡勃伦．有闲阶级论:关于制度的经济研究[M].蔡受百,译．北京:商务印书馆,1964.

189.[加]马歇尔·麦克卢汉．理解媒介——论人的延伸[M].何道宽,译．北京:商务印书馆,2000.

190.[美]R.科斯,等．财产权利于制度变迁[M].上海:上海三联书店,1994.

191.[英]麦奎尔．麦奎尔大众传播理论[M].崔保国,李琨,译．北京:清华大学出版社,2006.

192.[美]艾尔巴兰．全球传媒经济[M].王越,译．北京:中国传媒大学,2007.

193.[美]罗伯特·皮卡特.传媒管理学导论[M].韩俊伟、常永新,译．北京:人民邮电出版社,2006.

194.[美]迈克尔·波特.竞争优势[M].陈小悦,译.北京:华夏出版社,1997.

195.[德]黑格尔．哲学史讲演录(第1卷)[M].贺麟,王太庆,译.北京:商务印书馆,1959.

196.[美]亨利·詹金斯.融合文化——新媒体和旧媒体的冲突地带[M].杜永明,译,北京:商务印书馆,2015.

197.[澳]斯蒂芬·奎恩．融合新闻报道[M].张龙,侯娟,曾嵘,译．北京:北京大学出版社,2015.

198. [美]巴兰,戴维斯．大众传播理论:基础、争鸣与未来 [M].曹书乐,译．北京:清华大学出版社,2014.

199. [英]戴维·莫利,凯文·罗宾斯．认同的空间[M].司 艳,译．南京:南京大学出版社,2001.

200. [美]乔尔·科特金．新地理——数字经济如何重塑美国 地貌[M].王玉平,王洋,译．北京:社会科学文献出版社,2010.

201. [美]Werner J. Severin and James W. Tank,Jr. 传播理论: 起源、方法与应用．郭镇之,主译．北京:中国传媒大学出版 社,2006.

202. [英]露西·金—尚克尔曼．透视 BBC 与 CNN(媒介组织 管理)[M].彭泰权,译．北京:清华大学出版社,2004.

203. [美]约翰·M.伊万切维奇．人力资源管理(第 11 版) [M].赵曙明,程德俊,译．北京:机械工业出版社,2011.

204. [荷]丹尼斯·麦奎尔．大众传播理论(第四版)[M],崔 保国,李琨泽,译．北京:清华大学出版社,2006.

205. 辞海[K].上海:上海辞书出版社,1989.

206. 罗竹风．汉语大词典[K].上海:上海辞书出版社,2008.

207. Neuman,R,(1991) The Future of the Mass Audience. New York:Cambridge University Press.

208. Daniel Bell,The End of Ideology:On the Exhaustion of Ideas in the Ffifties,revised edition. New York:Free Press,1962.

学位论文

209. 熊忠辉．中国省级卫视发展研究(博士学位论文)[D]. 复旦大学,2005.

210. 阎安.空间视域下城市广电媒体发展研究——以上三角 城市台为例[D],南京师范大学博士学位论文,2019.

211. 易旭明．中国电视产业的制度变迁与需求均衡[D].上 海:上海大学博士学位论文,2011.

报纸

212. 陈薇,段涵敏,龙文泱,邓正可. 建立全媒体传播体系、推动媒体融合迈向纵深——四位大咖长沙纵论"增强'四力',推进媒体深度融合发展"[N]. 湖南日报,2020 – 11 – 19.

213. 戴莉莉. 牢牢把握融合发展的关键环节[N]. 人民日报. 2017 – 2 – 19.

214. 崔士鑫. 我国媒介融合发展走在世界前列,人民日报[N],2017 – 02 – 19.

215. 刘奇葆. 加快推动传统媒体和新兴媒体融合发展[N],人民日报,2014 – 04 – 23.

216. 刘奇葆. 推进媒体深度融合,打造新型主流媒体[N],人民日报,2017 – 01 – 8.

后　记

　　这本书是在我博士学位论文的基础上修改完成的。虽然历时一年多的修改,但此时此刻的我却依然不能如释重负。因为我知道,这本书的出版仅仅是我学术道路上的一个驿站,未来还有很长的路等待我艰辛跋涉。回溯从毕业论文完成到这本书的"出炉"之路,有许多难忘的场景、情节,亦有许多需要感谢的家人、老师和朋友,驻足每一个难忘的瞬间,都让我感慨万千。

　　依稀记得读博期间,每年春天透过宿舍的窗外便可见开得正俏的白玉兰。读博是孤独而清苦的,但又是那么纯粹而美好。中国传媒大学的校园,春有玉兰含苞,夏有绿树浓荫,秋有满阶银杏,冬有苍劲松柏。那日日走过的钢琴湖和"大阅城",载满梦想与希冀;那一声声"校园里道路两旁,有一群年轻的白杨",像在时刻提醒着我要"珍惜春光";回味著名的广院肉饼配腐乳,心中溢满对校园时光的流连与怀念。

　　中国传媒大学的校园很小,从东门到西门只需要步行6分钟,但学校很大,因为她包容、开放和多元。中传更让我感怀的,是她给予我的丰厚精神给养。我常常在图书馆一待就是一整天,直到闭馆音乐响起;也偶尔漫步于传媒博物馆,追忆学校的发展历程和辉煌成绩,想从中体悟"中传人"的"立德、敬业、博学、竞先"。一个学府的灵魂,是其传统、传承与创新。

　　回忆读博的时光,需要感谢的人太多。其中,最令我受益匪浅的是我博导徐舫州先生的谆谆教诲。记得刚刚读博时,先生对我们提出了三点要求:一是不迷信,不迷信任何大家任何理论,要有反思精神;二是多读书,广泛涉猎;三是多练笔,哪怕是豆腐块儿的小文。先生的手头常备着两样东西——一张纸、一管笔,便于随时记下自己的思考。我有幸成为先生的关门弟子,他的正直、博学、严谨、谦逊让我受益终身。同时,还要感谢我的师母张静滨老师,张老师待我们每一个学生如同自己的孩子,她是如此的温和、谦逊、耐心。在我博士论文写作期间,张老师对我论文提出的修改意见让我受益良多。

一路走来,还有很多名字需要提起,尤其是在毕业论文的写作中给我提供很多指导意见的老师,他们是钟大年老师、任金州老师、曾祥敏老师、何苏六老师、王甫老师、刘宏老师、隋岩老师、孙振虎老师、张国涛老师、王黑特老师等,还有一些虽然没有提及但曾无私给予我帮助和指导的老师,在此一并感谢。另外,还要特别感谢我们博士班贴心的教学秘书——王婧雯老师,我们的顺利毕业也离不开王老师一直以来对我们的用心帮助,谢谢你。

或许是因为工作后再回来读书的缘故,更觉校园时光的弥足珍贵。三年中最常去的便是图书馆,置身书海如沐春风。在毕业论文写作的这段时间里,有迷茫、有困惑、有快慰、有欣喜,但更多的是成长与历练。在完成论文的这一刻,也特别感谢一路走来相互鼓励、相互陪伴、相互取暖的伙伴,包圆圆、万莹、杨磊、刘晴、李易珊、周笑盈、宫春辉等,和你们之间的深厚友谊将会伴随我的一生。

来天津财经大学人文学院工作已经两年有余,本书的出版得益于学院领导与同事的支持,以及科研处老师的帮助,非常感谢关心与帮助我的老师们。同时,要衷心感谢天津社会科学院出版社编辑老师为本书的顺利出版不辞辛苦的付出与帮助。

寸草之心,难报春晖。我的父亲母亲都是读书不多的淳朴之人,但他们却倾其所有供我读书,一如既往地支持我的工作。我常常感怀高考前夕,母亲每晚贴在我书桌角上的暖心鼓励;感怀每次回家看到出站口焦急等待我的父亲;感怀父母脸上多出的皱纹和头上的白发……父母与我的每一个瞬间,都铭记我心。同时还要特别感谢我的爱人,从大学相遇到如今相守,我们已相互扶持度过数度春秋,见证了彼此的成长。感谢你的包容与呵护、温暖与陪伴,陪我走过人生每一个关键的时刻,人生路漫漫,未来的路,我们继续一起走。

初入天津财经大学工作时,面对国旗立下要做一名"有理想信念、有道德情操、有扎实学识、有仁爱之心的'四有'好老师"的誓言不敢忘、不能忘、也不会忘。曾国藩曾说:"心存敬畏,方能行有所止。"作为高校教师,面对教学和科研的双重使命,唯有勤奋严谨,敬畏师职,敬畏学术,才能走得更好。

孟繁静

2020 年 10 月 27 日于天津财经大学图书馆